Isabel Buchwald-Wargenau

Dagmar Giersberg

Im Berufssprachkurs B1

DEUTSCH ALS ZWEITSPRACHE

Kurs- und Arbeitsbuch plus interaktive Version

Hueber Verlag

Im Berufssprachkurs basiert auf dem Lehrwerk *Im Beruf neu*. Der in Lektion 20 verwendete Modelltest wird im Titel *Prüfung express* nochmals aufgegriffen und vertieft.

Fachdidaktische Beratung:
Susanne Oberdrevermann, Bad Münstereifel

Für zahlreiche Hinweise und Tipps danken wir:
Barbara Biechele, Jena
Barbara Tolkiehn, Hamburg

🔈 001 Die **Aufnahmen der Hörtexte** stehen unter den angegebenen Tracks als MP3-Dateien unter www.hueber.de/im-berufssprachkurs zum kostenlosen Download bereit.

🔈 005 Das **Audiotraining für die Seiten „Kommunikation & Grammatik"** können Sie ebenfalls unter www.hueber.de/im-berufssprachkurs abrufen.

→ AB Dieses Zeichen weist auf Übungen im **Arbeitsbuch-Teil** hin. Die genaue Zuordnung ist im Arbeitsbuch ersichtlich.

dass-Sätze / Infinitive mit *zu*
..., **dass** ... guttut.
..., ... **zu** motivieren.

Eine ausführliche **Übersicht über das Grammatikthema** aus dem **Grammatikkasten** befindet sich auf der letzten Seite der jeweiligen Kursbuch-Lektion.

Dieses Zeichen kennzeichnet Aufgaben im Kursbuch-Teil, die gezielt die **interkulturelle Selbst- und Fremdreflexion** im Fokus haben und für das **Verständnis von interkulturellen Einflussfaktoren** sensibilisieren.

•••• An Stellen, wo es sinnvoll ist, sind die Genera und der Plural der Nomen durch farbige Punkte gekennzeichnet: • Blau steht für das Maskulinum, • grün für das Neutrum, • rot für das Femininum. • Gelb steht für den Plural.

Eine gendersensible Sprache ist uns sehr wichtig. Daher haben wir in Texten und Realien ganz bewusst unterschiedliche Umsetzungsweisen gewählt, um die Lernenden an die Vielschichtigkeit der derzeitigen sprachlichen Praxis in den deutschsprachigen Ländern heranzuführen.

3. 2. 1. | Die letzten Ziffern bezeichnen
2026 25 24 23 22 | Zahl und Jahr des Drucks.

Alle Drucke dieser Auflage können, da unverändert, nebeneinander benutzt werden.
1. Auflage

Umschlaggestaltung: Sieveking · Agentur für Kommunikation, München
Layout und Satz: Sieveking · Agentur für Kommunikation, München
Verlagsredaktion: Veronika Kirschstein, Lektorat und Projektmanagement, Gondelsheim; Thomas Stark, Majanka Schwarz und Ingo Heyse, Hueber Verlag, München
Druck und Bindung: Passavia Druckservice GmbH & Co. KG, Passau
Printed in Germany
ISBN 978-3-19-431190-9

Art. 530_28633_001_01

Kursbuch

Inhalt

Inhalt

Arbeitsbuch

Im Berufssprachkurs – sprachlich fit für jeden Beruf!

Im Berufssprachkurs ist ein berufssprachliches Lehrwerk für Deutsch als Zweitsprache. Die berufsbezogenen Handlungsfelder folgen dem Lernzielkatalog des BAMF und sind berufsübergreifend angelegt.

Die Lernenden werden anhand von konkreten Beispielen mit typischen beruflichen Situationen vertraut gemacht und bekommen die dafür nötigen sprachlichen Mittel an die Hand. Das Gelernte kann so sehr leicht auch in entsprechenden Situationen in anderen Berufen eingesetzt werden.

Die Themenauswahl ist praxisnah (z. B. Bewerbung, Arbeitsvertrag, Arbeitsabläufe, Besprechungen, Präsentationen ...) und der Lernstoff wird in kleinen Portionen abwechslungsreich präsentiert und geübt. Die zielgruppengerechten Protagonistinnen und Protagonisten stellen eine wichtige Identifikationsmöglichkeit dar und sorgen für Motivation beim Lernen.

Durch die Integration von Prüfungsformaten in den Lektionsablauf und ein gezieltes Prüfungstraining in der Abschlusslektion mit vielen nützlichen Tipps und Hinweisen werden die Lernenden gezielt auf den *Deutsch-Test für den Beruf* vorbereitet. Damit ist das Lehrwerk passgenau auf Lernende in Berufssprachkursen des BAMF zugeschnitten.

In der vorderen Umschlagsseite innen befindet sich ein individueller mit Code, der den Zugriff auf die Medienplattform und die App *Hueber interaktiv* ermöglicht. So lässt sich das Lehrwerk in unterschiedlichen Unterrichtsformen einsetzen – und die Lernenden können die vielen interaktiv umgesetzten Übungen nutzen, um mehr Sicherheit zu gewinnen.

Die 20 Lektionen des Lehrwerks folgen einem wiederkehrenden, transparenten Aufbau:

Die **Einstiegsseite** präsentiert jeweils eine berufliche Situation am Beispiel einer konkreten Person aus der Lebenswelt der Lernenden. Zu diesem Impuls gibt es erste Aufgaben, die in die Thematik einführen und das Vorwissen der Lernenden aktivieren.

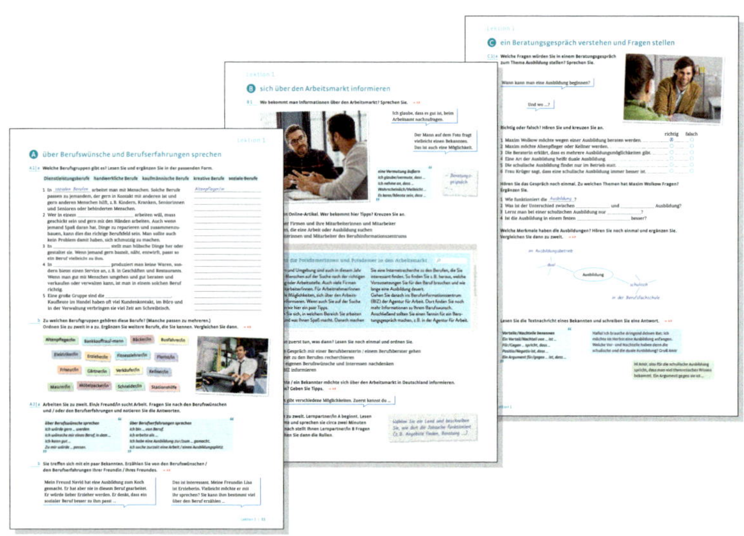

Daran schließen sich einseitige Lektionsabschnitte **A**, **B**, **C** an, auf denen jeweils eine Sprachhandlung aus dem beruflichen Alltag im Fokus steht. Die Lernenden bekommen die dafür nötigen sprachlichen Mittel an die Hand (Redemittel). Auch die nötigen Strukturen werden erarbeitet und in den folgenden Übungen zunächst gelenkt, dann frei eingeübt. So wird in authentischen Sprech- und Schreibanlässen aus dem beruflichen Alltag echte Kommunikation im Kurs ermöglicht.

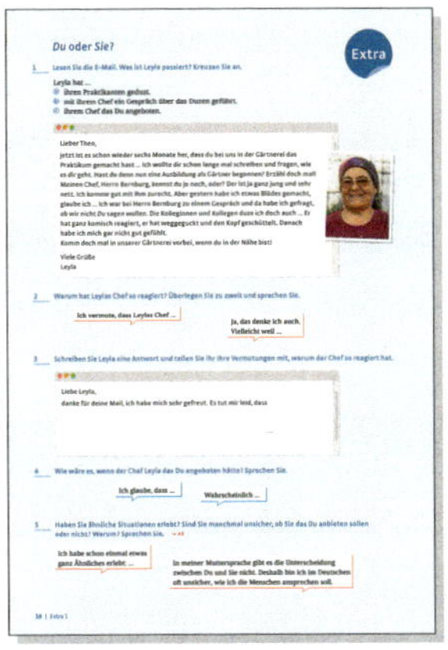

Die anschließende **Extra-Seite** befasst sich mit interkulturell relevanten Themen aus der Berufswelt.

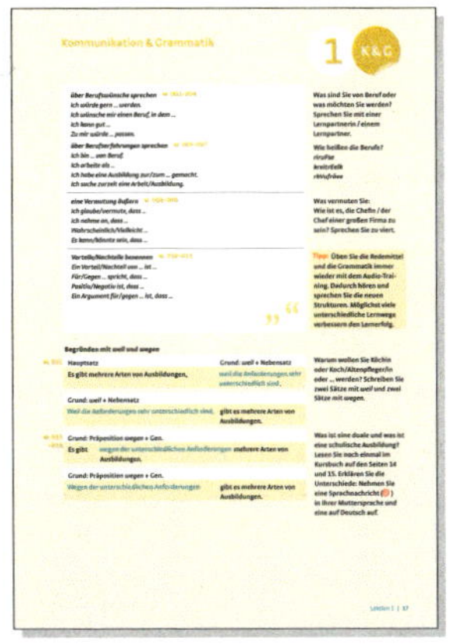

Die Seite **Kommunikation & Grammatik** gibt einen Überblick über die Redemittel und den Grammatikstoff der Lektion, die mit den dazu passenden Audiotrainings automatisiert werden können. Im Lehrwerkservice unter **www.hueber.de/im-berufssprachkurs** stehen Lektionstests zum Überprüfen des Lernfortschritts bereit.

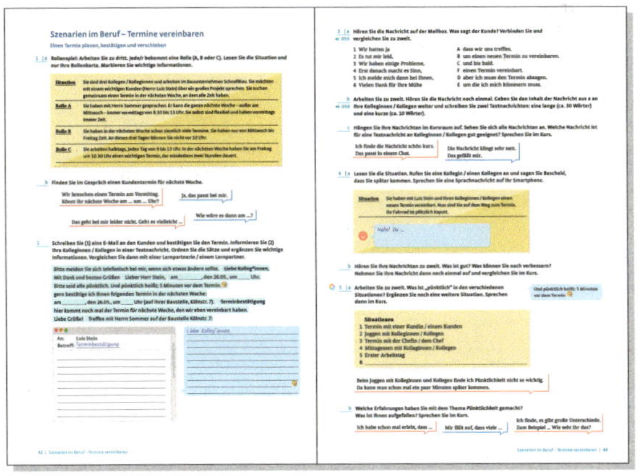

Neben vielen Mikroszenarien aus dem Berufsleben, die bereits im Lektionsverlauf integriert sind, finden sich zusätzlich vier Doppelseiten **Szenarien im Beruf**, auf denen die Lernenden eine Handlungskette inklusive Mediation trainieren. Darin sind interkulturelle Interaktionen eingebettet, die die Selbst- und Fremdreflexion im Fokus haben und für das Verständnis von interkulturellen Einflussfaktoren sensibilisieren.

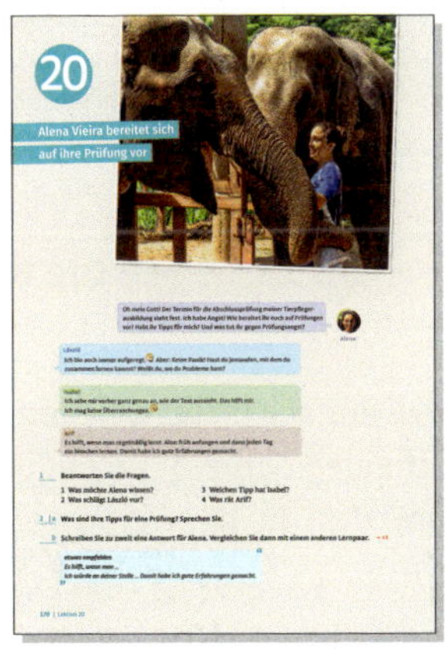

Die letzte Lektion bietet ein gezieltes **Prüfungstraining** – die Lernenden informieren sich über die Teile und den Ablauf der Prüfung, reflektieren über Lern- und Prüfungsstrategien, bekommen viele nützliche Tipps und Hinweise und können die Prüfung anhand eines Modellsatzes schon einmal ganz praxisnah ausprobieren.

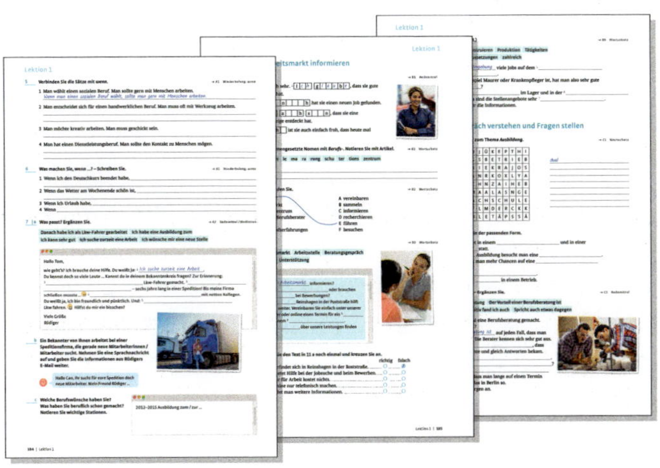

Die zahlreichen Übungen im **Arbeitsbuch** sorgen für ein abwechslungsreiches Training und damit die Festigung des Lernstoffs, ergänzt durch Mediation im Sinne des GER. Durch die Integration von Übungen, die an die Prüfungsformate des ***Deutsch-Tests für den Beruf*** angelehnt sind, werden die Lernenden sanft an die Prüfung herangeführt.

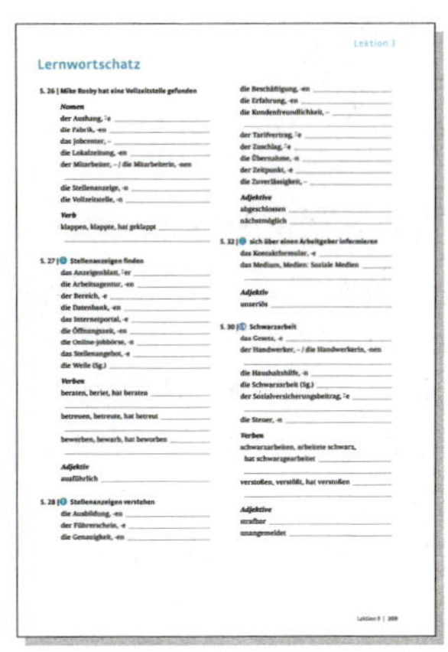

Am Ende jeder Arbeitsbuchlektion ist der **Lernwortschatz** noch einmal übersichtlich aufgelistet – inklusive Platz für Notizen.

1

Leyla Qamar arbeitet gern draußen

DIE BERUFSWAHL

NORA17

Hi Leute, ich weiß einfach nicht, welchen Beruf ich wählen soll ... ☹ Ich mag ganz viel. Aber ich muss mich bald entscheiden. Schreibt ihr mir bitte mal, warum ihr euch für euren Beruf entschieden habt? Vielleicht hilft mir das! 😃 😃

LEYLAQ

Hallo Nora, es ist schon lange her, da war ich auch in deiner Situation. Eins wusste ich schon: Ich wollte nicht in einem Büro arbeiten, sondern draußen. Ich liebe die Natur und bewege mich gern. In meiner Freizeit bin ich schon immer gern kreativ gewesen. Und weil ich Pflanzen mag, habe ich eine Ausbildung zur Gärtnerin gemacht. Und das war die richtige Wahl! 😃 Viel Glück!

OLIR

Hey Nora, schreib mal, welche Wünsche du hast ... Dann können wir zusammen überlegen! 😃

1 **Warum ist Leyla Qamar Gärtnerin geworden? Markieren Sie im Forumstext und ergänzen Sie.** → AB

Leyla Qamar ist Gärtnerin geworden, ...

weil sie gern draußen arbeitet.

2 **Was sollte man noch können, wenn man Gärtnerin/Gärtner werden will? Sprechen Sie.**

Als Gärtner muss man Pflanzen sehr gut kennen.

Ja, und man muss auch Kunden beraten können.

Warum selbst sprechen?
Eine Sprache lernt man am besten, wenn man sie spricht – auch im Unterricht.

A über Berufswünsche und Berufserfahrungen sprechen

A1 | a Welche Berufsgruppen gibt es? Lesen Sie und ergänzen Sie in der passenden Form.

Dienstleistungsberufe | handwerkliche Berufe | kaufmännische Berufe | kreative Berufe | ~~soziale Berufe~~

1 In *sozialen Berufen* arbeitet man mit Menschen. Solche Berufe passen zu jemandem, der gern in Kontakt mit anderen ist und gern anderen Menschen hilft, z. B. Kindern, Kranken, Seniorinnen und Senioren oder behinderten Menschen.

2 Wer in einem ______________ arbeiten will, muss geschickt sein und gern mit den Händen arbeiten. Auch wenn jemand Spaß daran hat, Dinge zu reparieren und zusammenzubauen, kann dies das richtige Berufsfeld sein. Man sollte auch kein Problem damit haben, sich schmutzig zu machen.

3 In ______________ stellt man hübsche Dinge her oder gestaltet sie. Wenn jemand gern bastelt, näht, entwirft, passt so ein Beruf vielleicht zu ihm.

4 In ______________ produziert man keine Waren, sondern bietet einen Service an, z. B. in Geschäften und Restaurants. Wenn man gut mit Menschen umgehen und gut beraten und verkaufen oder verwalten kann, ist man in einem solchen Beruf richtig.

5 Eine große Gruppe sind die ______________. Kaufleute im Handel haben oft viel Kundenkontakt, im Büro und in der Verwaltung verbringen sie viel Zeit am Schreibtisch.

Altenpfleger/in

b Zu welchen Berufsgruppen gehören diese Berufe? (Manche passen zu mehreren.) Ordnen Sie zu zweit in a zu. Ergänzen Sie weitere Berufe, die Sie kennen. Vergleichen Sie dann. → AB

~~Altenpfleger/in~~ | Bankkauffrau/-mann | Bäcker/in | Busfahrer/in | Elektriker/in | Erzieher/in | Fitnesslehrer/in | Florist/in | Friseur/in | Gärtner/in | Verkäufer/in | Kellner/in | Maurer/in | Möbelpacker/in | Schneider/in | Stationshilfe

A2 | a Arbeiten Sie zu zweit. Ein/e Freund/in sucht Arbeit. Fragen Sie nach den Berufswünschen und / oder den Berufserfahrungen und notieren Sie die Antworten.

über Berufswünsche sprechen
Ich würde gern ... werden.
Ich wünsche mir einen Beruf, in dem ...
Ich kann gut ...
Zu mir würde ... passen.

über Berufserfahrungen sprechen
Ich bin ... von Beruf.
Ich arbeite als ...
Ich habe eine Ausbildung zur/zum ... gemacht.
Ich suche zurzeit eine Arbeit / einen Ausbildungsplatz.

b Sie treffen sich mit ein paar Bekannten. Erzählen Sie von den Berufswünschen / den Berufserfahrungen Ihrer Freundin / Ihres Freundes. → AB

Mein Freund Navid hat eine Ausbildung zum Koch gemacht. Er hat aber nie in diesem Beruf gearbeitet. Er würde lieber Erzieher werden. Er denkt, dass ein sozialer Beruf besser zu ihm passt ...

Das ist interessant. Meine Freundin Lisa ist Erzieherin. Vielleicht möchte er mit ihr sprechen? Sie kann ihm bestimmt viel über den Beruf erzählen ...

B sich über den Arbeitsmarkt informieren

B1 **Wo bekommt man Informationen über den Arbeitsmarkt? Sprechen Sie.** → AB

Ich glaube, dass es gut ist, beim Arbeitsamt nachzufragen.

Der Mann auf dem Foto fragt vielleicht einen Bekannten. Das ist auch eine Möglichkeit.

eine Vermutung äußern
Ich glaube/vermute, dass ...
Ich nehme an, dass ...
Wahrscheinlich/Vielleicht ...
Es kann/könnte sein, dass ...

– Beratungsgespräch
– ...

B2 | a **Lesen Sie den Online-Artikel. Wer bekommt hier Tipps? Kreuzen Sie an.**

- ○ Potsdamer Firmen und ihre Mitarbeiterinnen und Mitarbeiter
- ○ Menschen, die eine Arbeit oder Ausbildung suchen
- ○ Mitarbeiterinnen und Mitarbeiter des Berufsinformationszentrums

So finden die Potsdamerinnen und Potsdamer in den Arbeitsmarkt

In Potsdam und Umgebung sind auch in diesem Jahr zahlreiche Menschen auf der Suche nach der richtigen Ausbildung oder Arbeitsstelle. Auch viele Firmen suchen Mitarbeiter/innen. Für Arbeitnehmer/innen gibt es viele Möglichkeiten, sich über den Arbeitsmarkt zu informieren. Wenn auch Sie auf der Suche sind, haben wir hier ein paar Tipps.
Überlegen Sie sich, in welchem Bereich Sie arbeiten möchten und was Ihnen Spaß macht. Danach machen Sie eine Internetrecherche zu den Berufen, die Sie interessant finden. So finden Sie z. B. heraus, welche Voraussetzungen Sie für den Beruf brauchen und wie lange eine Ausbildung dauert.
Gehen Sie danach ins Berufsinformationszentrum (BIZ) der Agentur für Arbeit. Dort finden Sie noch mehr Informationen zu Ihrem Berufswunsch.
Anschließend sollten Sie einen Termin für ein Beratungsgespräch machen, z. B. in der Agentur für Arbeit.

b **Was soll man zuerst tun, was dann? Lesen Sie noch einmal und ordnen Sie.**

- ○ zu einem Gespräch mit einer Berufsberaterin / einem Berufsberater gehen
- ○ im Internet zu den Berufen recherchieren
- ① über die eigenen Berufswünsche und Interessen nachdenken
- ○ sich im BIZ informieren

c **Eine Bekannte / ein Bekannter möchte sich über den Arbeitsmarkt in Deutschland informieren. Wie geht das? Geben Sie Tipps.** → AB

Es gibt verschiedene Möglichkeiten. Zuerst kannst du ...

d **Arbeiten Sie zu zweit. Lernpartner/in A beginnt. Lesen Sie das Thema und sprechen sie circa zwei Minuten darüber. Danach stellt Ihnen Lernpartner/in B Fragen dazu. Tauschen Sie dann die Rollen.**

Wählen Sie ein Land und beschreiben Sie, wie dort die Jobsuche funktioniert (z. B. Angebote finden, Beratung ...).

B3 | a **Sehen Sie die Internetseite an. Worüber kann man sich informieren? Kreuzen Sie an.** authentische

ⓐ über Berufe ⓑ über Dienstleistungen ⓒ über Computer

START
SUCHE VON A–Z
SUCHE NACH BERUFSFELDERN
→ Dienstleistung
→ Berufe mit Kindern und Jugendlichen
→ Berufe mit älteren Menschen
→ **Altenpfleger/in**
→ Altenpflegehelfer/in
→ Haus- und Familienpfleger/in
→ Berufe im Gesundheitswesen
→ Berufe mit Menschen mit Behinderung
KONTAKT

Die Tätigkeit im Überblick:
Altenpflegerinnen und Altenpfleger betreuen ältere Menschen, die Unterstützung und Hilfe brauchen. Sie pflegen Menschen medizinisch und beraten sie.

Die Ausbildung im Überblick:
Die dreijährige Ausbildung zur Pflegefachfrau / zum Pflegefachmann wird an Berufsfachschulen für Gesundheitsberufe absolviert.

b **Was ist richtig? Kreuzen Sie an.**

1 Auf der Internetseite kann man Informationen zum Beruf
ⓐ Altenpfleger/in ⓑ Altenpflegehelfer/in
ⓒ Familienpfleger/in lesen.
2 Altenpfleger/innen arbeiten mit alten ⓐ Ärzten.
ⓑ Maschinen. ⓒ Menschen.
3 Die Ausbildung dauert ⓐ zwei ⓑ erst drei, dann vier
ⓒ drei Jahre.
4 Die Ausbildung findet an einer ⓐ Berufsschule
ⓑ Berufsfachschule ⓒ Klinik statt.

c **Lesen Sie die Aussagen. Geben Sie Tipps, wie die Personen Informationen auf der Internetseite finden können. Schreiben Sie ihnen eine Nachricht.**

1 Simon: „Ich möchte Friseur werden und suche Informationen zur Ausbildung."
2 Laura: „Ich interessiere mich für alles, was mit Technik zu tun hat, und möchte eine Ausbildung im technischen Bereich machen. Was für Ausbildungen gibt es da?"

Hallo Simon. An deiner Stelle würde ich auf der Internetseite auf … klicken.

Hi Laura. Du könntest …

d **Informationen recherchieren, Notizen machen und Ergebnisse präsentieren: Suchen Sie zu zweit auf der Internetseite www.berufenet.arbeitsagentur.de Informationen zu Ihren Berufswünschen. Notieren und präsentieren Sie.** → AB

Berufswunsch: Altenpfleger
Tätigkeit: Betreuung, Pflege und Beratung älterer Menschen
Ausbildung: drei Jahre an einer Berufsfachschule für Gesundheitsberufe

Berufswunsch: ……
Tätigkeit: ……
Ausbildung: ……

C ein Beratungsgespräch verstehen und Fragen stellen

C1 | a Welche Fragen würden Sie in einem Beratungsgespräch zum Thema *Ausbildung* stellen? Sprechen Sie.

Wann kann man eine Ausbildung beginnen?

Und wo ...?

b Richtig oder falsch? Hören Sie und kreuzen Sie an.

001

	richtig	falsch
1 Maxim Wolkow möchte wegen einer Ausbildung beraten werden.	☒	○
2 Maxim möchte Altenpfleger oder Kellner werden.	○	○
3 Die Beraterin erklärt, dass es mehrere Ausbildungsmöglichkeiten gibt.	○	○
4 Eine Art der Ausbildung heißt duale Ausbildung.	○	○
5 Die schulische Ausbildung findet nur im Betrieb statt.	○	○
6 Frau Krüger sagt, dass eine schulische Ausbildung immer besser ist.	○	○

c Hören Sie das Gespräch noch einmal. Zu welchen Themen hat Maxim Wolkow Fragen? Ergänzen Sie.

001

1 Wie funktioniert die *Ausbildung* ?
2 Was ist der Unterschied zwischen ______ und ______ Ausbildung?
3 Lernt man bei einer schulischen Ausbildung nur ______ ?
4 Ist die Ausbildung in einem festen ______ besser?

d Welche Merkmale haben die Ausbildungen? Hören Sie noch einmal und ergänzen Sie. Vergleichen Sie dann zu zweit. → AB

001

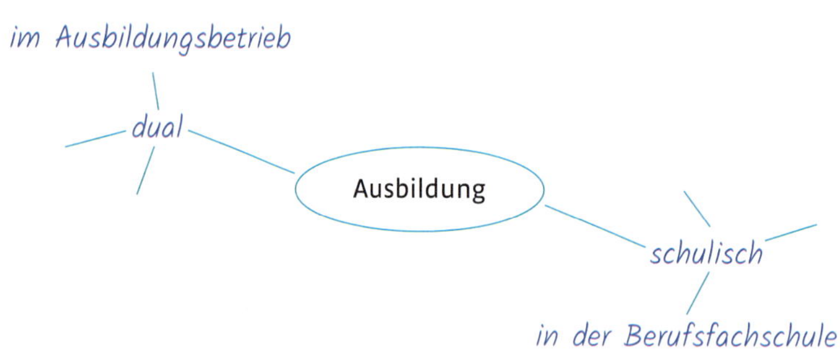

C2 Lesen Sie die Textnachricht eines Bekannten und schreiben Sie eine Antwort. → AB

Vorteile/Nachteile benennen
Ein Vorteil/Nachteil von ... ist ...
Für/Gegen ... spricht, dass ...
Positiv/Negativ ist, dass ...
Ein Argument für/gegen ... ist, dass ...

Hallo! Ich brauche dringend deinen Rat: Ich möchte im Herbst eine Ausbildung anfangen. Welche Vor- und Nachteile haben denn die schulische und die duale Ausbildung? Gruß Amir

Hi Amir, also für die schulische Ausbildung spricht, dass man viel theoretisches Wissen bekommt. Ein Argument gegen sie ist ...

C3 | a Lesen Sie das Gespräch und ergänzen Sie die Redemittel.

Bedeutet das | Eine Frage hätte ich noch | ~~Ich hätte gern~~ | Ich möchte gern wissen | Können Sie mir sagen | Vielen Dank

◆ 1 *Ich hätte gern* ein paar Informationen, weil ich bald eine Ausbildung beginnen möchte.
○ Gern. Stellen Sie mir einfach Ihre Fragen.
◆ 2 ………………, wie eine Ausbildung funktioniert.
○ Es gibt wegen der unterschiedlichen beruflichen Anforderungen mehrere Arten von Ausbildungen: die duale und die schulische Ausbildung.
◆ Aha. 3 ………………, was der Unterschied ist?
○ Eine duale Ausbildung findet in einem Betrieb und in einer Berufsschule statt, die schulische Ausbildung in einer Berufsfachschule.
◆ 4 ………………, dass man bei einer schulischen Ausbildung nur die Theorie lernt?
○ Nein, es gibt auch bei einer schulischen Ausbildung Praxiszeiten in unterschiedlichen Betrieben.
◆ 5 ………………: Ist die duale Ausbildung wegen des festen Ausbildungsbetriebs besser?
○ Die Frage ist schwer zu beantworten, weil das von vielen Faktoren abhängt. Ein Vorteil der dualen Ausbildung ist, dass viele Auszubildende nach der Ausbildung von ihrem Betrieb übernommen und fest angestellt werden.
◆ 6 ……………… für die Informationen.

b Kennen Sie weitere Redemittel wie in a? Sammeln Sie. → AB

Statt „Vielen Dank für die Informationen" kann man auch „Danke schön für die Informationen" sagen.

Sehr höflich ist man, wenn man „Danke, Sie haben mir sehr geholfen" sagt.

C4 | a Markieren Sie in C3 a *weil* und *wegen*. Was kommt nach *weil*, was nach *wegen*? Sprechen Sie.

b Ergänzen Sie *weil* und *wegen* in den folgenden Sätzen. → AB

1 Eine duale Ausbildung ist ……………… der Übernahmechancen interessant.
2 Eine duale Ausbildung ist interessant, ……………… viele Auszubildende von ihrem Betrieb übernommen werden.

Begründen mit *weil* und *wegen*
Sie ist interessanter, weil sie Vorteile hat.
Sie ist wegen der Vorteile interessanter.

C5 Lesen Sie die Situation und schreiben Sie zu zweit ein Beratungsgespräch wie in C1. Verwenden Sie die Redemittel in C3 a. Präsentieren Sie Ihr Beratungsgespräch anschließend.

A: Sie möchten eine Ausbildung machen und haben dazu einige Fragen.
B: Sie erklären den Unterschied zwischen dualer und schulischer Ausbildung und beantworten die Fragen.

Du oder *Sie*?

Extra

1 **Lesen Sie die E-Mail. Was ist Leyla passiert? Kreuzen Sie an.**

Leyla hat ...
ⓐ ihren Praktikanten geduzt.
ⓑ mit ihrem Chef ein Gespräch über das Duzen geführt.
ⓒ ihrem Chef das Du angeboten.

Lieber Theo,

jetzt ist es schon wieder sechs Monate her, dass du bei uns in der Gärtnerei das Praktikum gemacht hast ... Ich wollte dir schon lange mal schreiben und fragen, wie es dir geht. Hast du denn nun eine Ausbildung als Gärtner begonnen? Erzähl doch mal! Meinen Chef, Herrn Bernburg, kennst du ja noch, oder? Der ist ja ganz jung und sehr nett. Ich komme gut mit ihm zurecht. Aber gestern habe ich etwas Blödes gemacht, glaube ich ... Ich war bei Herrn Bernburg zu einem Gespräch und da habe ich gefragt, ob wir nicht *Du* sagen wollen. Die Kolleginnen und Kollegen duze ich doch auch ... Er hat ganz komisch reagiert, er hat weggeguckt und den Kopf geschüttelt. Danach habe ich mich gar nicht gut gefühlt.
Komm doch mal in unserer Gärtnerei vorbei, wenn du in der Nähe bist!

Viele Grüße
Leyla

2 **Warum hat Leylas Chef so reagiert? Überlegen Sie zu zweit und sprechen Sie.**

Ich vermute, dass Leylas Chef ...

Ja, das denke ich auch. Vielleicht weil ...

3 **Schreiben Sie Leyla eine Antwort und teilen Sie ihr Ihre Vermutungen mit, warum der Chef so reagiert hat.**

Liebe Leyla,

danke für deine Mail, ich habe mich sehr gefreut. Es tut mir leid, dass

4 **Wie wäre es, wenn der Chef Leyla das Du angeboten hätte? Sprechen Sie.**

Ich glaube, dass ...

Wahrscheinlich ...

5 **Haben Sie ähnliche Situationen erlebt? Sind Sie manchmal unsicher, ob Sie das Du anbieten sollen oder nicht? Warum? Sprechen Sie.** → AB

Ich habe schon einmal etwas ganz Ähnliches erlebt: ...

In meiner Muttersprache gibt es die Unterscheidung zwischen Du und Sie nicht. Deshalb bin ich im Deutschen oft unsicher, wie ich die Menschen ansprechen soll.

über Berufswünsche sprechen 002–004
Ich würde gern ... werden.
Ich wünsche mir einen Beruf, in dem ...
Ich kann gut ...
Zu mir würde ... passen.

über Berufserfahrungen sprechen 005–007
Ich bin ... von Beruf.
Ich arbeite als ...
Ich habe eine Ausbildung zur/zum ... gemacht.
Ich suche zurzeit eine Arbeit/Ausbildung.

Was sind Sie von Beruf oder was möchten Sie werden? Sprechen Sie mit einer Lernpartnerin / einem Lernpartner.

Wie heißen die Berufe?
riruFse
kreitrEelk
rkVufräee

eine Vermutung äußern 008–009
Ich glaube/vermute, dass ...
Ich nehme an, dass ...
Wahrscheinlich/Vielleicht ...
Es kann/könnte sein, dass ...

Was vermuten Sie: Wie ist es, die Chefin / der Chef einer großen Firma zu sein? Sprechen Sie zu viert.

Vorteile/Nachteile benennen 010–011
Ein Vorteil/Nachteil von ... ist ...
Für/Gegen ... spricht, dass ...
Positiv/Negativ ist, dass ...
Ein Argument für/gegen ... ist, dass ...

Tipp: Üben Sie die Redemittel und die Grammatik immer wieder mit dem Audio-Training. Dadurch hören und sprechen Sie die neuen Strukturen. Möglichst viele unterschiedliche Lernwege verbessern den Lernerfolg.

Begründen mit *weil* und *wegen*

012

Hauptsatz	Grund: *weil* + Nebensatz
Es gibt mehrere Arten von Ausbildungen,	weil die Anforderungen sehr unterschiedlich sind.

Grund: *weil* + Nebensatz	
Weil die Anforderungen sehr unterschiedlich sind,	gibt es mehrere Arten von Ausbildungen.

Warum wollen Sie Köchin oder Koch/Altenpfleger/in oder ... werden? Schreiben Sie zwei Sätze mit *weil* und zwei Sätze mit *wegen*.

013–014

Grund: Präposition *wegen* + Gen.	
Es gibt	wegen der unterschiedlichen Anforderungen mehrere Arten von Ausbildungen.

Grund: Präposition *wegen* + Gen.	
Wegen der unterschiedlichen Anforderungen	gibt es mehrere Arten von Ausbildungen.

Was ist eine duale und was ist eine schulische Ausbildung? Lesen Sie noch einmal im Kursbuch auf den Seiten 14 und 15. Erklären Sie die Unterschiede: Nehmen Sie eine Sprachnachricht ( ) in Ihrer Muttersprache und eine auf Deutsch auf.

2

Rami As-Sayed möchte sich beruflich verändern

Rami As-Sayed arbeitet seit neun Monaten im Kinder- und Jugendheim Burgdorf. Er betreut dort eine Gruppe von Jugendlichen, die ohne ihre Eltern aufwachsen müssen. „Bei den Jungs und Mädchen ist immer viel los – das ist nie langweilig. Ich kann gut mit ihnen umgehen. Und ich freue mich, wenn ich ihnen auf ihrem Weg helfen kann. Das ist eine sehr sinnvolle Tätigkeit, denn die Jugendlichen sind ja unsere Zukunft!"

Doch der 36-Jährige möchte sich beruflich verändern, weil ihm die Arbeitsbedingungen nicht so gut gefallen. „Mir ist eine angenehme Atmosphäre bei der Arbeit wichtig. Leider ist die Zusammenarbeit mit den Kolleginnen und Kollegen nicht so einfach. Außerdem hätte ich gern flexiblere Arbeitszeiten." Auch mit seinem Gehalt ist er nicht zufrieden. „Ich verdiene ziemlich wenig, obwohl ich so viel Verantwortung habe. Das liegt nur daran, dass meine Ausbildung hier nicht anerkannt wird. Dabei habe ich in Syrien schon viele Jahre als Erzieher gearbeitet."

1 **Lesen Sie den Online-Artikel. Was gefällt Rami an seinem Beruf, was nicht? Sammeln Sie.** → AB

Es ist nie langweilig.

\+   −

2 | a **Was ist für Sie im Beruf wichtig? Machen Sie Notizen.**

b **Machen Sie eine Blitzumfrage im Kurs und stellen Sie dann die Ergebnisse vor.**

Vielen ist … sehr wichtig.

Am wichtigsten finden die meisten …

Nicht so wichtig ist …

Nur eine Person findet es wichtig, dass …

A über Stärken und Schwächen sprechen

A1 **Lesen Sie die Kommentare. Was meinen Sie? Sprechen Sie.**

IHRE MEINUNG: WELCHE ROLLE SPIELEN IHRE STÄRKEN IM BERUF?

RAMI_A

Ich kann gut mit Jugendlichen umgehen. Das ist einfach meine Stärke. Ich glaube, darum macht mir die Arbeit als Erzieher so viel Spaß.

NINA78

Es ist gar nicht so wichtig, welche Stärken man hat. Ich denke, dass man alles lernen kann. Man muss das nur wollen.

Ich glaube, dass Rami recht hat. Es ist wichtig, dass …

A2 | a **Stärken und Schwächen – Was trifft auf Sie zu? Kreuzen Sie an.**

	ja	eher ja	eher nein	nein
Ich kann zuhören.	○	○	○	○
Ich kann gut mit Werkzeug umgehen.	○	○	○	○
Ich verstehe technische Geräte.	○	○	○	○
Ich kann Probleme analysieren.	○	○	○	○
Ich arbeite genau.	○	○	○	○
Ich kann bauen oder basteln.	○	○	○	○
Ich kann organisieren.	○	○	○	○
Ich habe kreative Ideen.	○	○	○	○
Ich kann gut mit Menschen umgehen.	○	○	○	○
Ich kann gut kommunizieren.	○	○	○	○
Ich kann gut mit den Händen arbeiten.	○	○	○	○
Ich kann sehr gut rechnen.	○	○	○	○
Ich ______	○	○	○	○

b **Finden Sie zu zweit Ihre drei wichtigsten Stärken.**

Wo hast du „ja“ oder „eher ja“ angekreuzt?

Hier: „Ich kann zuhören“ und …

> ***über Stärken und Schwächen sprechen***
> *Ich kann (sehr) gut …*
> *Ich kann (leider) nicht (so gut) …*
> *… ist meine (große) Stärke/Schwäche.*

c **Fassen Sie Ihre wichtigsten Stärken auf einem Zettel zusammen.**

Meine Stärken:
Ich kann sehr gut …

d **Arbeiten Sie zu viert: Präsentieren Sie Ihre Stärken. Die anderen machen Vorschläge, welcher Berufstyp passt.** → AB

handwerklich/technisch

kaufmännisch/verwaltend

künstlerisch/kreativ

sozial/pflegerisch

Was sind deine Stärken?

Ich kann gut zuhören. Und meine große Stärke ist …

Okay, du kannst gut zuhören. Ich denke, deshalb passt ein sozialer Beruf zu dir.

Ja, wie wäre es mit einem pflegerischen Beruf?

B Unternehmensformen und Arbeitsverhältnisse kennenlernen

B1 | a **Lesen Sie die Textnachrichten und die Online-Zeitschrift (A und B). Was ist richtig? Kreuzen Sie an.**

A

Tim
Der Familienbetrieb, in dem ich arbeite, schließt in zwei Monaten. Ich suche einen neuen Job.

Nina
Wo willst du denn arbeiten?

Tim
Am liebsten in einem großen, internationalen Unternehmen. Da gibt es die meisten Jobs.

Nina
Ach, wirklich?

B

JOBMOTOR MITTELSTAND

Kleine und mittlere Unternehmen haben in den vergangenen Jahren für einen Beschäftigungsboom gesorgt. Während Konzerne Jobs abbauten, schuf der Mittelstand neue Stellen. Weit über die Hälfte der Beschäftigten arbeiten heute in kleinen und mittleren Unternehmen. mehr

START-UPS SCHAFFEN ARBEITSPLÄTZE

Existenzgründungen im IT-Bereich sind meistens sehr innovativ. Jetzt hat eine Studie gezeigt, dass sie auch ein Jobmotor sind. Vor allem Start-ups in der Finanz- und Gesundheitsbranche schaffen viele Arbeitsplätze. mehr

1 Tim will ⓐ in einem Familienbetrieb ⓑ in einem großen Unternehmen arbeiten.
2 Vor allem ⓐ große Konzerne ⓑ kleine und mittlere Unternehmen sorgen für neue Arbeitsplätze.
3 Die Zahl der Arbeitsplätze ⓐ in Start-ups ⓑ in Banken und Krankenkassen steigt.

b **Markieren Sie in den Texten in a die verschiedenen Arten von Unternehmen. Ergänzen Sie dann.** → AB

www.wir-sind-der-mittelstand.net

Zum Mittelstand gehören viele F________________ und auch die meisten S________________. Je nach Anzahl der Beschäftigten unterscheidet man:
- < 10 Beschäftigte: *Kleinstunternehmen*
- < 50 Beschäftigte: ________________
- < 250 Beschäftigte: ________________

c **Lesen Sie die Nachricht einer Freundin / eines Freundes. Antworten Sie mit einer Sprachnachricht.**

Kannst du mir vielleicht kurz erklären, was der Mittelstand ist?

Also, zum Mittelstand gehören...

B2 | a **Hören Sie, wie die Personen sich vorstellen. Was passt? Markieren Sie.**

015–017

1 Andrzej arbeitet als Fahrer in einem kleinen / mittleren Unternehmen. Er ist angestellt / selbstständig und arbeitet in Teilzeit / Vollzeit. Seine Stelle ist befristet / unbefristet.
2 Mathilda ist Zimmermädchen und hat einen Minijob / Teilzeitjob in einem Konzern / Familienbetrieb.
3 Rafael arbeitet als Aushilfe in einem kleinen / großen Unternehmen. Er macht dort Leiharbeit für eine Zeitarbeitsfirma / ein Start-up. Er ist zurzeit in Teilzeit / Vollzeit beschäftigt.

b **Ergänzen Sie die Definitionen mit passenden Wörtern aus dem Text in a.**

1 Ein *Minijob* ist eine geringfügige Beschäftigung. Man verdient dann regelmäßig nicht mehr als 450 Euro im Monat.
2 Wer (je nach Beruf) 36 bis 40 Stunden pro Woche arbeitet, ist .... beschäftigt. Bei einer ....stelle arbeitet man weniger.
3 Wer .... (= Zeitarbeit) macht, arbeitet für eine Fima, die Arbeitnehmerinnen und Arbeitnehmer für eine bestimmte Zeit an andere Firmen ausleiht.
4 Wer einen Arbeitsvertrag ohne zeitliche Grenze hat, ist .... angestellt.

c **Hören Sie noch einmal und verbinden Sie.**

015–017

1 Andrzej kann sich gut vorstellen, — C
2 Andrzej hat Lust,
3 Im Moment ist es für Mathilda okay,
4 Mathilda wünscht sich,
5 Rafael möchte gern
6 Rafael kann sich gut vorstellen,

A nur 450 Euro pro Monat zu verdienen.
B Vollzeit arbeiten.
C eine eigene Firma zu haben.
D eine Ausbildung zu machen.
E in Teilzeit angestellt zu sein.
F selbst Chef zu sein.

d **Lesen Sie die Sätze in c noch einmal und markieren Sie die Ausdrücke, nach denen der Infinitiv mit *zu* steht.** → AB

Infinitiv mit *zu*
Es ist in Ordnung, hier angestellt zu sein.
Ich kann mir aber auch gut vorstellen, selbstständig zu arbeiten.
Ich habe Lust, etwas Neues zu lernen.

B3 | a **Wo und wie möchten Sie arbeiten? Entscheiden und begründen Sie. Schreiben Sie dann.**

in einem kleinen/mittleren/großen Unternehmen
in einem großen/internationalen Konzern
in einem Familienbetrieb/Start-up

angestellt | selbstständig | als Leiharbeiter/in

mit einem befristeten/unbefristeten Vertrag

Minijob | Teilzeit | Vollzeit

berufliche Vorlieben äußern
Ich kann mir (gut) vorstellen, ...
Ich habe Lust, ...
Ich finde es spannend/attraktiv, ...

Ich kann mir gut vorstellen, selbstständig zu sein, weil ...

b **Kursspaziergang – Fragen und antworten Sie.** → AB

Kannst du dir vorstellen, selbstständig zu sein?

Ja, klar. Ich wäre gern mein eigener Chef.

Nein, ich möchte nicht so viel Verantwortung haben. Und du?

Hast du Lust, in einem großen Konzern zu arbeiten?

Ja, ...

Warum erst schreiben und dann sprechen?
So lernt man eine neue Struktur schnell und die Notizen machen das Sprechen einfacher.

C eine Beratung zum Thema *Anerkennung und Bescheinigung* verstehen

C1 | a Für welche Gruppen sind die Informationen des Vereins „Starthilfe"? Lesen Sie und kreuzen Sie an.

1 ○ Für alle, die im Ausland arbeiten möchten.
2 ○ Für Geflüchtete, die Arbeit suchen.
3 ○ Für Menschen, die ihre Ausbildung in Deutschland gemacht haben.
4 ○ Für Menschen, die keine Papiere zu ihrer Ausbildung haben.
5 ○ Für Arbeitgeber, die eine Bescheinigung schreiben möchten.
6 ○ Für Menschen, deren Ausbildung nicht anerkannt wird.

www.die-starthilfe-willkommen.net

DIE STARTHILFE
Willkommen!

HILFE BEI DER JOBSUCHE – UNSER BERATUNGSANGEBOT

Du bist neu hier und möchtest arbeiten? Hier sind ein paar wichtige Infos für dich.
Man braucht für alles Papiere. 😃 Leider reicht es nicht, wenn du sagst, dass du eine Ausbildung oder ein Praktikum gemacht hast. Du brauchst ein *Zeugnis* oder eine *Bescheinigung*.
Und am besten steht dort,
- was du genau gemacht hast,
- wie lange die Ausbildung / das Praktikum gedauert hat und
- wo du sie/es gemacht hast.

Für bestimmte Berufe (das sind die reglementierten Berufe) braucht man eine Ausbildung, die in Deutschland anerkannt wird. Sonst darf man hier nicht arbeiten. Zu diesen Berufen gehören zum Beispiel Alten-/Krankenpfleger/in, Ergotherapeut/in oder Erzieher/in. Hier kannst du prüfen, ob du mit deiner Ausbildung in einem bestimmten Beruf arbeiten darfst: www.anerkennung-in-deutschland.de.

Wenn dein Berufsabschluss nicht anerkannt wird, hast du mehrere Möglichkeiten:
- du kannst zunächst Berufserfahrungen mit einem Praktikum sammeln. Dabei kannst du in einem Betrieb praktisch zeigen, was deine Stärken sind.
- Du kannst noch weiter lernen. So kannst du eine Ausbildung oder Fortbildung machen, die hier anerkannt wird.

In vielen Berufen kannst du auch ohne Anerkennung deiner Ausbildung arbeiten. Aber mit einer Anerkennung oder schriftlichen Bewertung deines Berufsabschlusses hast du bessere Chancen!

Wir beraten dich gern!
Komm in unsere offene Beratungsstunde:
Dienstag und Donnerstag von 16 bis 18 Uhr.

b Lesen Sie den Text in a noch einmal. Was sind für Sie die fünf wichtigsten Informationen? Markieren Sie. Vergleichen Sie dann zu zweit. Einigen Sie sich auf die fünf wichtigsten Informationen. → AB

Für mich ist folgende Information wichtig: …

Wichtig finde ich, dass …

Wir finden, die wichtigsten Informationen sind …

C2 Notieren Sie alle zusammengesetzten Wörter aus dem Flyer wie im Beispiel. → AB

die Jobsuche = der Job + die Suche
das Beratungsangebot = die Beratung + …

Wortbildung
die Beratung + das Angebot = das Beratungsangebot
die Kranken (Plural) + der Pfleger = der Krankenpfleger

C3 | a **Was ist richtig? Hören Sie das Beratungsgespräch und kreuzen Sie an.**

018
1 ○ Samira und Karim sind beim Arbeitsamt.
2 ⊗ Clara berät im Verein „Starthilfe".
3 ○ Samira wohnt in Syrien.
4 ○ Sie ist Krankenschwester von Beruf.
5 ○ Karim hat schon einen Ausbildungsplatz gefunden.
6 ○ Er braucht noch eine Bescheinigung.

b **Wer sagt was (Clara = C, Samira = S, Karim = K)?**
Hören Sie noch einmal und notieren Sie die Buchstaben.

018
1 C Krankenschwester gehört zu den Berufen, für die es besondere Regeln gibt.
2 ...... Aber ich habe doch in Syrien schon in meinem Beruf gearbeitet.
3 ...... Ich rate dir, zur Anerkennungs- und Qualifizierungsberatungsstelle zu gehen.
4 ...... In der Ausbildung sammelst du wichtige Erfahrungen.
5 ...... Ich finde keinen Ausbildungsplatz.
6 ...... Ich habe kein Zeugnis von meinem Praktikum.
7 ...... Du brauchst von allen deinen beruflichen Tätigkeiten eine Bescheinigung.

c **Lesen Sie die Fragen und hören Sie dann noch einmal. Sprechen Sie.**

018
1 Was möchte Samira in Deutschland machen? Warum geht das nicht sofort? Was rät Clara?
2 Was ist Karims Plan? Was hat er schon gemacht? Was rät Clara?

C4 ***Obwohl*** **oder** ***weil*****? Ergänzen Sie.** → AB

1 Ich gehe zur Beratungsstunde, ... ich Fragen zur Anerkennung meiner Ausbildung habe.
2 Ich muss noch eine Ausbildung machen, ... ich schon als Krankenschwester gearbeitet habe.
3 Ich muss noch eine Prüfung machen, ... meine Ausbildung hier nicht anerkannt wird.
4 Ich finde keinen Ausbildungsplatz, ... ich schon ein Praktikum gemacht habe.

obwohl

Weil / Wenn ich schon als Krankenschwester gearbeitet habe, muss ich keine Ausbildung mehr machen.

Obwohl ich schon als Krankenschwester gearbeitet habe, muss ich noch eine Ausbildung machen.

C5 | a **Welche Ratschläge passen zu wem? Ordnen Sie zu.**

alle Zeugnisse mitnehmen | ~~bei der Beratungsstelle anrufen~~ | bei der Firma anrufen | einen Termin machen | genau sagen, was man braucht | sich über die Anerkennung informieren | um ein Zeugnis bitten | persönlich in Kfz-Werkstätten nachfragen

Samira	Karim
bei der Beratungsstelle anrufen, ...	...

b **Geben Sie Ratschläge. Sprechen Sie.**

An Samiras Stelle würde ich ...

Karim sollte auf jeden Fall ...

einen Rat geben
An deiner Stelle würde ich ...
Du solltest auf jeden Fall ...
Ich empfehle/rate dir, ...

C6 | a **Wobei brauchen Sie Hilfe? Zu welchem Thema möchten Sie sich gern beraten lassen?**
Machen Sie Notizen. Tauschen Sie Ihre Notizen dann mit Ihrer Lernpartnerin / Ihrem Lernpartner.

b **Wo gibt es in Ihrer Nähe Beratungsangebote für Ihre Lernpartnerin / Ihren Lernpartner? Recherchieren Sie und geben Sie ihr / ihm dann Ratschläge.** → AB

Typisch Frau? Typisch Mann?

Extra

1 | a Sehen Sie das Foto und die Überschrift an. Was vermuten Sie: Worum geht es in dem Online-Artikel?

ERZIEHER GESUCHT!

Viele Kitas und Kindergärten suchen dringend gute Fachkräfte. Männliche Erzieher sind dabei besonders gefragt. Erzieher/in ist immer noch ein klassischer Frauenberuf. Nur ca. 7 % der Erzieher in Deutschland sind männlich.

b Lesen Sie den Online-Artikel: Welche Beschreibung passt am besten? Kreuzen Sie an.

○ Gute Chancen für Erzieher
○ Väter sollen weniger arbeiten
○ Männliche Erzieher
○ Männer im Frauenberuf
○ Arbeit ohne Ausbildung
○ Ein Jobangebot für junge Männer

2 Was steht im Chat? Lesen Sie, kreuzen Sie an und markieren Sie die entsprechende Stelle im Chat. → AB

Rami
zuletzt online heute um 18:45 Uhr

Hi Rami! Dein Job ist ja total sicher! Guck mal, das habe ich gerade gelesen: Erzieher gesucht! 😃

Ja, stimmt. Es gibt viele offene Stellen – vor allem für ausgebildete Erzieher. Ich bin ja nur als pädagogische Hilfskraft angestellt.

Hä? Wieso das denn?

Meine Ausbildung wird hier nicht anerkannt.

Mann, hier braucht man aber auch für alles ein Zeugnis, oder?

Ja. 😃😃 Ich plane, noch eine Ausbildung zu machen. Die dauert aber mindestens zwei Jahre.

Das klingt anstrengend.

Ja. Aber danach verdiene ich mehr und kann mehr entscheiden …

Und du hast NOCH mehr Jobangebote – als Mann im Frauenberuf. 😊

Ich finde es total wichtig, dass Männer in diesem Beruf arbeiten. Die Kinder und Jugendlichen brauchen männliche Vorbilder.

Wie dich.

Genau!

1 ⊗ Rami muss sich keine Sorgen um seinen Job machen.
2 ○ Rami sucht eine Stelle als pädagogische Hilfskraft.
3 ○ Rami konnte seine Ausbildung nicht anerkennen lassen.
4 ○ Nach der Ausbildung kann Rami mehr Verantwortung übernehmen.
5 ○ Rami findet es sinnvoll, dass mehr Frauen als Erzieherinnen arbeiten.

3 Was sind für Sie klassische Männer- oder Frauenberufe? Sprechen Sie. → AB

über Stärken und Schwächen sprechen 019–020

Ich kann (sehr) gut …
Ich kann (leider) nicht so gut …
… ist eine (große) Stärke/Schwäche von mir.

berufliche Vorlieben äußern 021–022

Ich kann mir (gut) vorstellen, angestellt / selbstständig zu sein / als Leiharbeiter zu arbeiten / einen Minijob zu haben.
Ich habe Lust, Vollzeit/Teilzeit beschäftigt zu sein.
Ich finde es spannend/attraktiv, in einem kleinen/großen Unternehmen / internationalen Konzern / Familienbetrieb / Start-up zu arbeiten.
Ich hätte gern einen befristeten/unbefristeten Arbeitsvertrag.

einen Rat geben 023–024

An deiner Stelle würde ich …
Du solltest auf jeden Fall …
Ich empfehle dir, …
Ich rate dir, …

Was können Sie alles? Notieren Sie zehn Stärken.

Ihr Traumjob: Sie haben fünf Wünsche frei. Notieren Sie.

Ein Bekannter weiß nicht, ob seine Ausbildung in Deutschland anerkannt wird. Was raten Sie ihm? Nehmen Sie mit Ihrem Smartphone eine Sprachnachricht ( ) für ihn auf.

Tipp: Benutzen Sie Ihr Smartphone, so oft es geht! Wenn Sie sich selbst aufnehmen, können Sie kontrollieren, wie Sie sprechen.

025 **Wortbildung**

Nomen	+ Nomen	
• die Beratung	+ • das Angebot	= • das Beratungsangebot
• die Kranken (Plural)	+ • der Pfleger	= • der Krankenpfleger

Manche Wörter werden mit einem s verbunden, z. B. alle mit den Endungen *-ung*, *-heit* und *-keit*.

Schreiben Sie die Wörter. Übersetzen Sie die Wörter dann in eine andere Sprache, die Sie kennen.

1  + 

2  + 

3  + 

026–027 **Infinitiv mit *zu***

Infinitive mit *zu* stehen oft nach diesen Ausdrücken:

Es ist (nicht)	spannend, / anstrengend, interessant, / leicht, / stressig, / toll, …	etwas Neues zu lernen.
Ich	kann mir (nicht) vorstellen, fange an, plane, / versuche, / habe vor,	Vollzeit zu arbeiten.
Ich habe	(keine) Lust, (keine) Angst, (kein) Interesse (daran), / (keine) Freude daran, (keine) Zeit (dafür), / …	etwas zu organisieren.

Schreiben Sie sechs Sätze.
Ich finde es toll, …
Ich habe vor, …
Ich habe kein Interesse daran, …

028–029 ***obwohl***

Weil / Wenn	ich schon als Krankenschwester gearbeitet habe, muss ich keine Ausbildung mehr machen.

obwohl + Nebensatz

Obwohl ich schon als Krankenschwester gearbeitet habe, muss ich noch eine Ausbildung machen.

Mit *weil* und *wenn* formuliert man einen Grund, der **für** die Aussage im Hauptsatz spricht. Mit *obwohl* formuliert man einen Grund, der **eigentlich gegen** die Aussage im Hauptsatz spricht.

Ergänzen Sie die Sätze mit *obwohl*.
Ich lerne gern, …
Ich habe gute Laune, …
Ich verstehe dich, …
Ich habe manchmal Angst, …

3

Mike Rosby hat eine Vollzeitstelle gefunden

Marisa
Hey Mike, gehen wir mal wieder einen Kaffee trinken? Morgen Nachmittag?

Mike
Hi Marisa, gute Idee, aber das geht jetzt leider nur noch am Wochenende. Ich habe eine Vollzeitstelle gefunden. Ich arbeite seit drei Wochen in einer Fabrik in der Südstadt. Und nach der Arbeit bin ich echt müde ... 😃

Marisa
Oh toll!! Ich gratuliere dir! 💐 Du hast ja auch lange gesucht! Auf welchem Weg hat es denn geklappt?

Mike
Ich habe immer in der Lokalzeitung nach Stellenanzeigen gesucht. Und beim Bäcker und im Supermarkt habe ich auf Aushänge geachtet. Auch im Jobcenter hatte ich Termine und habe mich beraten lassen. Aber geklappt hat es dann, weil ich mit vielen Leuten gesprochen habe. So habe ich erfahren, dass mein Nachbar einen Bruder hat, der einen Mitarbeiter gesucht hat ... Und der Bruder meines Nachbarn ist jetzt mein Chef! 😃😃

Marisa
Wow! Klingt ja spannend! Erzählst du mir die ganze Geschichte am Samstag in Ruhe? Bei einem Kaffee? 😃

1 **Was hat Mike gemacht, um eine Stelle zu finden? Notieren Sie.** → AB

in der Lokalzeitung nach Stellenanzeigen gesucht, ...

2 **Was kann man noch tun, um eine Stelle zu finden? Wie haben Sie schon nach Arbeit gesucht? Sprechen Sie zu zweit und ergänzen Sie die Liste in 1. Vergleichen Sie dann.**

Man sollte vielen Menschen erzählen, dass man auf Jobsuche ist.

Ja, das ist wichtig. Denn oft kennt jemand jemanden, der jemanden kennt, der ...

A Stellenanzeigen finden

A1 | a Zu wem passen die Aussagen 1–3? Lesen Sie die Kommentare und ergänzen Sie.

TIPPS FÜR DIE ARBEITSSUCHE – WIE FINDET MAN EINE NEUE STELLE?

RAJA BRANDIS

Ich habe im letzten Jahr eine neue Stelle gesucht ... Also habe ich jeden Tag in die Zeitung meiner Stadt geschaut. Ich bin Friseurin von Beruf. In diesem Bereich findet man viele Anzeigen in der Zeitung. Jeden Sonntag bekommt man hier sogar ein kostenloses Anzeigenblatt. Das ist super, denn darin gibt es viele Stellenanzeigen aus der direkten Umgebung. Und ich finde das praktisch: Man kann beim Frühstück gemütlich die Anzeigen lesen, ohne die Wohnung zu verlassen. Nach drei Monaten habe ich so meine Stelle gefunden.

FILIPE LOPES

Nach meiner Ausbildung war ich eine Weile arbeitslos. In dieser Zeit wurde ich vom Jobcenter betreut. Ich hatte dort regelmäßig Termine und wurde ausführlich beraten. Das Jobcenter hat eine große Datenbank mit Stellenangeboten. Mein Betreuer hat die Stellenanzeigen mit mir angeschaut und wir haben ausgesucht, auf welche ich mich bewerbe. Und was richtig gut war: Das Jobcenter hat mir neue Stellenangebote nach Hause geschickt, ohne dass ich dafür selbst lange suchen musste.

SARAH GRUBER

Ich suche am liebsten auf Internetportalen wie Stepstone oder Monster nach Stellenangeboten. Auch die Arbeitsagentur hat eine große Onlinejobbörse. Internetportale sind super. Dort kann man suchen, ohne Termine zu machen und Öffnungszeiten zu beachten. Man kann auf allen diesen Portalen genau angeben, was man wo sucht – das finde ich sehr sinnvoll. Und man findet immer die aktuellsten Angebote. Wenn mir eine Stelle gefällt, kann ich dann ganz schnell reagieren.

1 Ich finde es gut, wenn mich jemand bei der Stellensuche unterstützt. *Filipe*
2 Ich möchte immer die neuesten Stellenanzeigen finden. ....
3 Ich suche gern beim Essen nach Stellenangeboten. ....

b Welche Vorteile werden genannt? Lesen Sie noch einmal und ergänzen Sie. Vergleichen Sie dann. Sammeln Sie weitere Vorteile und notieren Sie sie.

Zeitungen
bequem zu Hause lesen, ...

Jobcenter
Hilfe durch Betreuung, ...

Internetportale
suchen ohne Termine, ...

c Womit haben Sie gute Erfahrungen gemacht, womit nicht so gute? Welche Tipps würden Sie gern weitergeben? Sprechen Sie. → AB

Ich kenne die Onlinejobbörse der Arbeitsagentur. Ich finde sie sehr übersichtlich und komme gut damit zurecht.

Wenn ich einen Job suchen würde, würde ich mich an das Jobcenter wenden. Dort hat man viele Tipps. Das Jobcenter kann ich auf jeden Fall empfehlen.

A2 Markieren Sie in A1 a Nebensätze, die mit *ohne* beginnen. Wie gehen diese Nebensätze weiter: mit *dass* oder mit *zu*? → AB

ohne dass und *ohne ... zu*

Mein Freund hat mir eine Stellenanzeige gegeben, ohne dass ich ihn gefragt habe.
Ich habe eine Stelle gefunden, ohne zu suchen.

B Stellenanzeigen verstehen

B1 | a Welche Beschäftigungsarten haben Sie schon kennengelernt? Sammeln Sie.

Man kann in Vollzeit beschäftigt sein. Das heißt, man arbeitet 40 Stunden pro Woche oder etwas weniger.

b Lesen Sie die Stellenanzeigen. Markieren Sie zu zweit, welche Kenntnisse und Eigenschaften die Bewerberin / der Bewerber haben soll (rot), welche Aufgaben man hat (blau) und welche Beschäftigungsart geplant ist (grün). Vergleichen Sie dann.

1 Für den Großraum Leipzig suchen wir zum nächstmöglichen Zeitpunkt eine/n

Busfahrer/in

Ihr Job:
- Beförderung von Fahrgästen im Schichtdienst
- Verkauf von Fahrkarten
- Reinigung des Fahrzeugs

Unsere Anforderungen:
- abgeschlossene Ausbildung als Kraftfahrer/in oder Berufserfahrung
- Freundlichkeit und Motivation
- Zuverlässigkeit und Pünktlichkeit

Wir bieten Ihnen:
- unbefristete Beschäftigung in Vollzeit
- Gehalt nach Tarifvertrag
- Wochenend- und Nachtzuschlag
- Ggf. Qualifizierung zum Busfahrer (m/w/d)

Bitte senden Sie Ihre Bewerbung per E-Mail an bewerbung@leipzig-bus.de.

www.die-besten-stellen-in-leipzig.de/

2 **Kassierer (m/w/d)**

gesucht im Rahmen einer geringfügigen Beschäftigung (Minijob)

Tätigkeiten:
- Kassieren mit computergesteuerten Kassen mit Scanner
- Kassenabrechnung

Was uns wichtig ist:
- Erfahrung im Umgang mit Scannerkassen
- Kundenorientierung und Spaß am Verkauf

Arbeitszeiten:
- flexibel im Rahmen der Öffnungszeiten unseres Supermarktes (Mo–Sa 8–20 Uhr)

JETZT BEWERBEN

3 Werden Sie Teil unseres Teams!
Wir suchen zum 1. August eine/n

Maler/in in Teilzeit (75 %)

Sie bringen mit:
- Ausbildung als Maler/in und erste Berufserfahrung
- Führerschein
- Genauigkeit und Zuverlässigkeit

Das tun Sie bei uns:
- Malern und Tapezieren
- Lackieren von Türen und Fenstern

Die Stelle ist auf zwei Jahre befristet. Die Übernahme in ein unbefristetes Arbeitsverhältnis ist danach möglich.

JETZT BEWERBEN

c **Welche Anzeige passt? Lesen Sie noch einmal und kreuzen Sie an. Begründen Sie. Manchmal gibt es mehrere Lösungen.**

	1	2	3
1 Robert hat zwei Kinder und möchte auf keinen Fall Vollzeit arbeiten.	○	⊗	⊗
2 Lia hat als Studentin im Bioladen gearbeitet, an der Kasse und im Lager.	○	○	○
3 Ludwig ist flexibel und kann auch sonntags arbeiten.	○	○	○
4 Marko war zehn Jahre lang Lkw-Fahrer und sucht eine neue Stelle.	○	○	○
5 Sarah hat keinen Führerschein.	○	○	○

d **Ein/e Freund/in von Ihnen sucht eine Stelle. Wählen Sie eine der drei Stellenanzeigen aus und fassen Sie die wichtigsten Anforderungen und Aufgaben in einer Sprachnachricht zusammen.**

“
über eine Stellenanzeige sprechen
Gesucht wird ein/eine ...
Der Bewerber / Die Bewerberin muss ... können.
Voraussetzungen sind ...
Man hat folgende Aufgaben: ...
Die Stelle ist Vollzeit / Teilzeit / ein Minijob / ...
”

Hey, ich habe eine Stellenanzeige gefunden, die für dich interessant sein könnte: ...

e **Suchen Sie selbst eine Anzeige, die Sie interessant finden, und präsentieren Sie sie im Kurs.** → AB

Ich habe die Anzeige bei Stepstone gefunden. Gesucht wird ...

Warum selbst suchen?
Wenn Sie selbst aktiv sind, wenden Sie Gelerntes an und merken es sich besser.

B2 | a **Bilden Sie zusammengesetzte Nomen und ergänzen Sie die Stellenanzeige.**

Arbeit | Bäcker | Beruf | Erfahrung | Mitarbeiter | Pizza | Rabatt | ~~Teil~~ | ~~Zeit~~ | Zeiten

Wir suchen DICH!!

Folgenden Job möchten wir in [1] *Teilzeit* besetzen:

[2] ______________ (m/w/d)

Wir bieten flexible [3] ______________ und [4] ______________.

Voraussetzungen: Du hast [5] ______________, bist zuverlässig und pünktlich!

Bewerbungen bitte an lecker@pizza-paul.de!
Wir sehen uns!

b **Suchen Sie in den Stellenanzeigen in B1 b Beispiele für zusammengesetzte Nomen.** → AB

1 Nomen + Nomen: *Zeitpunkt,* ______________
2 Verb + Nomen: *Fahrgast,* ______________
3 Adjektiv + Nomen: *Großraum,* ______________

Wortbildung

• die Zeit	• der Punkt		• der Zeitpunkt
fahren	• der Gast		• der Fahrgast
groß	• der Raum	• das Büro	• das Großraumbüro

C sich über einen Arbeitgeber informieren

C1 | a Was können Sie tun, um sich über einen Arbeitgeber zu informieren? Sprechen Sie.

Wenn ich mich für einen Arbeitgeber interessiere, kann ich im Internet suchen.

Ja, die meisten Firmen haben viele Informationen auf ihren Webseiten.

Genau! Und Stellenanzeigen findet man dort manchmal auch.

b Wie können Sie sich über die Konditorei Römer informieren? Sehen Sie die Internetseite an und sammeln Sie.

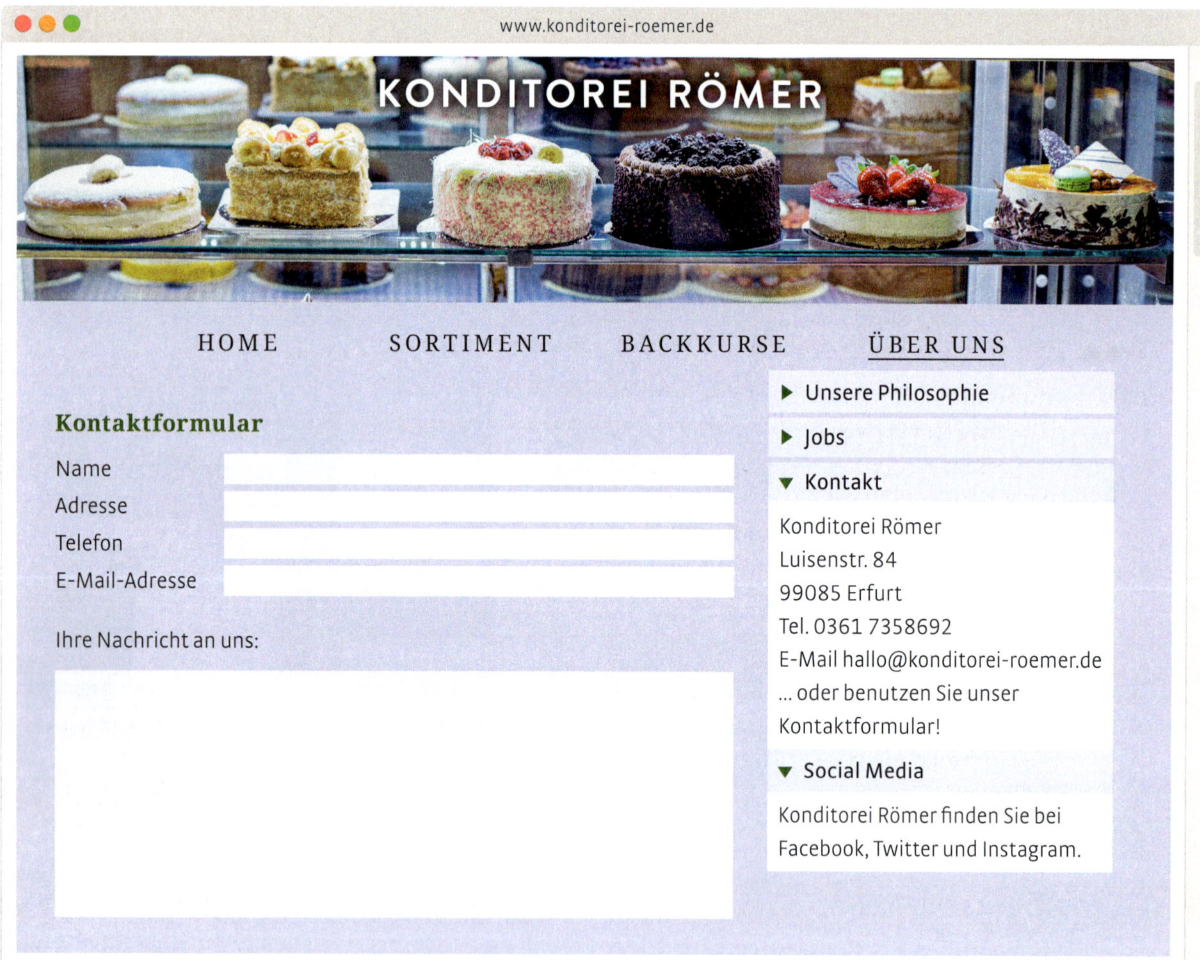

Informationen sammeln

die Philosophie der Firma lesen

c **Recherchieren Sie zu Ihrer Stellenanzeige (B1 d) Informationen über den Arbeitgeber. Notieren Sie, wie Sie die Informationen gefunden haben, und berichten Sie.**

Informationen über …………………………	Informationen wo gefunden?

d **Welche der Informationen könnte wichtig sein für die Entscheidung, ob Sie sich bewerben? Warum? Sprechen Sie.** → AB

> ***Wichtigkeit ausdrücken***
> *Für mich / Mir ist wichtig, dass/ob/wie ...*
> *... finde ich (nicht so) wichtig / wichtiger / am wichtigsten.*
> *... ist für mich von Bedeutung.*
> *Ich lege Wert darauf, dass ...*

Für mich ist wichtig, dass es eine große Firma ist.

Das finde ich nicht so wichtig. Wichtiger ist für mich, dass ...

C2 **Was fällt Ihnen bei dieser Stellenanzeige auf? Sprechen Sie.** → AB

Biete lukrativen Job!!!!
Sie wollen endlich viel Geld verdienen? Und dafür fast nichts tun?
5 000 Euro monatlich – von zu Hause aus!
Arbeiten Sie, wann Sie wollen.
Bestellen Sie weitere Infomaterialien für nur 14,45 Euro.
Rufen Sie gleich an: 0900 ...*!

* (1,49 Euro/Minute)

> ***über Auffälligkeiten sprechen***
> *Mir fällt auf, dass ...*
> *Ich finde es eigenartig/seltsam, dass ...*
> *Ich wundere mich, dass ...*

C3 | a **Worum geht es in der Radiosendung? Hören Sie und kreuzen Sie an.**

030

In der Radiosendung wird erklärt,
ⓐ welche Berufe in Stuttgart beliebt sind.
ⓑ wie man bemerkt, dass ein Angebot nicht seriös ist.
ⓒ wie man mit unseriösen Angeboten Karriere macht.

b **Welche Merkmale haben unseriöse Jobangebote? Überlegen Sie zu zweit und kreuzen Sie an. Hören Sie dann und überprüfen Sie.**

031

1 ○ Diese Angebote werden oft per E-Mail geschickt.
2 ○ Man findet sie in großen Tageszeitungen.
3 ○ Es gibt sie auch auf Internetseiten.
4 ○ Es geht immer um Kugelschreiber.
5 ○ Es wird viel Geld versprochen.
6 ○ Der Arbeitgeber erklärt genau, worum es bei der Stelle geht.
7 ○ Über den Arbeitgeber erfährt man nicht viel.
8 ○ Es wird kaum beschrieben, was man für Aufgaben hat.
9 ○ Man soll keine Zeugnisse schicken.
10 ○ Die Qualifikation spielt keine Rolle.
11 ○ Der Arbeitgeber gibt dem Bewerber Geld, wenn er sich bewirbt.
12 ○ Manchmal soll man sogar erst einen Betrag bezahlen.

c **Sind Ihnen solche Angebote schon begegnet? Sprechen Sie.** → AB

> ***über persönliche Erfahrungen sprechen***
> *Ich habe schon mal erlebt, dass ...*
> *Mir ist schon mal ... begegnet.*
> *Mir ist Folgendes passiert: ...*

Ich habe schon einmal eine komische E-Mail bekommen. Darin stand, dass ich unter 1 000 Bewerbern ausgewählt wurde und nun einen tollen Job habe. Ich hatte mich aber gar nicht beworben.

Schwarzarbeit

Extra

1 **Lesen Sie den Bericht von Mike. Was ist Ihrer Meinung nach Schwarzarbeit? Sprechen Sie.**

Mein Freund Sami hat eine Autowerkstatt. Neulich war das Dach kaputt und Sami brauchte einen Handwerker. Als er endlich jemanden gefunden hatte, der schnell Zeit hatte, wollte der Dachdecker die Sache „ohne Rechnung" erledigen und das Geld bar bekommen. Das wollte Sami aber nicht.

Ich glaube, mit „Schwarzarbeit" meint man, dass ...

Schwarzarbeit bedeutet, dass ...

2 **Richtig oder falsch? Lesen Sie den Online-Artikel und kreuzen Sie an.** → AB

Eine Haushaltshilfe, die unangemeldet putzt, eine Malerin, die auch mal ohne Rechnung arbeitet, und ein Friseur, der nach Feierabend noch ein paar Leuten mehr privat die Haare schneidet – all das sind Tätigkeiten, die unter den Begriff *Schwarzarbeit* fallen.
Unter *Schwarzarbeit* versteht man, dass jemand für das Geld, das er für eine Arbeit bekommt, keine Steuern und Sozialversicherungsbeiträge bezahlt. Wenn man schwarzarbeitet, macht man sich strafbar. Man verstößt gegen Gesetze.
Aber wo ist im Alltag die Grenze zur Schwarzarbeit? Es ist keine Schwarzarbeit, manchmal Freunden und Bekannten zu helfen und etwas Geld dafür zu bekommen. Wenn die Hilfe aber regelmäßig stattfindet und man sein Leben damit finanziert, tut man etwas Verbotenes – man arbeitet schwarz.

	richtig	falsch
1 Bei Schwarzarbeit werden keine Steuern gezahlt.	☒	○
2 Beiträge für Sozialversicherungen werden auch bei Schwarzarbeit gezahlt.	○	○
3 Schwarzarbeit ist eine Straftat.	○	○
4 Es ist nicht erlaubt, Bekannten einmal zu helfen und Geld dafür zu nehmen.	○	○
5 Ein Merkmal von Schwarzarbeit ist, wie häufig die Arbeit stattfindet.	○	○

3 **Lesen Sie die Aussage. Sprechen Sie zu zweit darüber und erklären Sie sie dann einem anderen Lernpaar. Ist das Lernpaar mit Ihrer Erklärung einverstanden? Vergleichen Sie.**

Schwarzarbeit bringt einem Menschen für einen Moment mehr Geld. Aber die Gesellschaft hat durch Schwarzarbeit weniger Geld.

4 **Warum ist Schwarzarbeit für die Wirtschaft ein Problem? Sprechen Sie.**

Durch Schwarzarbeit verliert der Staat Einnahmen durch Steuern. Das ist schlecht, weil ...

Schwarzarbeit ist ein Problem, denn ...

5 **Wurde Ihnen schon einmal angeboten, eine Arbeit „schwarz" zu erledigen? Um was für eine Art von Tätigkeit ging es? Sprechen Sie.**

Kommunikation & Grammatik

über eine Stellenanzeige sprechen 032–033
Gesucht wird ein/eine …
Der Bewerber / Die Bewerberin muss … können.
Voraussetzungen sind …
Man hat folgende Aufgaben: …
Die Stelle ist Vollzeit / Teilzeit / ein Minijob / …

Wichtigkeit ausdrücken 034–037
Für mich / Mir ist wichtig, dass/ob/wie …
… finde ich (nicht so) wichtig / wichtiger / am wichtigsten.
… ist für mich von Bedeutung.
Ich lege Wert darauf, dass …

über Auffälligkeiten sprechen 038–039
Mir fällt auf, dass …
Ich finde es eigenartig/seltsam, dass …
Ich wundere mich, dass …

über persönliche Erfahrungen sprechen 040–042
Ich habe schon mal erlebt, dass …
Mir ist schon mal … begegnet.
Mir ist Folgendes passiert: …

Was ist Ihnen am Arbeitsplatz wichtig? Was ist Ihnen nicht so wichtig? Schreiben Sie je zwei Sätze.

Was fällt Ihnen hier auf? Was finden Sie komisch? Sprechen Sie.

043–044 ***ohne dass* und *ohne … zu***

Hauptsatz	Hauptsatz
Mein Freund hat mir eine Stellenanzeige gegeben.	**Ich** habe ihn nicht gefragt.

Hauptsatz	*ohne dass* + Nebensatz
Mein Freund hat mir eine Stellenanzeige gegeben,	ohne dass **ich** ihn gefragt habe.

Hauptsatz	Hauptsatz
Ich habe eine Stelle gefunden.	**Ich** habe nicht gesucht.

Hauptsatz	*ohne zu* + Infinitiv
Ich habe eine Stelle gefunden,	ohne zu suchen.

ohne … zu kann man nur verwenden, wenn das **Subjekt** im Haupt- und Nebensatz identisch ist.

Ergänzen Sie den Satz.
Wenn man arbeitet, ohne …, ist das Schwarzarbeit.

045 **Wortbildung**

Nomen	+ Nomen		
• der Fuß	+ • der Ball		= • der Fußball

Adjektiv	+ Nomen		
groß	+ • die Stadt		= • die Großstadt

Adjektiv	+ Nomen	+ Nomen	
groß	+ • der Raum	+ • das Büro	= • das Großraumbüro

Verb	+ Nomen		
schreiben	+ • der Tisch		= • der Schreibtisch

Spielen Sie: Fußball – Ballsport – Sportfest – …

Tipp: Informieren Sie sich über Themen, die Sie interessieren, auch außerhalb des Kurses weiter.

4

Für Aylin Özlem ist der Weg das Ziel

MIA SCHLENDER

Hi, mein Sohn weiß immer noch nicht, was er beruflich machen will. Er hat schon drei Ausbildungen angefangen! Aber es war nie das Richtige für ihn. Ich finde das schlimm. Wie seht ihr das?

AYLIN ÖZLEM

Ich finde das okay! An deiner Stelle würde ich mir keine Sorgen machen. Manchmal braucht man ein bisschen länger! Ich habe lange nach einem Beruf gesucht, der mir Spaß macht. Ich hatte keine Ahnung, was ich machen wollte. Meine Eltern waren damit auch nicht glücklich. Aber irgendwann findet man den richtigen Job. Seit einem halben Jahr arbeite ich in einem Kaufhaus und bin ganz zufrieden. Aber vielleicht auch nicht für immer ...

1 | a **Lesen Sie den Post von Mia und den Kommentar dazu. Fassen Sie zusammen: Worum geht es Mia? Wie reagiert Aylin?**

b **Was sagen Sie zum Kommentar von Aylin? Diskutieren Sie zu zweit.**

Ich finde, Aylin hat recht.

Ich finde nicht, dass Aylin recht hat.

Es stimmt (nicht), dass ...

Ich kann verstehen, dass ... Aber ...

c **Schreiben Sie einen eigenen Kommentar zum Post von Mia und präsentieren Sie ihn.** → AB

An deiner Stelle würde ich ...

A über Biografien sprechen

A1 Was passt? Hören Sie und kreuzen Sie an.

046

Aylin spricht

1 ⓐ im Café
ⓑ zu Hause
ⓒ bei der Arbeit

2 ⓐ mit ihrem Vater
ⓑ mit einem Kollegen
ⓒ mit ihrem Freund

3 ⓐ über ihren Arbeitsalltag.
ⓑ über ihre Vergangenheit.
ⓒ über ihre berufliche Zukunft.

A2 | a Was sagt Aylin? Hören Sie noch einmal. Verbinden Sie.

046

1 Sie hatte zuerst keine Ahnung,
2 Sie durfte nicht
3 Sie musste nach dem Schulabschluss
4 Es war für sie sehr anstrengend,
5 Sie wollte nach drei Jahren nicht
6 Ihre Eltern waren unzufrieden,
7 Sie konnte dann zum Glück

A schnell eine Ausbildung anfangen.
B im Krankenhaus zu arbeiten.
C noch eine andere Ausbildung machen.
D welchen Beruf sie wählen sollte.
E durch die Welt reisen.
F als Krankenpflegerin arbeiten.
G dass sie nach der Ausbildung nichts gemacht hat.

Präteritum von *sein* und *haben*

(heute) Die Arbeit ist stressig. (früher) Die Arbeit war stressig.
(heute) Ich habe keine Ahnung. (früher) Ich hatte keine Ahnung.

b Markieren Sie die Modalverben in a. Ergänzen Sie. → AB

Modalverben im Präteritum: *dürfen, können, müssen, sollen* und *wollen*

(heute) sie darf (früher) sie ....
(heute) sie kann (früher) sie ....
(heute) sie muss (früher) sie ....
(heute) sie soll (früher) sie ....
(heute) sie will (früher) sie ....

A3 | a Machen Sie Notizen zu Ihrer Biografie.

über die eigene Biografie sprechen
Ich bin in ... geboren/aufgewachsen.
Als Kind wollte ich ... werden.
Nach der Schule habe ich eine Ausbildung gemacht / ein Studium angefangen / ...
Nach meiner Ausbildung zur/zum ... bin/habe ich ...

b Präsentieren Sie Ihre Biografie und nehmen Sie sich dabei mit dem Smartphone auf. Kontrollieren Sie dann selbst: Kann man das gut verstehen? Klingt das gut? Was können Sie besser machen? Machen Sie dann eine zweite Aufnahme.

Warum soll ich mich aufnehmen?
So können Sie sich gut selbst kontrollieren und dann auch verbessern.

c Schicken Sie Ihre Aufnahme einer anderen Kursteilnehmerin / einem anderen Kursteilnehmer. Er/Sie spielt die Aufnahme vor. Die anderen geben Feedback. → AB

Ich kann alles gut verstehen.

Das ist gut. Vielleicht kannst du noch ...

B einen tabellarischen Lebenslauf schreiben

B1 **Haben Sie einen Lebenslauf auf Deutsch? Wo bekommt man in Ihrer Nähe Hilfe beim Schreiben eines Lebenslaufs? Sprechen Sie im Kurs.**

B2 | a **Sehen Sie den Lebenslauf von Said an und ergänzen Sie.**

~~Ausbildung~~ Berufserfahrung Persönliche Daten Sprachkenntnisse

LEBENSLAUF

……	Said Trabelsi	
……	Grüner Weg 24, 53175 Bonn	
	Tel.: 0177 629 26 61	
	STrabelsi@jmail.com	
	geboren am 20.10.2002 in Sfax (Tunesien), tunesische Staatsbürgerschaft, seit 10/20 in Deutschland	
……	seit 05/21	Tätigkeit als Aushilfe Bft-Tankstelle Reinhorst, Bonn
	07/18–08/18	Tätigkeit als Aushilfe Supermarkt Promogros, Sfax
Ausbildung / Praktika	03/21–04/21	Praktikum, Kfz-Werkstatt Schmoll, Bonn
	09/18–07/20	Ausbildung zum Kfz-Mechatroniker Centre de formation et d'apprentissage, Sfax Abschluss: Certificat d'Aptitude Professionnelle (CAP), Réparateur Automobile Essence Diesel
	06/18	Diplôme de Fin d'Études de l'Enseignement de Base (entspricht dem deutschen Hauptschulabschluss)
……	Arabisch (Muttersprache)	
……	Französisch (sehr gut)	
	Deutsch (Niveau A2)	
Weitere Kenntnisse	Gute Computerkenntnisse (Microsoft Office)	

Bonn, den 26. Juli 20XX

Said Trabelsi

b **Lesen Sie den Lebenslauf. Welche Antwort ist richtig? Kreuzen Sie an.**

1 Wo wohnt Said? ⓐ In Sfax. ☒ In Bonn.

2 Seit wann lebt er in Deutschland? ⓐ Seit Oktober 2020. ⓑ Seit dem 20.10.

3 Wann hat er seine Ausbildung zum Kfz-Mechatroniker gemacht?
ⓐ Von September 2018 bis Juli 2020. ⓑ Von März 2021 bis April 2021.

4 Wo arbeitet er seit Mai 2021 als Aushilfe?
ⓐ In einem Supermarkt. ⓑ In einer Tankstelle.

c **Was möchten Sie Said zu seinem Lebenslauf fragen? Notieren Sie zu zweit noch fünf weitere Fragen.**

Wann …
Seit wann …
Wo …

Zeitangaben mit *seit* und *von … bis*

Seit wann arbeitest du in der Tankstelle? Seit Mai 2021. (= ab Mai 2021 und immer noch)
Wann hast du im Supermarkt gearbeitet? Von Juli bis August 2018. (= im Juli und August)

d **Tauschen Sie die Fragen mit einem anderen Paar. Antworten Sie für Said. Tauschen Sie die Antworten zurück und kontrollieren Sie.** → AB

B3 **Lebensläufe in den deutschsprachigen Ländern: Wo steht was im Lebenslauf? Und was gehört nicht in den Lebenslauf? Was denken Sie? Sprechen Sie im Kurs.**

Adresse | Ausbildungsort | Berufsabschluss | Informationen zu den Eltern | Datum | E-Mail-Adresse und Telefonnummer | Foto | Fremdsprachen | Geburtsdatum und Geburtsort | Hobbys | Jobs | Kinder | Name | Muttersprache | Praktika | Religion | Schulabschluss | Unterschrift | ...

Die Adresse steht bei den „Persönlichen Daten".

Informationen zu den Eltern gehören nicht in den Lebenslauf.

B4 **Arbeiten Sie zu zweit. Lesen Sie den Test. Was ist richtig? Kreuzen Sie an und vergleichen Sie dann mit einem anderen Lernpaar.**

TESTEN SIE IHR WISSEN

Der Lebenslauf in den deutschsprachigen Ländern

1	Wie lang soll der Lebenslauf sein?	ⓐ mindestens 2 Seiten	ⓑ höchstens 2 Seiten
2	Wie soll der Lebenslauf aussehen?	ⓐ wie eine Tabelle	ⓑ wie ein Brief
3	Muss man ein Foto hinzufügen?	ⓐ auf jeden Fall	ⓑ nicht unbedingt (aber wenn, dann ein professionelles Foto)
4	Wie ordnet man die Angaben?	ⓐ erst alt, dann neu	ⓑ erst neu, dann alt
5	Braucht man für alle Zeiträume Angaben?	ⓐ am besten ja	ⓑ nein
6	Muss man den Lebenslauf unterschreiben?	ⓐ ja	ⓑ nein

B5 | a **Notieren Sie wichtige Informationen für Ihren eigenen Lebenslauf. Nutzen Sie auch Ihre Notizen aus A3.**

Berufserfahrung: ....

Ausbildung und Praktika: ....

b **Wie formuliert man in einem tabellarischen Lebenslauf? Schreiben Sie Einträge für Ihren Lebenslauf wie in den Beispielen.**

Tätigkeit als | Ausbildung zur/zum | Studium | Praktikum | Abschluss | Weiterbildung

Ich habe zwei Jahre im Kaufhaus Bröger als Verkäuferin gearbeitet.

06/2018 – 05/2020
Verkäuferin im Kaufhaus Bröger

Ich habe die Schule 2013 mit dem „Graduado en Educación Secundaria" abgeschlossen. Das ist in Deutschland die Mittlere Reife.

2013 Abschluss: „Graduado en Educación Secundaria"
(entspricht der Mittleren Reife)

c **Schreiben Sie Ihren tabellarischen Lebenslauf.**

d **Tauschen Sie Ihren Lebenslauf mit Ihrer Lernpartnerin / Ihrem Lernpartner. Machen Sie Vorschläge, was man noch besser machen kann.** → AB

Ich würde vorschlagen, deine E-Mail-Adresse zu ergänzen.

Es wäre gut, noch zu schreiben, wo du die Ausbildung gemacht hast.

> *Vorschläge machen*
> *Ich würde vorschlagen, ...*
> *Es wäre gut, ...*
> *Was hältst du davon, ...*

C eine Bewerbung zusammenstellen

C1 | a Lesen Sie den Infotext einer Zeitarbeitsfirma. Beantworten Sie die Fragen zu zweit. Vergleichen Sie dann.

1 Wie soll man sich bewerben?
2 Wann braucht man eine Übersetzung der Unterlagen?
3 Wie groß dürfen die Dateien sein?

Sie suchen eine neue Herausforderung? Wir freuen uns auf Sie!

INSTUND GMBH

Bitte bewerben Sie sich einfach und bequem online. Sie brauchen:
- ✔ ein Anschreiben
- ✔ einen tabellarischen Lebenslauf
- ✔ Kopien Ihrer Zeugnisse: Zeugnis/Diplom Ihres höchsten Bildungsabschlusses, Bescheinigungen von Praktika, Leistungsnachweise oder Arbeitszeugnisse (bitte mit einer Übersetzung, falls die Dokumente nicht auf Deutsch oder Englisch sind).

Bitte schicken Sie keine weiteren Unterlagen wie Arbeitsproben oder Empfehlungsschreiben.

Laden Sie Ihre Unterlagen als Dateianhang im Word-, PDF-, JPG- oder ZIP-Format hoch. Beachten Sie dabei, dass ein einzelnes Dokument nicht größer als 4 MB sein darf. Alle Dokumente zusammen dürfen maximal 15 MB groß sein.

b Was ist das? Ergänzen Sie die passenden Wörter aus dem Text in a. → AB

1 Eine Beschreibung der beruflichen Tätigkeiten mit einer Bewertung der Leistung, die ein früherer Arbeitgeber geschrieben hat, ist ein *Arbeitszeugnis*.
2 Ein Muster der eigenen Arbeit (z. B. ein Logo, wenn man sich als Designerin / Designer bewirbt), ist eine ....
3 Ein Zertifikat über eine Ausbildung, auf dem auch Noten stehen, ist ein Zeugnis oder ein ....
4 Eine positive Bewertung, die zum Beispiel eine Lehrerin / ein Lehrer in einer Art Brief geschrieben hat, ist ein ....

C2 | a Was möchten Sie noch zum Thema *Bewerbungsunterlagen* wissen? Notieren Sie Ihre Fragen und sammeln Sie.

Ich möchte wissen, ...

Mich interessiert, ob man ...

b Hören Sie das Interview. Welche Ihrer Fragen aus a beantwortet die Bewerbungsexpertin? Sprechen Sie. 047

c Hören Sie das Interview noch einmal. Verbinden Sie. 047

1 Wenn die Firma eine Onlinebewerbung anbietet,
2 Wenn man als Bewerber/in Fragen hat,
3 Wenn man eine Kopie in einem Amt beglaubigen lässt,
4 Wenn die Unterlagen nicht auf Deutsch oder Englisch sind,
5 Wenn man Dateien mailt,

A muss man eine Gebühr zahlen.
B braucht man meistens eine Übersetzung.
C sollte man beim Unternehmen anrufen.
D sollte im Dateinamen ein Datum und der Name von der Bewerberin / vom Bewerber stehen.
E sollte man die Unterlagen nicht per Post schicken.

C3 | a **Ordnen Sie das Gespräch.**

A 1 Firma Brücker. Mein Name ist Natalie Siebert.
B ___ Ja, genau. Haben Sie sonst noch eine Frage?
C ___ Ich wüsste gern, welche Unterlagen Sie für meine Bewerbung brauchen.
D ___ Guten Tag, mein Name ist Flaviu Mihai. Ich habe eine Frage zu der Stelle als Pförtner, die Sie ausgeschrieben haben.
E ___ Ja, schon. Aber das Zeugnis ist auf Rumänisch und ich habe noch keine Übersetzung.
F ___ Ja, das mache ich. Soll ich die Unterlagen denn per Post schicken oder lieber mailen?
G ___ Ah, ja. Guten Tag! Wie kann ich Ihnen helfen?
H ___ Sie können die Unterlagen gern mailen. Haben Sie die Adresse?
I ___ Bitte schicken Sie erstmal nur ein Anschreiben und Ihren Lebenslauf. Und: Haben Sie vielleicht auch ein Arbeitszeugnis?
J ___ Okay. Vielleicht können Sie das Zeugnis noch übersetzen lassen? Die Bewerbungsfrist endet ja erst in zwei Wochen.
K ___ Nein, vielen Dank. Das hat mir sehr geholfen.
L ___ Ja, die Adresse steht in der Stellenausschreibung, oder?

b **Variieren Sie den Dialog mit Ihren eigenen Daten. Sprechen Sie den Dialog dann zu zweit.**

C4 | a **Lesen Sie die E-Mails. Welche passt zum Gespräch in C3? Begründen Sie.**

1

Lieber Herr Schneider,

ich habe vom 1. Februar bis 1. Juni dieses Jahres bei Ihnen als Pförtner gearbeitet.
Für eine Bewerbung brauche ich jetzt ein Arbeitszeugnis. Könnten Sie mir bitte ein Zeugnis schicken?
Falls Sie weitere Informationen brauchen, stehe ich natürlich gern zur Verfügung.
Vielen Dank im Voraus.

Mit besten Grüßen
Flaviu Mihai

2

Sehr geehrte Damen und Herren,

ich habe Ihr Übersetzungsbüro im Internet gefunden. Ich brauche für eine Bewerbung eine Übersetzung von meinem rumänischen Arbeitszeugnis (siehe Anhang) ins Deutsche.
Könnten Sie diesen Auftrag übernehmen? Und wenn ja, wie viel kostet die Übersetzung und wann ist sie fertig?
Vielen Dank im Voraus.

Mit freundlichen Grüßen
Flaviu Mihai

b **Arbeiten Sie zu zweit. Wählen Sie eine Situation und schreiben Sie gemeinsam eine E-Mail. Vergleichen Sie dann mit einem anderen Lernpaar.** → AB

Situation 1: Sie haben ein Praktikum gemacht und brauchen jetzt noch eine Bescheinigung über Ihre Tätigkeit.
Situation 2: Sie brauchen die Übersetzung von Ihrem letzten Schulzeugnis. Sie möchten wissen, wie viel das kostet und wie lange das dauert.

Lücken im Lebenslauf

Extra

1 | a Lesen Sie die E-Mail. Was ist richtig? Kreuzen Sie an.

1 ○ Ralf möchte wissen, wo Aylin Tipps für die Bewerbung gefunden hat.
2 ○ Ralf interessiert, warum Aylin nach ihrer Ausbildung erstmal eine Pause gemacht hat.
3 ○ Ralf fragt, was Aylin in ihrem Lebenslauf zu ihrer Pause im Berufsleben geschrieben hat.

Hi Aylin,

ich habe eine Frage: Wie hast du bei deiner Bewerbung die Lücke im Lebenslauf nach deiner ersten Ausbildung erklärt? (Ich meine die Zeit, in der du beruflich nichts Richtiges gemacht hast.) Ich hoffe, du kannst mir einen Tipp geben. Deine Bewerbung war ja schließlich erfolgreich.

Danke und viele Grüße! Ralf

b Was glauben Sie: Was hat Aylin gemacht? Sprechen Sie.

einfach eine Lücke lassen

im Lebenslauf lügen

eine Tätigkeit / ein Praktikum / eine Fortbildung / einen Sprachkurs erfinden

ungenaue Zeitangaben machen

die Wahrheit schreiben

Ich glaube, Aylin hat im Lebenslauf gelogen und einen Sprachkurs erfunden.

Nein, das glaube ich nicht. Sie hat bestimmt ...

2 | a Lesen Sie die Antwort von Aylin. Welche Vermutung aus 1 b ist richtig?

Hi Ralf,

tja, darüber habe ich damals lange nachgedacht. Man soll ja Lücken, die länger als drei Monate sind, erklären. Zuerst habe ich gedacht: Ich schreibe einfach, dass ich einen Sprachkurs gemacht habe. Obwohl das nicht stimmt. Aber es ist natürlich keine gute Idee, im Lebenslauf zu lügen. Das kann ein Grund für eine Kündigung sein. Dann wollte ich die Lücke verstecken – mit ungenauen Zeitangaben. Das fällt aber leicht auf und macht dann keinen guten Eindruck. Also war ich einfach ehrlich. Ich habe so etwas geschrieben wie „Orientierungsphase“ oder „Kreative Pause“. Im Bewerbungsgespräch habe ich dann erklärt, dass ich Zeit zum Nachdenken gebraucht habe. Ich wollte ja einen Beruf finden, der mir Spaß macht! Und außerdem: Der Weg ist das Ziel!

Liebe Grüße! Aylin

b Wie kann man das im Lebenslauf formulieren? Verbinden Sie. → AB

1 Februar 2015: Geburt von Meltem
2 Mai 2017: Kündigung
3 Oktober 2017: Ankunft in Deutschland
4 September 2016: Arbeitslosigkeit nach Umzug

A 05/17–09/17 Insolvenz des Arbeitgebers, darum arbeitsuchend
B 10/17–01/18 Asylverfahren
C 09/16–12/16 Berufliche Neuorientierung nach Wohnortwechsel
D 02/15–09/18 Elternzeit, Mitarbeit in der Kita „Die Marienkäfer“

3 Hat jemand von Ihnen eine Lücke im Lebenslauf? Berichten Sie und finden Sie gemeinsam eine gute Formulierung für den Lebenslauf.

Kommunikation & Grammatik

über die eigene Biografie sprechen 048–049
Ich bin in ... geboren/aufgewachsen.
Als Kind wollte ich ... werden.
Nach der Schule habe ich eine Ausbildung gemacht / ein Studium angefangen / ...
Nach meiner Ausbildung zur/zum ... bin/habe ich ...

Machen Sie Notizen zu den drei wichtigsten Stationen in Ihrem Leben.

Vorschläge machen 050–051
Ich würde vorschlagen, dass ...
Es wäre gut, ...
Was hältst du davon, ...

Ein/e Freund/in hat Fragen zur Bewerbung in Deutschland. Machen Sie Vorschläge, wo er/sie sich informieren kann.

052–054 **Präteritum von *sein* und *haben***

ich	war	hatte
du	warst	hattest
er/es/sie	war	hatte
wir	waren	hatten
ihr	wart	hattet
sie/Sie	waren	hatten

Schreiben Sie die Fragen im Präteritum – und antworten Sie.
Warum bist du müde?
Wann habt ihr am meisten Spaß?
Wann hast du schlechte Laune?
Wo seid ihr am Wochenende?

055–056 **Modalverben im Präteritum**

	dürfen	*können*	*müssen*	*sollen*	*wollen*
ich	durfte	konnte	musste	sollte	wollte
du	durftest	konntest	musstest	solltest	wolltest
er/es/sie	durfte	konnte	musste	sollte	wollte
wir	durften	konnten	mussten	sollten	wollten
ihr	durftet	konntet	musstet	solltet	wolltet
sie/Sie	durften	konnten	mussten	sollten	wollten

Was durften Sie als Kind nicht und was sollten Sie tun?
1. Schreiben Sie je drei Sätze.
2. Wie würden Sie diese Sätze in einer anderen Sprache sagen? Vergleichen Sie.

057–058 **Zeitangaben mit *seit* und *von ... bis***

Seit wann arbeitest du in der Tankstelle?
Seit Mai 2018. (= ab Mai 2018 und immer noch)

Wann hast du im Supermarkt gearbeitet?
Von Juli bis August 2015. (= im Juli und August)

Schreiben Sie eine Antwort.
Seit wann lernen Sie Deutsch?
Wann sind Sie zur Schule gegangen?
Seit wann fühlen Sie sich erwachsen?

Tipp: Benutzen Sie zum Schreiben auch die Notizfunktion Ihres Smartphones. Sie können die Texte einem Lernpartner / einer Lernpartnerin schicken und sich gegenseitig korrigieren.

Szenarien im Beruf – Termine vereinbaren

Einen Termin planen, bestätigen und verschieben

1 | a Rollenspiel: Arbeiten Sie zu dritt. Jede/r bekommt eine Rolle (A, B oder C). Lesen Sie die Situation und nur Ihre Rollenkarte. Markieren Sie wichtige Informationen.

Situation	Sie sind drei Kollegen / Kolleginnen und arbeiten im Bauunternehmen SchnellBau. Sie möchten mit einem wichtigen Kunden (Herrn Luis Stein) über ein großes Projekt sprechen. Sie suchen gemeinsam einen Termin in der nächsten Woche, an dem alle Zeit haben.
Rolle A	Sie haben mit Herrn Stein gesprochen. Er kann die ganze nächste Woche – außer am Mittwoch – immer vormittags von 8.30 bis 13 Uhr. Sie selbst sind flexibel und haben vormittags immer Zeit.
Rolle B	Sie haben in der nächsten Woche schon ziemlich viele Termine. Sie haben nur von Mittwoch bis Freitag Zeit. An diesen drei Tagen können Sie nicht vor 10 Uhr.
Rolle C	Sie arbeiten halbtags, jeden Tag von 9 bis 13 Uhr. In der nächsten Woche haben Sie am Freitag um 10.30 Uhr einen wichtigen Termin, der mindestens zwei Stunden dauert.

b Finden Sie im Gespräch einen Kundentermin für nächste Woche.

Wir brauchen einen Termin am Vormittag. Könnt ihr nächste Woche am ... um ... Uhr?

Ja, das passt bei mir.

Wie wäre es dann am ...?

Das geht bei mir leider nicht. Geht es vielleicht ...

2 Schreiben Sie (1) eine E-Mail an den Kunden und bestätigen Sie den Termin. Informieren Sie (2) Ihre Kolleginnen / Kollegen in einer Textnachricht. Ordnen Sie die Sätze und ergänzen Sie wichtige Informationen. Vergleichen Sie dann mit einer Lernpartnerin / einem Lernpartner.

Bitte melden Sie sich telefonisch bei mir, wenn sich etwas ändern sollte. ~~Liebe Kolleg*innen,~~

Mit Dank und besten Grüßen | Lieber Herr Stein, | am ...., den 26.05., um ...... Uhr.

Bitte seid alle pünktlich. Und pünktlich heißt: 5 Minuten vor dem Termin. 🙂

gern bestätige ich Ihnen folgenden Termin in der nächsten Woche:

am ...., den 26.05., um ...... Uhr (auf Ihrer Baustelle, Kölnstr. 7). ~~Terminbestätigung~~

hier kommt noch mal der Termin für nächste Woche, den wir eben vereinbart haben.

Liebe Grüße! | Treffen mit Herrn Stein auf der Baustelle Kölnstr. 7:

An: Luis Stein
Betreff: *Terminbestätigung*

....

*Liebe Kolleg*innen,*

....

3 | a Hören Sie die Nachricht auf der Mailbox. Was sagt der Kunde? Verbinden Sie und vergleichen Sie zu zweit.
059

1 Wir hatten ja
2 Es tut mir leid,
3 Wir haben einige Probleme,
4 Erst danach macht es Sinn,
5 Ich melde mich dann bei Ihnen,
6 Vielen Dank für Ihre Mühe

A dass wir uns treffen.
B um einen neuen Termin zu vereinbaren.
C und bis bald.
F einen Termin vereinbart.
D aber ich muss den Termin absagen.
E um die ich mich kümmern muss.

b Arbeiten Sie zu zweit. Hören Sie die Nachricht noch einmal. Geben Sie den Inhalt der Nachricht aus a an Ihre Kolleginnen / Kollegen weiter und schreiben Sie zwei Textnachrichten: eine lange (ca. 30 Wörter) und eine kurze (ca. 10 Wörter).
059

c Hängen Sie Ihre Nachrichten im Kursraum auf. Sehen Sie sich alle Nachrichten an. Welche Nachricht ist für eine Textnachricht an Kolleginnen / Kollegen gut geeignet? Sprechen Sie im Kurs.

Ich finde die Nachricht schön kurz. Das passt in einem Chat.

Die Nachricht klingt sehr nett. Das gefällt mir.

4 | a Lesen Sie die Situation. Rufen Sie eine Kollegin / einen Kollegen an und sagen Sie Bescheid, dass Sie später kommen. Sprechen Sie eine Sprachnachricht auf Ihr Smartphone.

Situation Sie haben mit Luis Stein und Ihren Kolleginnen / Kollegen einen neuen Termin vereinbart. Nun sind Sie auf dem Weg zum Termin. Ihr Fahrrad ist plötzlich kaputt.

Hallo! Du ...

b Hören Sie Ihre Nachrichten zu zweit. Was ist gut? Was können Sie noch verbessern? Nehmen Sie Ihre Nachricht dann noch einmal auf und vergleichen Sie im Kurs.

5 | a Arbeiten Sie zu zweit. Was ist „pünktlich" in den verschiedenen Situationen? Ergänzen Sie noch eine weitere Situation. Sprechen dann im Kurs.

Und pünktlich heißt: 5 Minuten vor dem Termin 🙂

Situationen
1 Termin mit einer Kundin / einem Kunden
2 Joggen mit Kolleginnen / Kollegen
3 Termin mit der Chefin / dem Chef
4 Mittagessen mit Kolleginnen / Kollegen
5 Erster Arbeitstag
6 ....

Beim Joggen mit Kolleginnen und Kollegen finde ich Pünktlichkeit nicht so wichtig. Da kann man schon mal ein paar Minuten später kommen.

b Welche Erfahrungen haben Sie mit dem Thema *Pünktlichkeit* gemacht? Was ist Ihnen aufgefallen? Sprechen Sie im Kurs.

Ich habe schon mal erlebt, dass ...

Mir fällt auf, dass viele ...

Ich finde, es gibt große Unterschiede. Zum Beispiel ... Wie seht ihr das?

5

Kosta Bogdanov ist flexibel und gern unterwegs

Achten Sie im Anschreiben auf die Soft Skills!

TIPP DER WOCHE

Jeder weiß: Die fachlichen Qualifikationen sind wichtig, wenn man sich auf eine Stelle bewirbt. Mindestens genauso wichtig sind aber die sogenannten Soft Skills! Soft skills ist ein englischer Begriff. Im Deutschen kann man dazu *Sozialkompetenzen* sagen. Damit meint man *persönliche Eigenschaften*. Bei Bewerbungen achten Vorgesetzte darauf, dass man auch über seine persönlichen Eigenschaften spricht. Oft sind in der Stellenanzeige schon Soft Skills formuliert, die die Bewerberin / der Bewerber haben soll.

Die folgenden Soft Skills sind am wichtigsten:

- Belastbarkeit
- Eigeninitiative
- Flexibilität
- Kommunikationsfähigkeit
- Kritikfähigkeit
- Teamfähigkeit
- Motivation
- Organisationsfähigkeit
- Verantwortungsbewusstsein
- Zuverlässigkeit

Oft bewerben sich zahlreiche Menschen auf eine Arbeitsstelle. Und gute fachliche Qualifikationen haben viele. Sagen Sie deshalb in Ihrer Bewerbung, welche Soft Skills Sie haben. Das macht Ihre Bewerbung interessanter und Sie haben mehr Chancen auf eine Einladung zum Vorstellungsgespräch.

1 **Arbeiten Sie zu zweit. Lesen Sie den Text und wählen Sie drei Eigenschaften aus. Fragen Sie ein anderes Lernpaar, was diese Eigenschaften bedeuten.** → AB

Was meint eigentlich „Teamfähigkeit“?

Zum Beispiel, dass man gern mit anderen Menschen zusammenarbeitet.

Und das bedeutet auch, dass …

2 **Welche Eigenschaften sind wichtig für Lkw-Fahrer? Sprechen Sie.**

Lkw-Fahrer müssen flexibel sein. Sie sind vielleicht manchmal lange nicht zu Hause.

Sie sollten …

A über Kompetenzen sprechen

A1 | a **Welche Anzeigenausschnitte gehören zu welchem Beruf? Ordnen Sie zu.**

A ○
Wir suchen ab sofort:
Friseur/in

C 1
Straßenbahnfahrer/in
zum nächstmöglichen Zeitpunkt dringend gesucht!

B ○
Werden Sie Teil unseres Teams!
Wir suchen
Bauhelfer/innen!

D ○
Zur Verstärkung unseres Teams suchen wir ab sofort eine
Küchenhilfe (m/w/d)!

1 Für uns sind zufriedene Fahrgäste besonders wichtig! Sie sind belastbar, zuverlässig und kundenfreundlich? Schichtdienste und Wochenendarbeit sind für Sie kein Problem? Dann bewerben Sie sich bei uns!

3 Sie arbeiten gern im Team und sind flexibel? Sie mögen körperliche Arbeit im Freien und sind gern auf unterschiedlichen Baustellen unterwegs? Dann sind Sie bei uns genau richtig!

2 Voraussetzungen sind Zuverlässigkeit und Verantwortungsgefühl. Außerdem wünschenswert, aber kein Muss: erste Erfahrungen im Gastronomiebereich. Sie sollten Freude an der Zubereitung von Speisen und an der Arbeit im Team haben.

4 Wenn Du Spaß an Deinem Beruf hast, dann bist Du bei uns genau richtig! Du solltest kreativ und motiviert sein und viel Eigeninitiative haben. Außerdem legen wir Wert auf Zuverlässigkeit und Kommunikationsfähigkeit. Und: Absolute Freundlichkeit unseren Kunden gegenüber ist Pflicht!

b **Markieren Sie in a die Sozialkompetenzen und sprechen Sie.** → AB

Straßenbahnfahrer müssen belastbar sein. Außerdem ...

Ja, und sie sollten ...

A2 | a **Was haben Sie in Lektion 2, A2 über Ihre Stärken herausgefunden? Machen Sie Notizen.**

b **Sehen Sie noch einmal die Liste der Soft Skills im Text auf Seite 44 an. Sprechen Sie zu zweit über Ihre Stärken und weitere Kompetenzen.**

Ich kann gut organisieren.

Dann kannst du „Organisationsfähigkeit“ als Stärke nennen.

Und was ist deine Stärke?

Mir fällt es leicht, mit Menschen zu kommunizieren. Also: Kommunikationsfähigkeit.

c **Berichten Sie über die Stärken und Kompetenzen Ihrer Lernpartnerin / Ihres Lernpartners.**

Varas Stärke ist ihre Organisationsfähigkeit.

B ein Anschreiben formulieren

B1 | a **Was ist ein Anschreiben? Wozu braucht man es? Recherchieren Sie zu zweit und machen Sie Notizen. Vergleichen Sie mit einem anderen Lernpaar.**

b **Lesen Sie die Stellenanzeige. Stellen Sie sich vor, Sie formulieren für diese Anzeige ein Anschreiben. Markieren Sie, zu welchen Informationen Sie etwas schreiben sollten.**

Friseursalon Haarpracht

MARKT 14 • 86161 AUGSBURG

Suche

Wir suchen ab sofort: Friseur/in

Wenn Du Spaß an Deinem Beruf hast, dann bist Du bei uns genau richtig! Du solltest kreativ und motiviert sein und viel Eigeninitiative haben. Außerdem legen wir Wert auf Zuverlässigkeit und Kommunikationsfähigkeit. Und: Absolute Freundlichkeit unseren Kunden gegenüber ist Pflicht!

Unsere fachlichen Anforderungen:
- abgeschlossene Ausbildung als Friseur/in
- mindestens zwei Jahre Berufserfahrung
- wünschenswert: Kenntnisse in Farbberatung und Kosmetik

Wir bieten Dir:
- unbefristete Beschäftigung in Vollzeit
- ein faires Gehalt
- ein nettes Team
- viele Weiterbildungsmöglichkeiten

Bewerbungen bitte bis zum 21. August per E-Mail an bewerbung@friseur-haarpracht.de!

c **Was ist richtig? Lesen Sie das Anschreiben und kreuzen Sie auf Seite 47 an.**

A ...... Pavlo Borgiv
Sommerfelder Straße 24
83024 Rosenheim

Friseursalon Haarpracht
Markt 14
86161 Augsburg

...... Rosenheim, 10.08.20XX

...... **Bewerbung als Friseur**

...... Sehr geehrte Damen und Herren,

...... mit großem Interesse habe ich Ihre Anzeige bei www.jobboerse.de gelesen. Ich möchte mich hiermit auf die Stelle als Friseur bewerben. Für diese Stelle bringe ich die richtigen Qualifikationen und Erfahrungen mit.

...... Ich habe im Jahr 2014 meinen Realschulabschluss gemacht. Danach absolvierte ich eine Ausbildung zum Friseur. Die Ausbildung beendete ich im Jahr 2017. Seitdem arbeite ich in diesem Beruf. Dabei habe ich schon viel Erfahrung gesammelt. 2019 machte ich eine Weiterbildung zum Kosmetiker.

Ich bin zuverlässig und kommuniziere gern mit Menschen. Der Kontakt zu den Kunden macht mir Spaß und zufriedene Kunden sind mir wichtig. Außerdem bringe ich viel Motivation und Eigeninitiative mit.

...... Über eine Einladung zu einem persönlichen Gespräch würde ich mich sehr freuen.

...... Mit freundlichen Grüßen

Pavlo Borgiv

1 ⊗ Pavlo bewirbt sich im Friseursalon Haarpracht.
2 ○ Er will eine Ausbildung zum Friseur machen.
3 ○ Er hat schon Berufserfahrung als Friseur.
4 ○ Er würde gern eine Weiterbildung zum Kosmetiker machen.
5 ○ Er redet gern mit seinen Kunden.

d **Wie gut passt das Anschreiben zur Stellenanzeige? Vergleichen Sie und sprechen Sie.**

Das Anschreiben
Zum Beginn des Anschreibens stehen die Informationen über den Absender und den Empfänger. Dann nennt man Ort und Datum. Im Betreff steht der Grund, warum man schreibt. Nach der Anrede kommt eine kurze Einleitung, dann der Hauptteil und der Schluss. Das Anschreiben endet mit einem Gruß.

B2 | a **Was ist was? Notieren Sie in B1 c den passenden Buchstaben.**

A Adresse von Absender und Empfänger
B Anrede **C** Betreff **D** Einleitung **E** Schluss
F Ort und Datum **G** Hauptteil **H** Gruß

b **Welche Wendungen finden Sie im Anschreiben? Ergänzen Sie.**

Einleitung	Hauptteil	Schluss
mit großem Interesse ...		

c **Markieren Sie im Anschreiben in B1 c alle Verben im Präteritum. Schreiben Sie für jedes Verb eine Konjugationstabelle.** → AB

Präteritum der regelmäßigen Verben

ich absolvierte	wir absolvierten
du absolviertest	ihr absolviertet
er absolvierte	sie absolvierten

B3 | a **Lesen Sie die Stellenanzeige und markieren Sie alle Informationen, die für ein Anschreiben wichtig sind. Formulieren Sie dann ein Anschreiben.**

Suche

FRISEURSALON SCHÖNER
Südenstraße 105 • 12107 Berlin

Friseur/in in Voll- oder Teilzeit gesucht.

Wir sind auf der Suche nach einem/r zuverlässigen Mitarbeiter/in für unseren Friseursalon im Berliner Süden. Eintritt: ab sofort, spätestens Ende Mai

Voraussetzungen:
✔ abgeschlossene Ausbildung zum/zur Friseur/in
✔ Berufserfahrung wünschenswert, aber wir geben auch Berufseinsteiger/innen eine Chance
✔ Teamfähigkeit, Flexibilität und Bereitschaft zur Arbeit am Abend und am Samstag
✔ Bereitschaft zur Weiterbildung

Wir bieten Ihnen:
✔ ein angemessenes Gehalt
✔ viele Weiterbildungsmöglichkeiten
✔ eine angenehme Arbeitsatmosphäre

b **Tauschen Sie Ihr Anschreiben mit Ihrer Lernpartnerin / Ihrem Lernpartner. Lesen Sie und geben Sie Feedback.** → AB

seine Meinung äußern
Ich finde/denke/meine, dass ...
Meiner Meinung nach ...
Ich bin der Meinung/Ansicht, dass ...

Ich finde, dass dein Anschreiben schon ziemlich gut ist! Noch ein Tipp: In der Stellenanzeige steht noch, dass ...

C ein Bewerbungsanschreiben überarbeiten

C1 | a **Lesen Sie die Stellenanzeige und das Anschreiben. Welche Probleme gibt es im Anschreiben? Sammeln Sie zu zweit.**

www.lampen-und-leuchten-schulze.de

Lampen und Leuchten Schulze

Für unseren technischen Außendienst suchen wir ab sofort eine/n

Elektriker/in in Vollzeit

Ihre Aufgaben:
→ Reparatur von Elektrogeräten bei Kunden
→ Erstellung von Angeboten und Rechnungen

Unsere Anforderungen:
→ technische Ausbildung
→ strukturierte Arbeitsweise
→ Kundenfreundlichkeit und Belastbarkeit
→ Führerschein und Reisebereitschaft

Wir bieten Ihnen:
→ eine Beschäftigung in Vollzeit, auf zwei Jahre befristet
→ ein attraktives Gehalt

Haben wir Ihr Interesse geweckt? Dann bewerben Sie sich jetzt online.

Simona Diamandi
Körnerplatz 16
17235 Neustrelitz

Lampen und Leuchten Schulze
Sassberger Straße 4
17033 Neubrandenburg

Neustrelitz, 14. 03. 20XX

Bewerbung als Elektrikerin

Sehr geehrte Damen und Herren,
ich habe Ihre Stellenanzeige in der Zeitung gefunden und will mich auf die Stelle bewerben.
Ich habe eine Ausbildung zur Elektrikerin gemacht. Dann habe ich vier Jahre bei Lumilux in Schwedt gearbeitet. Ich habe dort viel Berufserfahrung gesammelt. Ich habe 2017 eine Weiterbildung im Bereich Energietechnik gemacht.
Der Umgang mit den Kunden macht mir Spaß und ich bin belastbar. Ich kann strukturiert arbeiten und ich bin bereit, am Abend und am Samstag zu arbeiten.
Mit freundlichen Grüßen

Simona Diamandi

b **Was ist Ihnen in Simonas Anschreiben aufgefallen? Was würden Sie besser machen? Sprechen Sie.** → AB

über Auffälligkeiten reden
Mir ist aufgefallen, dass ...
Ich habe bemerkt, dass ...
... würde besser klingen/wirken.
Eigenartig/komisch/seltsam finde ich ...

Verbesserungsvorschläge machen
Es wäre besser, wenn ...
... würde einen besseren Eindruck machen.

Ich finde die Einleitung ein bisschen unhöflich. Es wäre besser, wenn sie freundlicher klingen würde.

Komisch finde ich, dass ...

C2 | a Welchen Tipp gibt Ludwig seiner Freundin Simona? Hören Sie und kreuzen Sie an.

🔊 060

Simona soll überprüfen,
ⓐ ob das Anschreiben Grammatikfehler hat.
ⓑ ob die Stellenanzeige und das Anschreiben zusammenpassen.
ⓒ ob das Anschreiben gut formuliert ist.

b Was soll Simona tun? Hören Sie das Gespräch zweimal und kreuzen Sie an.

🔊 061

1 ○ die Adresse verändern
2 ○ die Betreffzeile verändern
3 ○ Ort und Datum prüfen
4 ⊗ die Einleitung verändern
5 ○ die Satzanfänge unterschiedlich formulieren
6 ○ *danach, anschließend* oder *im Anschluss daran* verwenden
7 ○ den Hauptteil kürzer schreiben
8 ○ genauer schreiben, wann sie was gemacht hat
9 ○ *seit* und *bis* verwenden
10 ○ den Schluss überarbeiten
11 ○ einen Schlusssatz ergänzen
12 ○ einen Gruß hinzufügen

C3 | a Ergänzen Sie *seit* oder *bis*.

1 Ich habe *seit* einem halben Jahr einen festen Job.
2 Von 2017 ______ 2021 habe ich in einem Bioladen gearbeitet.
3 Simon hat ______ nächsten Donnerstag Urlaub.
4 ______ wann weißt du das schon?
5 Ioana arbeitet noch ______ August in unserer Abteilung.
6 Herr Ahmadi ist schon ______ zwei Wochen krank.
7 Frau Letula interessiert sich ______ ihrer Kindheit für Astronomie.

Zeitangaben mit *seit* und *bis*
Ich bin bis 2018 zur Realschule gegangen.
Seit 2021 arbeite ich als Koch.

b Wann haben Sie was gemacht? Sprechen Sie.

Zeiten und Zeiträume ausdrücken
Ich bin bis ... zur Schule gegangen.
Von ... bis ... habe ich eine Ausbildung gemacht.
Vor einem (halben) Jahr / zwei Jahren ...
Seit ... arbeite ich als ...

Bis Juli 2019 habe ich eine Ausbildung zur Verkäuferin gemacht. Seit Oktober 2019 arbeite ich in einem Supermarkt.

c Lesen Sie Simonas Bitte und schreiben Sie das Anschreiben aus C1 a neu. → AB

Von: Simona Diamandi
Betreff: Mein Anschreiben

Hallo,
du, ich brauche deine Hilfe. Ich möchte mich bei „Lampen und Leuchten Schulze“ bewerben. Ludwig hat mir schon ein paar Tipps für mein Anschreiben gegeben. Aber es ist sehr schwer für mich ... Kannst du mir bitte helfen, mein Anschreiben zu überarbeiten? DANKE!
Viele Grüße
Simona

Warum einen Text überarbeiten?
Weil man es oft nicht schafft, beim ersten Versuch sofort einen guten Text zu schreiben. Das geht auch Muttersprachlerinnen und Muttersprachlern so, wenn sie Anschreiben formulieren.

Nach der Bewerbung fragen – wann und wie?

Extra

1 **Welche Frage stellt Kosta? Kreuzen Sie an.**

Kosta fragt, ob ...
ⓐ mit Lorenz alles in Ordnung ist.
ⓑ Lorenz für ihn bei REIMAX anrufen kann.
ⓒ er bei REIMAX telefonisch nachfragen soll.

Lorenz
Hallo Kosta, wie geht's? Wollen wir morgen Abend zusammen ins Kino gehen?

Kosta
Warum nicht! Ich kann ein bisschen Abwechslung gut gebrauchen ... Ich habe doch letzte Woche die Bewerbung losgeschickt, für die tolle Stelle bei REIMAX in der Nordstadt ... Und seitdem habe ich gar nichts gehört. NICHTS! 😤 Ich würde so gern da arbeiten ... Soll ich dort mal anrufen?

Lorenz
Oh, zu diesem Thema habe ich gestern einen guten Newsletter gelesen! 😀

2 **Richtig oder falsch? Lesen Sie und kreuzen Sie an.** → AB

Sehr geehrter Herr Fischer,

wie jeden Monat erhalten Sie hier unseren aktuellen Newsletter mit aktuellen Bewerbungstipps! Viel Erfolg!

So klappt es mit dem Bewerben: Unser Bewerbungscoach **Dr. Anne Sommermann** gibt Tipps

TIPP DER WOCHE: Nach der Bewerbung fragen – aber richtig!

Bewerbungscoach Anne Sommermann

Sie haben eine Bewerbung für eine interessante Stelle abgeschickt? Dann ist es jetzt schwer, geduldig zu warten. Aber genau das müssen Sie leider: Geduld haben. Arbeitgeber brauchen Zeit, um die Bewerbungen anzuschauen. Das dauert im Durchschnitt drei bis sechs Wochen.

Frühestens nach drei Wochen können Sie überlegen, ob Sie anrufen und nachfragen. Wenn Sie sich für einen Anruf entscheiden: Planen Sie den Anruf gut. Überlegen Sie genau, was Sie sagen und fragen wollen. Telefonieren Sie in Ruhe zu Hause, nicht unterwegs mit dem Smartphone. Und ganz wichtig: Bleiben Sie höflich. Auf keinen Fall sollten Sie zeigen, dass Sie sich ärgern.

Lange Wartezeiten bei Bewerbungen können viele Gründe haben. Vielleicht hat das Unternehmen viele Bewerbungen bekommen, vielleicht braucht man mehrere Menschen für die Entscheidung. Lange zu warten, heißt nicht unbedingt, dass man Sie für die Stelle nicht möchte. Und ein letzter guter Tipp: Die Wartezeit können Sie prima nutzen und weitere Bewerbungen schreiben. Viel Glück!

	richtig	falsch
1 Arbeitgeber entscheiden sich nach maximal drei Wochen.	○	⊗
2 Man sollte einen Anruf gut planen.	○	○
3 Man sollte Anrufe nicht unterwegs erledigen.	○	○
4 Man sollte am Telefon sagen, dass man wütend ist.	○	○
5 Es ist ein schlechtes Zeichen, wenn man lange warten muss.	○	○
6 Es ist gut, sich weiter zu bewerben.	○	○

3 **Fassen Sie für Kosta den Inhalt des Newsletters in einer Sprachnachricht (🎙) zusammen. Geben Sie ihm Tipps zum Anruf nach der Bewerbung.**

4 **Würden Sie nach einer Bewerbung telefonisch nachfragen oder haben Sie das schon einmal gemacht? Welche Erfahrungen haben Sie gemacht? Sprechen Sie.**

Ich glaube, dass ich lieber eine E-Mail schreiben würde. Anrufen fällt mir schwer.

Es ist bestimmt besser, wenn ...

seine Meinung äußern 062–063
Ich finde/denke/meine, dass ...
Meiner Meinung nach ...
Ich bin der Meinung/Ansicht, dass ...

über Auffälligkeiten reden 064–065
Mir ist aufgefallen, dass ...
Ich habe bemerkt, dass ...
Eigenartig/Komisch/Seltsam finde ich ...

Verbesserungsvorschläge machen 066–067
Es wäre besser, wenn ...
... würde besser klingen/wirken.
... würde einen besseren Eindruck machen.

Zeiten und Zeiträume ausdrücken 068–069
Ich bin bis ... zur Schule gegangen.
Von ... bis ... habe ich eine Ausbildung gemacht.
Vor einem (halben) Jahr / zwei Jahren ...
Seit ... arbeite ich als ...

Sie sind Arbeitgeber/in: Welche Kompetenzen sind Ihnen bei Ihren Mitarbeiterinnen und Mitarbeitern besonders wichtig? Nennen Sie mindestens drei.

Tipp: Wenn Sie eine Bewerbung schreiben, geben Sie sie einer Person zum Lesen. Jemand anderes kann oft wichtige Tipps geben.

Welche acht Bausteine hat ein Anschreiben? Überlegen Sie zu zweit.

070–071 **Präteritum der regelmäßigen Verben**

ich	absolvierte
du	absolviertest
er/es/sie	absolvierte
wir	absolvierten
ihr	absolviertet
sie/Sie	absolvierten

Schreiben Sie die Präsens-Konjugation und die Präteritum-Konjugation nebeneinander und vergleichen Sie.

072–073 **Präteritum der unregelmäßigen Verben**

ich	stand	ging
du	standest	gingst
er/es/sie	stand	ging
wir	standen	gingen
ihr	standet	gingt
sie/Sie	standen	gingen

Nehmen Sie einen kurzen Zeitungstext und lesen Sie ihn. Finden Sie Verben im Präteritum? Wenn ja, welche?

Bei den unregelmäßigen Verben verändert sich der Verbstamm.
Man muss sie auswendig lernen. Lernen Sie immer gleich alle drei Formen:
stehen – stand – hat gestanden, gehen – ging – ist gegangen.

074–076 **Zeitangaben mit *seit* und *bis***

	Ich bin bis 2018 zur Realschule gegangen.
bis + Dativ	bis zum nächsten Mal
bis + Nebensatz	bis ich eine Stelle gefunden habe
	Seit 2021 arbeite ich als Koch.
seit + Dativ	seit dem letzten Mal
seit + Nebensatz	seit ich diese Ausbildung mache

Was ist seit 2018 alles passiert? Und was war davor? Schreiben Sie fünf Sätze.

6

So hat Amanda Álvarez García ihren Job bekommen

1 Ordnen Sie den Chat. → AB

○ Ja, ich habe meinen Lebenslauf mitgenommen. Aber der Chef wollte ihn gar nicht sehen.

○ Hattest du beim Gespräch mit dem Chef deine Bewerbungsunterlagen dabei?

① Hi! Sag mal, war es schwer, den Job im Biergarten zu bekommen?

○ Ich war einfach freundlich. Und ich habe erklärt, warum ich gern hier als Kellnerin arbeiten möchte. Außerdem habe ich angeboten, einen halben Tag zur Probe zu arbeiten. Ich glaube, das war eine gute Idee. 😃

○ Nein, das war ganz einfach. Ich habe dort einen Kellner gefragt. Er hat gesagt, ich soll wiederkommen, wenn der Chef da ist. Und das habe ich dann gemacht.

○ Okay … Was hast du denn gemacht oder gesagt?

2 Was hat Amanda gemacht, um den Job zu bekommen? Markieren Sie zu zweit im Text und vergleichen Sie dann im Kurs. → AB

einen Ablauf beschreiben
Zuerst … Dann … Außerdem …

Zuerst hat sie …

Dann …

3 a Kursspaziergang – Haben Sie schon einmal versucht, einen Job ohne ein richtiges Bewerbungsverfahren zu bekommen? Wie haben Sie das gemacht? Erzählen Sie.

Ich habe einmal in einem Supermarkt nach einem Job gefragt. Ich bin zu einer Verkäuferin gegangen und habe gefragt: „Suchen Sie noch Aushilfen?“ Sie hat dann …

Bei mir war das anders. Ich …

b Was haben Sie erfahren? Was möchten Sie auch versuchen? Berichten Sie im Kurs.

Anas hat einfach im Supermarkt gefragt, ob eine Aushilfe gebraucht wird. Das möchte ich auch versuchen.

A einen Ratgebertext verstehen

A1 **Welche Fragen zum Thema *Bewerbungsgespräch* haben Sie? Notieren Sie und sammeln Sie dann.**

Was ziehe ich am besten an?

Welche Unterlagen sollte ich mitnehmen?

A2 | a **Lesen Sie die Tipps. Welche Fragen aus A1 beantwortet die Expertin?**

www.so-klappt-die -bewerbung.net

Suche

DIE 9 BESTEN TIPPS FÜR IHR BEWERBUNGSGESPRÄCH

von Marianne Sandhorst, Personalberaterin

1 Seien Sie auf jeden Fall pünktlich. Planen Sie den Weg zum Gespräch so, dass Sie genug Zeit haben und sich nicht beeilen müssen.
2 Achten Sie darauf, dass Ihre Kleidung sauber und ordentlich ist. Die Kleidung sollte frisch gewaschen und gebügelt sein und natürlich keine Löcher haben. Achten Sie auch auf eine ordentliche Frisur.
3 Geben Sie Ihren Gesprächspartner:innen zur Begrüßung die Hand. Achten Sie darauf, dass der Händedruck angenehm fest ist. So wirken Sie sicher und selbstbewusst.
4 Ein Bewerbungsgespräch ist aufregend. Bleiben Sie ruhig! So zeigen Sie, dass Sie mit Stress gut umgehen können. Es hilft, wenn Sie aufrecht sitzen!
5 Schauen Sie Ihre Gesprächspartner:innen an. Der Blickkontakt wirkt offen und positiv. Wer seinen Gesprächspartner:innen nicht in die Augen schaut, wirkt unsicher oder – noch schlimmer – nicht ehrlich.
6 Vorbereitung ist alles. Informieren Sie sich über das Unternehmen, bei dem Sie sich bewerben. Überlegen Sie sich auch ein paar Fragen, die Sie stellen können. Auch das zeigt Ihr Interesse und Engagement.
7 In einem Bewerbungsgespräch müssen Sie erklären, warum Sie den Job haben möchten. Und Sie müssen über Ihre Ausbildung und Ihre Stärken sprechen. Suchen Sie sich jemanden, mit dem Sie das Gespräch üben können. Auch wenn das vielleicht komisch ist: Es hilft!
8 Fragen Sie auf jeden Fall nach, wenn Sie etwas nicht verstanden haben. Es ist kein Problem, etwas nicht zu verstehen. Aber es macht keinen guten Eindruck, wenn Sie das nicht zugeben.
9 Seien Sie positiv. Lächeln Sie! Sie suchen nach einem Job und das Unternehmen sucht nach passenden Mitarbeiter:innen. Freuen Sie sich darauf, Ihre Gesprächspartner:innen kennenzulernen und mehr Informationen über den Job zu bekommen.

b **Welche Tipps gibt die Expertin? Lesen Sie noch einmal und kreuzen Sie an.** → AB

1 ○ Bereiten Sie eigene Fragen vor.
2 ○ Tragen Sie ordentliche Kleidung.
3 ○ Sitzen Sie gerade auf dem Stuhl.
4 ○ Sagen Sie ruhig, dass Sie nervös sind.
5 ○ Sprechen Sie nie über Ihre Schwächen.
6 ○ Machen Sie auch mal Witze im Gespräch.
7 ○ Schauen Sie der Chefin / dem Chef nicht in die Augen.
8 ○ Planen Sie so, dass Sie nicht zu spät kommen.

A3 | a **Welchen Tipp aus A2 finden Sie besonders gut / nicht so interessant? Warum? Sprechen Sie im Kurs.** → AB

eine Meinung begründen
Ich finde Tipp X besonders gut, weil ...
Tipp X ist für mich hilfreich. Ich habe nämlich ...
Für mich ist Tipp X nicht so interessant, denn ...
... Deshalb finde ich Tipp X sehr interessant.

Ich finde Tipp 8 besonders gut. Ich habe mich nämlich schon oft gefragt, ob man nachfragen soll.

Es ist für mich normal, saubere Kleidung zu tragen. Deshalb finde ich Tipp 2 nicht so interessant.

b **Welche Erfahrungen haben Sie in Bewerbungsgesprächen gemacht? Passen die Tipps aus A2 immer? Können Sie noch Tipps ergänzen? Sprechen Sie im Kurs.**

Tipp 3 passt nicht immer: ...

Ich finde, ein wichtiger Tipp ist, dass ...

B ein Bewerbungsgespräch verstehen

B1 **Was denken Sie: Welche Themen gehören (nicht) in ein Bewerbungsgespräch? Sammeln Sie zu zweit. Sprechen Sie dann im Kurs.**

Ich glaube, im Bewerbungsgespräch redet man über …

Ich denke, … ist ein Thema.

Ich denke, man spricht nicht über …

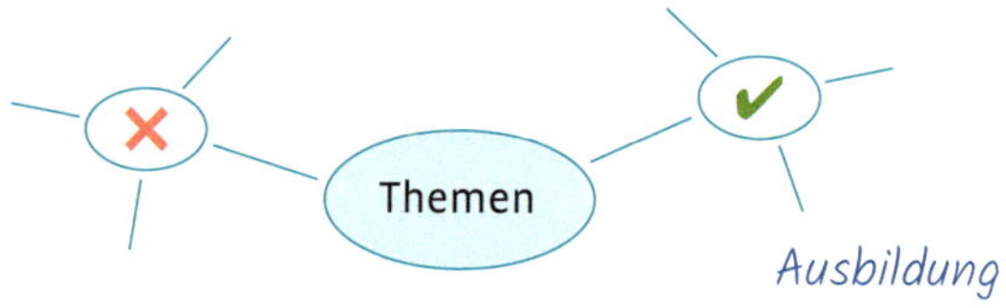

B2 | a **Hören Sie das Bewerbungsgespräch. Wie ist die Stimmung? Wie wirken die Gesprächspartner? Beschreiben Sie.**
077

aufgeregt | freundlich | gestresst | kompliziert | positiv | selbstbewusst | seriös | sympathisch | …

Ich finde, das Gespräch klingt …

Ja, die Chefin wirkt …

b **Arbeiten Sie zu zweit. Welche Zusammenfassung passt? Hören Sie noch einmal und kreuzen Sie an.**
077

1 ○ Kasimir Lapė bewirbt sich als Lagerarbeiter in einem Supermarkt, weil er dringend einen Vollzeitjob braucht. Er hat seine Ausbildung mit guten Noten abgeschlossen. Seine Stärken sind, dass er zuverlässig ist und genau arbeitet.

2 ○ Kasimir Lapė bewirbt sich um einen Job im Lager eines Unternehmens, das Fahrräder und Fahrradzubehör verkauft. Er hat schon viel Erfahrung mit Onlineshops und ist deshalb der Richtige für den Job.

3 ○ Kasimir Lapė bewirbt sich um einen Job als Lagerarbeiter. Das Unternehmen verkauft – online und in einem Geschäft – Fahrräder und alles, was dazugehört. Kasimir Lapė interessiert sich für diese Produkte. Er hat Lust, neue Erfahrungen zu sammeln.

c **Hören Sie noch einmal in Abschnitten. Welche Themen haben die Abschnitte? Ergänzen Sie und vergleichen Sie dann im Kurs.** → AB

Fragen des Bewerbers (Team und Start in den neuen Job) | Interesse an der Stelle und am Unternehmen | Stärken und Gehalt | Informationen zur Entscheidung (Zu-/Absage) und Abschied | Berufserfahrung | Zusammenfassung des Lebenslaufs | ~~Begrüßung und Smalltalk~~ | Ausbildung und Zeugnisse

078 Abschnitt 1: *Begrüßung und Smalltalk*

079 Abschnitt 2: ……………………

080 Abschnitt 3: ……………………

081 Abschnitt 4: ……………………

082 Abschnitt 5: ……………………

083 Abschnitt 6: ……………………

084 Abschnitt 7: ……………………

085 Abschnitt 8: ……………………

B3 | a Wie kann man das auch sagen? Kreuzen Sie an. Es gibt mehrere Möglichkeiten.

1 Nicht nur Ihr Lebenslauf, sondern auch Ihr Anschreiben haben mir gut gefallen.
ⓐ Ihr Lebenslauf und (auch) Ihr Anschreiben haben mir gut gefallen.
ⓑ Ihr Lebenslauf hat mir nicht so gut gefallen wie Ihr Anschreiben.

2 Ich habe zwar noch nie für einen Onlineshop gearbeitet, aber ich kann mir das gut vorstellen.
ⓐ Obwohl ich noch nie für einen Onlineshop gearbeitet habe, kann ich mir das gut vorstellen.
ⓑ Ich habe noch nie für einen Onlineshop gearbeitet. Trotzdem kann ich mir das gut vorstellen.

nicht nur ..., sondern auch und *zwar ..., aber*

Nicht nur Ihr Lebenslauf, sondern auch Ihr Anschreiben haben mir gut gefallen. (= und / und auch)
Ich habe zwar noch nie für einen Onlineshop gearbeitet, aber ich kann mir das gut vorstellen. (= obwohl/trotzdem)

b Schreiben Sie je zwei Sätze mit *nicht nur ..., sondern auch* und *zwar ..., aber*. → AB

eine Ausbildung abgeschlossen / (keine) Berufserfahrung haben
ein Praktikum / (k)einen Sprachkurs absolviert haben
einen Sprachkurs absolviert haben / die Prüfung (nicht) bestanden haben
(keine) Berufserfahrung haben / ein Praktikum absolviert haben
(k)eine Aufenthalts-/Arbeitsgenehmigung haben
eine Ausbildung abgeschlossen haben / (k)ein Zeugnis haben

Ich habe nicht nur eine Ausbildung abgeschlossen, sondern auch Berufserfahrung.
Ich habe zwar eine ...

B4 | a Was machen Sie, wenn Sie diese Sätze im Bewerbungsgespräch hören? Ordnen Sie zu. → AB

1 *D* Wir melden uns bis Ende der Woche bei Ihnen.
2 ___ Möchten Sie denn noch etwas wissen?
3 ___ Warum denken Sie, dass Sie die / der Richtige für diesen Job sind?
4 ___ Haben Sie den Weg zu uns gut gefunden?
5 ___ Ich sehe, Sie haben ja schon in diesem Bereich gearbeitet ...
6 ___ Vielleicht erzählen Sie uns erst einmal etwas über Ihren Hintergrund.
7 ___ Und warum möchten Sie gerade bei uns arbeiten?
8 ___ Wie sieht es denn mit dem Gehalt aus?

A Stellen Sie Ihre eigenen Fragen zur Stelle oder zur Firma.
B Jetzt können Sie sagen, wie viel Geld Sie ungefähr verdienen möchten.
C Beschreiben Sie jetzt Ihre Berufserfahrungen, die zur Stelle passen, genauer.
D Drücken Sie Ihre Freude aus, dass Sie so schnell eine Antwort bekommen.
E Beschreiben Sie kurz Ihre Ausbildung und Ihre Berufserfahrung – geben Sie also eine kurze Zusammenfassung Ihres Lebenslaufs.
F Sagen Sie, was Ihnen an der Firma gefällt.
G Wir machen ein bisschen Smalltalk. Sagen Sie etwas Positives.
H Erklären Sie, wie Ihre Stärken Ihnen gerade in diesem Job besonders helfen.

b Wählen Sie einen Satz aus 1 bis 8 und schreiben Sie ihn auf einen Zettel.

c Kursspaziergang – Finden Sie einen Lernpartner / eine Lernpartnerin. Lesen Sie Ihren Satz vor. Ihr Lernpartner / Ihre Lernpartnerin erklärt Ihnen dann, was das bedeutet. Tauschen Sie dann Ihre Karten und suchen Sie einen neuen Lernpartner / eine neue Lernpartnerin.

Haben Sie den Weg zu uns gut gefunden?

Ah, das ist Smalltalk.

C sich auf ein Bewerbungsgespräch vorbereiten

C1| a Verbinden Sie die Sprechblasen mit den passenden Informationen im Lebenslauf. Vergleichen Sie zu zweit.

Berufserfahrung

seit 09/2020:	Arbeit als Tischlerin Tischlerei Günther, Bielefeld
06/20–08/20	Praktikum Tischlerei Günther, Bielefeld
10/18–05/20	Arbeit als Tischlerin Mendes & Torres Interiores, Porto

Ausbildung

09/15–08/18	Ausbildung zur Tischlerin Centro de Formação Profissional das Indústrias de Madeira e Mobiliário, Lordelo Abschluss: Técnica de Desenho de Mobiliário e Construções (entspricht dem Gesellenbrief) Note: 16 (von 20 Punkten)
05/15	Diploma do Ensino Básico (entspricht dem deutschen Hauptschulabschluss)

Das Praktikum habe ich in einer kleinen Tischlerei absolviert. Dort habe ich gelernt, wie ein Familienbetrieb organisiert ist.

Nach meinem Praktikum hat mich die Tischlerei übernommen. Ich kümmere mich vor allem um die Herstellung von Schränken. Die Arbeit macht mir viel Spaß, aber jetzt suche ich nach neuen Herausforderungen in einem größeren Betrieb!

Ja, gern! Nach der Schule habe ich in Lordelo eine dreijährige Ausbildung zur Tischlerin gemacht.

Ich habe die Ausbildung mit 16 von 20 Punkten absolviert.

Im Juni 2020 bin ich nach Deutschland gekommen. Ich habe hier nicht nur einen Sprachkurs, sondern auch ein Praktikum gemacht.

Danach habe ich fast zwei Jahre in einer Möbelfirma in Porto gearbeitet. Dort war ich für den Bau von Regalen zuständig.

b Welche Punkte aus dem Lebenslauf erwähnt die Bewerberin? Hören und markieren Sie im Lebenslauf.
086

c Arbeiten Sie zu zweit. Sortieren Sie die Redemittel. Manche passen mehrfach. → AB

~~Außerdem habe ich ein Praktikum in … absolviert.~~ Die Ausbildung hat … Jahre gedauert. Dort habe ich … gelernt. Dort war ich für … zuständig. Ich war im Verkauf / im Lager / … tätig. Ich habe nach der Schule eine Ausbildung zur/zum … gemacht. Ich habe zum Beispiel … Ich habe … Jahre lang in einer Firma / in einer Werkstatt … gearbeitet. Ich habe mich um … gekümmert.

über die eigene Ausbildung / ein Praktikum sprechen
Außerdem habe ich ein Praktikum in … absolviert.

über Berufserfahrungen sprechen

C2| a Machen Sie Notizen zu Ihrer beruflichen Entwicklung: Was waren wichtige Stationen in Ihrem Berufsleben und was haben Sie dort gelernt?

b Arbeiten Sie zu zweit. Lernpartner/in A beginnt. Stellen Sie Ihre berufliche Entwicklung vor. Sprechen Sie circa 2 Minuten. Danach stellt Ihnen Lernpartner/in B Fragen dazu. Tauschen Sie dann die Rollen.

c Üben Sie diesen Teil des Bewerbungsgesprächs mehrfach. Nehmen Sie sich mit dem Smartphone auf und präsentieren Sie das Ergebnis im Kurs.

C3 | a Welche Antwort ist beim Bewerbungsgespräch geeignet? Überlegen Sie zu zweit und kreuzen Sie an.

TEST **Wie gut reagieren Sie im Bewerbungsgespräch?**

1 Warum haben Sie sich bei uns beworben?
- ⓐ Die Arbeitsagentur hat mir gesagt, dass ich das machen soll.
- ☒ⓑ Die Stelle interessiert mich sehr, weil sie gut zu meinen beruflichen Wünschen passt.
- ⓒ Natürlich weil ich Geld verdienen muss!

2 Wie schätzen Sie Ihre Teamfähigkeit ein?
- ⓐ Ehrlich gesagt: Ich arbeite lieber allein – das geht schneller.
- ⓑ Ich bin total teamfähig. Das war immer schon meine große Stärke – auch beim Sport.
- ⓒ Ich arbeite gern mit ganz unterschiedlichen Menschen in einem Team zusammen. So kommt man auf ganz neue, kreative Ideen.

3 Wie gehen Sie mit stressigen Situationen um?
- ⓐ Stress ist für mich überhaupt gar kein Problem. Je mehr Stress, desto besser!
- ⓑ Ich versuche, in stressigen Situationen ruhig zu bleiben und mich auf das zu konzentrieren, was im Moment wichtig ist.
- ⓒ Wenn es Stress gibt, atme ich ganz tief ein und aus und mache alles sehr langsam.

4 Wie gehen Sie mit Konflikten um?
- ⓐ Also, wenn jemand ein Problem mit mir hat, soll er mir das sagen.
- ⓑ Ich bin eher offen und direkt. Darum versuche ich, Probleme möglichst schnell anzusprechen.
- ⓒ Mir fällt es schwer, mit Konflikten umzugehen. Ich versuche immer, für gute Laune zu sorgen.

b Welche Antworten passen nicht so gut? Warum nicht? Sprechen Sie. Gibt es unterschiedliche Meinungen im Kurs? → AB

> Die Antwort ... passt nicht. So zeigt man kein Interesse an der Stelle.

> Die Formulierung ... ist nicht sehr höflich.

C4 | a Lesen Sie den Info-Text und ergänzen Sie. Vergleichen Sie dann zu zweit. → AB

Gehören Sie einer Partei an? | Sind Sie krank? | ~~Sind Sie schwanger?~~ | Spielt das für die Stelle eine Rolle? | Was macht Ihr Partner beruflich?

Suche

Im Bewerbungsgespräch sind nicht erlaubt:
- Fragen zur Familienplanung (1 *Sind Sie schwanger?* Möchten Sie Kinder haben?)
- Fragen zur Gesundheit (Haben Sie eine Behinderung? 2 ....)
- Fragen zum Privatleben (Sind Sie Single? 3 .... Sind Sie religiös? 4 .... Haben Sie Schulden?)

Solche Fragen müssen Sie nicht beantworten. Sie können statt einer Antwort mit einer freundlichen Frage reagieren. Zum Beispiel: „Oh, ist diese Information für die Stelle wichtig?", 5„..............................“ oder „Hat das etwas mit meiner zukünftigen Tätigkeit zu tun?"

b Haben Sie schon Erfahrungen mit solchen Fragen gemacht? Erzählen Sie im Kurs.

C5 | a Notieren Sie fünf schwierige Fragen für ein Bewerbungsgespräch (eine Frage pro Zettel).

b Finden Sie eine Lernpartnerin / einen Lernpartner. Mischen Sie die Zettel. Ziehen Sie einen Zettel. Lesen Sie die Frage vor. Ihr Lernpartner / Ihre Lernpartnerin antwortet und zieht die nächste Frage. → AB

Was soll ich anziehen?

Extra

1 **Was haben Sie schon einmal bei einem Bewerbungsgespräch angezogen? Vergleichen Sie mit den Bildern und sprechen Sie.** → AB

A

So sind Sie im Bewerbungsgespräch passend angezogen

Ich habe keinen Rock, sondern ein Kleid getragen.

Ich hatte ein blaues Hemd und ... an.

2 **Text A, B oder C? Lesen Sie: Welche Aussage passt? Ordnen Sie zu. (Eine Aussage passt nicht. Schreiben Sie dann ein X.)** → AB

____ Die passende Kleidung kann je nach Beruf unterschiedlich sein.
____ Ein männlicher Bewerber sollte eine Krawatte tragen.
____ Eine Frau sollte nur dunkle Kleidung tragen.
____ Die Kleidung muss zum Bewerber / zur Bewerberin passen.

B

Rico
Sag mal, was hattest du denn beim Bewerbungsgespräch an? 🙁

Amanda
😃😃😃 Ich hatte vorher im Internet nach Tipps gesucht. Dann habe ich einen dunkelblauen Rock und eine Bluse angezogen. Ich habe mich ganz komisch gefühlt. So etwas trage ich ja sonst nie. Der Chef hatte eine Jeans, ein cooles T-Shirt und Sneaker an. Am Ende des Gesprächs hat er mich gefragt: Können Sie sich auch vorstellen, in Jeans zu arbeiten? Wir haben ziemlich gelacht ... Ich finde den Artikel Was passt zur Stelle? ganz gut. Außerdem ist mein Rat: Deine Kleidung sollte zu dir passen! Man muss sich in der Kleidung wohlfühlen!

C

Was passt zur Stelle? – Kleiderordnung im Bewerbungsgespräch

Suche

Die Kleidung, die man beim Bewerbungsgespräch anzieht, sollte zum Job passen. Ein Mitarbeiter bei einer Bank trägt etwas anderes als ein Erzieher. Eine Verkäuferin in einer Mode-Boutique hat ein anderes Outfit als eine Gärtnerin. Die Bewerber/innen sollten genau überlegen: Welches Outfit passt zu der Stelle, die ich haben möchte?

3 | a **Notieren Sie drei Berufe auf drei Kärtchen. Sammeln Sie die Kärtchen ein und mischen Sie.**

b **Ziehen Sie ein Kärtchen. Geben Sie sich gegenseitig Tipps, was man in diesem Beruf zum Bewerbungsgespräch anziehen sollte.**

Kommunikation & Grammatik

6 K & G

einen Ablauf beschreiben 087
Zuerst ...
Dann ...
Außerdem ...

Sie haben frei. Welche drei Sachen/Aktivitäten machen Sie? Beschreiben Sie den Ablauf.

eine Meinung begründen 088–089
Ich finde ... besonders gut, weil ...
Das ist für mich hilfreich/interessant/... Ich habe nämlich ...
Für mich ist ... nicht so interessant, denn ...
... Deshalb finde ich ... sehr interessant.

Beschreiben Sie einen bestimmten Beruf und warum Sie sich dafür interessieren (z. B. Aufgaben, Vor- und Nachteile, Besonderheiten). Sprechen Sie zwei Minuten. Üben Sie vor dem Spiegel.

über die eigene Ausbildung / ein Praktikum sprechen 090–091
Ich habe nach der Schule eine Ausbildung zur/zum ... gemacht.
Die Ausbildung hat ... Jahre gedauert.
Außerdem habe ich ein Praktikum in ... absolviert.
Dort habe ich ... gelernt.

Fassen Sie Ihre Ausbildung in drei Sätzen zusammen. Nehmen Sie sich mit dem Smartphone auf, bis Sie mit der Aufnahme zufrieden sind.

über Berufserfahrungen sprechen 092–093
Ich habe ... Jahre lang in einer Firma / in einer Werkstatt ... gearbeitet.
Ich war im Verkauf / im Lager / ... tätig.
Ich habe mich um ... gekümmert.
Ich habe zum Beispiel ...
Dort war ich für ... zuständig.

Beschreiben Sie möglichst genau, welche Berufserfahrungen Sie haben. Sprechen Sie mindestens drei Minuten ohne Pause.

Tipp: Üben Sie regelmäßig, eine längere Zeit über ein Thema zu sprechen.

094–096 ***nicht nur ..., sondern auch*** **und** ***zwar ..., aber***

Der Chefin hat nicht nur der Lebenslauf, sondern auch das Anschreiben gut gefallen. (= und / und auch)

Der Bewerber hat zwar noch nie für einen Onlineshop gearbeitet, aber er bekommt den Job. (= obwohl / trotzdem)

Ihre Stärken.
1. Ergänzen Sie:
Ich kann/bin nicht nur ...
Ich kann/bin zwar nicht so ...
2. Übersetzen Sie Ihre Sätze in eine andere Sprache, die Sie kennen. Was fällt Ihnen auf?

7

Trang Ratana eröffnet einen Imbiss

NEUIGKEITEN
AUS UNSEREM STADTTEIL

Eröffnung von Trangs Thai-Imbiss in der Lindenthalstraße

Trang Ratana ist in unserem Stadtteil nicht unbekannt. Der Thailänder lebt seit acht Jahren hier und hat aktiv bei Angerdorf kocht! mitgemacht. Nun erfüllt sich Trang einen Traum: Er macht sich selbstständig und eröffnet seinen eigenen Imbiss. „Es war gar nicht leicht, passende Räume zu finden und alles zu organisieren. Ich musste viele Anträge schreiben und Formulare ausfüllen. Aber nun ist es fast geschafft. Am 24. September findet die Eröffnung statt. Ich lade alle herzlich dazu ein." Also dann: Wir sehen uns bei Trang!

Engerdorfer demonstrieren für neue Ampel in der Karlsstraße

Schon als die Ampel in der belebten Karlsstraße entfernt wurde, gab es im Stadtteil Proteste.

1 **Was meinen Sie: Wofür musste Trang Briefe an Behörden schreiben und Formulare ausfüllen? Sammeln Sie zu zweit. Sprechen Sie dann.** → AB

Mietvertrag
Trang musste für seinen Imbiss Räume suchen und einen Mietvertrag ausfüllen.

2 **Können Sie sich vorstellen, selbstständig zu sein? Warum (nicht)? Sprechen Sie.**

Ja, ich kann mir gut vorstellen, selbstständig zu sein. Ich habe sogar schon eine Idee: ...

Nein, das wäre nichts für mich. Ich hätte Angst, dass das nicht klappt.

A über Geschäftsideen sprechen

A1 **Was für Geschäftsideen könnten hier gemeint sein? Lesen Sie und sprechen Sie.** → AB

A 24-Stunden-Babysitter-Service

B 2 in 1 – Liefern und kochen!

C Mobile Reparatur: Ihr Kfz-Service auf Rädern

> *Vermutungen formulieren*
> *Ich vermute, dass ...*
> *Ich könnte mir vorstellen, dass ...*
> *Vielleicht/Wahrscheinlich ...*

A2 | a **Haben Sie richtig vermutet? Lesen Sie und vergleichen Sie mit Ihren Vermutungen in A1.**

IDEENBÖRSE – HIER BEKOMMEN SIE IDEEN FÜR IHRE SELBSTSTÄNDIGKEIT!

RICHARD28

Hallo Leute! Ich habe jetzt acht Jahre als Kfz-Mechatroniker in Festanstellung gearbeitet. Und nun will ich was verändern. Ich möchte mein eigener Chef sein! Aber: Kfz-Werkstätten gibt es viele ... Ich brauche eine besondere Geschäftsidee. Sonst ist das Risiko zu groß. Ich habe auch schon eine Idee: ein Kfz-Service auf Rädern ... Ich fahre mit einem kleinen Bus zu den Leuten hin und repariere bei ihnen ihre Autos. Ob die Leute das gut finden?

TARAL

Hey Richard! Super Idee! Gerade für ältere Menschen oder für Leute, die viel arbeiten, ist das ein toller Service. Ich bin auch selbstständig und mache etwas Ähnliches: Ich beliefere die Leute mit Lebensmitteln und koche aus diesen Lebensmittel ein Essen für sie. Das geht so: Man kann auf meiner Internetseite einen Termin mit mir machen und ein Essen wählen. Und ich besorge die Zutaten und bereite das Essen direkt bei den Kund*innen zu. Das läuft sehr gut. 😃 Viel Glück!!

SOPHIEP

Also, Richard, ich weiß nicht ... Du brauchst doch dazu viel Werkzeug. Willst du immer alles transportieren???!! ☹

JOSUA33

@Sophie: Das ist doch erst einmal eine Idee! Die Details muss man natürlich noch planen!! @Richard: Hey, klingt nach einer guten Idee. Ein Freund von mir hat einen Babysitterdienst aufgebaut. Da können Eltern Tag und Nacht anrufen, wenn sie eine Betreuung für ihr Kind brauchen – und es kommt ganz schnell jemand zu ihnen. Das läuft total gut. Er hat schon fünf Mitarbeiter*innen und will bald noch jemanden einstellen! Meine Meinung: Service kommt immer gut an!

b **Richtig oder falsch? Lesen Sie noch einmal und kreuzen Sie an.**

	richtig	falsch
1 Richard28 möchte keine normale Kfz-Werkstatt eröffnen.	☒	○
2 Richard28 hat eine Geschäftsidee: Er eröffnet eine mobile Werkstatt.	○	○
3 TaraL denkt, dass Richards Idee bei alten Leuten nicht funktioniert.	○	○
4 TaraL kocht bei sich zu Hause Essen für andere Leute.	○	○
5 SophieP findet es nicht praktisch, wenn Richard zu den Leuten fahren muss.	○	○
6 Josua33 berichtet von seiner Geschäftsidee: einem Babysitterdienst.	○	○
7 Josua33 findet, dass eine Geschäftsidee mit viel Service gute Chancen hat.	○	○

c **Welche der drei Geschäftsideen gefällt Ihnen, welche nicht? Warum? Sprechen Sie.** → AB

Ich finde die Kfz-Werkstatt auf Rädern super! Bei uns ist keine Werkstatt in der Nähe. Ich würde Richard auf jeden Fall anrufen, wenn ich ein Problem habe.

Am besten gefällt mir die Idee ...

d **Was würden Sie Richard28 in a antworten? Schreiben Sie einen Kommentar. Vergleichen Sie im Kurs.**

B über Anstellung und Selbstständigkeit sprechen

B1 | a Was passt zur Anstellung, was zur Selbstständigkeit? Ordnen Sie zu.

~~flexible Arbeitszeiten~~ · ~~eher feste Arbeitszeiten~~ · Unabhängigkeit · Entscheidungsfreiheit · Vorgesetzte und Kollegen · Gehalt auch bei Krankheit und Urlaub · festes und regelmäßiges Gehalt · unbezahlte Krankheits- und Urlaubszeiten · kein regelmäßiges Einkommen · viele Steuerpflichten · hohes eigenes Risiko · größere Unsicherheit · soziale Sicherheit · keine Entscheidungsfreiheit

Anstellung	Selbstständigkeit
eher feste Arbeitszeiten,	*flexible Arbeitszeiten,*

b Welche Unterschiede gibt es zwischen Anstellung und Selbstständigkeit? Sprechen Sie. → AB

über Unterschiede sprechen
Ein Unterschied zwischen … ist, dass …
… im Gegensatz zu …
… im Vergleich zu …

Angestellte haben im Gegensatz zu Selbstständigen meistens feste Arbeitszeiten.

Ja! Selbstständige sind flexibler. Sie entscheiden selbst, wann und wie lange sie arbeiten.

B2 | a Warum ist Frau Dr. Löber heute zur IHK Bremen gekommen? Hören Sie und kreuzen Sie an. 097

Frau Dr. Löber
ⓐ macht dort ein Seminar für Gründer.
ⓑ berät dort Selbstständige bei Problemen.
ⓒ hält dort einen Vortrag zum Thema *Selbstständigkeit*.

b Was ist richtig? Hören Sie weiter und kreuzen Sie an. 098

1 ◯ Es gibt viele Unterschiede zwischen Selbstständigkeit und Anstellung.
2 ◯ Die soziale Sicherheit ist aber bei beiden Modellen gleich groß.
3 ◯ Selbstständige müssen sich selber um ihre Rente kümmern.
4 ◯ Arbeitnehmer zahlen die Krankenkassenbeiträge für Angestellte und Selbstständige.
5 ◯ Die Krankenversicherung für Selbstständige kostet etwa 40 Euro im Monat.

c Welche Informationen haben Sie überrascht? Sprechen Sie.

Mich hat überrascht, dass die Krankenversicherung für Selbstständige so teuer ist!

Ich hätte nicht gedacht, dass …

B3 | a **Ergänzen Sie die Sätze.**

~~Angestellte~~ Arbeitgeber Finanzierung Selbstständige Sicherheit

Kurze Frage: Wie ist das mit der Sozialversicherung?

Also: 1 *Angestellte* zahlen einen Teil des Gehalts in die Sozialversicherung zum – Beispiel die Renten- und Krankenversicherung – ein. Der 2 .... übernimmt die Hälfte des Beitrags. 3 .... haben diese soziale 4 .... nicht. Sie müssen die 5 .... der Versicherungen selbst übernehmen.

b **Markieren Sie in a Nomen im Genitiv. Sammeln Sie zu zweit weitere Beispiele.** → AB

Nomen mit bestimmtem Artikel im Genitiv

des Vortrags der Arbeit des Seminars der Veranstaltungen

B4 | a **Welchen Tipp hat Theo? Lesen Sie den Chat und kreuzen Sie an.**

Luise
Sag mal: Soll ich mich als Yogalehrerin selbstständig machen oder nicht? Die Entscheidung ist so schwer ... 🙁

Theo
Ja, ich weiß, das ist keine leichte Entscheidung ... Ich habe mich damals informiert und dann entschieden, dass ich mich nicht selbstständig mache. Mein Tipp: Schau mal bei der IHK. Die haben gute Seminare für Existenzgründer*innen. Es gibt auch gute Kurse und Vorträge. Auch die Agentur für Arbeit bietet Beratungen an. Wichtig: Lass dich intensiv beraten – dann weißt du, was Selbstständigkeit bedeutet. Und dann kannst du in Ruhe entscheiden! Viel Glück! 😃😃

- ○ Luise soll sich lieber nicht selbstständig machen.
- ○ Luise soll sich gut informieren und beraten lassen.
- ○ Luise soll sich bei der IHK oder der Agentur für Arbeit bewerben.

b **Welche Vorteile und Nachteile sehen Sie in der Selbstständigkeit? Notieren Sie.**

Vorteile	Nachteile
arbeiten, wann man will	*hohes eigenes Risiko*

c **Vorteile und Nachteile von Selbstständigkeit. Präsentieren Sie Ihre Ergebnisse im Kurs.**

über Vorteile und Nachteile sprechen
... könnte ein Vorteil sein.
Positiv ist ...
... sehe ich eher als Nachteil.
Ein Nachteil ist ...
Negativ ist ...

Ich möchte kurz präsentieren, was meiner Meinung nach die Vorteile und Nachteile von Selbstständigkeit sind. Positiv ist: Man kann arbeiten, wann man will. ... Ich sehe aber als Nachteil, dass man ein hohes Risiko hat. ...

C über Gründungen sprechen

C1 **Kennen Sie jemanden, der ein Geschäft/Unternehmen gegründet hat? Wie läuft das Geschäft/Unternehmen? Sprechen Sie.**

Ein guter Freund von mir hat vor zwei Jahren ein Restaurant eröffnet. Am Anfang gab es sehr viel zu tun. Aber jetzt läuft das Restaurant sehr gut.

In unseren Stadtviertel hat eine Frau ...

C2| a **Lesen Sie die Überschrift des Interviews. Was passt? Kreuzen Sie an.**

Die Gründung ihrer eigenen Hebammenpraxis war ...
ⓐ Nesrins großer Wunsch.
ⓑ in Nesrins Gegend nötig.
ⓒ für Nesrin wichtig, weil sie arbeitslos war.

Nesrin Afarid gründete die erste Hebammenpraxis in Buddelsdorf

„Ich habe eine Hebammenpraxis gegründet. So etwas hat bei uns gefehlt."

Mit ihrem großen Engagement hat Nesrin Afarid aus dem Iran in der letzten Zeit hier in Buddelsdorf auf sich aufmerksam gemacht: Sie hat vor einem halben Jahr die erste Hebammenpraxis des Ortes gegründet. Wir haben sie besucht und ihr ein paar Fragen gestellt.

Reporter: Frau Afarid, wir stehen hier in den Räumen Ihrer Hebammenpraxis. Diese Praxis haben Sie vor einem halben Jahr gegründet. Kann man sagen, dass Sie sich damit einen Traum erfüllt haben?

Afarid: Na ja, so würde ich das vielleicht nicht sagen. Ich habe sehr lange im Krankenhaus als Hebamme gearbeitet. Zuerst im Iran und dann hier in Deutschlanwd. Das hat mir auch viel Freude gemacht.

Reporter: Und warum haben Sie sich dann für eine eigene Praxis entschieden?

Afarid: Weil eine Hebammenpraxis in unserer Stadt und Region gefehlt hat. Wissen Sie, werdende Eltern brauchen natürlich während der Geburt ihres Kindes eine gute Betreuung. Aber sie brauchen auch vor und nach der Geburt Hilfe. Ich biete in meiner Praxis Vorbereitungskurse für Schwangere und ihre Partner an. Es gibt auch Sportkurse nach der Geburt. Und Kurse für das Baby, zum Beispiel Babymassage oder Babyschwimmen.

Reporter: Wie lief bei Ihnen die Gründung?

Afarid: Oh, das war sehr anstrengend. Ich habe eine Weile gebraucht, um alles zu verstehen: die Steuern, die Versicherungen und den ganzen „Papierkrieg". Zum Glück hatte ich eine gute Beratung während der Gründung. Und jetzt nach einem halben Jahr verstehe ich alles viel besser. Aber bald wird es noch etwas komplizierter: Ich werde nämlich im Juni eine Hebamme einstellen.

Reporter: Wie haben die Menschen hier auf die Praxis reagiert?

Afarid: Ich muss sagen: sehr gut. Ich habe mir am Anfang Sorgen gemacht, dass die Angebote nicht gut besucht werden. Vielleicht auch, weil ich Migrantin bin. Aber das war gar nicht so. Die Kurse sind schon jetzt gut besucht. Ich muss mehr Kurse anbieten. Deshalb brauche ich eine Mitarbeiterin. Ich habe den Eindruck, dass die Leute sehr froh sind, diese Angebote jetzt in ihrer Nähe zu haben.

Reporter: Liebe Frau Afarid, vielen Dank für das Gespräch.

b **Was ist richtig? Lesen Sie das Interview in a, markieren Sie die passenden Textstellen und kreuzen Sie an. Vergleichen Sie dann zu zweit.** → AB

1 Nesrin hat die Hebammenpraxis vor ⓐ fünf ~~ⓑ~~ sechs ⓒ acht Monaten gegründet.
2 Sie hat ⓐ nur in ihrer Heimat ⓑ in ihrer Heimat und in Deutschland ⓒ nur in Deutschland als Hebamme gearbeitet.
3 Die Arbeit im Krankenhaus hat ihr ⓐ gut ⓑ nicht ⓒ nicht mehr gefallen.
4 In ihrer Praxis bietet sie auch Kurse ⓐ für Hebammen ⓑ für Geschwister ⓒ für Neugeborene an.
5 Bei der Gründung hatte Nesrin Schwierigkeiten, ⓐ die Formalitäten ⓑ das Deutsch der Behörden ⓒ ihre Kundinnen zu verstehen.
6 Ihre Praxis läuft jetzt so gut, dass sie ⓐ reich ist. ⓑ ihre Mitarbeiterin besser bezahlen kann. ⓒ eine Mitarbeiterin braucht.

C3 | a **Was für ein Unternehmen würden Sie gern gründen? Sprechen Sie. Erstellen Sie eine Ideenliste.**

> ***Wünsche äußern***
> *Ich hätte Lust, ...*
> *Ich hätte Interesse / Spaß daran, ... zu ...*
> *Ich würde gern ...*
> *Es würde mir gefallen, ... zu ...*

Ich hätte Spaß daran, einen Onlineshop für Fußballfanartikel zu gründen.

Ich würde gern ...

b **Arbeiten Sie zu zweit. Wählen Sie aus der Liste in a eine Idee aus. Recherchieren Sie und überlegen Sie Antworten auf die Fragen.**

Was wollen wir machen?
Was bieten wir an?
Wo?
Wer ist die Zielgruppe?
Was brauchen wir dafür?

> **Warum selbst recherchieren?**
> So üben Sie, Texte zu überfliegen und ihnen die wichtigen Informationen zu entnehmen.

c **Gestalten Sie ein Plakat mit Ihren Rechercheergebnissen aus b. Präsentieren Sie Ihr Plakat.**

Wir möchten gern unser Unternehmen vorstellen. Es ist ein Onlineshop für Fußballfanartikel! Unsere Zielgruppe sind Fußballfans auf der ganzen Welt.

d **Stellen Sie Fragen zu den anderen Plakaten.** → AB

Ich hätte eine Frage: Habt ihr Fanartikel von allen Fußballvereinen im Angebot?

> ***Rückfragen stellen***
> *Ich hätte eine Frage: ...*
> *Ich möchte gern wissen, ...*
> *Ich habe nicht verstanden, ...*
> *Könnt ihr mir bitte erklären, ...?*

Wichtige Schritte auf dem Weg in die Selbstständigkeit

Extra

1 **Lesen Sie die E-Mails. Welchen Tipp gibt Trang? Kreuzen Sie an.**

Trang rät Richard, ...
ⓐ eine Existenzberatung zu machen. ⓑ die Informationen zu lesen. ⓒ das Formular auszufüllen.

Hallo Trang,

ich tue es! 😃😃 Ich gründe einen Kfz-Service auf Rädern! Jetzt muss ich die Behördengänge erledigen ... Man muss ja so viel beachten. Hast du einen Tipp, wie ich das alles schaffe?

Viele Grüße! Richard

Hallo Richard,

Glückwunsch! Ja, ich erinnere mich gut: Das war ein Chaos am Anfang.
Gut verständliche Informationen habe ich auf der Internetseite der Existenzberatung Fortschritt e. V. gefunden, hier der Link:
www.existenzberatung-fortschritt.de/der-weg-in-die-selbstständigkeit/

Du schaffst das!

Liebe Grüße! Trang

2 | a **Lesen Sie den Online-Ratgeber und ergänzen Sie.** → AB

~~Finanzamt~~ | Gesundheitsamt | Gewerbeamt | Industrie- und Handelskammer | Krankenkasse

www.existenzberatung-fortschritt.de/der-weg-in-die-selbstständigkeit/

»»»»» DER WEG IN DIE SELBSTSTÄNDIGKEIT

Sie haben sich für die Selbstständigkeit entschieden. Herzlichen Glückwunsch! Wir möchten Ihnen die wichtigsten Informationen geben, die Sie brauchen. Damit finden Sie sich schnell zurecht und müssen nicht lange suchen.

Die folgenden Institutionen sind für Sie wichtige Adressen auf dem Weg in Ihre Selbstständigkeit: Beim 1 *Finanzamt* melden Sie Ihre Selbstständigkeit an und füllen den Fragebogen zur steuerlichen Erfassung aus. Dort können Sie dann auch eine Steuernummer beantragen. Weiterhin müssen Sie für Ihr Unternehmen eine Gewerbeanmeldung ausfüllen. Dazu gehen Sie zum 2 ____________. Nach der Gewerbeanmeldung müssen Sie zur 3 ____________________________ (IHK) gehen und dort Mitglied werden. Die IHK unterstützt Sie als Unternehmer/in. Wenn Sie ein Unternehmen in einem Bereich gründen wollen, in dem Hygiene sehr wichtig ist (zum Beispiel in der Gastronomie), brauchen Sie spezielle Genehmigungen. Diese bekommen Sie beim 4 ____________. Und Sie müssen auch Ihrer 5 ____________ melden, dass Sie nun selbstständig sind. Sie werden dann zu einem anderen Tarif krankenversichert.

b **Was muss Richard erledigen? Lesen Sie noch einmal und fassen Sie die wichtigsten Schritte zusammen.**

zu erledigen:
1. Finanzamt: Selbstständigkeit anmelden

3 **Wählen Sie eine der Institutionen in 2. Recherchieren Sie Informationen dazu (zum Beispiel Zuständigkeit, Adresse in Ihrer Stadt, Öffnungszeiten). Präsentieren Sie Ihre Ergebnisse.**

Vermutungen formulieren 099–100
Ich hätte die Idee, dass ...
Ich könnte mir vorstellen, dass ...
Vielleicht/Wahrscheinlich ...

über Unterschiede sprechen 101
Ein Unterschied zwischen ... ist, dass ...
... im Gegensatz zu ...
... im Vergleich zu ...

Nennen Sie mindestens drei Unterschiede zwischen Anstellung und Selbstständigkeit.

über Vorteile und Nachteile sprechen 102
Ich sehe einen Vorteil in ...
... könnte ein Vorteil sein.
Positiv ist ...
... sehe ich eher als Nachteil.
Ein Nachteil ist ...
Negativ ist ...

Am Sonntag einkaufen? Nennen Sie Vorteile und Nachteile.

Wünsche äußern 103–104
Ich würde gern ... gründen.
Es würde mir gefallen, ... zu ...
Ich hätte Interesse daran, ... zu ...

Wenn Sie drei Wünsche frei hätten ... Was würden Sie sich wünschen? Und Ihr/e Lernpartner/in? Tauschen Sie sich aus.

Rückfragen stellen 105–106
Ich hätte eine Frage: ...
Ich möchte gern wissen, ...
Ich habe nicht verstanden, ...
Könnt ihr mir bitte erklären, ...?

Sammeln Sie lustige Geschäftsideen. Machen Sie eine Liste. Vergleichen Sie zu zweit Ihre Ideen und wählen Sie gemeinsam die drei lustigsten aus.

107–108 **Nomen mit bestimmtem Artikel im Genitiv**

- der Beitrag – des Beitrags

Die Höhe des Beitrags richtet sich nach dem Gehalt.

- die Krankenversicherung – der Krankenversicherung

Ich habe das Formular der Krankenversicherung ausgefüllt.

- das Gehalt – des Gehalts

Ein Teil des Gehalts geht an die Sozialversicherungen.

- die Versicherungen – der Versicherungen

Um den Abschluss der Versicherungen muss man sich selbst kümmern.

Recherchieren Sie die Telefonnummern der Ämter auf Seite 66 und schreiben Sie Sätze wie im Beispiel: *Die Telefonnummer des Finanzamtes ist ...*

Bilden Sie den Genitiv der Nomen im Lernwortschatz (Arbeitsbuch).

Tipp: Machen Sie einen Spaziergang, am besten mit einer Lernpartnerin / einem Lernpartner, und schauen Sie nach, wo sich die Ämter in Ihrer Stadt befinden. So lernen Sie Ihren Wohnort noch besser kennen.

8

Sesuna Ghebrai startet in die erste Arbeitswoche

EXISTENZBERATUNG FORTSCHRITT

SO MACHEN SIE AM ERSTEN ARBEITSTAG EINEN GUTEN EINDRUCK

1. Planen Sie die Anreise gut, damit Sie pünktlich sind! Speichern Sie die Telefonnummer Ihres / Ihrer Vorgesetzten im Smartphone ein. So können Sie Bescheid sagen, falls Sie sich doch verspäten.
2. Wenn Sie sich vorstellen: Sagen Sie nicht nur Ihren Namen, sondern auch etwas Nettes. Seien Sie auf jeden Fall freundlich und lächeln Sie! Auch Humor kommt gut an!
3. Schalten Sie Ihr Smartphone stumm. Sie sollten weder privat telefonieren noch Nachrichten schicken.
4. Zeigen Sie Interesse am Unternehmen und an Ihren Kolleginnen und Kollegen. Seien Sie offen und neugierig. Stellen Sie Fragen. Fragen Sie auch höflich nach, wenn Sie etwas nicht verstanden haben. Machen Sie Notizen, wenn Sie viele neue Informationen bekommen.
5. Seien Sie zurückhaltend. Beobachten Sie erst einmal, wie sich die Kolleginnen und Kollegen verhalten. Erzählen Sie nicht zu viel Privates. Warten Sie auch lieber ab, bis andere Ihnen das Du anbieten.
6. Seien Sie flexibel. Wenn Sie nichts zu tun haben, sollten Sie aktiv fragen, ob Sie jemandem bei der Arbeit zuschauen oder helfen können.

1 **Lesen Sie den Online-Ratgeber zum ersten Arbeitstag. Welche Themen werden in welchem Abschnitt angesprochen? Notieren Sie die Ziffern.** → AB

1 Pünktlichkeit	___ Freundlichkeit	___ Aktivität/Flexibilität
___ Interesse/Neugier	___ Duzen	___ privat telefonieren/chatten

2 | a **Welche Tipps finden Sie für die erste Arbeitswoche wichtig? Machen Sie zu dritt Notizen.**

b **Zwei Gruppen präsentieren ihre Tipps. Die anderen ergänzen.**

Unsere Tipps sind: …

Wir haben noch einen anderen Tipp: …

A sich begrüßen und vorstellen

A1 **Was können Sie tun, um Gespräche (am ersten Arbeitstag) positiv und freundlich zu machen? Welche Erfahrungen haben Sie schon in solchen Situationen gemacht? Notieren Sie zu zweit. Vergleichen Sie dann im Kurs.**

nicht über Probleme sprechen

...

A2 | a **Welche Ideen aus A1 kommen im Gespräch vor? Hören Sie das Gespräch und vergleichen Sie.** 109

b **Was passt zusammen? Verbinden Sie und hören Sie noch einmal zur Kontrolle.** 109

1 Schön, dass Sie da sind. Herzlich willkommen! — D
2 Ich hoffe, Sie werden sich bei uns wohlfühlen.
3 Könnten Sie Ihren Namen bitte wiederholen?
4 Freut mich, Sie kennenzulernen.
5 Dann viel Spaß und frohes Schaffen.

A Bestimmt!
B Ich freue mich auch!
C Vielen Dank!
D Danke. Das ist sehr nett!
E Aber gern!

c **Welcher Satz ist höflicher und freundlicher? Markieren Sie.** → AB

1 ⓐ Können Sie Ihren Namen wiederholen?
ⓑ ☒ Könnten Sie Ihren Namen bitte wiederholen?

2 ⓐ Fragen Sie bitte einfach immer nach, wenn Sie etwas nicht verstehen.
ⓑ Fragen Sie doch nach, wenn Sie etwas nicht verstehen.

3 ⓐ Nein, das macht natürlich gar nichts.
ⓑ Nö, macht nichts.

4 ⓐ Darf ich vorstellen? Das ist Frau Ghebrai, unsere neue Lagerhilfe.
ⓑ Das ist unsere neue Lagerhilfe. Sie heißt Ghebrai.

5 ⓐ Wir brauchen Hilfe. Wir haben viel zu viel Arbeit!
ⓑ Wir können Ihre Hilfe sehr gut gebrauchen.

A3 **Arbeiten Sie in Gruppen zu dritt. Jede/r wählt eine Rolle und denkt sich einen Namen aus. Spielen Sie zu dritt eine Begrüßungsszene am ersten Arbeitstag.** → AB

Es ist Ihr erster Arbeitstag. Sie sind ein bisschen aufgeregt, aber gut gelaunt und neugierig!

Sie sind Chef/Chefin und finden es wichtig, dass sich alle in Ihrem Betrieb wohlfühlen.

Sie finden Ihren neuen Kollegen / Ihre neue Kollegin sofort sehr nett.

sich freundlich begrüßen und vorstellen
Hallo / Guten Morgen / Guten Tag, ich bin ... Ich bin neu hier.
Ich heiße ... Herzlich willkommen!
Schön, ... / Es freut mich, Sie kennenzulernen.

höflich nachfragen
Wie bitte? Könnten Sie das bitte wiederholen?
Entschuldigung, könnten Sie vielleicht etwas langsamer sprechen?

Warum Rollenspiele?
So können Sie üben, in der Fremdsprache zu reagieren. Nutzen Sie die Möglichkeit, viel zu sprechen. Vermeiden Sie Ein-Wort-Sätze.

B sich mit Kolleginnen und Kollegen unterhalten

B1 | a Wer sagt was? Verbinden Sie und hören Sie das Gespräch von A2 noch einmal zur Kontrolle.

109

du

Sie

Sesuna Ghebrai zu Rüdiger Kistenkötter

Rüdiger Kistenkötter zu Anita Schneider

Anita Schneider zu Jussuf as-Salloum

Jussuf as-Salloum zu Sesuna Ghebrai

**b Was hat sich nach einer Woche verändert?
Lesen Sie den Chat und sprechen Sie.**

Evi
Wie geht's dir? Und wie war die erste Arbeitswoche?

Sesuna
Mir geht es gut. Es war ziemlich aufregend! Der Chef und die Kollegen sind wirklich nett. Stell dir vor, es gibt sogar eine Tischtennisplatte für die Mittagspause.

Evi
Und: Duzt ihr euch schon?

Sesuna
Ja, die Kollegen haben mich direkt am ersten Tag gefragt. Der Chef sagt noch Sie zu mir. Aber zu den anderen Kollegen sagt er *Du*. Was bedeutet das? Mag er mich nicht?

Evi
Nein, keine Panik! Das bedeutet nicht, dass er dich nicht mag. Vielleicht wartet er noch auf die richtige Gelegenheit, um dich zu fragen. Oder er möchte dich erst besser kennenlernen.

**B2 | a Haben Sie selbst schon Erfahrungen mit dem Du oder Sie in Deutschland gemacht?
Was glauben Sie: Wie sind die Regeln für *du* oder *Sie* im Beruf? Sprechen Sie.**

Ich habe ein Praktikum in einem Start-up gemacht. Dort haben sich alle geduzt ...

Ich meine, ...

Ich denke, dass man zu Vorgesetzten immer Sie sagt.

Ich glaube: Alle Kollegen, die jünger als 30 Jahre sind, duzen sich.

b Waren Ihre Vermutungen richtig? Lesen Sie den Info-Text und vergleichen Sie.

WICHTIGE REGELN ZUM DUZEN IM BERUF

Wer neu in einem Unternehmen ist, sollte erst einmal alle siezen. Das gilt auch, wenn sich einige Kolleg:innen duzen. Der / Die Vorgesetzte kann den Mitarbeiter:innen das Du anbieten, aber nicht umgekehrt. Bei Kolleg:innen spielt das Alter eine Rolle. Der/Die Ältere bietet der / dem Jüngeren das Du an. Wenn man einmal das Du angenommen hat, dann bleibt man (für immer) beim Du.

c Lesen Sie den Info-Text noch einmal. Wie viele Regeln finden Sie im Text? Notieren Sie. Vergleichen Sie dann zu zweit. → AB

**B3 Wer kann das Du anbieten? Arbeiten Sie zu dritt.
Beschreiben Sie zwei Situationen im Beruf wie im Beispiel.
Tauschen Sie die Beschreibungen mit einer anderen Gruppe.
Diskutieren Sie dann in der Gruppe, wer das Du anbieten kann.**

*Sie sind 45 Jahre alt.
Ihr Chef ist etwas jünger als Sie.*

B4 Kursspaziergang – Spielen Sie die Situation. → AB

Es ist Ihr vierter Arbeitstag. Sie begrüßen die Kolleginnen und Kollegen und fragen, wie es geht. Dann bieten Sie oder die Kolleginnen und Kollegen das Du an.

> ***das Du anbieten***
> *Übrigens, wir duzen uns hier alle.*
> *Wenn es Ihnen recht ist, können wir gern Du sagen.*
> *Von mir aus können wir uns gern duzen. Ich heiße ...*
> *Ach, wollen wir nicht einfach Du sagen?*

> ***das Du annehmen***
> *Oh, gut! Ich bin ...*
> *Ja, sehr gern! Ich heiße ...*

B5 | a Welches Bild passt zu welchem Gespräch? Hören Sie und notieren Sie die Ziffer.

110

○ 

○ 

○ 

(1) 

○ 

b Was passt zu welchem Dialog? Notieren Sie die Buchstaben und hören Sie noch einmal zur Kontrolle.

110

A Aber es regnet doch. **B** Es ist leider alles eilig. **C** Es gibt immer dieselben Gerichte. **D** ~~Es ist gleich zwei Uhr.~~ **E** Es ist Zeit, Feierabend zu machen! **F** Es macht mir Spaß, hier aufzuräumen.

1 ◆ Taner, wann machst du heute Mittagspause?
○ Ich weiß noch nicht. Warum fragst du?
◆ Na ja. D ...

2 ◆ Ich bin dann mal weg. He, Mira! ......
○ Ja, aber ich muss noch was fertig machen. ......
◆ Oh, das tut mir leid. Dann noch frohes Schaffen! Und bis morgen.
○ Danke. Schönen Feierabend!

3 ◆ Mahlzeit! ... Na, schmeckt dir das Essen hier?
○ Ja. Dir nicht?
◆ Weißt du: ...... Warte mal ab, nach zwei Monaten findest du das auch langweilig.

4 ◆ Na, wie läuft's?
○ Gut! ......
◆ Ja, das sieht man!

5 ◆ Ich gehe zum Bäcker. Soll ich dir was mitbringen?
○ Oh, super. Danke. ... . Willst du nicht lieber ein bisschen warten?
◆ Ach Quatsch, ich nehme einfach den Schirm.

c Lesen Sie den Grammatikkasten. Welche Sätze aus dem Schüttelkasten in b passen? Notieren Sie die Buchstaben.

d Markieren Sie auch in B1 b alle Sätze mit *es*. Zu welcher Kategorie in B5 c (Wetter, Zeit ...) gehören sie? Vergleichen Sie zu zweit. → AB

es

allgemein	Es ist verrückt/spannend/aufregend, ...	......
	Es macht (mir) Spaß / Sinn / gute Laune ..., ...	......
	Es gibt ...	......
Zeit:	Es ist halb fünf. / schon wieder Montag. / bald Herbst.	D
	Es ist Zeit, Mittagessen zu gehen. / Es ist Abend.	......
Wetter:	Es regnet / schneit / ist windig / heiß. Es ist 25 Grad warm.	......
Befinden:	Wie geht es Ihnen? Wie geht's (dir)?	

B6 | a Wählen Sie zu zweit eine Situation aus B5 a und schreiben Sie ein Gespräch.

b Präsentieren Sie das Gespräch. → AB

> ***Floskeln im Berufsalltag***
> *Wie läuft's?*
> *Mahlzeit!*
> *Dann noch frohes Schaffen!*
> *Ich bin dann mal weg. Schönen Feierabend!*

C sich über ein Unternehmen informieren

C1 **Arbeiten Sie zu zweit. Lesen Sie die Informationen über die Firma Seiler. Ordnen Sie die Textabschnitte chronologisch. Markieren Sie die Angaben, die Ihnen dabei helfen, und vergleichen Sie mit einem anderen Lernpaar.** → AB

SEILER-WERKZEUGE
QUALITÄT MIT TRADITION

____ 1999 begann ein neues Zeitalter: Der erste Onlineshop startete. Kurz vorher war die neue Versandabteilung in den ehemaligen Verkaufsraum gezogen.

____ Schon in den ersten Jahren nach der Gründung wuchs das Unternehmen von zuerst drei auf zwölf Mitarbeiterinnen und Mitarbeiter. Der Firmenchef suchte neue Räume für die Firma.

____ Im Juni 2005 übernahm Paul Seiler, der Sohn des Firmengründers, die Geschäftsführung. Paul Seiler hatte das Unternehmen schon vorher geleitet, als sein Vater krank war.

1 Alles begann im Jahr 1968. Der Werkzeugmacher Hans-Peter Seiler hatte zwei Jahre als Angestellter gearbeitet, dann gründete er 1968 seine eigene Firma in Ludwigstal. Das Unternehmen startete in zwei Räumen in der Gartenstraße 74.

____ Anfang 1971 zogen die Werkstatt und das Lager in den Becherweg um. Hans-Peter Seiler hatte entschieden, die Produktion und den Verkauf räumlich zu trennen. Der Verkaufsraum blieb weiter in der Gartenstraße.

____ Zum 50. Jubiläum bekam die Firma ein neues Logo. Die mittlerweile rund 50 Mitarbeiterinnen und Mitarbeiter waren an der Entscheidung beteiligt und hatten über das neue Logo abgestimmt. Das neue Logo zeigt, was dem Unternehmen von Anfang an besonders wichtig war: zufriedene Kundinnen und Kunden.

____ Durch die Präsentation auf internationalen Messen hatten sich die Werkzeuge von Seiler über die Landesgrenzen hinaus einen Namen gemacht. So kamen immer mehr Aufträge auch aus dem europäischen Ausland. Und die Zahl der Mitarbeiterinnen und Mitarbeiter stieg bis Ende der 1980er-Jahre auf 35.

C2 | a **Sortieren Sie die Sätze und lesen Sie dann den Satz im Grammatikkasten.**

~~1968 gründete er seine eigene Firma.~~ Der Onlineshop startete.
Die Versandabteilung war umgezogen. Im Juni 2005 übernahm Paul Seiler die Geschäftsführung.
Hans-Peter Seiler hatte als Angestellter gearbeitet.
Paul Seiler hatte das Unternehmen schon vorher geleitet.

Das ist passiert.	Das war vorher.
1968 gründete er seine eigene Firma.	

Plusquamperfekt
Nachdem Hans-Peter Seiler zwei Jahre als Angestellter **gearbeitet hatte**, gründete er 1968 seine eigene Firma.
Der Onlineshop startete, kurz nachdem die Versandabteilung **umgezogen war**.

b **Was ist zuerst passiert? Markieren Sie. Vergleichen Sie dann zu zweit und suchen Sie gemeinsam die passenden Textstellen in C1.**

1 Hans-Peter Seiler entschied, die Produktion und den Verkauf räumlich zu trennen.
Die Werkstatt und das Lager zogen in den Becherweg um.
2 Die Firma präsentierte ihre Werkzeuge auf internationalen Messen.
Sie bekam immer mehr Aufträge aus ganz Europa.
3 Der Firmenchef suchte neue Räume für die Firma.
Das Unternehmen wuchs in den ersten Jahren schnell.
4 Die Firma bekam ein neues Logo.
Die Mitarbeiterinnen und Mitarbeiter stimmten über die Vorschläge ab.

c **Schreiben Sie die markierten Sätze aus b mit Plusquamperfekt.** → AB

1 Nachdem Hans-Peter Seiler entschieden hatte, die Produktion und den Verkauf räumlich zu trennen, zogen die Werkstatt und das Lager in den Becherweg um.

C3 | a **Hören Sie die Präsentation. Was ist richtig? Kreuzen Sie an.**

111
1 ○ Annette Gaul spricht über die Geschichte der Firma.
2 ○ Sie spricht darüber, wie die Firma organisiert ist.
3 ○ Sie spricht über das Verhältnis zwischen dem Geschäftsführer und den Mitarbeitern/innen.

b **Was passt? Ergänzen Sie zu zweit und hören Sie noch einmal zur Kontrolle.**

111
• Außendienst • Buchhaltung • ~~Geschäftsführung~~ • Lagerverwaltung
• Logistik • Marketing • Sekretariat • Verwaltung

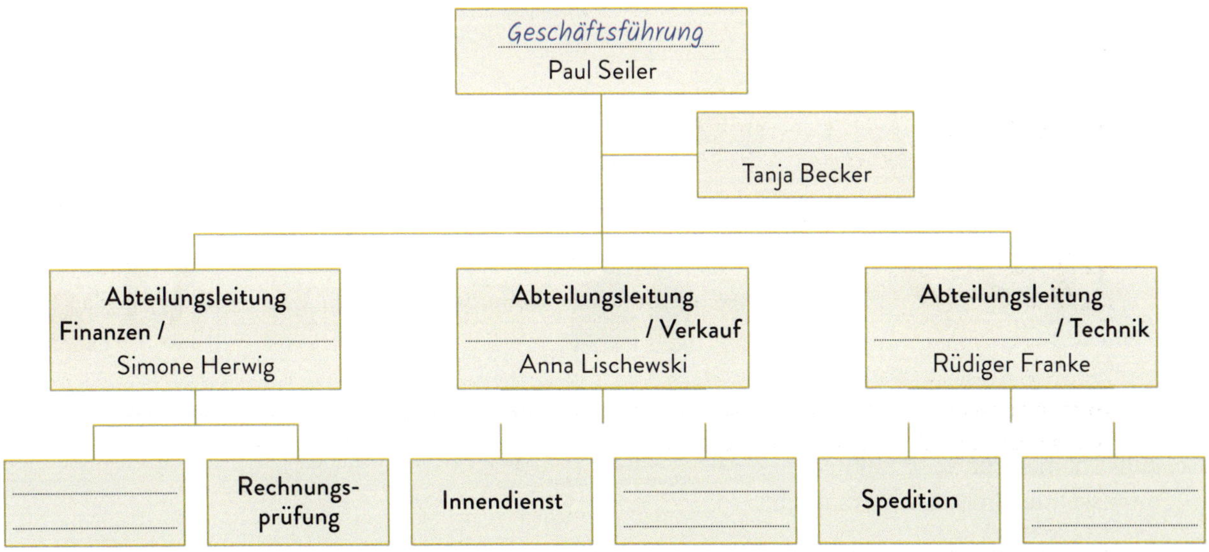

c **Informationen aus dem Organigramm verstehen: Fragen und antworten Sie in Gruppen zu viert.** → AB

Wer leitet die Abteilung Finanzen/Verwaltung?

Wer ist zuständig für ...

berufliche Positionen beschreiben
... ist Geschäftsführer/in / Abteilungsleiter/in / ...
... leitet/verantwortet den Bereich / die Abteilung / das Team ...
... ist zuständig/verantwortlich für (den Bereich) ...

C4 | a **Arbeiten Sie zu dritt. Schreiben Sie ein Organigramm für Ihren Kurs.**

Wer ist bei uns zuständig für schlechte Witze?

Wer verantwortet den Bereich Kaffee?

Wer ...

b **Präsentieren Sie das Organigramm.**

Smalltalk

Extra

1 **Mit wem und über welche Themen sprechen Sie gern? Sprechen Sie zu zweit und sammeln Sie.**

> Ich spreche gern mit Menschen, die mich gut kennen.

> Ich rede gern über Essen.

2 | a **Lesen Sie den Chat. Beantworten Sie die Fragen.**

1 Was ist schwierig für Sesuna? 2 Was schlägt Evi vor?

Evi
Hi, alles gut bei dir und bei der neuen Arbeit?

Sesuna
Ja, schon. ... Aber manchmal finde ich es schwierig, mit den Kollegen zu sprechen. Ich weiß nicht genau, was ich sagen soll. Und natürlich verstehe ich auch nicht alles, was sie reden. Manchmal schauen sie mich komisch an, wenn ich etwas sage. Dann denke ich, dass ich etwas Falsches gesagt habe.

Evi
Wenn du Lust hast, können wir zusammen Smalltalk üben.

Sesuna
Gute Idee! Gern!

Evi
Es gibt Themen, die sich gut für Smalltalk eignen – zum Beispiel das Wetter, Sport, Hobbys, Bücher, Filme oder Urlaub. Andere passen nicht so sehr, wie Tod oder Sex ... Guck mal! Diese Illustrationen habe ich in einer Zeitschrift gesehen.

b **Lesen Sie den Chat noch einmal und schauen Sie die Bilder in a an. Sortieren Sie die Themen.**

gute Themen für Smalltalk: ....
unpassende Themen für Smalltalk: ....

c **Und welche Themen sind für Sie beim Smalltalk tabu? Ergänzen Sie in b. Vergleichen Sie dann zu zweit. Gibt es Unterschiede?**

3 | a **Arbeiten Sie zu zweit. Sie sind Kolleginnen / Kollegen und sprechen in der Pause miteinander. Stellen Sie Fragen zu den Themen und antworten Sie. Nehmen Sie das Gespräch auf. Sie haben drei Minuten Zeit.**

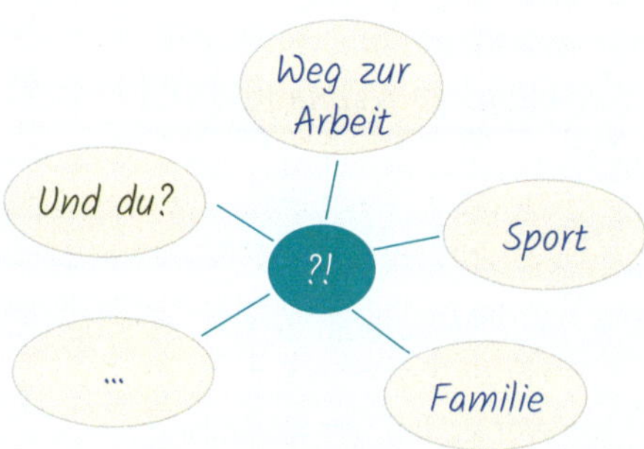

b **Vergleichen Sie Ihre Gespräche im Kurs. Überlegen Sie zusammen: Was ist schon gut? Was können Sie noch besser machen?**

sich freundlich begrüßen und vorstellen 112
Hallo / Guten Morgen / Guten Tag, ich bin ...
Ich heiße ... Herzlich willkommen!
Schön, ... / Es freut mich, Sie kennenzulernen.

höflich nachfragen 113–114
Wie bitte? Könnten Sie das bitte wiederholen?
Entschuldigung, könnten Sie vielleicht etwas langsamer sprechen?

das Du anbieten 115
Übrigens, wir duzen uns hier alle.
Wenn es Ihnen recht ist, können wir gern du sagen.
Von mir aus können wir uns gern duzen. Ich heiße ...
Ach, wollen wir nicht einfach du sagen?

das Du annehmen
Oh, gut! Ich bin ...
Ja, gern! Ich heiße ...

berufliche Positionen beschreiben 116–117
... ist Geschäftsführer/in / Abteilungsleiter/in / ...
... leitet/verantwortet den Bereich / die Abteilung / das Team ...
... ist zuständig/verantwortlich für (den Bereich) ...

Nehmen Sie einen Begrüßungsdialog mit dem Smartphone auf. Spielen Sie dabei beide Rollen!

Machen Sie ein Experiment: Formulieren Sie Ihre Fragen einmal höflich, einmal weniger höflich. Vergleichen Sie die Reaktionen.

Wie bitte? Könntest du das bitte wiederholen?

He! Nicht so schnell!

Tipp: Machen Sie jede Woche eine Liste mit Redemitteln, die Sie im Alltag üben wollen. Streichen Sie ein Redemittel aus der Liste, wenn Sie es dreimal benutzt haben.

118–119 ***es* in festen Wendungen**

allgemein:	Es ist verrückt/spannend/aufregend, ...
	Es macht (mir) Spaß / Sinn / gute Laune, ...
	Es gibt ...
Zeit:	Es ist halb fünf. / schon wieder Montag. / bald Herbst.
	Es ist Zeit, Mittagessen zu gehen. / Es ist Abend.
Wetter:	Es regnet / schneit / ist windig / heiß. Es ist 25 Grad warm.
Befinden:	Wie geht es Ihnen? Wie geht's (dir)?

1. Schreiben Sie Antworten: *Wie geht es Ihnen? Wie ist das Wetter? Wie viel Uhr ist es? Welche Berufe gibt es in Ihrer Familie?*
2. Übersetzen Sie Ihre Antworten in eine andere Sprache, die Sie kennen. Brauchen Sie dafür ein ähnliches Wort wie „es"?

120–121 **Plusquamperfekt**

ich	hatte		ich	war	
du	hattest		du	warst	
er/es/sie	hatte	eine Firma	er/es/sie	war	zur Arbeit
wir	hatten	gegründet	wir	waren	gefahren
ihr	hattet		ihr	wart	
sie/Sie	hatten		sie/Sie	waren	

Nachdem Hans-Peter Seiler zwei Jahre als Angestellter gearbeitet hatte, gründete er 1968 seine eigene Firma.
Ich habe viel gearbeitet, denn ich hatte kurz zuvor eine eigene Firma gegründet.
Ich war mit dem Rad zur Arbeit gefahren, darum brauchte ich keinen Parkplatz.

Was ist vorher passiert? Ergänzen Sie.
..., dann hatte ich endlich Erfolg.
..., dann hatte ich keine Lust mehr.
..., dann war ich stolz.
..., dann war ich ...

Das Plusquamperfekt benutzt man nur zusammen mit einem anderen Satz im Präteritum oder Perfekt. Es drückt dann aus, dass etwas vorher passiert ist. Der Konnektor *nachdem* signalisiert zusätzlich, was zuerst passiert ist. Das Plusquamperfekt wird vor allem in der geschriebenen Sprache benutzt, seltener in der gesprochenen.

Szenarien im Beruf – eigene und fremde Aufgaben verstehen

Arbeitsaufträge verstehen und Rückfragen stellen

1 **Was ist Salah Perm passiert und warum? Lesen Sie und stellen Sie zu zweit Vermutungen an.**

16:02 Hey Salah, kommst du? Beeil dich! LG, Pia

16:03 Ähh, wieso??? 😮

16:04 Du solltest doch um 16 Uhr für mich hier übernehmen!!!! Das haben wir doch gestern in der Teamsitzung so beschlossen ...

16:05 😱 Was??? Komme sofort!!

Ich vermute, dass Salah ..., weil ...

Es könnte auch sein, dass sie ..., denn ...

2 **Am Abend bekommt Salah einen Anruf von ihrer Kollegin Pia Grüne. Was war der Grund für Salahs Verspätung? Hören Sie und kreuzen Sie an.**
🔊 122

1 ○ Salah hat vergessen, an der ersten Teamsitzung teilzunehmen.
2 ○ Salah hatte Probleme zu verstehen, was in der Teamsitzung gesagt wurde.
3 ○ Salah wollte Pias Aufgaben nicht übernehmen. Sie hat sich aber nicht getraut, das zu sagen.

3 | a **Lesen Sie den Dienstplan, den der Lagerleiter Herr Leilek in der Teamsitzung vorgestellt hat. Was meinen Sie: Wo hatte Salah Verständnisprobleme? Markieren Sie.**

>> DIENSTPLAN FÜR DIENSTAG (MORGEN): <<

L1 → 3 MA → i. O.
L2 → ab 13 Uhr nur noch 2 MA → Hr. Gündek ü Fr. Kostel
L3 → 3 MA → i. O.
L4 → ab 16 Uhr nur noch 2 MA → Fr. Perm ü Fr. Grüne

b **Was bedeuten die Abkürzungen? Hören Sie das Telefongespräch zwischen Salah und Pia weiter und ergänzen Sie Salahs Notizzettel.**
🔊 123

Abkürzungen:
L = ____________ ____ = Mitarbeiterin / Mitarbeiter
i. O. = __________ ____ = übernimmt für

4 | a **Arbeiten Sie in Kleingruppen. Was vermuten Sie: Warum hat Salah in der Teamsitzung keine Rückfragen gestellt? Sammeln Sie Ihre Ideen und sprechen Sie dann im Kurs.**

Vielleicht ist Salah schüchtern oder ...

Möglicherweise kennt es Salah nicht, ...

b **Haben Sie schon einmal etwas nicht verstanden und sich nicht getraut zu fragen? Berichten Sie.**

Ich habe einmal in einem Vorstellungsgespräch eine Frage nicht verstanden. Ich war sehr aufgeregt und habe keine Rückfrage gestellt, sondern einfach nur „ja" gesagt. Die Leute haben mich dann komisch angeguckt.

5 | a Pia Grüne liest in einem Online-Ratgeber den Jobtipp des Tages. Lesen Sie und ergänzen Sie die Tipps auf dem Notizzettel.

JOBTIPP DES TAGES: STELLEN SIE FRAGEN, WENN SIE UNSICHER SIND

Sie haben einen neuen Job und verstehen manche Dinge nicht? Sie haben aber Angst zu fragen, weil Sie nicht nerven wollen? Das müssen Sie nicht. Gerade wenn man eine neue Stelle beginnt, ist es ganz normal, viele Fragen zu haben. Diese Fragen sollte man auch stellen. Oft macht man Fehler, wenn man nicht fragt – und das ist manchmal sogar schlimmer. Bereiten Sie ein paar freundliche Formulierungen vor, mit denen Sie Fragen stellen können. Merken Sie sich diese Formulierungen. Dann fühlen Sie sich in solchen Situationen sicherer und können angemessen reagieren.

Tipp 1: ....

Tipp 2: ....

b Pia erzählt Salah in einer Sprachnachricht von den Tipps aus dem Online-Ratgeber. Nehmen Sie die Sprachnachricht mit Ihrem Smartphone auf.

Hey Salah, ich habe gerade einen interessanten Online-Artikel zu „Fragen im Job" gelesen. Es gibt darin zwei Tipps. Erstens ...

c Senden Sie die Sprachnachricht dann an eine Lernpartnerin / eine Lernpartner. Kann man alles gut verstehen? Besprechen Sie zu zweit.

d Welche Redemittel helfen Salah, freundliche Rückfragen zu stellen? Sammeln Sie im Kurs.

Entschuldigung, ich hätte dazu eine Frage: ...

6 | a Lesen Sie die Nachrichten und den neuen Dienstplan. Markieren Sie im Dienstplan, was Salah vielleicht nicht versteht. Formulieren Sie mit den Redemitteln in 5 d Fragen, die Salah stellen kann.

Hey, morgen wieder Teamsitzung! Du fragst, wenn du etwas nicht verstehst, ja?

Hi Pia, ja, das habe ich mir fest vorgenommen! Bis morgen! Salah 😁

>> DIENSTPLAN FÜR MITTWOCH <<

L1 → gt. 2 MA → N.N. ü Hr. Danil
L2 → 3 MA → i. O.
L3 → 3 MA → i. O.
L4 → ab 12 Uhr / vlt. 13 Uhr 2 MA → Fr. Perm ü Hr. Janneke

Entschuldigung, ich hätte dazu eine Frage: Was bedeutet „gt."?

b Hören Sie und notieren Sie, was die Abkürzung „gt." bedeutet.

124

gt. = ...

N.N. = *Nomen Nominandum*
= ....

vlt. = ...

c Lesen Sie Ihre Fragen in a vor und hören Sie die Antworten. Notieren Sie in b, was die anderen Abkürzungen bedeuten. Vergleichen Sie im Kurs.

125–126

9

Ghali Qasem arbeitet mit dem Computer

1 **Was könnte diese Schlagzeile bedeuten? Lesen Sie und sprechen Sie.** → AB

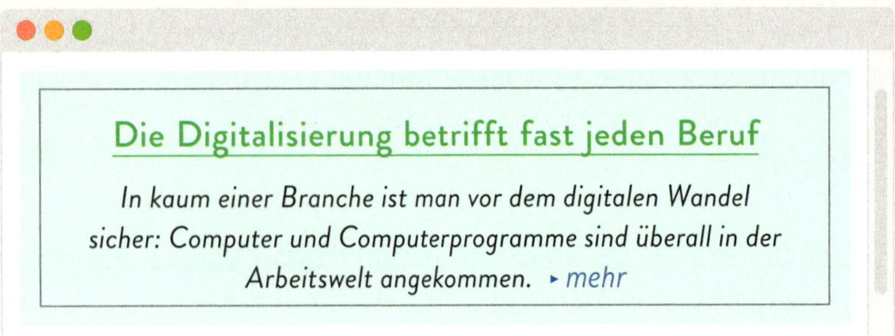

Das bedeutet vielleicht, dass ...

Ich glaube, dass ...

2 **Wie hat sich der Beruf des Friseurs verändert? Lesen Sie die Aussagen und kreuzen Sie an. Hören Sie dann die Radiosendung und überprüfen Sie.**

🔊 127

	früher	heute
1 Termine werden in einen Papierkalender eingeschrieben.	☒	○
2 Neue Ware wird per Internet beim Händler bestellt.	○	○
3 Die Kunden schauen sich Frisuren in Zeitschriften an.	○	○
4 Der Friseur bestellt per Telefon beim Händler.	○	○
5 Der Friseur zeigt den Kunden mit dem Computer, wie die Frisur aussehen wird.	○	○
6 Kundentermine werden mit dem Computer geplant.	○	○

3 **Welche Aussage finden Sie richtig, welche nicht? Sprechen Sie.**

A Die Digitalisierung wird immer wichtiger. Bald wird man in jedem Beruf einen Computer brauchen. Auch wenn man keine Lust auf Computer hat: Man sollte auch die Vorteile sehen!

B Ich finde zu viel Digitalisierung schlecht. Arbeiten muss ohne Computer möglich sein. Viele Dinge kann man auch ohne Computer erledigen.

C Die Digitalisierung bringt viele Vorteile für die Menschen, auch im Beruf. Sie spart Zeit und Arbeitskraft.

Ich finde Aussage C richtig. In meinem Beruf sind Computer sehr nützlich! ...

Ich stimme Aussage A zu ...

A über Computer sprechen

A1 **Wie heißt das? Ordnen Sie zu.** → AB

A ~~der Bildschirm~~ **B** der Drucker **C** die Maus **D** das Multifunktionsgerät **E** die Tastatur **F** die Taste

○ 
○ 
Ⓐ 
○ 
○ 
○ 

A2 | a **Was ist richtig? Hören Sie und kreuzen Sie an.**

🔊 128

1 ⊗ Helena lernt, wie der Computer und ein Programm funktionieren.
2 ○ Helena soll ihr Passwort auswendig lernen.
3 ○ Helena findet die Bedienung des Programms schwierig.
4 ○ Helena soll nach der Arbeit den Computer ausmachen.

b **Hören Sie noch einmal und ergänzen Sie passende Nomen aus dem Hörtext. (Manche Nomen können mehrmals verwendet werden.)** → AB

🔊 128

1 den Computer hochfahren
2 das ______ eingeben
3 sich mit dem ______ einloggen
4 das ______ öffnen
5 einen ______ machen
6 die ______ bearbeiten
7 die ______ speichern
8 das ______ beenden
9 den ______ herunterfahren
10 ein automatisches ______ machen

A3 | a **Benutzen Sie Apps auf Ihrem Smartphone? Wenn ja, welche? Warum? Sprechen Sie.**

Ich benutze eine Wetter-App. Diese App sagt mir, wie das Wetter in den nächsten Tagen sein wird. Ich finde das praktisch, vor allem wenn ich wegfahre.

Ich habe eine App für meine E-Mails. ...

b **Eine neue App fürs Smartphone. Ordnen Sie die Sätze.**

A ___ Ich lade die App auf mein Smartphone herunter.
B ___ Ich lösche die App, wenn ich sie nicht mehr brauche.
C 1 Ich suche die App in einem App-Store.
D ___ Ich installiere die App auf meinem Smartphone.
E ___ Ich öffne die App und lerne sie kennen.

c **Erzählen Sie von einer App, die Sie vor kurzem heruntergeladen haben (z. B. Funktion, Preis, was Ihnen daran gefällt). Empfehlen Sie die App im Kurs. Sprechen Sie circa 2 Minuten. Danach stellen Ihnen die anderen Fragen.** → AB

eine Empfehlung geben
Ich empfehle dir/euch ...
Ich finde ... empfehlenswert.
Ich habe gute Erfahrungen mit ... gemacht.
... kann ich nur empfehlen.

Ich möchte die App der Deutschen Bahn beschreiben, die ich neulich entdeckt habe. Sie ist ... Besonders die Ticket-Funktion finde ich empfehlenswert: ...

B über digitale Medien sprechen

B1 **Welche digitalen Medien kennen Sie? Sammeln Sie.**

B2 | a **Füllen Sie den Fragebogen aus.**

FRAGEBOGEN ZUR NUTZUNG DIGITALER MEDIEN

A Wie oft nutzen Sie die folgenden Medien?

	täglich	oft	selten	nie	warum?
1 Internetradio, Podcasts	○	○	○	○	
2 Digitales TV, Videoportale	○	○	○	○	
3 Onlinezeitungen und -zeitschriften	○	○	○	○	
4 E-Books	○	○	○	○	
5 Spiele	○	○	○	○	
6 Soziale Netzwerke	○	○	○	○	

B Warum verwenden Sie die Medien vor allem? Ergänzen Sie in A.

Information Spaß Kommunikation Langeweile Lernen Sonstiges

C Stimmen Sie den folgenden Aussagen zu? Kreuzen Sie an.

	ja	vielleicht	nein
1 Digitale Medien haben beruflich und privat viele Vorteile.	○	○	○
2 Viele digitale Medien braucht man eigentlich nicht.	○	○	○
3 Mit digitalen Medien kann man viel Zeit verschwenden.	○	○	○
4 Digitale Medien sind eine gute Möglichkeit, sich zu informieren.	○	○	○
5 Digitale Medien werden für das Lernen immer wichtiger.	○	○	○

b **Schauen Sie die Fragebögen mit Ihrer Lernpartnerin / Ihrem Lernpartner an. Finden Sie Gemeinsamkeiten und Unterschiede. Sprechen sie zuerst zu zweit, berichten Sie dann im Kurs.** → AB

über Gemeinsamkeiten sprechen
Eine Gemeinsamkeit ist, dass ...
... ist gleich.
... ist ähnlich.
Bei ... sind wir gleicher Meinung.

über Unterschiede sprechen
... unterscheiden sich voneinander.
Im Gegensatz zu ...
Ein Unterschied ist ...
Ich finde, dass ... X dagegen denkt, dass ...

Im Gegensatz zu mir liest du oft Onlinezeitungen. Ich mache das nie.

Ja. Dann bin ich gut informiert. Du hast angekreuzt, dass du täglich in den Sozialen Netzwerken bist. Das ist bei mir ähnlich.

Omar und ich nutzen beide täglich Soziale Netzwerke. Wir sind aber auch der gleichen Meinung, dass man dabei manchmal Zeit verschwendet. Ein Unterschied ist, dass ...

B3 | a Lesen Sie und ergänzen Sie die Überschriften.

Auswirkungen auf die Arbeitswelt | ~~Der digitale Wandel im Beruf~~
Die Geschichte der Digitalisierung | Mit der Digitalisierung umgehen lernen

1 *Der digitale Wandel im Beruf*

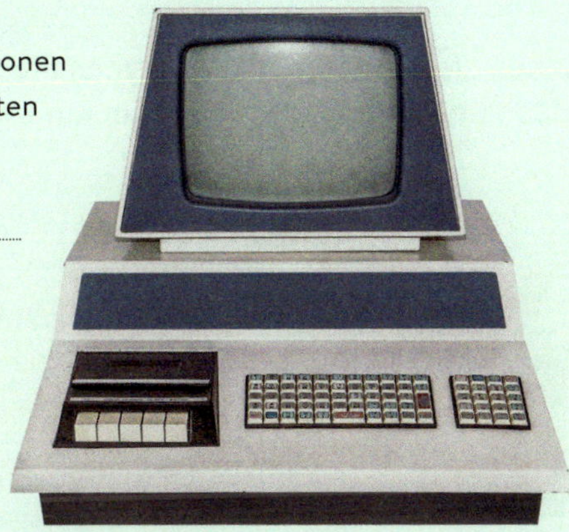

Heute ist es in vielen Betrieben normal, mit dem Computer zu arbeiten: Man schickt E-Mails, füllt Datenbanken mit Informationen und arbeitet mit Computerprogrammen. Vor ein paar Jahrzehnten sah der Berufsalltag aber noch ganz anders aus.

2 ....

Computer gibt es heute überall. Aber das war nicht immer so. In den 1960er-Jahren gab es erste Computer in Betrieben. Diese waren aber noch sehr groß und sehr teuer. Computer für zu Hause kamen erst später, nämlich Ende der 1970er-Jahre. Am Ende des 20. Jahrhunderts wurde das Internet immer bekannter und beliebter. Da war es aber eigentlich nicht mehr ganz neu: Die ersten E-Mails wurden schon 1971 verschickt. Heute gehört das Internet zum Alltag.

3 ....

Das digitale Zeitalter bedeutete für viele Berufe große Veränderungen. Die Menschen bekamen Angst, dass der Computer bald menschliche Arbeit ersetzen könnte. Die Folge wäre Arbeitslosigkeit vieler Menschen. Man weiß aber heute, dass das nicht passieren wird. In vielen Berufen werden Abläufe durch Computer automatisiert, der Mensch wird aber trotzdem immer noch gebraucht. Es entstehen sogar neue Arbeitsplätze, weil Menschen die Computer programmieren und überwachen müssen.

4 ....

Die Digitalisierung entwickelt sich sehr schnell weiter. Das stellt die Arbeitnehmer/innen immer wieder vor neue Herausforderungen: Sie müssen neue Programme verstehen, viele Dateien verwenden oder plötzlich in einem Bereich digital arbeiten statt auf Papier. Auch wenn man das am Anfang vielleicht nicht gut findet: Viele stellen fest, dass die Arbeit durch die Digitalisierung leichter wird. Wenn man mit einem neuen Programm arbeiten muss, können Weiterbildungen helfen. So lernt man eine Menge dazu – und schon bald kommen die meisten Angestellten mit digitalen Veränderungen gut zurecht.

b Wo steht was? Ergänzen Sie die Zeilennummer(n).

1 Zunächst gab es Computer nur in Firmen, erst später auch für Privatleute. *8–10*
2 Seit Beginn der 1970er-Jahre kann man E-Mails verschicken. ....
3 Viele Menschen hatten Angst, durch die Digitalisierung ihren Job zu verlieren. ....
4 Die Digitalisierung schafft neue Arbeitsplätze. ....
5 Die Digitalisierung schafft immer wieder Veränderungen für die Arbeitnehmer/innen. ....
6 Angestellte können sich durch Weiterbildungen im digitalen Bereich fit machen. ....

c Fassen Sie die drei wichtigsten Aussagen des Textes zu zweit schriftlich zusammen.

d Präsentieren Sie Ihre Ergebnisse aus c im Kurs und vergleichen Sie.

e Was hat sich in Ihrem Beruf durch die Digitalisierung verändert? Sprechen Sie. → AB

Ich arbeite als Verkäufer. Früher musste ich gut aufpassen und viel rechnen. Heute macht die Kasse fast alles automatisch.

Bei mir hat sich auch sehr viel geändert. …

C über Erinnerungen sprechen

C1 | a **Welche Erinnerungen haben Sie an Ihre Schulzeit? Wie haben Sie gelernt? Wie die anderen aus Ihrem Kurs? Sprechen Sie darüber.**

In unserer Klasse hat vor allem der Lehrer gesprochen. Wir Schüler haben zugehört und geschrieben.

Gruppenarbeit gab es bei uns fast nie. …

b **Sehen Sie die Fotos an. Wie lernen die Schülerinnen und Schüler heute? Sammeln Sie zu zweit weitere Ideen und sprechen Sie dann im Kurs.**

c **Was passt zu den Fotos? Verbinden Sie.** → AB

1 Schülerinnen und Schüler nutzen
2 Lehrerinnen und Lehrer erklären
3 Ein Schüler verwendet eine App
4 Eine Gruppe übt ein Rollenspiel ein

A den Unterrichtsstoff am Smartboard.
B ein Tablet zum Lernen.
C und nimmt es als Video auf.
D und scannt eine Seite im Lehrbuch, um sich einen Dialog anzuhören.

C2 | a **Lesen Sie die Aussagen und markieren Sie *als*.**

Als ich jung war, hat der Lehrer im Klassenraum mit Kreide an eine Tafel geschrieben. Heute gibt es oft Smartboards.

Heute schauen viele Schüler ins Internet, um sich zu informieren. Ich habe immer ins Lexikon geschaut, als ich jung war.

Zeitangaben mit *als*

Als ich jung war, hat der Lehrer mit Kreide an die Tafel geschrieben.

b **Was ist richtig? Kreuzen Sie an.**

Die Sätze mit *als* …

1 ○ sagen etwas über die Vergangenheit aus.
2 ○ sind immer im Präsens.
3 ○ haben das Verb an der zweiten Stelle.
4 ○ sind Nebensätze.

c **Schreiben Sie drei Unterschiede zwischen früher und heute auf. Welche finden Sie gut, welche nicht? Präsentieren Sie Ihre Beispiele.** → AB

Smartphone / Lexikon

Heute kann man mit dem Smartphone recherchieren. Als ich in die Schule gegangen bin, gab es noch keine Smartphones. Ich musste immer …

C3 | a **Wer sagt was? Lesen Sie die Einträge im Forum und ordnen Sie die Aussagen zu.**

DIE FÖHNWELLE – DAS FORUM FÜR FRISEURINNEN UND FRISEURE

REZIN

Wir bekommen in unserem Laden bald einen digitalen Terminkalender! Das soll besser sein für alle ... Ich kenne so etwas gar nicht ... Habt ihr so etwas auch bei euch? Was habt ihr für Erfahrungen damit?

GHALI

Haben wir auch seit einem Jahr! Ich finde das super! Mir ist das viel lieber als der alte Papierkalender. Man sieht gleich die Termine von allen Kolleginnen und Kollegen, ich finde das toll. Und die Daten der Kundinnen und Kunden sind auch gleich gespeichert. Das ist total praktisch, wenn man mal jemanden anrufen muss! 😃

GESA

Hmm ... Bei uns haben wir das auch. Und ich muss sagen: Ich mag Papier ja wirklich mehr als diesen Computer. Technik habe ich einfach nicht gern. 🙁 Es dauert auch immer noch lange, bis ich einen Eintrag in diesem Onlinekalender gemacht habe ... Aber die Mehrheit will es bei uns eben so.

HANNA

Wir haben auch so ein Ding. Als der Kalender neu war, hatte ich ein paar Schwierigkeiten damit. Aber jetzt komme ich gut klar. Der Kalender hat schon viele Vorteile ... Und nach einer Weile ist es auch einfach, ihn zu bedienen. Privat bevorzuge ich aber immer noch den guten alten Papierkalender! 😃😃

1 Ich habe mit der Zeit gelernt, mit dem Onlinekalender umzugehen. *Hanna*
2 Ich stehe dem Onlinekalender immer noch kritisch gegenüber. ....
3 Ich will wissen, welche Erfahrungen ihr mit digitalen Kalendern habt. ....
4 Ich finde den digitalen Kalender gut und praktisch. ....
5 Ich weiß gar nicht, wie ein digitaler Kalender funktioniert. ....
6 Privat schreibe ich meine Termine weiter auf Papier. ....
7 Ein Vorteil ist, dass die Daten der Kundinnen und Kunden gleich dabei sind. ....
8 Ich spare mit dem digitalen Terminkalender keine Zeit. ....

b **Mit welchen Wendungen kann man Vorlieben ausdrücken? Lesen Sie den Text noch einmal und markieren Sie zu zweit.**

C4 **Wählen Sie zu zweit ein Beispiel aus und sprechen Sie über Vorlieben.** → AB

E-Mail ↔ Brief

Onlinebewerbung ↔ Bewerbung auf Papier

digitales Lehrbuch ↔ Lehrbuch auf Papier

elektronischer Dienstplan ↔ Dienstplan auf Papier

Ich mag E-Mails lieber als Briefe. Das geht viel schneller und man braucht keine Briefmarke.

Ich bevorzuge Briefe. Briefe kann man anfassen und mitnehmen, das finde ich einfach schöner.

über Vorlieben sprechen
Mir ist ... lieber als ...
Ich mag ... mehr/lieber als ...
Ich bevorzuge ...
Ich finde ... besser als ...

Wo kann man Weiterbildungen machen?

Extra

1 Was ist richtig? Lesen Sie die E-Mail und kreuzen Sie an.

Lieber Mino,

ich muss leider unsere Verabredung am Samstag absagen. Ich mache spontan eine Weiterbildung! Ich hoffe, du bist nicht böse ... Gestern habe ich gesehen, dass die IHK eine Weiterbildung zum Thema *Soziale Medien* anbietet. Da lernt man, wie man mit Sozialen Netzwerken neue Kundinnen und Kunden gewinnt. Das will ich schon lange lernen ... Ich habe mich gleich angemeldet! 😃
Als ich die Ausbildung beendet hatte, dachte ich: Jetzt hört das Lernen auf! Irgendwie habe ich aber das Gefühl, dass ich mit dem Lernen NIE fertig bin ... 😃 Es kommen immer neue Dinge ... Aber das macht ja auch Spaß!

Viele Grüße und hoffentlich bis bald
Ghali

1 Ghali kann nicht ⓐ zum Laden ~~ⓑ~~ zur Verabredung ⓒ zur Weiterbildung kommen.
2 Er besucht ⓐ ein Soziales Netzwerk. ⓑ das Unternehmen von Mino. ⓒ eine Weiterbildung.
3 Er glaubt, dass er ⓐ auf der Weiterbildung nicht viel lernt. ⓑ Soziale Netzwerke nie verstehen wird. ⓒ immer wieder Neues lernen wird.
4 Er hat Freude ⓐ am Lernen. ⓑ an seinem Laden. ⓒ an den Sozialen Medien.

2 Kennen Sie Institutionen, in denen man Weiterbildungen machen kann? Sammeln Sie und tauschen Sie sich aus.

IHK (www.ihk.de)

Man kann Weiterbildungen zum Beispiel bei der IHK machen, der Industrie- und Handelskammer.

3 Was wollten Sie schon immer lernen? Warum? Sprechen Sie. → AB

Englisch | Nähen | mit Word Texte schreiben und gestalten | Sushi zubereiten | Gitarre spielen | mit dem Computerprogramm Excel arbeiten | Fotografieren

Ich möchte gern Englisch lernen. Als ich zur Schule gegangen bin, gab es bei uns keinen Englischunterricht.

4 Recherchieren Sie und geben Sie sich gegenseitig Tipps: Wo in Ihrer Stadt gibt es eine Weiterbildung zu Ihren Themen in 3? Präsentieren Sie Ihre Ergebnisse.

Englisch kann man in Leipzig in vielen Institutionen lernen: zum Beispiel in der Volkshochschule, ...

In der Musikschule am Goetheplatz kann man ...

eine Empfehlung geben 129–131
Ich empfehle dir/euch ...
Ich finde ... empfehlenswert.
Ich habe gute Erfahrungen mit ... gemacht.
... kann ich nur empfehlen.

Restauranttipps – Empfehlen Sie Ihrem Kurs ein Restaurant in Ihrer Stadt.

über Gemeinsamkeiten sprechen 132–133
Eine Gemeinsamkeit ist, dass ...
... ist gleich.
... ist ähnlich.
Bei ... sind wir gleicher Meinung.

Welche Gemeinsamkeiten haben Sie und ein weiteres Mitglied Ihrer Familie? Schreiben Sie vier Sätze.

über Unterschiede sprechen 134–135
... unterscheiden sich voneinander.
Im Gegensatz zu ...
Ein Unterschied ist ...
Ich finde, dass ... X dagegen denkt, dass ...

über Vorlieben sprechen 136–137
Mir ist ... lieber als ...
Ich mag ... mehr/lieber als ...
Ich bevorzuge ...
Ich finde ... besser als ...

Was mögen Sie lieber? Kreuzen Sie an und formulieren Sie Sätze.

○ Actionfilm	○ Liebesfilm
○ Kaffee	○ Tee
○ Spaziergang	○ Mittagsschlaf
○ Winter	○ Sommer

138–139 **Zeitangaben mit *als***

als + Nebensatz	Hauptsatz
Als ich jung war,	hat der Lehrer mit Kreide an die Tafel geschrieben.

Hauptsatz	*als* + Nebensatz
Unsere Arbeit hat sich sehr verändert,	als die neuen Kassen eingeführt wurden.

Als ist wie *seit* und *bis* ein Konnektor für Zeitangaben (Lektion 5). Der Nebensatz mit *als* sagt etwas über die Vergangenheit aus und steht meistens im Präteritum, Perfekt oder Plusquamperfekt.

Was war los, als Sie ...? Schreiben Sie fünf Sätze mit *als*.

Tipp: Benutzen Sie eine neue grammatische Struktur bewusst, wenn Sie sie gelernt haben. Dann werden Sie sie bald sicher verwenden.

Nennen Sie nacheinander Begriffe zum Thema *Computer*. Wie viele finden Sie?

Welche Verben passen zu den Nomen *Computer*, *Programm*, *Passwort*? Schreiben Sie.

10

Aneta Michalska fragt, wenn sie Hilfe braucht

BRIEFZUSTELLER
(M/W/D) IN TEILZEIT

Ihr Profil
- Sie sind gern an der frischen Luft.
- Sie fahren gern und sicher Fahrrad.
- Sie sind körperlich fit und können mit Stress umgehen.
- Sie sind zuverlässig und sehen gepflegt aus.
- Sie gehen freundlich mit Kunden um.
- Ihr Deutsch ist in Wort und Schrift gut.
- Sie arbeiten gern im Team.
- Sie sind bereit, auch samstags zu arbeiten.

JETZT BEWERBEN

Ich habe gedacht, dass Briefzusteller ein sportlicher und etwas einsamer Beruf ist. Aber ich habe als Briefzustellerin sehr viel Kontakt zu anderen Menschen. Wenn ich meine Runde mache, gibt es immer wieder Fragen und kleine Probleme. Und da bin ich froh, wenn ich Hilfe bekomme.

1 **Lesen Sie die Stellenanzeige und Anetas Aussage. Welche fünf Eigenschaften finden Sie für die Stelle besonders wichtig? Beschreiben Sie.** → AB

Als Briefzusteller muss man fit sein.

Wer als Briefzustellerin arbeitet, sollte …

Für diesen Beruf braucht man …

2 | a **Welche Fragen kann Aneta bei der Arbeit haben? Sammeln Sie zu zweit.**

um Hilfe bitten
Könnten Sie mir vielleicht sagen, wo …
Würden Sie mir bitte erklären, wie …
Wissen Sie, wer …

b **Schreiben Sie Sprechblasen mit Fragen und Antworten. Vergleichen Sie.** → AB

Am Briefkasten steht nicht mehr der Name Meier. Können Sie mir sagen, ob sie umgezogen sind?

Ja, Familie Meier ist gestern ausgezogen.

A Angaben in einem Arbeitsvertrag verstehen

A1 | a Eine neue Arbeit – Ergänzen Sie die Fragen. (Nicht alles passt.)

Arbeitstag | Arbeitgeber | Aufgaben | befristet | Frist | ~~Gehalt~~ | krank | Probezeit | Stunden | Urlaub

1 ○ Wie hoch ist mein Gehalt ?
2 ○ Ist die Stelle .... ?
3 ○ Wann kann ich .... machen?
4 ○ Wie lange ist die .... ?
5 ○ Wann ist mein erster .... ?
6 ○ Welche .... übernehme ich?
7 ○ Was mache ich, wenn ich .... bin?
8 ○ Wie viele .... arbeite ich pro Woche?

b Welche Fragen haben Sie noch? Sammeln Sie zu zweit. Vergleichen Sie dann im Kurs.

A2 | a Lesen Sie den Arbeitsvertrag. Welche Fragen aus A1 a werden beantwortet? Kreuzen Sie an.

§ 1 Beginn des Arbeitsverhältnisses
Das Arbeitsverhältnis beginnt am 1. 6. 20XX

§ 2 Probezeit
Das Arbeitsverhältnis wird auf unbestimmte Zeit geschlossen. Die ersten drei Monate gelten als Probezeit. Während der Probezeit kann das Arbeitsverhältnis beiderseits mit einer Frist von zwei Wochen gekündigt werden.

§ 3 Tätigkeit
Der / Die Arbeitnehmer/in wird als Paketzusteller/in eingestellt und vor allem mit folgenden Arbeiten beschäftigt: Sortieren von Paketen, Beladen des Fahrzeugs, Ausliefern von Paketen. Er / Sie verpflichtet sich, auch andere Arbeiten auszuführen, die seinen / ihren Kenntnissen und Fähigkeiten entsprechen.

§ 4 Arbeitszeit
Die regelmäßige wöchentliche Arbeitszeit beträgt 38,5. Stunden. Beginn und Ende der täglichen Arbeitszeit bestimmt der Betrieb.

§ 5 Arbeitsvergütung
Der / Die Arbeitnehmer/in erhält einen Stundenlohn von 12,75 Euro.

§ 6 Urlaub
Der / Die Arbeitnehmer/in hat Anspruch auf einen gesetzlichen Mindesturlaub von derzeit 20 Arbeitstagen im Kalenderjahr.

§ 7 Krankheit
Ist der / die Arbeitnehmer/in ohne eigene Schuld wegen Krankheit arbeitsunfähig, so hat er / sie Anspruch auf eine Fortzahlung des Gehalts bis zur Dauer von sechs Wochen. Die Arbeitsunfähigkeit muss dem Arbeitgeber sofort mitgeteilt werden. Dauert die Arbeitsunfähigkeit länger als drei Kalendertage, muss der / die Arbeitnehmer/in eine ärztliche Bescheinigung vorlegen.

§ 8 Kündigung
Nach Ablauf der Probezeit beträgt die Kündigungsfrist vier Wochen zum 15. oder Ende eines Kalendermonats. Die Kündigung bedarf der Schriftform.

b Sind die Aussagen richtig oder falsch? Lesen Sie den Arbeitsvertrag noch einmal. Kreuzen Sie an und besprechen Sie Ihre Lösungen zu zweit. Suchen Sie gemeinsam die passenden Stellen im Text. → AB

	richtig	falsch
1 Der Arbeitsvertrag gilt ab dem 1. 6. und ist unbefristet gültig.	⊗	○
2 Der / Die Arbeitnehmer/in soll Pakete in ein Fahrzeug laden und ausliefern.	○	○
3 Er / Sie arbeitet 38,5 Stunden pro Monat und hat 20 Tage Urlaub.	○	○
4 Nach 3 Wochen Krankheit braucht er / sie eine Bescheinigung vom Arzt.	○	○
5 Man kann nur schriftlich kündigen.	○	○

A3 | a Arbeiten Sie zu zweit. Jedes Lernpaar notiert vier schwierige Wörter aus dem Text.

b Tauschen Sie die Wörter mit einem anderen Lernpaar. Erklären Sie die Begriffe mit Ihren Worten. Benutzen Sie dafür ein einsprachiges Wörterbuch im Internet.

Warum mit einem einsprachigen Wörterbuch arbeiten?
So festigen und erweitern Sie Ihren Wortschatz systematisch.

B Arbeitsanweisungen verstehen und darauf reagieren

B1 | a **Hören Sie das Gespräch. Welches Bild passt nicht? Streichen Sie es.**

140

A ……… ………

B ……… ………

C ……… ………

D ……… ………

E ……… ………

F ……… ………

b **Hören Sie das Gespräch noch einmal. Bringen Sie die Bilder in a in die richtige Reihenfolge.**

140

c **Arbeiten Sie zu zweit. Ordnen Sie die Sätze den Bildern in a zu.**

a Holen Sie die Ware aus dem Lager und laden Sie sie auf den Wagen.
b Machen Sie die leeren Kartons klein und legen Sie sie zum Altpapier.
c Nehmen Sie immer die Kartons mit dem ältesten Haltbarkeitsdatum.
d Packen Sie die Ware aus den Kartons und räumen Sie sie an die richtige Stelle.
e Schauen Sie sich zuerst das Regal an und prüfen Sie, welche Ware fehlt.

d **Was passt zusammen? Verbinden Sie und hören Sie dann noch einmal zur Kontrolle.**

140

1 Entschuldigung, das Wort kenne ich nicht.
2 Darf ich ausprobieren,
3 Das verstehe ich. Aber:
4 Ich weiß nur nicht,
5 Ich habe eine Frage. Ist es egal,

A Was mache ich denn dann mit der Ware?
B wo das Altpapier hinkommt.
C wie der Wagen fährt?
D welchen Karton ich nehme?
E Was bedeutet „auffüllen"?

e **Ergänzen Sie die Sätze zu zweit und vergleichen Sie dann.** → AB

1 Ziel ist, dass die Regale voll sind. Darum *prüfen Sie zuerst, welche Ware fehlt.*
2 Machen Sie den Wagen nicht so voll, weil ………
3 Räumen Sie die neue Ware nach hinten, damit ………
4 Checken Sie das Haltbarkeitsdatum, denn ………

B2 **Was ist besonders höflich, was ist besonders unhöflich? Lesen Sie die Nachfragen, wählen Sie zu zweit aus und begründen Sie Ihre Wahl.**

1 Wie? Das verstehe ich nicht.
2 Das verstehe ich nicht. Können Sie das genauer erklären?
3 Tut mir leid, das verstehe ich nicht. Könnten Sie das bitte genauer erklären?
4 Ich habe das nicht verstanden. Erklären Sie das mal genauer!

B3 | a **Geben Sie Herrn Rinaldi Tipps. Was soll er tun? Was soll er dabei beachten? Schreiben Sie einen Notizzettel mit den wichtigsten Punkten aus dem Gespräch in B1. Ergänzen Sie eigene Ideen.**

1. Kühlregal prüfen – Wichtig: Regal soll immer voll sein

b **Spielen Sie zu zweit einen ähnlichen Dialog wie das Gespräch in B1. Beachten Sie: Herr Rinaldi hört heute schlecht. Tauschen Sie dann die Rollen.** → AB

um Wiederholung bitten
Ich habe nicht alles verstanden. Könnten Sie mir das bitte noch einmal erklären?
Würden Sie mir bitte noch einmal zeigen/sagen, wie das geht?

Warum die Rollen tauschen?
So übt man, verschiedene Rollen einzunehmen. Und man kann von den guten Ideen der anderen profitieren.

B4 | a **Lesen Sie die E-Mail. Welcher Notizzettel passt zu den Aufgaben in der E-Mail? Kreuzen Sie an.**

1 ○
Drucker prüfen/reparieren
Beckmann mailen (Rechnung falsch)
Vortrag: Notizen abschreiben
günstige Zimmer finden

2 ○
Papier + Toner bestellen (Euro?)
Rechnung Kühle mailen
Auftrag Rashid vorbereiten
Hotel Frankfurt buchen

3 ○
Preise für Toner vergleichen
Rechnung Kühle prüfen
Schreibtisch bestellen
Buchung stornieren

Hallo, Frau Navid,

ich bin morgen den ganzen Tag unterwegs. Aber ich habe ein paar Aufgaben für Sie, die leider sehr dringend sind.

1. Ich glaube, wir haben nur noch wenig Papier und Toner für die Drucker. Können Sie das prüfen und evtl. bestellen? Vielleicht recherchieren Sie auch, wo es die besten Preise gibt?
2. Die Rechnung für die Firma Kühle muss raus – am besten per Mail. Die Unterlagen dazu finden Sie im Ordner „Kühle aktuell".
3. Bitte bereiten Sie den Auftrag für Herrn Rashid vor. Die Notizen liegen auf meinem Schreibtisch.
4. Wir brauchen dringend noch zwei schöne Einzelzimmer für die Messe in Frankfurt (25. bis 28.10.). Würden Sie bitte so buchen, dass wir kostenfrei stornieren können?

Könnten Sie das bitte bis Freitag erledigen? Vielleicht kann Ihnen auch Herr Černý helfen.

Herzlichen Dank und viele Grüße
Jens Friedmann

b **Lesen Sie noch einmal. Was passt? Markieren Sie. Suchen Sie zu zweit die passenden Textstellen in der E-Mail.**

1 Jens Friedmann ist am nächsten Tag auf einer Messe / nicht im Büro.
2 Papier und Toner soll Frau Navid nur bestellen, wenn sie preisgünstig sind / wenn zu wenig vorrätig ist.
3 Er möchte, dass alle / eine von vier Aufgaben bis Freitag erledigt werden.
4 Wenn sie das nicht schafft / nicht machen möchte, soll sie Herrn Černý bitten, ihr zu helfen.

c **Welche Antwort würden Sie abschicken? Überlegen Sie zu dritt. Begründen Sie.** → AB

Lieber Herr Friedmann,

danke für Ihre Mail. Tut mir leid, aber ich schaffe leider nicht alles. Aber ich frage Herrn Černý, ob er zwei Aufgaben übernehmen kann. Wir kümmern uns zusammen darum!

Viele Grüße
Jasmin Navid

Hi,

ja, ich bestelle Papier und Toner und kann ein Hotelzimmer buchen. Wird erledigt! Um den Auftrag und die Rechnung muss sich jemand anderes kümmern. Ich kann das nicht so gut. Das wissen Sie doch.

Mit freundlichen Grüßen
Jasmin Navid

B5 | a **Schreiben Sie zu dritt drei Arbeitsaufträge mithilfe der Notizzettel aus B4a.**

b **Kursspaziergang – Fragen und antworten Sie.** → AB

jemandem einen Arbeitsauftrag geben
Würden Sie bitte …
Könnten Sie vielleicht …
Würden Sie das tun?

einen Arbeitsauftrag annehmen
Ja, das übernehme ich gern.
Alles klar. Wird erledigt!
Darum kann ich mich kümmern.

einen Arbeitsauftrag ablehnen
Ich weiß nicht. Ich kann das nicht so gut.
Tut mir leid, aber das schaffe ich heute nicht mehr.
Ich habe leider gerade überhaupt keine Zeit für zusätzliche Aufgaben.

C über Rechte und Pflichten am Arbeitsplatz sprechen

C1 | a Was passt zusammen? Ordnen Sie zu.

1 Victor telefoniert jeden Tag eine Stunde mit seiner Frau.
2 Nina macht keine Mittagspause.
3 Tim hört laut Musik in der Werkstatt.
4 Weil Anna krank ist, übernimmt ihr Mann ihre Arbeit.

A ○

B ○

C ○

D ○

b Was denken Sie: Ist das okay, was die Personen machen? Sprechen Sie im Kurs. Wo gibt es unterschiedliche Meinungen?

Ich denke, es ist okay, wenn man …

Ich finde es nicht schlimm, wenn die Mitarbeiter …

Ja, aber es ist nicht richtig, wenn sie …

C2 | a Lesen Sie die drei Texte. Zu jedem Text gibt es zwei Aufgaben. Entscheiden Sie bei jedem Text, ob die Aussage richtig oder falsch ist und welche Antwort (a, b oder c) am besten passt.

1 Mehrere Dokumente informieren über Rechte / Pflichten am Arbeitsplatz. ☒ richtig ○ falsch
2 Was ist kein schriftliches Dokument?
ⓐ der Arbeitsvertrag
ⓑ die Hausordnung
☒ die Sicherheitsunterweisung
3 Die Betriebsvereinbarung gilt nur für Arbeitgeber. ○ richtig ○ falsch
4 Wo gilt die Betriebsvereinbarung?
ⓐ im ganzen Betrieb
ⓑ in Abteilungen mit Schichtarbeit
ⓒ beim Kundenkontakt
5 Die Sicherheitsunterweisung muss einmal pro Jahr stattfinden. ○ richtig ○ falsch
6 Was müssen Arbeitnehmer danach tun?
ⓐ den Feuerlöscher bedienen
ⓑ die Teilnahme mit Unterschrift bestätigen
ⓒ die Kolleg/innen an die Unterweisung erinnern

A

Wo finde ich Informationen zu meinen Rechten und Pflichten am Arbeitsplatz?

Informationen dazu finden Sie sowohl in Ihrem Arbeitsvertrag als auch in den Betriebsvereinbarungen. In vielen Unternehmen gibt es außerdem eine Hausordnung. Und auch bei der Sicherheitsunterweisung, die mündlich am Arbeitsplatz stattfindet, bekommen Sie wichtige Informationen. Wenn Sie nicht sicher sind, fragen Sie entweder bei den Kolleg*innen oder bei Ihren Vorgesetzten nach.

B

Die Betriebsvereinbarung: ein Vertrag zwischen dem Arbeitgeber und dem Betriebsrat. Sie kann Regeln zu folgenden Themen enthalten: Schichtarbeit, Urlaubsplanung, Arbeitszeiten, Regeln für Pausen und auch Umgang mit Kolleg*innen oder Kund*innen. Hier stehen sowohl die Rechte als auch die Pflichten der Arbeitgeber und Arbeitnehmer. Der Vertrag gilt für das ganze Unternehmen.

C

Heute gab es bei uns eine Sicherheitsunterweisung. Ich habe das noch nie mitgemacht – weder bei meinem alten Arbeitgeber noch in der neuen Firma. Der Arbeitgeber hat aber die Pflicht, das zu tun. Mindestens einmal pro Jahr! Wusstest du das? Ich habe auf jeden Fall gelernt, wo der Feuerlöscher steht und wie ich ihn bediene. Und ich weiß, wie ich reagieren soll, wenn es im Betrieb einen Unfall gibt oder wenn es brennt. Ich musste auch unterschreiben, dass ich an der Unterweisung teilgenommen habe.

b Suchen Sie in den Texten in a die Namen der Dokumente mit Informationen zu Rechten und Pflichten. Ergänzen Sie dann die Definitionen. → AB

Die Regeln in der *Hausordnung* gelten für alle Menschen, die in einem bestimmten Gebäude arbeiten. Die Regeln in der ______________ gelten für ein ganzes Unternehmen. Die Regeln im ______________ gelten für alle Mitarbeiter/innen und den Arbeitgeber.

C3 | a Was bedeuten die Konjunktionen? Ordnen Sie zu.

nicht ... und auch nicht | oder | ~~und~~

sowohl ... als auch, weder ... noch und entweder ... oder

Infos zu Rechten und Pflichten gibt es sowohl im Arbeitsvertrag als auch in der Betriebsvereinbarung. (= *und*)
Ich habe das weder bei meinem alten Arbeitgeber noch in der neuen Firma gemacht. (= ______________)
Fragen Sie entweder Ihre Kolleg*innen oder Ihre Vorgesetzten. (= ______________)

b Markieren Sie in den Texten in C2 a *sowohl ... als auch, weder ... noch* und *entweder ... oder.* Schreiben Sie die Sätze neu und ersetzen Sie mit *nicht ... und auch nicht – ... oder ... – ... und ...* → AB

Informationen dazu finden Sie in Ihrem Arbeitsvertrag und in der Betriebsvereinbarung.

C4 | a Was passt zusammen? Verbinden Sie.

A Hier darf man kein Feuer machen.
B Es ist nicht erlaubt zu telefonieren.
C Man darf den Raum nicht betreten.
D Man ist verpflichtet, sich die Hände zu waschen.
E Man muss hier sowohl eine Schutzbrille als auch einen Helm tragen.

b Was muss man als Reinigungskraft tun und was ist (nicht) erlaubt? Lesen Sie das Unterweisungsblatt und geben Sie die Regeln wieder. → AB

UNTERWEISUNGSBLATT für den Arbeitsschutz

Reinigungskraft

Sicherheitshinweise
⚠ Mischen Sie nicht verschiedene Reinigungsmittel.
⚠ Steigen Sie nicht auf Tische oder Stühle. Benutzen Sie Leitern.

Schutzbekleidung
⚠ Tragen Sie geschlossene Schuhe, die rutschfest sind.
⚠ Benutzen Sie Handschuhe, wenn Sie mit Wasser putzen.

Umgang mit Arbeitsmitteln/Geräten/Maschinen
⚠ Melden Sie Störungen an Geräten/Reinigungsmaschinen sofort Ihren Vorgesetzten.
⚠ Benutzen Sie bei der Reinigung von elektrischen Geräten kein oder nur sehr wenig Wasser.

Weitere wichtige Hinweise
⚠ Beachten Sie die Rauchverbote.
⚠ Essen und trinken Sie nicht bei Reinigungsarbeiten.

über Regeln sprechen
Man ist verpflichtet, ...
Man muss hier sowohl ... als auch ...
Es ist (nicht) erlaubt, ...
Hier darf man weder ... noch ...

Man ist verpflichtet, geschlossene Schuhe zu tragen.

Man darf weder rauchen noch ...

Die gefährlichsten Berufe der Welt

Extra

1 Welche Unfälle können im Beruf passieren? Sammeln Sie.

2 Lesen Sie den Chat: Welche Gefahren sehen Aneta und Tim in ihren Berufen? Sprechen Sie.

Aneta
Du bist Dachdecker, oder?

Tim
Ja, ich arbeite den ganzen Tag draußen – genau wie du.

Aneta
Na ja, das kann man doch nicht vergleichen. Du arbeitest oben auf dem Dach. Das ist total gefährlich!

Tim
Findest du? Ich finde deinen Job viel gefährlicher. Ich habe doch total viel Angst vor Hunden.

Aneta 😂

3 Sehen Sie die Fotos an. Bringen Sie die Berufe zu zweit in eine Reihenfolge von 1 = extrem gefährlich bis 5 = gefährlich. Vergleichen Sie die Reihenfolge. Diskutieren Sie.

DIE GEFÄHRLICHSTEN BERUFE DER WELT

○ Bombenentschärfer/in / Sprengmeister/in

○ Fensterputzer/in

○ Feuerwehrmann/-frau

○ Pilot/in

○ Dachdecker/in

4 | a Welche Informationen aus der Grafik finden Sie interessant? Geben Sie sie wieder und kommentieren Sie.

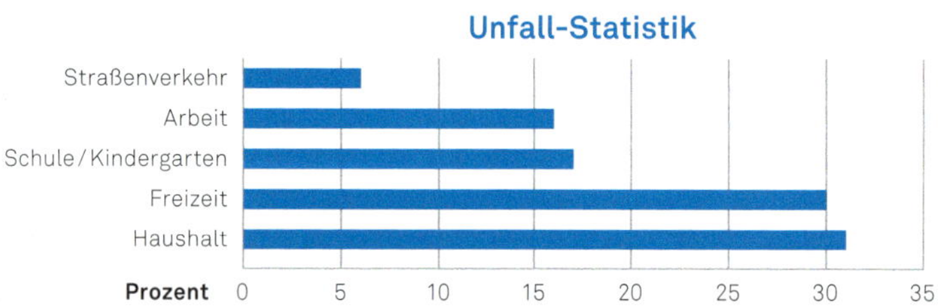

6 Prozent der Unfälle passieren im Straßenverkehr. Das ist gar nicht so viel, wie ich dachte.

Die meisten Unfälle …

b Lesen Sie den Online-Artikel. Was ist richtig? Kreuzen Sie an und vergleichen Sie zu zweit. → AB

Unfälle im Haushalt

Fensterputzen und Staubsaugen sind gefährlicher, als man denkt: Bei Unfällen im Haushalt sterben mehr Menschen als im Straßenverkehr. Jährlich haben 2,8 Millionen Menschen in Deutschland einen Unfall im Haushalt. Sie stürzen von der Leiter, schneiden sich mit dem Messer, verbrennen sich am Herd, vergiften sich mit Putzmitteln oder bekommen einen Stromschlag.

1 ○ Bei Unfällen im Haushalt gibt es mehr Tote als im Straßenverkehr.
2 ○ 2,8 Millionen Unfälle pro Jahr enden tödlich.
3 ○ Die meisten Unfälle passieren in der Küche.

5 Welche Gefahren gibt es in welchem Beruf? Sprechen Sie im Kurs.

um Hilfe und Wiederholung bitten 141–143
Könnten Sie mir vielleicht sagen, wo ...
Würden Sie mir bitte erklären, wie ...
Wissen Sie, wer ...
Ich habe nicht alles verstanden. Könnten Sie mir das bitte noch einmal erklären?
Würden Sie mir bitte noch einmal zeigen/sagen, wie das geht? 144

Kaffeeautomat
wie Wasser nachfüllen?
wie oft sauber machen?
wann ausschalten?

Stellen Sie einer Kollegin / einem Kollegen drei Fragen zum neuen Kaffeeautomaten.

jemandem einen Arbeitsauftrag geben 145–146
Würden Sie / Würdest du bitte ...
Könnten Sie / Könntest du vielleicht ...
Würden Sie / Würdest du das tun?

Arbeiten Sie mit einem Lernpartner / einer Lernpartnerin.
1. Schicken Sie sich gegenseitig eine Nachricht: Bitten Sie Ihren Lernpartner / Ihre Lernpartnerin, drei Aufgaben zu übernehmen.

2. Antworten Sie auf die Nachricht Ihres Lernpartners / Ihrer Lernpartnerin.

einen Arbeitsauftrag annehmen
Ja, das übernehme ich gern.
Alles klar. Wird erledigt!
Darum kann ich mich kümmern.

einen Arbeitsauftrag ablehnen 147–149
Ich weiß nicht. Ich kann das nicht so gut.
Tut mir leid, aber das schaffe ich heute nicht mehr.
Ich habe leider gerade überhaupt keine Zeit für zusätzliche Aufgaben.

über Regeln sprechen 150–152
Man ist verpflichtet, ...
Man muss hier sowohl ... als auch ...
Es ist hier (nicht) erlaubt, ...
Hier darf man weder ... noch ...

Was darf man hier nicht?
Was muss man hier tun?
Schreiben Sie Sätze.

Tipp: Benutzen Sie beim Üben möglichst viele verschiedene Redemittel. Dann erweitern Sie Ihre Möglichkeiten, sich auszudrücken.

153–154 ***sowohl ... als auch, weder ... noch*** **und** ***entweder ... oder***

sowohl ... als auch = und
Bei der Arbeit sollten wir sowohl Sicherheitsschuhe als auch einen Helm tragen.

weder ... noch = nicht ... und auch nicht
Wir dürfen bei der Arbeit weder privat telefonieren noch im Internet surfen.

entweder ... oder = oder
Zum Rauchen müssen wir entweder auf den Balkon gehen oder das Gebäude verlassen.

Ergänzen Sie die Sätze.
Während der Arbeitszeit darf man weder ...
Mit den Kolleginnen und Kollegen kann man entweder ...
Bei der Arbeit muss man sowohl ...

11

Arian Kalaj hat nächste Woche Frühdienst

KALENDERWOCHE 12: Dienstplan Pflegehilfe / Station 2

MITARBEITER/IN	MO	DI	MI	DO	FR	SA	SO
Lucien Ivanov	8–16	8–16	12–20	12–20	12–20	—	8–16
Sandra Wagner	12–20	12–20	—	8–16	8–16	8–16	—
Arian Kalaj	8–16	8–16	8–16	8–16	—	12–20	12–20
Nora Jörgensen	8–16	8–16	8–16	—	12–20	12–20	12–20
Sasha Gorelin	12–20	Urlaub	Urlaub	Urlaub	8–16	8–16	8–16

1 Richtig oder falsch? Sehen Sie den Dienstplan an, kreuzen Sie an und vergleichen Sie zu zweit.

	richtig	falsch
1 Auf Station 2 arbeiten fünf Pflegehelfer und Pflegehelferinnen.	⊗	○
2 Alle Kolleginnen und Kollegen haben mindestens einen Tag pro Woche frei.	○	○
3 Arian hat bis Donnerstag Frühdienst.	○	○
4 Lucien und Sandra müssen das ganze Wochenende arbeiten.	○	○
5 Nora hat erst Spätdienst, dann frei und dann Frühdienst.	○	○
6 Sasha arbeitet am Montag und dann erst am Freitag wieder.	○	○

2 Worum bittet Sandra? Lesen Sie und kreuzen Sie an. → AB

Sandra fragt Arian, ob er am Samstag mit ihr …
ⓐ zum Fußball geht.
ⓑ den Dienst tauscht.
ⓒ zusammen Dienst haben möchte.

> Arian, kannst du mir einen Gefallen tun? Kannst du am Samstag meinen Frühdienst übernehmen? Meine Tochter hat um 9 Uhr ein wichtiges Fußballspiel – da möchte ich so gern dabei sein! Geht das bei dir? LG Sandra

3 Überlegen Sie: Welcher Dienst wäre Ihnen am liebsten? An welchem Tag hätten Sie gern frei? Sprechen Sie.

> Ich hätte am liebsten Spätdienst. Dann kann ich länger schlafen.

> Mir wäre …

A Termine besprechen

A1 Was ist richtig? Lesen Sie die E-Mail und kreuzen Sie an. → AB

Von: pflegedienstleitung@algus.de
An: verteiler_pflegedienst@algus.de
Betreff: Der Dienstplan für den Monat April ist da!

Liebe Mitarbeiterinnen und Mitarbeiter,

ab sofort können Sie den Dienstplan für April im Intranet ansehen und downloaden. Wenn Sie Änderungen wünschen, geben Sie uns bitte bis Mittwoch Bescheid. Wenn Sie Ihren Dienst mit jemandem tauschen möchten, müssen Sie eine Kollegin / einen Kollegen finden, die / der das auch möchte. Tauschen Sie aber nicht ohne unsere Zustimmung.

Viele Grüße, Sonja Günther & Zacharias Probst (Pflegedienstleitung)

1 Man kann den Dienstplan ⓐ im Internet ansehen. ☒ herunterladen. ⓒ löschen.
2 Wenn man nicht zufrieden ist, kann man ⓐ die Leitung informieren. ⓑ den Plan ändern. ⓒ einen Kommentar im Intranet schreiben.
3 Man darf Dienste tauschen, wenn die Kollegin / der Kollege ⓐ krank ⓑ einverstanden ⓒ informiert ist.
4 Die Leitung ⓐ darf nichts erfahren. ⓑ will Bescheid wissen. ⓒ muss Ja sagen.

A2 | a Sehen Sie den Dienstplan auf S. 94 und den Kalender von Nora an. Mit wem könnte Nora tauschen? Sprechen Sie.

DIENSTAG	FREITAG	SONNTAG
8 Uhr *Hautarzt (wichtig !!)*	*Janne um 17 Uhr vom Training holen!!!*	18 Uhr *„Zur Goldenen Bratpfanne" 60. Geburtstag Mama* 😃

Am Dienstag arbeitet Nora ab 8 Uhr. Sie hat aber um 8 Uhr einen wichtigen Arzttermin. Nora könnte …

b Lesen Sie die Dialoge. Markieren Sie passende Redemittel. Machen Sie eine Liste und ergänzen Sie weitere Redemittel.

Nora: Sasha, ich hätte eine Bitte: Könntest du am Sonntag meinen Spätdienst übernehmen? Meine Mutter feiert ab 18 Uhr ihren 60. Geburtstag.
Sasha: Oh, das tut mir leid, aber ich kann nicht. Ich habe selbst etwas vor. Meine Frau und ich haben Hochzeitstag und gehen Sonntagabend aus.
Nora: Ah, dann wünsche ich Euch ganz viel Spaß.

Nora: Hi Lucien. Könntest du mir einen Gefallen tun? Ich wäre dir sehr dankbar, wenn du am Sonntag deinen Dienst mit mir tauschst. Meine Mutter feiert ihren 60. Geburtstag. Geht das?
Lucien: Am Sonntag? Dann hätte ich Spätdienst statt Frühdienst. Ja, einverstanden. Das kann ich gern machen. Ich habe am Sonntag nichts Besonderes vor.
Nora: Toll, vielen Dank. Das ist sehr nett.

eine Bitte äußern	eine Bitte annehmen	eine Bitte ablehnen
Ich hätte eine Bitte: …		

c Machen Sie zu zweit ein Rollenspiel: Sie haben etwas vor und suchen eine Kollegin / einen Kollegen, die/der mit Ihnen den Dienst tauscht. Schreiben Sie einen Dialog. Üben und präsentieren Sie ihn. → AB

B Formulare verstehen

B1 **Mit welchen Formularen haben Arbeitnehmer/innen oft zu tun? Sammeln Sie.** → AB

Bestellschein für Material — Formulare

B2 | a **Warum bittet Margarete um Hilfe? Hören Sie und kreuzen Sie an.**

155

Margarete
1 ○ hat den Bestellschein für die Reinigungsmittel verloren.
2 ○ versteht nicht, was die Formulare an der Rezeption bedeuten.
3 ○ weiß nicht, wie man den Bestellschein für die Reinigungsmittel ausfüllt.

b **Welche Informationen muss Margarete auf dem Bestellschein notieren? Hören Sie noch einmal und kreuzen Sie an.**

155

1 ○ Name des Hotels
2 ⊗ ihren Namen
3 ○ ihr Geburtsdatum
4 ○ die Nummer ihres Wagens
5 ○ die Adresse des Hotels
6 ○ die Etage, auf der sie arbeitet
7 ○ die Reinigungsmittel, die sie braucht
8 ○ das Datum, wann sie sie braucht
9 ○ einen netten Gruß
10 ○ ihren nächsten Urlaub
11 ○ das heutige Datum
12 ○ ihre Unterschrift

c **Ergänzen Sie die fehlenden Informationen auf dem Bestellschein.** → AB

dringend: WC-Reiniger | Gummihandschuhe | Lappen | Margarete | Staubsaugerbeutel | ~~Swoboda~~ | WC-Reiniger | 14.06. | 3. Etage | 317

Bestellschein für Reinigungsmaterialien

Name: *Swoboda* Vorname: ____________

Wagennr.: ______ Etage: ______

benötigte Materialien:

Bemerkungen:

Datum: ____________ Unterschrift: *Margarete Swoboda*

B3 **Welche Formulare haben Sie schon gesehen oder ausgefüllt? Sprechen Sie.** → AB

Ich habe bei einem Kollegen schon einmal einen Reisekostenantrag gesehen. Ich fand ihn sehr kompliziert …

Ich kenne …

B4 | a Wo finden die Mitarbeiterinnen und Mitarbeiter von megatech das Formular *Urlaubsantrag*? Ergänzen Sie.

https://www.megatech.de/intern/formulare/urlaubsantrag

URLAUBSANTRAG

Hilfe!!! Wo findet man denn den Urlaubsantrag? 🙁

ausdrucken | Formulare | ~~Internetseite~~ | Intranet | Urlaubsantrag

Du gehst auf unsere [1] *Internetseite* und klickst auf [2] „..................“. Dann loggst du dich ein, gehst auf [3] „..................“ und wählst dort [4] „..................“ aus. Dann öffnest du das Formular und füllst es aus. Zum Schluss klickst du auf „senden“. Und: du kannst es auch noch als PDF [5] ...., wenn du willst. Alles klar?

b Was muss Igor tun, wenn er einen Urlaubsantrag ausfüllen will? Hören Sie zweimal und ordnen Sie. → AB

🔊 156

A ..... das Formular „Urlaubsantrag_neu“ suchen
B ..... das Formular ausdrucken
C ..... das Formular mit Doppelklick öffnen
D *1* auf den Server C gehen
E ..... das Formular speichern
F ..... den Ordner „Formulare“ öffnen
G ..... das Formular ausfüllen

Warum Dialoge ordnen?
So übt man, in einem Hörtext den Aufbau und die Reihenfolge der Themen zu erkennen.

B5 | a Lesen Sie. Schreiben Sie für Pit eine Antwort an Lale und erklären Sie den Weg zum Antrag.

Von: l.richter@bauen-mit-uns.de
An: p.schmidt@bauen-mit-uns.de
Betreff: Antrag für Büroschlüssel

Hallo Pit,

kannst du mir schnell schreiben, wo ich den Antrag für einen Schlüssel finde? Ich bekomme ein neues Büro und brauche den Schlüssel dafür ... Danke!

LG, Lale

www.bauen-mit-uns.de/intranet/formulare/antraege-schluessel

AN-/ABMELDEN
AKTUELLES
FORMULARE

Anträge für Schlüssel
Antrag neuer Schlüssel
Antrag Verlängerung Schlüssel
Antrag für zweiten Schlüssel (bei Verlust)

b Hängen Sie die Texte im Kursraum auf und vergleichen Sie: Welche Erklärungen sind gut zu verstehen? Warum?

C Checklisten verstehen

C1 **Was ist eine Checkliste? Haben Sie schon einmal eine Checkliste gemacht? Wofür? Sprechen Sie.**

Meine letzte Checkliste habe ich vor meinem Umzug gemacht.

C2 | a **Welche Überschrift passt am besten? Überfliegen Sie den Text und ergänzen Sie.**

Nicht alle Leute mögen Checklisten

Checklisten machen die Arbeit leichter

So schreiben Sie eine professionelle Checkliste

Kurse **Tipps** Über uns Kontakt

☑ Bei manchen Menschen sind sie sehr beliebt, andere mögen sie nicht – Checklisten. Auf diesen Listen notiert man alle Dinge, die man tun muss. Wenn man eine Sache gemacht hat, hakt man sie auf der Liste ab. Checklisten kann man in vielen Situationen verwenden – beim Einkauf, beim Umzug, zum Packen vor einer Reise und so weiter. Und auch im Beruf.

☑ Checklisten helfen dabei, die Arbeit zu organisieren und zu planen. Je mehr man erledigen muss, desto nützlicher sind Checklisten. Es dauert zwar ein bisschen, bis man die Liste geschrieben hat, aber am Ende spart man trotzdem Zeit. Auch für eine Arbeit, die man immer wieder macht, kann man eine Checkliste anlegen: Dann muss man nicht immer neu überlegen, wie die Arbeit gemacht werden muss. Damit kann man Fehler vermeiden.

☑ Auch wenn ein Mitarbeiter mal krank oder im Urlaub ist und von einer anderen Person vertreten wird, kann eine Checkliste sehr helfen: Die Vertretung kann sich mithilfe der Liste schnell einen Überblick über den aktuellen Stand verschaffen und so die nächsten Aufgaben schneller erledigen. Je verständlicher die Checkliste geschrieben ist, desto besser kann eine Vertretung sie verstehen. Investieren Sie also ein wenig Zeit in Ihre Checklisten – es lohnt sich!

b **Was steht im Text? Lesen Sie und kreuzen Sie an.**

	richtig	falsch
1 Alle Leute lieben Checklisten.	○	☒
2 Checklisten braucht man nur im Beruf.	○	○
3 Durch Checklisten kann man Tätigkeiten besser organisieren.	○	○
4 Mit Checklisten arbeitet man schneller.	○	○
5 Mitarbeiter, die ihre Kollegen vertreten, haben es durch Checklisten leichter.	○	○

c **Markieren Sie im Text Sätze mit *je … desto*.**

je … desto

Je mehr Checklisten ich mache, desto weniger vergesse ich.

d **Was passt zu Ihnen? Schreiben Sie Sätze mit *je … desto.*** → AB

1 Je besser *ich organisiert bin*, desto schneller *arbeite ich*.
2 Je weniger ______, desto mehr ______
3 Je früher ______, desto besser ______
4 Je ______, desto ______

C3 | a **Hören Sie und sehen Sie die Checkliste der Wäscherei an. Wofür braucht die Wäscherei diese Liste? Sprechen Sie.**
157

Checkliste Wäscherei Saubermann	
Aufgaben:	**verantwortlich:**
Wäsche abholen	*Herr Kluge* und ______
Wäsche sortieren	______
Waschmaschinen und Trockner bedienen	______
Wäsche bügeln und falten	______ und ______
Wäsche verpacken	______
Wäsche ausliefern	______ und ______

b **Wer macht was? Hören Sie noch einmal und ergänzen Sie die Checkliste in a.**
157

Frau Berger Frau Hanser Frau Schumann
~~Herr Kluge~~ Herr Lindner Herr Neumann

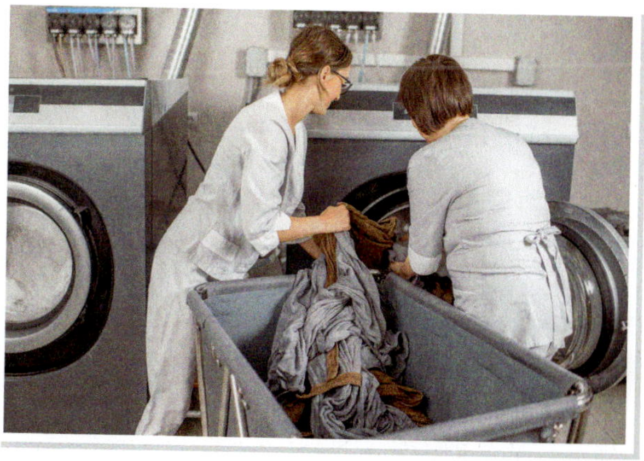

C4 | a **Lesen Sie und erstellen Sie in Kleingruppen eine Checkliste für die Aufgaben.**

Ihre Abteilung plant ein Sommerfest.
Es soll um 18 Uhr mit einem Abendessen beginnen.
Es soll auch ein Abendprogramm geben.
Sie übernehmen die Organisation des Festes.

SOMMERFEST	
Aufgaben:	verantwortlich:
Einladungen per E-Mail verschicken	

b **Verteilen Sie in Ihrer Kleingruppe die Aufgaben und notieren Sie in der Checkliste, wer für was verantwortlich ist.** → AB

Aufgaben verteilen
Wer kümmert sich um …? / Wer kümmert sich darum, dass …?
Wer ist verantwortlich für …? / Wer ist verantwortlich dafür, dass …?
Wer kann … übernehmen?

Aufgabe annehmen
Das kann ich machen.
Das/… übernehme ich.
Um …/Darum kümmere ich mich.

Aufgabe ablehnen
Das möchte ich (lieber) nicht machen.
Das kann ich nicht so gut.
Das kann ich nicht übernehmen.
Für … habe ich keine Zeit.
Darum sollte sich eher … kümmern.

Ferien und Feiertage – wer muss da arbeiten?

Extra

1 **Lesen Sie die Einträge im Internetforum. Was stört Arian? Kreuzen Sie an.** → AB

Arian stört, dass ...

1 ○ er nur an Feiertagen und in den Schulferien arbeiten darf.
2 ○ Kolleginnen und Kollegen mit ihren Kindern so viel Urlaub machen.
3 ○ Kolleginnen und Kollegen mit Kindern an Feiertagen und in den Schulferien leichter Urlaub bekommen.

NETZWERK PFLEGE – DAS PORTAL FÜR PFLEGEKRÄFTE

ARIAN Hallo an alle! Ich habe eine Frage: Wie oft arbeitet ihr an Feiertagen wie Weihnachten? Bei uns im Krankenhaus haben da die MitarbeiterInnen mit Kindern frei. Ich als Single muss so oft an Feiertagen arbeiten ... 😫 Das nervt! Und Urlaub in den Schulferien bekommen vor allem die KollegInnen mit Kindern. Habt ihr dieses Problem auch?

DAMARIS Das ist bei uns auch so und ich finde das gut. Naja, ich habe auch drei Kinder ... 😃 Aber mal ehrlich: Weihnachten ist für Familien mit Kindern nun mal wichtiger als für alleinstehende Menschen ... Und mit Schulkindern kann man ja nur in den Ferien verreisen!! Freu dich lieber darüber, dass du in der Schulzeit billiger Urlaub machen kannst!! 😃 Das hätte ich auch gern! 😫

KONSTI26 Ja, ist bei uns genauso und mich nervt das auch! 😫 Aber man kann nichts machen, so steht es im Gesetz: Der Urlaub eines Arbeitnehmers kann aus sozialen Gründen Vorrang haben – und zu den sozialen Gründen zählen Kinder.

WALLI11 Bei uns gab es deswegen auch mal Probleme. Seitdem versuchen wir in meinem Team immer, das Thema *Urlaub und Feiertagsarbeit* gemeinsam zu besprechen. Und meistens finden wir gute Kompromisse und am Ende sind alle zufrieden. 😃 Versucht das doch auch mal! 😃

2 **Verbinden Sie.** → AB

1 Arian
2 Damaris
3 Konsti26
4 Walli11

A denkt, dass sich das Problem nicht ändern lässt.
B erklärt, welche Lösung an ihrer Arbeitsstelle gefunden wurde.
C würde gern günstigen Urlaub außerhalb der Ferien machen.
D möchte an Feiertagen und in den Ferien nicht so oft arbeiten.

3 **Hatten Sie schon einmal ein ähnliches Problem wie Arian? Berichten Sie.**

Ein Freund von mir muss schon seit drei Jahren immer an Silvester arbeiten. Deshalb können wir nie zusammen feiern.

4 **Was meinen Sie: Sollen Mitarbeiter/innen mit Kindern anders behandelt werden, wenn die Urlaubsplanung gemacht wird? Warum? Warum nicht? Finden Sie gemeinsam Argumente und sprechen Sie.**

Ich finde es gut, dass man auf Familien mit Kindern Rücksicht nimmt.

Aber es darf für niemanden ein Nachteil sein, wenn man keine Kinder hat.

eine Bitte äußern 158–160
Ich hätte eine Bitte: ...
Könntest du mir einen Gefallen tun?
Ich wäre dir sehr dankbar, wenn ...

eine Bitte annehmen
Ja, einverstanden.
Das kann ich gern machen.

eine Bitte ablehnen 161–162
Das tut mir leid. Ich kann leider nicht.

Formulieren Sie fünf Bitten an die anderen Kursteilnehmerinnen und Kursteilnehmer.
Ich wäre dir sehr dankbar, wenn du den Platz mit mir tauschen würdest.

Aufgaben verteilen 163–164
Wer kümmert sich um ...? / Wer kümmert sich darum, dass ...
Wer ist verantwortlich für ...? / Wer ist verantwortlich dafür, dass ...
Wer kann ... übernehmen?

Aufgaben annehmen 165–166
Das / ... kann ich machen.
Das / ... übernehme ich.
Um ... / Darum kümmere ich mich.

Aufgaben ablehnen 167–168
Das / ... möchte ich (lieber) nicht machen.
Das / ... kann ich nicht so gut.
Das / ... kann ich nicht übernehmen.
Für ... habe ich keine Zeit.
Darum sollte sich eher ... kümmern.

Eine Weihnachtsfeier in der Firma. Überlegen Sie zu zweit, welche Aufgaben es gibt. Verteilen Sie die Aufgaben und nehmen Sie an bzw. lehnen Sie ab.

169–170 ***je ... desto***

Nebensatz	Hauptsatz
Je + **Komparativ**	desto + **Komparativ**
Je **mehr** Checklisten ich mache,	desto **weniger** vergesse ich.
Je **mehr** man erledigen muss,	desto **nützlicher** sind Checklisten.
Je **verständlicher** sie geschrieben sind,	desto **besser** kann man sie verstehen.

Vervollständigen Sie die Sätze.
Je älter man wird, desto ...
Je mehr man lernt, desto ...
Je mehr Geld man hat, desto ...

Erinnern Sie sich? Wie wird der Komparativ gebildet?

Welche unregelmäßigen Komparative fallen Ihnen ein?
viel – mehr, ...

Tipp: Schreiben Sie die Redemittel wie die Wörter, die Sie lernen möchten, mit der Hand auf Karteikarten. So können Sie sie auf eine sehr effektive Art auswendig lernen.

12

Für Farid Merizadi sind positive Bewertungen die beste Werbung

☆☆☆☆☆ **Karina T.** 25.08.

Sehr guter Änderungsschneider!

Ich war zum ersten Mal bei Herrn Merizadi. Er hat mir einen neuen Reißverschluss in eine Jacke genäht. Ich bin sehr zufrieden mit seiner Arbeit. Außerdem ging es schnell. Ich konnte die Jacke am gleichen Tag abholen!

☆☆☆☆☆ **Sam F.** 16.05.

Sehr zuverlässig, aber auch nicht billig

Ich bin schon lange Kunde bei Herrn Merizadi. Meine Anzüge sind bei ihm in guten Händen. Er hält immer die Termine ein und arbeitet sehr sorgfältig. Dafür ist er auch nicht ganz billig. Aber ich bezahle lieber ein paar Euro mehr, wenn die Qualität stimmt.

☆☆☆☆☆ **Britta M.** 18.01.

Super!

Ich habe hier mein Hochzeitskleid ändern lassen. Farid hat sich viel Zeit genommen. Ich musste ein paar Tage warten. Aber: Er hat das Kleid perfekt geändert, so wie ich es mir gewünscht habe. Ich empfehle ihn 100 % weiter!

1 **Was glauben Sie: Wer gibt Farid wie viele Sterne? Lesen Sie die Bewertungen und markieren Sie die Sterne. Begründen Sie.** → AB

Ich denke, Karina gibt Farid fünf Sterne, weil sie sehr zufrieden ist.

Nein, das ist zu viel. Ich glaube, sie gibt ihm nur … Stern(e), weil …

2 **Was bewerten die Kundinnen und Kunden positiv, was negativ? Machen Sie zu zweit Notizen und sprechen Sie dann im Kurs.**

Einer Kundin gefällt es, dass …

Ein Kunde findet es gut / nicht so gut, dass …

Ein Kunde bewertet es positiv/negativ, dass …

A sich über Dienstleistungen informieren

A1 | a Lesen Sie den Text auf der Homepage. Welches Foto passt nicht? Sprechen Sie zu zweit.

Schneiderei Farid Merizadi

Herzlich willkommen!

Ich freue mich, dass Sie sich für meine Schneiderei interessieren. Seit über 10 Jahren biete ich hochwertige Handarbeit mit allen Stoffen (auch Leder) an. Ich arbeite gewissenhaft, zuverlässig und schnell. Kommen Sie einfach vorbei und informieren Sie sich über meine vielfältigen Angebote.

Meine Leistungen für Sie im Überblick:

- Kleidung ändern – kompetent und präzise:
  Zu kurz, zu lang, zu eng, zu weit? Ich ändere Ihre Hemden, Blusen, Hosen, Röcke, Kleider, Anzüge, Jacken oder Mäntel – damit alles perfekt passt.
- Sorgfältige Reparaturen an Kleidung und Taschen/Rucksäcken:
  Haben Sie einen Riss oder ein Loch in der Hose, einen Knopf verloren oder muss der Reißverschluss erneuert werden? Ich repariere kaputte Kleidung und auch Taschen – damit sie aussehen wie neu.
- Kreative Gestaltung von Wohntextilien:
  Brauchen Sie neue Gardinen oder Vorhänge für Ihre Fenster oder passende Kissen zum neuen Sofa? Ich berate Sie ausführlich bei der Auswahl der Stoffe und nähe dann für Sie – ganz nach Ihren Wünschen.

NEU: Express-Änderungsservice. Gegen einen geringen Aufpreis von nur 5 Euro bearbeite ich Ihren Änderungsauftrag innerhalb eines Tages.

Und so erreichen Sie mich: ☎ 0221 64 51 85 (während der Öffnungszeiten) und 0174 62 41 34 11 (in dringenden Fällen und außerhalb der Öffnungszeiten)

Zeitangaben: *während, innerhalb* und *außerhalb* + Genitiv

Während der Öffnungszeiten erreichen Sie mich unter der Nummer 0221 64 51 85.
Nutzen Sie meinen Express-Service: Dann mache ich Änderungen innerhalb eines Tages.
Außerhalb der Öffnungszeiten bin ich unter meiner Handynummer zu erreichen.

b Lesen Sie den Text in a noch einmal. Was passt nicht? Kreuzen Sie an und begründen Sie. → AB

1 ○ Hose kaputt oder Knopf ab? Farid Merizadi repariert schnell und zuverlässig.
2 ○ Neue Textilien für Ihre Wohnung: Bei Farid Merizadi sind Sie immer gut beraten.
3 ○ Ein neuer Anzug – ein neues Kleid: Farid Merizadi näht kreativ.
4 ○ Farid Merizadi macht Ihre Kleidung passend.

A2 | a Markieren Sie alle positiven Adjektive im Text in A1 a. Vergleichen Sie zu zweit. Wo gibt es Unterschiede?

b Welche Adjektive passen zu „gute Dienstleistungen"? Sammeln Sie gemeinsam im Kurs. → AB

gute Dienstleistungen – *günstig*

A3 Was gefällt Ihnen (nicht) an der Homepage von Farid Merizadi? Würden Sie ihm einen Auftrag geben? Begründen Sie. → AB

Mir gefällt die Homepage ganz gut. Man bekommt viele Informationen.

Die Fotos finde ich nicht so gut. Sie sind …

eine Homepage bewerten/beurteilen
Mir gefällt die Homepage (nicht so) gut. Die Fotos/Texte finde ich …
Die Homepage wirkt (nicht) professionell/modern/…
Es fehlen Informationen zu …

B ein Angebot prüfen und darauf reagieren

B1 **Was ist wo im Geschäftsbrief?**
Ordnen Sie zu zweit zu und vergleichen Sie dann mit einem anderen Paar. → AB

1 die Anrede und der/die Ansprechpartner/in
2 der Betreff **3** das Datum mit Ort **4** der Gruß
5 der/die Absender/in: der Name und die Adresse
6 der/die Empfänger/in: der Name und die Adresse
7 der Text **8** die Unterschrift

B2 | a **Hören Sie drei Sprachnachrichten.**
171 **Wer spricht? Notieren Sie den passenden Buchstaben.**

Nachricht 1: ....

Nachricht 2: ....

Nachricht 3: ....

A

B

b **Hören Sie noch einmal. Was ist richtig?**
171 **Kreuzen Sie an und vergleichen Sie im Kurs.**

1 ○ Marius Krüger soll ein Angebot schreiben und informiert sich bei einem Kollegen.
2 ○ Marius Krüger möchte das Büro renovieren und bittet einen Maler um ein Angebot.
3 ○ Marius Krüger hat ein Angebot von Willi Kunze bekommen und möchte es mit einem anderen Angebot vergleichen.

c **Hören Sie noch einmal und ergänzen Sie das Formular zu zweit.**
171

Was soll gestrichen werden?	[x] Wände [x] Decken	☐ Türen ☐ Fenster	☐ Heizungen	
Art des Objektes	☐ Wohnung/Wohnhaus	☐ Büro/Praxis	☐ Gewerbeobjekt	
Art der Arbeiten	☐ Neubau	☐ Renovierung		
Zahl der Räume: ☐	**Fläche:** ☐ m²	**Raumhöhe:** ☐ m		
aktuelle Farbe	☐ weiß	☐ farbig	☐ gemischt	
Wände	☐ Tapete entfernen	☐ neu tapezieren	☐ neu streichen	
Decken	☐ Tapete entfernen	☐ neu tapezieren	☐ neu streichen	
Wann sollen die Arbeiten ausgeführt werden?		von ☐ bis ☐ Kalenderwoche		

B3 | a Lesen Sie das Angebot. Welcher Ausdruck (a, b oder c) passt am besten in die Lücken (1–6)? Kreuzen Sie an und vergleichen Sie zu zweit.

Malerteam Kunze Zeller Straße 46 90443 Nürnberg

Marius Krüger
mkrueger@nettkom.de

Angebot 147/2022
Renovierung Büroräume Sterngasse

Nürnberg, den 5. März 2022

Sehr geehrter (1) Krüger,
für die Renovierung Ihrer Büroräume in der 25./26. Kalenderwoche mache ich Ihnen (2) Angebot:

			Wohnfläche	**Summe**
1	Fußböden abdecken	3,00 €	62 m²	186,00 €
2	Decken: mit Raufaser tapezieren, weiß streichen	9,00 €		558,00 €
3	Wände: Tapete entfernen und entsorgen, mit Raufaser tapezieren, weiß streichen	34,00 €		2.108,00 €
4	An-/Abfahrt		(pauschal)	70,00 €
				2.922,00 €
			zzgl. 19 % MwSt.	555,18 €
				3.477,18 €

Ich würde mich freuen, (3) unser Angebot für Sie von Interesse ist. Bitte (4) Sie: Wir können mit den Arbeiten nur dann in der 25. KW beginnen, wenn Sie uns den Auftrag (5) der nächsten zwei Wochen erteilen.
Für Rückfragen stehe ich gern zur Verfügung.

Mit (6) Grüßen

Willi Kunze

1 ⓐ Frau ☒ Herr ⓒ Damen und Herren
2 ⓐ folgendem ⓑ folgende ⓒ folgendes
3 ⓐ ob ⓑ wenn ⓒ dass
4 ⓐ beachten ⓑ denken ⓒ merken
5 ⓐ innerhalb ⓑ außerhalb ⓒ wegen
6 ⓐ freundlichem ⓑ freundlicher ⓒ freundlichen

b Lesen Sie das Angebot noch einmal. Vergleichen Sie das Angebot mit Ihren Notizen aus B2 c. Finden Sie vier Fehler und sprechen Sie im Kurs. → AB

*„ **auf einen Fehler hinweisen***
In Zeile X ist ein Fehler. / Da steht eine falsche Zahl.
Es muss … statt … heißen.
Richtig wäre … "

Da steht eine falsche Zahl. Richtig wäre …

Es muss … statt … heißen.

B4 | a Schreiben Sie zu zweit eine E-Mail zum Angebot. Schreiben Sie zu jedem Punkt auf dem Notizzettel mindestens zwei Sätze. Vergessen Sie nicht die Anrede und den Gruß.

Notizen für die E-Mail an Herrn Kunze:
– vier Fehler im Angebot
– neues Angebot schicken

*„ **höflich um etwas bitten***
Könnten Sie bitte …
Darf ich Sie bitten, … "

b Tauschen Sie Ihre E-Mail mit einem anderen Lernpaar. Korrigieren Sie sich gegenseitig. → AB

Warum sich gegenseitig korrigieren?
Das hilft, auch eigene Fehler zu erkennen und die eigenen Texte zu verbessern.

C etwas bewerten und vergleichen

C1 Kursspaziergang – Fragen und antworten Sie. Sammeln Sie zu jeder Aussage einen Namen.

1 Ich sehe Bewertungen an, um mich über ein elektronisches Gerät zu informieren. ....
2 Ich lese Bewertungen, bevor ich zu einem neuen Arzt gehe. ....
3 Ich entscheide mich immer für das Restaurant mit der besten Bewertung. ....
4 Ich würde keinen Handwerker ohne Bewertung im Internet empfehlen. ....
5 Ich frage Freunde nach ihren Erfahrungen, bevor ich einen neuen Friseur ausprobiere. ....
6 Ich finde Bewertungen von anderen nicht wichtig. ....

Siehst du Bewertungen an, um dich über ein elektronisches Gerät zu informieren?

Nein, Bewertungen helfen mir nicht.

Ja, ich habe mal eine Waschmaschine gekauft, weil sie gute Bewertungen hatte.

Dann unterschreib bitte hier.

C2 | a Wählen Sie eine Situation. Finden Sie sich in Gruppen (A bis D) zusammen. Sammeln Sie Ideen. Notieren Sie die Ideen auf einem großen Blatt Papier und hängen Sie es im Kursraum auf.

A Sie sollen als Geschenk für eine Kollegin im Supermarkt eine Flasche Wein kaufen. Sie selbst haben keine Ahnung von Wein. Die Auswahl ist groß. Was oder wer hilft Ihnen bei der Entscheidung?
B Sie brauchen ein neues Smartphone. Sie möchten ein gutes Gerät haben, aber nicht mehr als 150 Euro ausgeben. Wo und wie informieren Sie sich?
C Ihr Herd funktioniert nicht mehr. Sie kennen keinen guten Elektriker. Was und wer hilft Ihnen bei der Suche?
D Sie sollen drei Restaurants für die Betriebsfeier vorschlagen. Sie haben keine Idee. Wo und wie finden Sie passende Restaurants?

b Schauen Sie sich die anderen Blätter an und ergänzen Sie dort Ihre eigenen Ideen.

c Machen Sie im Kurs eine Blitzumfrage – Welche Idee finden Sie besonders gut?

C3 | a Sie hören ein Gespräch. Welche Antwort (a oder b) passt am besten? Kreuzen Sie an.

🔊 172

1 Die Kunden
ⓐ haben sich schon im Internet informiert.
ⓑ möchten im Sommer ein Auto kaufen.

2 Der Verkäufer
ⓐ fasst die Kundenbewertungen zusammen.
ⓑ zeigt den Kunden drei verschiedene Modelle.

b Vergleichen Sie Ihre Lösungen im Kurs. Begründen Sie, warum Sie welche Antwort gewählt haben.

c Wer sagt was (Verkäufer = V, Kunden = K)? Hören Sie noch einmal und notieren Sie die Buchstaben.

🔊 172

1 K Es gibt so viele Informationen und Tipps im Internet.
2 ...... Ein Reifen sollte nicht mehr als 60 Euro kosten.
3 ...... Ich kann in dieser Preisklasse drei Modelle empfehlen.
4 ...... Dieser Reifen hat online schlechte Bewertungen bekommen.
5 ...... Aktuelle Testergebnisse sind für uns wichtig.

d Arbeiten Sie zu dritt. Ergänzen Sie in der Tabelle den jeweils passenden Buchstaben. Hören Sie dann noch einmal zur Kontrolle. → AB

🔊 172

A StreetBird von Greaty **B** PremiumS von Contal **C** X408 von Sunlip

SOMMERREIFEN IM TEST

	Preis in €	Kraftstoff-verbrauch	Geräusch	Fahreigenschaften bei Nässe	auf trockener Fahrbahn	Gesamt
......	58	★☆☆☆☆	★★★☆☆	★★★★☆	★★★★☆	★★★★☆
......	54	★★★★★	★☆☆☆☆	★★★☆☆	★★★★★	★★★★☆
......	60	★★★☆☆	★★★★★	★★★★★	★★★★☆	★★★★★

C4 | a **Lesen Sie die Fragen und markieren Sie die Adjektivendungen. Ergänzen Sie dann die Deklinationstabelle.**

- Welches Modell hat bessere Fahreigenschaften als der X408?
- Von welcher Firma ist der teuerste Reifen?
- Mit welchem Reifen hat man einen niedrigeren Kraftstoffverbrauch als mit dem PremiumS?
- Welcher ist der leiseste Reifen?
- Mit welchem Modell hat man den höchsten Kraftstoffverbrauch?
- Wie heißt der Reifen mit dem besten Gesamtergebnis?

• der teure Reifen der .... Reifen	• gute Fahreigenschaften .... Fahreigenschaften	• einen niedrigen Kraftstoffverbrauch einen .... Kraftstoffverbrauch
• der leise Reifen der .... Reifen	• den hohen Kraftstoffverbrauch den .... Kraftstoffverbrauch	• mit dem guten Gesamtergebnis mit dem .... Gesamtergebnis

b **Wie heißt die Regel? Kreuzen Sie an.**

Adjektive im Komparativ und Superlativ
- ○ haben eine besondere Deklination.
- ○ werden dekliniert wie alle anderen Adjektive auch.

Adjektivdeklination im Komparativ und Superlativ
der günstigere Reifen
der günstigste Reifen

c **Beantworten Sie die Fragen aus a.** → AB

Der ... hat bessere Fahreigenschaften als ...

Der teuerste Reifen ist ...

C5 **Was meinen Sie? Wie geht das Verkaufsgespräch weiter? Schreiben Sie zu dritt einen Dialog, üben und präsentieren Sie ihn. Geben Sie den anderen Gruppen Feedback: Was hat Ihnen gut gefallen?**

Bewertungen im Internet

Extra

1 **Sehen Sie das Foto an. Mit wem würden Sie hier essen gehen? Sprechen Sie.**

2 | a **Hören Sie die Nachricht von Farid und lesen Sie die erste Bewertung. Was kritisiert RudiR? Kreuzen Sie an.**

🔊 173

- ⓐ ~~X~~ die Qualität des Essens
- ⓑ die Temperatur des Essens
- ⓒ die anderen Gäste
- ⓓ die Einrichtung
- ⓔ die Preise
- ⓕ die Atmosphäre
- ⓖ die Freundlichkeit der Kellner
- ⓗ die Auswahl an Getränken
- ⓘ das Tempo der Kellner

4,6 ●●●●◖ **158 Bewertungen**

Ausgezeichnet	75 %
Sehr gut	22 %
Befriedigend	0 %
Mangelhaft	0 %
Ungenügend	3 %

RESTAURANT „ROSENGARTEN“

Haager Weg 150 • 42651 Solingen

Öffnungszeiten:

Dienstag bis Samstag: 17 bis 22 Uhr

Sonn- und Feiertag: 12 bis 22 Uhr

Montags Ruhetag.

RudiR: Nie wieder!!! Dieses Restaurant ist einfach nur schlecht. Das Essen schmeckt überhaupt nicht. 🤢 Meine Pommes waren kalt! Die Kellner sind viel zu langsam. Ich habe 20 Minuten auf meine Cola gewartet! Außerdem sind sie total unfreundlich. Die Stühle sind unbequem. Das Licht ist viel zu hell. Null romantisch! Und es ist viel zu heiß in diesem Laden. An der Wand hängen seltsame Bilder – super hässlich!

MarTha: Ich war gestern zum ersten Mal hier. Ich habe eine Pizza bestellt. Leider musste ich ziemlich lang auf mein Essen warten. Also: Ich habe wirklich schon deutlich bessere Pizzen gegessen. Und billig ist es hier auch nicht.

b **Arbeiten Sie zu zweit. Ergänzen Sie die Zusammenfassung der Online-Bewertung.**

Es gibt insgesamt .... Bewertungen. .... % sind positiv (ausgezeichnet oder sehr gut), nur .... % sind negativ.

c **Lesen Sie die zweite Bewertung und vergleichen Sie die beiden Texte. Welche Bewertung nehmen Sie ernster? Warum? Vergleichen Sie im Kurs.** → AB

emotional | freundlich | (un)sachlich | übertrieben

MarTha ist sachlicher als RudiR.

Ich finde RudiR zu ...

3 | a **Was antworten Sie Farid? Machen Sie Notizen.**

b **Nehmen Sie eine Sprachnachricht (🎙) für Farid auf. Vergleichen Sie.**

eine Homepage bewerten/beurteilen 174–175 *Mir gefällt die Homepage (nicht so) gut. Die Fotos / Texte finde ich ...* *Die Homepage wirkt (nicht) professionell/modern/...* *Es fehlen Informationen zu ...*	Bewerten Sie die Homepage Ihrer Sprachschule. Schreiben Sie mindestens vier Sätze.
auf einen Fehler hinweisen 176–177 *In Zeile X ist ein Fehler. / Da steht eine falsche Zahl.* *Es muss ... statt ... heißen.* *Richtig wäre ...*	Beschreiben Sie: Wo ist der Fehler? 3 x 1,70 € = 5,20 €
höflich um etwas bitten 178–179 *Könnten Sie bitte ...* *Darf ich Sie bitten, ...*	Sagen Sie die vier Bitten aus einem Gespräch mit Kundinnen und Kunden besonders höflich. *Helfen Sie mir!* *Geben Sie mir das Angebot!* *Unterschreiben Sie hier.* *Sprechen Sie höflicher mit mir.*

180 **Zeitangaben: *während, innerhalb* und *außerhalb***

Während der Öffnungszeiten erreichen Sie mich unter der Nummer ...

Nutzen Sie meinen Express-Service: Dann mache ich Änderungen innerhalb eines Tages.

Außerhalb der Öffnungszeiten bin ich unter meiner Handynummer zu erreichen.

Nach *während, innerhalb* und *außerhalb* steht das Nomen im Genitiv.

Was passt nicht? Streichen Sie.
Ich melde mich innerhalb/ während einer Woche bei Ihnen.
Ich arbeite nicht außerhalb/ während der Kaffeepause.
Ich darf nur innerhalb/außerhalb meiner Arbeitszeit surfen.

181–184 **Adjektivdeklination mit Komparativ und Superlativ**

Nominativ	Akkusativ	Dativ	
der günstigere	den günstigeren	dem günstigeren	
der günstigste	den günstigsten	dem günstigsten	• Reifen
ein günstigerer	einen günstigeren	einem günstigeren	
das bessere	das bessere	dem besseren	
das beste	das beste	dem besten	• Ergebnis
ein besseres	ein besseres	einem besseren	
die schlechtere	die schlechtere	der schlechteren	
die schlechteste	die schlechteste	der schlechtesten	• Bewertung
eine schlechtere	eine schlechtere	einer schlechteren	
die besseren	die besseren	den besseren	
die besten	die besten	den besten	• Eigenschaften
bessere	bessere	besseren	

Das Adjektiv im Komparativ oder Superlativ folgt der regulären Adjektivdeklination. Eine Übersicht finden Sie auf Seite 374.

Schreiben Sie vier Sätze für einen Newsletter, in dem sich neue Mitarbeiterinnen und Mitarbeiter vorstellen: der größte Erfolg meines Lebens, das interessanteste Erlebnis, die beste Idee, die schönsten Ferien.

Tipp: Lernen Sie lieber jeden Tag 20 Minuten als einmal in der Woche zwei Stunden.

Szenarien im Beruf – eigene Fehler ansprechen

Einen Fehler bemerken, ansprechen und sich dafür entschuldigen

1 | a **Arbeiten Sie in vier Gruppen. Lesen Sie die Aussagen 1–4. Jede Gruppe bearbeitet eine Aussage. Diskutieren Sie über Ihre Aussage und notieren Sie die verschiedenen Meinungen dazu.**

Am meisten habe ich aus meinen Fehlern gelernt. (1)

Fehler sind normal. Aber es wichtig ist, dass man jeden Fehler nur einmal macht. (2)

Ich habe manchmal Angst zu sagen, wenn ich einen Fehler gemacht habe. (3)

Jeder macht mal Fehler. Man sollte offen damit umgehen. (4)

b **Bilden Sie neue Gruppen mit vier Personen. Jede Person in der neuen Gruppe hat sich in a mit einer anderen Aussage beschäftigt. Berichten Sie von der Diskussion in a.**

In meiner Gruppe gab es unterschiedliche Meinungen, und zwar …

Einige haben gesagt, dass …

Andere fanden die Aussage …

2 | a **Sie hören eine telefonische Mitteilung. Was ist der Grund für den Anruf? Markieren Sie und notieren Sie die Informationen.**
🔊 185

Hören und Schreiben

Telefonnotiz

1 **Grund für den Anruf** a ◯ Beschwerde
b ◯ Bestellung

2 **Namen** Frau/Herr

3 **Firma**

4 **Kontakt**
Telefon

5 **Weitere Informationen**

-
-
-

b **Hören Sie die Nachricht noch einmal. Ergänzen und korrigieren Sie Ihre Notizen in a. Vergleichen Sie dann zu zweit.**
🔊 185

3 a **Arbeiten Sie zu zweit. Ihre Kollegin Ceyda findet auf ihrem Schreibtisch die Telefonnotiz aus 2. Sie merkt, dass sie einen Fehler gemacht hat, und fragt ihren Kollegen Deen um Rat. Lesen Sie den Chat und schreiben Sie die Antwort von Deen. Hängen Sie alle Ihre Nachrichten im Kursraum auf.**

Puh, ich habe einen Fehler gemacht. 🙁

Was denn?

Ich sollte in der letzten Woche einen Termin mit einer Kundin vereinbaren. Aber ich habe das total vergessen.

Schlimm?

Na ja. Sie hat jetzt zum zweiten Mal angerufen und ist ziemlich sauer. Soll ich dem Chef sagen, dass das meine Schuld war? Was würdest du an meiner Stelle tun?

Ich habe gute Erfahrungen damit gemacht, ...

An deiner Stelle würde ich ...

Ich denke, man ist verpflichtet, ...

b **Kursspaziergang – Lesen Sie die Nachrichten. Welche Ratschläge und Tipps gefallen Ihnen besonders gut? Sprechen Sie im Kurs.**

4 a **Wie kann man einen eigenen Fehler ansprechen, begründen und sich dafür entschuldigen? Verbinden Sie zu zweit. Notieren Sie noch drei weitere Formulierungen. Sammeln Sie im Kurs.**

Bitte entschuldigen Sie, das war / ist meine Schuld.	
Ich habe einen Fehler gemacht.	einen eigenen Fehler ansprechen
Mir ist etwas echt Blödes passiert: ...	einen Fehler begründen
Es tut mir leid, das ist nicht gut gelaufen.	sich für einen Fehler entschuldigen
Ich weiß auch nicht, wie das passieren konnte.	
Es war so viel los. Darum habe ich ...	
...	

b **Arbeiten Sie zu zweit. Ceyda möchte sich für ihren Fehler entschuldigen und eine Lösung finden. Wählen Sie eine Aufgabe (1 – 4) und schreiben Sie ein Gespräch / Telefonat oder eine Textnachricht / E-Mail. Präsentieren Sie im Kurs.**

Ceyda hat vergessen, die Kundin anzurufen.
1 Sie spricht ihren Fehler im Gespräch mit ihrem Chef an.
2 Sie spricht ihren Fehler in einer Nachricht an ihren Chef an.
3 Sie meldet sich telefonisch bei der Kundin und spricht ihren Fehler an.
4 Sie schreibt der Kundin eine E-Mail und spricht ihren Fehler an.

c **Geben Sie Feedback. Was war gut? Was könnte man noch besser machen? Begründen Sie.**

5 **Was finden Sie besser: einen Fehler im persönlichen Gespräch / am Telefon oder schriftlich in einer Nachricht / E-Mail ansprechen? Welche Meinungen gibt es im Kurs? Vergleichen Sie.**

Ich würde einen Fehler immer im persönlichen Gespräch ansprechen. Schriftlich ist das viel komplizierter für mich.

Im Gespräch kann man sofort reagieren, wenn ...

Bei Kunden würde mich eher schriftlich entschuldigen, wenn ...

13

Svetlana Kulikowa repariert und verkauft Smartphones

SVETLANAS SMARTPHONEKLINIK

Warum neu kaufen? Svetlana repariert Ihr Smartphone – **schnell und günstig!**
Außerdem gibt es Smartphones aller Art – neu und gebraucht – zu kaufen.

Wo? In Svetlanas Smartphoneklinik, Gabelsbergerstraße 114, 09119 Chemnitz

Öffnungszeiten: Montag bis Freitag 9–18 Uhr, Samstag 9–13 Uhr
Telefon: 0174-394 66 96
Internet: www.svetlanas-smartphoneklinik.de

1 Lesen Sie und ergänzen Sie in der passenden Form. → AB

Heute ist ein Pechtag! Erst habe ich verschlafen und bin zu spät zur Arbeit gekommen. Und dann ist mir auch noch mein Smartphone aus der Hosentasche gefallen. Das Display ist total kaputt ... Das sieht jetzt echt schrecklich aus! Mein armes Smartphone, es war so cool ... ☹

gebraucht ~~Geschäft~~ Name neu reparieren witzig

Das tut mir wirklich leid! Warte mal, ich habe heute ein ¹ Geschäft gesehen – in der Gabelsbergerstraße. Da kann man ² ______ und ³ ______ Smartphones kaufen und außerdem ⁴ ______ lassen. Das klang gut! Der ⁵ ______ des Geschäfts war *Svetlanas Smartphoneklinik* – den habe ich mir gemerkt, weil er so ⁶ ______ ist. Fahr doch mal hin! 😃

2 Lassen Sie elektrische Geräte reparieren, wenn sie kaputt sind? Sprechen Sie. → AB

Ich wollte mein Smartphone mal reparieren lassen. Das hätte mehr gekostet als ein neues Gerät.

Ja, meistens. Ich ...

A ein Kundengespräch führen

A1 **Sehen Sie das Foto an. Wer ist der Kunde, wer ist der Verkäufer? Woran erkennt man das? Sprechen Sie.**

> Ich glaube, dass der Mann mit ...

A2 186 **Sie hören ein Gespräch. Zu diesem Gespräch gibt es zwei Aufgaben. Welche Antwort (a oder b) passt am besten? Kreuzen Sie an.**

1 Der Kunde
- ⓐ fragt nach seiner Größe.
- ⓑ möchte eine Hose kaufen.

2 Der Verkäufer
- ⓐ bietet seine Hilfe an.
- ⓑ sucht für den Kunden eine andere Hose.

A3 | a **Wer sagt was? Ordnen Sie zu (V = Verkäufer, K = Kunde).**

V Kann ich Ihnen helfen?
...... Ich suche eine Hose.
...... Welche Größe haben Sie denn?
...... Wie wäre es mit diesem Modell?
...... Was ist das für ein Stoff?
...... Gibt es die Hose auch in anderen Farben?
...... Möchten Sie sie anprobieren?
...... Ich bin nicht sicher.
...... Melden Sie sich, wenn Sie Hilfe brauchen.
...... Vielen Dank.

Warum noch einmal hören?
Hören Sie die Dialoge noch einmal für sich allein an. Achten Sie beim zweiten Hören auf einen speziellen Aspekt, z.B. die Intonation. Sprechen Sie dann einzelne Sätze nach. So können Sie Ihre Aussprache verbessern.

b **Ordnen Sie die Sätze des Verkäufers zu.**

Hilfe anbieten: *Kann ich Ihnen helfen?* ......

einen Vorschlag machen: ......

nachfragen: ......

c **Sammeln Sie zu zweit weitere Redemittel und ergänzen Sie in b.** → AB

> Statt „Kann ich Ihnen helfen?“ kann man auch „Brauchen Sie Hilfe?“ sagen.

> Ich glaube, man kann ...

A4 **Erarbeiten Sie zu zweit einen Verkaufsdialog. Machen Sie Notizen und üben Sie. Präsentieren Sie dann Ihren Dialog, die anderen geben Feedback.**

B Waren bestellen und reklamieren

B1 | a Auf welchem Weg bestellt Mika Saguato die Waren? Lesen Sie und kreuzen Sie an.

Mika Saguato bestellt die Stoffe per ⓐ E-Mail. ⓑ Kontaktformular auf der Internetseite. ⓒ Chat.

www.stoffe-grosshandel-kramer.de

UNSER GROSSHANDEL ANGEBOT ANFAHRT KONTAKT & BESTELLUNG

Kontakt

Name:	Saguato
Vorname:	Mika
Firma:	Stoffe & mehr
Adresse:	Alter Graben 64, 24113 Kiel
E-Mail:	m.saguato@mail.de
Telefon:	0431-8373472

Ihre Nachricht an uns:

Sehr geehrte Damen und Herren,
ich möchte gern folgende Stoffe bei Ihnen bestellen:
Nr. 164 himmelblau, 1 Rolle
Nr. 223 gelbrot, 3 Rollen
Nr. 440 türkis, 4 Rollen
Nr. 668 schwarz, 2 Rollen

Mit freundlichen Grüßen

Mika Saguato
Stoffe & mehr

b Lesen Sie noch einmal und verbinden Sie.

Mika Saguato bestellt

eine Rolle	gelbroten Stoff mit der Nummer	164.
zwei Rollen	schwarzen Stoff mit der Nummer	223.
drei Rollen	türkisen Stoff mit der Nummer	668.
vier Rollen	himmelblauen Stoff mit der Nummer	440.

B2 Wo und wie kaufen Sie folgende Produkte ein? Sprechen Sie. → AB

Schuhe
Lebensmittel
Bücher
Smartphone
Medikamente
Kleidung

über Gewohnheiten sprechen
Normalerweise ...
In der Regel ...
Für gewöhnlich ...
In Ausnahmefällen ...

Normalerweise bestelle ich Kleidung in Internetshops. Das finde ich bequem.

Für gewöhnlich ...

B3 | a **Was steht wo? Lesen Sie und ergänzen Sie die Ziffern.**

1 Beschreibung der Mängel **2** Forderung **3** Erklärungen zur Bestellung

Von: m.saguato@stoffe-und-mehr.de Gesendet: 17.09.20XX
An: service@stoffe-grosshandel-kramer.de
Betreff: Reklamation des Stoffes Nr. 164

Sehr geehrte Damen und Herren,

3 am 10. 9. habe ich über Ihr Kontaktformular Stoffe bestellt, die Sie mir am 15. 9. geliefert haben. Leider musste ich feststellen, dass ein Stoff nicht in Ordnung ist.

...... Folgende Mängel habe ich festgestellt: Der Stoff Nr. 164, der eigentlich himmelblau sein sollte, ist an manchen Stellen grau. Außerdem hat der Stoff einen großen Flecken, der wie Kaffee aussieht. So können wir den Stoff unseren Kunden natürlich nicht anbieten. Das ist sehr ärgerlich.

...... Bitte tauschen Sie diesen Stoff schnellstmöglich gegen eine Ware um, die keinen Mangel hat.

Mit freundlichen Grüßen
Mika Saguato

b **Warum schreibt Mika eine Reklamation? Lesen Sie noch einmal und kreuzen Sie an.**

Mika ...
ⓐ ist mit der Qualität eines Stoffes nicht zufrieden.
ⓑ hat die falschen Stoffe bekommen.
ⓒ hat keinen Stoff, sondern Kaffee bekommen.

c **Markieren Sie in a alle *der* und *die*, die nach einem Komma stehen. Was bedeuten *der* und *die* in den Sätzen?**

d **Welche Lieferung, welcher Mangel ist gemeint? Ergänzen Sie die Sätze.** → AB

das der ~~die~~ die

1 Die Lieferung, *die* Mika bekommen hat, ist nicht in Ordnung.
2 Mika beschreibt in einer Reklamation die Mängel, ... er festgestellt hat.
3 Der Großhandel, ... die Ware geschickt hat, soll ihm einwandfreie Stoffe senden.
4 Damit ist das Problem, ... Mika hat, hoffentlich gelöst.

Relativpronomen und Relativsätze
Die Lieferung, die Mika bekommen hat, ist nicht in Ordnung.

B4 | a **Lesen Sie die Redemittel. Ergänzen Sie je ein Redemittel aus B3 a.**

Informationen über die Bestellung geben
Ich habe am ... über Ihren Onlineshop eine Bestellung aufgegeben. Leider kam die Ware defekt an.

Grund für die Reklamation nennen
Die Ware hat folgenden Mangel: ...

Forderung formulieren
Ich erwarte einen schnellen Umtausch der Ware oder die Erstattung des Kaufpreises.

b **Schreiben Sie eine Reklamation. Tauschen Sie dann Ihre Beschwerde mit einer Lernpartnerin / einem Lernpartner. Geben Sie Feedback.** → AB

Bestellung: Sportschuh „Panther“, weiß (Bestellnr. 233)
→ rechter Schuh: schwarze Streifen → umtauschen oder Geld erstatten

C Beschwerden verstehen und darauf reagieren

C1 | a Haben Sie sich schon einmal beschwert? Worüber? Sprechen Sie.

b Worüber beschwert sich Ruben Wessely? Ergänzen Sie.

Baguette | Beschwerde | Brot | Fleischstücke | Gemüsesuppe | Ruben

Notiz

Grund: .... (1)
Name: .... (2) Wessely
Probleme: Der Gast hatte die vegetarische .... (3) bestellt. In der Suppe waren aber kleine .... (4). Außerdem wollte der Gast dunkles .... (5) zur Suppe. Ihm wurde aber .... (6) gereicht.

C2 | a Wer ruft mit welchem Problem an? Hören Sie und verbinden Sie.

187

1 Herr Weber — A hat noch kein Paket bekommen.
2 Frau Matuschek — B musste das Paket selbst nach oben tragen.
3 Herr Gorelin — C hat ein zerstörtes Paket bekommen.

b Was sagt Frau Lange? Hören Sie noch einmal und ergänzen Sie.

~~Das ist sehr ärgerlich~~ | Das ist sehr unschön | Der Vorfall ist sehr bedauerlich | Es tut mir leid | Ich bin sicher, dass wir Ihr Paket finden | Ich kann Ihren Ärger gut verstehen | Was ist denn passiert | Worum geht es denn

188 1
◆ Ich möchte mich beschweren. Gestern habe ich ein Paket bekommen. Leider war es ganz kaputt.
○ a *Das ist sehr ärgerlich*. Was genau ist denn mit dem Paket?
◆ Der Karton ist zerrissen und hat Löcher.
○ b ....

189 2
◆ Ich möchte mich beschweren.
○ a .... ?
◆ Seit zwei Wochen warte ich auf ein Paket. Mit Ihrem Service bin ich wirklich nicht zufrieden.
○ b ....
Vielleicht ist das Paket bei Ihrem Nachbarn?
◆ Dann hätte ich doch eine Karte bekommen.
○ c ....

190 3
◆ Ich möchte mich über einen Ihrer Mitarbeiter beschweren.
○ a .... ?
◆ Er hat das Paket nicht zu mir hochgebracht, sondern unten in den Flur gestellt.
○ b .... , dass Sie schlechte Erfahrungen gemacht haben.
◆ Ich musste das Paket allein hochtragen.
○ c ....

c Überlegen Sie zu zweit einen Grund für eine Beschwerde. Notieren Sie ihn auf ein Kärtchen. Tauschen Sie die Kärtchen mit zwei anderen und schreiben Sie den Anfang eines Beschwerdegesprächs. → AB

C3 | a **Lesen Sie den Chat. Welches Foto passt dazu? Kreuzen Sie an.**

○

○

○

Admin
Wie kann ich Ihnen helfen?

Gast
Ich habe Probleme mit meinem Drucker. Es ist ein Mamon X3737.

Admin
Was ist los mit dem Drucker?

Gast
Der Drucker funktioniert nicht. Ich habe ihn angeschaltet. Wenn ich drucken will, macht er zuerst komische Geräusche. Dann geht ein rotes Licht mehrmals an und aus. Kurz danach zeigt er eine Fehlermeldung an. Irgendeinen Fehlercode ... Dann geht er von allein aus. Sehr komisch ... Das hat er noch nie gemacht.

Admin
Haben Sie sich den Fehlercode gemerkt?

b **Was macht der Drucker? Bringen Sie die Punkte in die richtige Reihenfolge.** → AB

A ___ Der Drucker meldet einen Fehler.
B ___ Der Drucker schaltet sich ab.
C ___ Der Drucker blinkt.
D _1_ Der Drucker macht seltsame Geräusche.

C4 **Schreiben Sie zu zweit Gespräche zwischen Kunde/Kundin und Verkäufer/Verkäuferin. Beschreiben Sie ein Problem und beschweren Sie sich. Üben Sie und präsentieren Sie Ihre Gespräche im Kurs.** → AB

1. Elektronikfachmarkt: Funkmaus funktioniert nicht → geht nicht an → Folie im Batteriefach entfernt?
2. Buchladen: bestelltes Buch immer noch nicht angekommen → Verzögerung im Großhandel → kommt wahrscheinlich morgen
3. Sportgeschäft: Joggingschuhe kaputt → Stoff gerissen → nur wenig verwendet → welche Möglichkeiten?
4. ...

ein Problem ansprechen
... hat folgendes Problem: ...
Ich habe festgestellt, dass ...
Bei ... ist etwas nicht in Ordnung: ...

ein Computerproblem beschreiben
... funktioniert nicht.
... reagiert nicht.
... schaltet sich ab.
Ein Lämpchen leuchtet/blinkt.

◆ *Guten Tag. Ich habe gestern bei Ihnen diese Funkmaus gekauft. Aber ...*

Reparieren statt wegwerfen

Extra

1 Lesen Sie das Interview und ergänzen Sie. → AB

Sind das diese Läden, in denen man eigene Dinge mit Hilfe reparieren kann?
Was wollten die Menschen dort reparieren?
~~Wie sind Sie auf die Idee gekommen, Smartphonereparaturen anzubieten?~~
Wie läuft Ihr Laden jetzt? Wie wichtig ist Ihnen Umweltschutz?

„WEGWERFEN IST OFT EINFACH NICHT NÖTIG!"

Seit einem Jahr gibt es nun schon Svetlana Kulikowas Smartphoneklinik. Wir haben uns mit ihr über ihre Idee unterhalten.

Reporter: *Wie sind Sie auf die Idee gekommen, Smartphonereparaturen anzubieten?*
Svetlana: Wissen Sie, ich habe schon immer gern Dinge repariert. Als Kind habe ich das zusammen mit meinem Großvater gemacht. Und vor ein paar Jahren habe ich angefangen, in einem Reparaturcafé zu reparieren. In meiner Freizeit.
Reporter: ……………
Svetlana: Ja, genau. Ich habe dort ehrenamtlich gearbeitet und Menschen beim Reparieren geholfen.
Reporter: ……………
Svetlana: Alles Mögliche: Toaster, Lampen, Fahrräder – und auch viele Smartphones.
Reporter: ……………
Svetlana: Ich bin sehr zufrieden. Das Reparieren macht mir Spaß. Und noch dazu kann ich damit etwas Gutes tun: Ich kann helfen, Müll zu vermeiden und die Umwelt zu schützen.
Reporter: ……………
Svetlana: Sehr wichtig! Wegwerfen ist oft einfach nicht nötig. Und viele Menschen wollen auch lieber reparieren als wegwerfen und Geld für etwas Neues ausgeben. Dabei kann ich sie unterstützen.

2 Was ist richtig? Kreuzen Sie an und vergleichen Sie zu zweit.

1 ○ Svetlana hat schon in ihrer Kindheit gern repariert.
2 ○ Später war sie in einem Reparaturcafé angestellt.
3 ○ Sie findet es gut, weniger Müll zu produzieren.
4 ○ Sie ist der Meinung, dass viele Dinge repariert werden können.

3 Reparieren Sie gern? Was können Sie gut reparieren? Berichten Sie.

Ich repariere eigentlich nicht so gern. Aber letzte Woche habe ich die Bremse an meinem Fahrrad selbst repariert. Ich habe mir ein Video angeschaut und es dann versucht. Es hat ein bisschen gedauert. Aber es hat geklappt!

4 Gibt es in Ihrer Nähe ein Reparaturcafé? Wann hat es geöffnet und wie funktioniert es? Recherchieren Sie gemeinsam und präsentieren Sie Ihre Ergebnisse.

In Leipzig gibt es das „Café Kaputt". Es ist in der Merseburger Straße 102.

Das Reparaturcafé im Sozialzentrum hat jeden Samstag geöffnet.

Hilfe anbieten 191
Kann ich Ihnen helfen?
Melden Sie sich, wenn Sie Hilfe brauchen.

einen Vorschlag machen 192
Wie wäre es mit ...?

nachfragen 193–194
Möchten Sie ...?

über Gewohnheiten sprechen 195–197
Normalerweise ...
In der Regel ...
Für gewöhnlich ...
In Ausnahmefällen ...

Wie sieht Ihr Tag normalerweise aus? Sprechen Sie.

Normalerweise stehe ich um 10 Uhr auf.

eine Beschwerde äußern 198–199
Ich möchte mich über ... beschweren.
Ich möchte Beschwerde einlegen.
Ich habe am ... über Ihren Onlineshop eine Bestellung aufgegeben.
Leider kam die Ware defekt an.
Die Ware hat folgende Mängel: ...
Ich erwarte einen schnellen Umtausch der Ware oder die Erstattung des Kaufpreises.

Was kann man sagen, um wütende Kundinnen und Kunden zu beruhigen? Erstellen Sie eine kleine Liste.

auf Beschwerden reagieren 200–203
Das ist sehr unschön.
Der Vorfall ist sehr bedauerlich.
Es tut mir leid, dass ...
Ich bin sicher, dass ...
Ich kann Ihren Ärger gut verstehen.

Bitte bleiben Sie ruhig.

ein Problem ansprechen 204–205
... hat folgendes Problem: ...
Ich habe festgestellt, dass ...
Bei ... ist etwas nicht in Ordnung: ...

ein Computerproblem beschreiben
... funktioniert nicht.
... reagiert nicht.
... schaltet sich ab.
Ein Lämpchen leuchtet/blinkt.

206–207 **Relativpronomen und Relativsätze**

Das ist der Stoff.	**Der** Stoff ist nicht in Ordnung.
	Relativsatz
Das ist der Stoff,	**der** nicht in Ordnung ist.

Das ist der Stoff.	Mika muss **den** Stoff reklamieren.
	Relativsatz
Das ist der Stoff,	**den** Mika reklamieren muss.

	der ...		die ...		das ...		die ...
• der	den ...	• die	die ...	• das	das ...	• die	die ...
Mann,	dem ...	Frau,	der ...	Kind,	dem ...	Leute,	denen ...
	dessen ...		deren ...		dessen ...		deren ...

Welches Gerät meinen Sie? Bilden Sie fünf Sätze.
Ich meine den Drucker, der neu gekauft wurde.

Tipp: Lernen Sie bei neuen Nomen immer den Artikel mit. Das hilft Ihnen zum Beispiel bei der Wahl des richtigen Relativpronomens.

14

Mario Ruiz Pérez spricht mit seinem Vorgesetzten

1 | a Lesen Sie die Erklärung aus einem Online-Ratgeber. Was ist richtig? Kreuzen Sie an.

Mitarbeitergespräch: Ein Gespräch zwischen dem / der Vorgesetzten und einem / einer Mitarbeiter/in. Solche Gespräche können regelmäßig (z. B. einmal pro Monat oder Jahr) oder zu einem bestimmten Anlass (z. B. Ende der Probezeit) stattfinden. Der / Die Vorgesetzte gibt dem / der Mitarbeiter/in Feedback (Lob und Kritik) zu seiner Leistung. Auch der / die Mitarbeiter/in kann Rückmeldung geben – z. B. zur Arbeitsatmosphäre und zur Zufriedenheit mit dem Arbeitsbereich und den Aufgaben. Außerdem hat er / sie in diesem Gespräch die Gelegenheit, Wünsche zu äußern. Ziel des Gesprächs ist es, Vertrauen zu schaffen, die Kommunikation zu verbessern und sich gegenseitig eine Rückmeldung zu geben.

1 ○ Ein Mitarbeitergespräch ist ein Gespräch unter Kolleginnen und Kollegen.
2 ○ Es findet nur dann statt, wenn es ein besonderes Thema gibt.
3 ○ Sowohl der / die Vorgesetzte als auch der / die Mitarbeiter/in geben in diesem Gespräch Rückmeldung.
4 ○ Nur wenn der / die Vorgesetzte zufrieden ist, kann der / die Mitarbeiter/in über seine / ihre Wünsche reden.
5 ○ Das Gespräch soll helfen, offen über die Arbeitssituation zu sprechen.

b Ein/e Freund/in fragt Sie, was ein Mitarbeitergespräch ist. Erklären Sie mit eigenen Worten und nehmen Sie Ihre Erklärung mit dem Smartphone (🎙) auf. Vergleichen Sie Ihre Aufnahmen zu dritt. → AB

2 Wie fühlt sich Mario vor dem Mitarbeitergespräch?
208 Was glaubt er, was sein Chef sagen wird? Hören Sie und sprechen Sie.

Mario ist unsicher. Er glaubt, dass sein Chef nicht zufrieden mit ihm ist.

Er hat ...

3 Stellen Sie sich vor: Ihr Chef / Ihre Chefin sagt, dass er/sie mit Ihnen reden möchte. Wie fühlen Sie sich und was sind Ihre Gedanken dazu? Schreiben Sie 30 Sekunden ohne Pause und ohne Korrektur. Vergleichen Sie den Text dann zu zweit.

A sich auf ein Mitarbeitergespräch vorbereiten

A1 | a **Morgen ist Marios Mitarbeitergespräch. Was soll er tun? Sammeln Sie Ratschläge für ihn.**

Er sollte am Abend vorher früh ins Bett gehen.

An seiner Stelle würde ich …

b **Was rät Silvia Mario? Hören Sie und kreuzen Sie an.**

209
1 ○ Silvia rät Mario, in Ruhe abzuwarten. Im Gespräch soll er notieren, was der Chef sagt.
2 ○ Mario soll sich auf das Gespräch vorbereiten und vor dem Gespräch Notizen zu wichtigen Themen machen.
3 ○ Silvia empfiehlt Mario, im Gespräch gute Stimmung zu machen und keine Probleme anzusprechen.

c **Zu welchen Themen soll Mario sich Gedanken machen? Arbeiten Sie zu zweit.**
209 **Kreuzen Sie an und hören Sie noch einmal zur Kontrolle.** → AB

1 ⊗ Arbeitsbedingungen
2 ○ große Erfolge
3 ○ eigene Wünsche
4 ○ Fehler der Kollegen / Kolleginnen
5 ○ Zufriedenheit mit der Arbeit
6 ○ Probleme in der Familie
7 ○ Verbesserungsvorschläge
8 ○ Arbeitsatmosphäre
9 ○ Gehalt
10 ○ Aufgaben

A2 **Lesen Sie Marios Notizen. Wie kann Mario darüber sprechen? Arbeiten Sie zu zweit. Notieren Sie zu jedem Punkt mindestens einen Satz. Üben Sie dann, die Sätze auswendig zu sagen.** → AB

Aufgaben
+ Reparaturen in der Werkstatt
– Gespräche mit den Kunden

Arbeitssituation
+ Arbeitsatmosphäre
– zu wenig Personal haben
– viele Überstunden machen

Wünsche
? im Sommer: 1 Stunde früher anfangen
? etwas mehr Gehalt bekommen

Ich mache gern Reparaturen in der Werkstatt.

Zufriedenheit und Unzufriedenheit ausdrücken
Ich mache/arbeite sehr / nicht so gern …
Mir gefällt/gefallen … besonders gut / nicht so gut.

Wünsche höflich ausdrücken
Vielleicht gibt es die Möglichkeit, …
Es wäre mir sehr recht, wenn ich …

A3 | a **Machen Sie wie in A2 Notizen für Ihr eigenes Mitarbeitergespräch. Schreiben Sie mindestens einen Satz zu Ihren Aufgaben, zu Ihrer Arbeitssituation und zu Ihren Wünschen.**

b **Präsentieren Sie Ihre Sätze. Die anderen geben Feedback.** → AB

aggressiv | direkt | freundlich | höflich | negativ | offen | positiv | unhöflich | …

Das klingt sehr freundlich.

Ich denke, das ist zu unhöflich.

B über Arbeitsabläufe sprechen

B1 Was macht man in diesen Berufen? Sprechen Sie in einer Kurskette. → AB

Aufträge annehmen | Bestellungen aufnehmen | Bettwäsche und Handtücher wechseln | Böden fegen | Getränke anbieten | Haare waschen und schneiden | Kaffee kochen | kassieren | Kunden begrüßen | Notizen machen | Quittungen ausstellen | Staub wischen | Teppiche saugen | Sendungen abholen | Termine machen | Tische abwischen | Ware aus dem Lager holen | Ware einräumen

○ Fahrradkurier/in

○ Zimmermädchen/Roomboy

○ Paketzusteller/in

○ Verkäufer/in

○ Friseur/in

○ Kellner/in

Es gehört zu den Aufgaben von Zimmermädchen und Roomboys, Mülleimer zu leeren.

Es gehört zu den Aufgaben von Zimmermädchen und Roomboys, Mülleimer zu leeren, Betten zu machen und …

B2 | a Hören Sie die Gespräche 1 bis 4. Welches Gespräch passt zu welchem Foto in B1?
◀) 210

b Hören Sie noch einmal. Welche Antwort (a, b oder c) passt am besten? Kreuzen Sie an und vergleichen Sie zu zweit.
◀) 210

1 Was soll die Angestellte zuerst tun?
- ⓐ Sie soll das Regal umräumen.
- ⓑ Sie soll prüfen, welche Ware nicht mehr da ist.
- ⓒ Sie soll die neue Ware im Regal nach hinten stellen.

2 Worauf soll der Angestellte achten?
- ⓐ Er soll sich auf die Haare der Kunden konzentrieren.
- ⓑ Er soll zuerst Getränke und dann Zeitschriften anbieten.
- ⓒ Er soll sich freundlich um die Kunden kümmern.

3 Welchen Tipp gibt der Chef der Angestellten?
- ⓐ Sie soll warten, bis die Gäste das Zimmer verlassen haben.
- ⓑ Sie soll die Handtücher, aber nicht die Bettwäsche wechseln.
- ⓒ Sie soll mit der Checkliste prüfen, ob sie alles gemacht hat.

4 Was soll der Angestellte zuerst tun, wenn er einen Auftrag bekommt?
- ⓐ Er soll nach der Adresse des Auftraggebers fragen.
- ⓑ Er soll in der App bestätigen, dass er den Auftrag erledigen möchte.
- ⓒ Er soll eine Quittung für den Auftrag mailen.

B3 | a Was passt zusammen? Verbinden Sie und vergleichen Sie zu dritt.

1 Wir räumen die alte Ware immer nach vorne,
2 Wir bieten den Kunden Getränke an,
3 Die Kunden bekommen Zeitschriften,
4 Ich benutze eine Checkliste,
5 Die Auftraggeber bekommen eine Quittung,

A damit sie alles prüfen können.
B um nichts zu vergessen.
C damit sie sich bei uns wohlfühlen.
D um sich nicht zu langweilen.
E damit die Kunden sie zuerst kaufen.

b Markieren Sie die Subjekte in den Sätzen aus a. Welche Unterschiede gibt es zwischen den *damit*-Sätzen und den *um-zu*-Sätzen? → AB

um ... zu + Infinitiv und *damit*

Sie können sich Notizen machen, damit **Sie** nichts vergessen.
Sie können sich Notizen machen, um nichts zu vergessen.
Sie können sich Notizen machen, damit **es** leichter für Sie ist.

B4 | a Was passt zusammen? Verbinden Sie zu zweit.

1 Natürlich begrüße ich alle Gäste freundlich.
2 Zuerst frage ich die Kunden nach ihren Wünschen.
3 Zuerst prüfe ich, ob die Zimmer frei sind.
4 Seit gestern benutzen wir eine Checkliste.
5 Zuerst bestätige ich den Auftrag per App.

A Niemand vergisst etwas.
B Ich kann ihnen besser helfen.
C Ich nehme den Auftrag an.
D Die Gäste fühlen sich bei uns gleich wohl.
E So stört man die Gäste nicht.

b Verbinden Sie die Sätze aus a mit *um ... zu* oder *damit*. Lesen Sie Ihre Sätze vor und vergleichen Sie. → AB

Natürlich begrüße ich alle Gäste freundlich, ...

B5 | a Arbeiten Sie zu zweit. Wählen Sie eine Aufgabe. Wie geht das? Notieren Sie möglichst genau alle Schritte.

eine lustige Story posten

ein leckeres Sandwich machen

eine Wand neu streichen

b Beschreiben Sie den Ablauf für eine Kollegin / einen Kollegen. Nehmen Sie eine Sprachnachricht ( ) auf. Schicken Sie die Nachricht einem anderen Paar.

erklären, was zu tun ist
Zuerst müssen/sollten Sie ...
Das ist wichtig, damit ...
Der nächste/letzte wichtige Punkt ist: ...

c Hören Sie die Nachricht und geben Sie Feedback. → AB

Feedback geben
Das ist wirklich gut. Ich habe alles verstanden.
Ich glaube, da fehlt noch etwas. / Habt ihr vielleicht einen Schritt vergessen?
Ich hatte Probleme, das zu verstehen, weil ...

C ein Problem besprechen

C1 | a **Was ist hier nicht in Ordnung? Beschreiben Sie.**

Auf dem ersten Bild hat einer ein Chaos auf seinem Schreibtisch.

Ja, da liegt sogar ...

b **Wie können Sie das Verhalten der Kolleginnen / Kollegen in a ansprechen? Machen Sie zu zweit Notizen und stellen Sie den Anfang des Gesprächs vor.** → AB

nach einem Problem fragen
Was ist denn los?
Gibt es ein Problem?

ein Problem schildern
Ich habe folgendes Problem: ...
Ich finde es überhaupt nicht in Ordnung, dass ...
Das geht so gar nicht: ...

C2 | a **Lesen Sie den Ratgebertext. Ergänzen Sie zu zweit die Zwischenüberschriften.**

Die ganze Wahrheit sagen | Hilfe annehmen | Ohne Zeitdruck reden
~~Das Problem schnell ansprechen~~ | Das Problem zusammen lösen

SO REAGIEREN SIE AUF KONFLIKTE AM ARBEITSPLATZ

Probleme gehören zum Berufsalltag, da sich hier ganz unterschiedliche Charaktere und Arbeitsweisen begegnen. Nicht immer kann man sich darauf verlassen, dass der / die Chef/in die Konflikte löst. Hier finden Sie Tipps, damit Sie selbst aktiv werden können.

1 *Das Problem schnell ansprechen*

Wenn unterschiedliche Menschen zusammenarbeiten und voneinander abhängig sind, gibt es oft Konflikte. Das ist ganz normal und lässt sich kaum vermeiden. Doch diese Konflikte sollten sich nicht über eine lange Zeit entwickeln. Denn das macht Stress. Man sollte nicht zu lange warten, sondern schnell mit den Kollegen / Kolleginnen sprechen, um Kraft zu sparen.

2 ……………………………

Alle Personen, die am Problem beteiligt sind, sollten zusammen in einem gemeinsamen Gespräch nach einer Lösung suchen. So hat man meistens den größten Erfolg.

3 ……………………………

Wenn es ein Problem gibt, sollte man das in Ruhe besprechen. Am besten macht man einen Termin, damit sich alle Zeit nehmen.

4 ……………………………

Bei der Besprechung sollte man dann das Problem ehrlich beschreiben. Um den Konflikt wirklich lösen zu können, müssen alle Beteiligten offen und ehrlich kommunizieren. Dann sollte man sich auf gemeinsame Ziele einigen.

5 ……………………………

Falls die Kommunikation schwierig ist, sollten Sie Hilfe suchen. Eine neutrale Person kann zum Beispiel helfen, wenn zwei Kollegen / Kolleginnen Streit haben.

b Lesen Sie noch einmal. Ergänzen Sie passende Wörter aus a. → AB

1 Wenn es Probleme bei der Arbeit gibt, dann ist es nicht immer sicher, dass der / die Chef/in hilft.
2 Wenn man Konflikte am Arbeitsplatz schnell löst, hat man weniger ....
3 Ein .... mit allen Beteiligten kann erfolgreich sein.
4 Für die Lösung eines Problems braucht man Ruhe und ....
5 Es ist wichtig, offen zu reden. Für die Zukunft brauchen alle Beteiligen gemeinsame ....
6 Eine neutrale Person kann helfen, wenn die .... nicht funktioniert.

c Lesen Sie die Nachricht eines Kollegen. Markieren Sie im Ratgebertext in a drei Tipps, die Sie besonders wichtig finden. Fassen Sie sie in einer Sprachnachricht für Ihren Kollegen zusammen.

Ich habe immer wieder Konflikte mit einer Kollegin. Ich habe keine Ahnung, was ich jetzt machen soll. Hast du vielleicht eine Idee?

Ich habe einen Artikel mit Tipps zu diesem Thema gelesen. Da stand, dass ...

C3 | a Arbeiten Sie zu zweit. Verteilen Sie die Rollen (A und B).

Kollege / Kollegin A braucht von Kollege / Kollegin B jede Woche bis Dienstag Unterlagen, damit die Arbeit gemacht werden kann. B schickt die Unterlagen meistens zu spät – statt am Montagabend am Dienstagmittag. A ärgert sich darüber sehr. A bittet B um ein Gespräch.

b Machen Sie Notizen zu folgenden Schritten.

Schritt 1: Kollege / Kollegin B fragt nach dem Problem und Kollege / Kollegin A schildert das Problem.
Schritt 2: B reagiert auf die Kritik.
Schritt 3: A macht einen Vorschlag und B nimmt den Vorschlag an oder macht einen Gegenvorschlag.

auf Kritik reagieren
Oh, das tut mir echt leid ...
Entschuldigung. Ich wusste überhaupt nicht, dass du ein Problem damit hast.
Das ist doch wirklich meine Sache.

einen Vorschlag machen
Wie wäre es denn, wenn ...
Wenn du einverstanden bist, könnten wir ...

einen Vorschlag annehmen
Einverstanden!
Okay, das machen wir.

einen Vorschlag ablehnen / einen Gegenvorschlag machen
Das kommt für mich nicht infrage. Ich würde lieber ...
Ich finde, das ist keine so gute Idee. Es wäre besser, wenn wir ...

c Markieren Sie in den Redemitteln die Gradpartikeln.

Gradpartikeln

++	+	–	– –
echt, total, super besonders, voll	ziemlich, wirklich	nicht so, nicht besonders	gar nicht, überhaupt nicht

d Üben Sie das Rollenspiel ein und präsentieren Sie es. Die anderen geben Feedback. → AB

Mitarbeitergespräche

Extra

1 | a Sehen Sie zunächst nur die Emojis im Chat an. Was glauben Sie: Wie ist das Mitarbeitergespräch von Mario gelaufen?

Ich glaube, das Gespräch war …

Vielleicht ist das Gespräch aber auch … gelaufen.

Silvia
Hi Mario! Ich habe gar nichts von dir gehört. 🙁
Wie war denn dein Mitarbeitergespräch?

Mario
Tut mir leid. Ich hatte noch keine Zeit, dir zu schreiben. Das Gespräch war total anders, als ich gedacht habe. 😳

Silvia
Ach. Wie denn?

Mario
Viel besser. Der Chef ist zufrieden mit meiner Arbeit. 😃 Er hatte also gar keine schlimmen Nachrichten.

Silvia
Oh, gut! Dann hast du dir also umsonst Sorgen gemacht … 🙁

Mario
Ja. Was besonders toll war: Der Chef hat mich richtig ernst genommen.
Stell dir vor: Er hat gefragt, was ich im Betrieb anders machen würde. Und er fand meine Ideen gut! 😊 Wir treffen uns jetzt regelmäßig – alle zwei Monate.

Silvia
Cool.

b Lesen Sie den Chat. Welches Bild passt zu dem Gespräch mit dem Chef? Begründen Sie Ihre Wahl.

○ 

○ 

○ 

c Arbeiten Sie zu zweit. Lesen Sie den Chat in a noch einmal. Korrigieren Sie die Aussagen. → AB

1 Mario hatte noch keine ~~Lust~~, Silvia zu schreiben. *Zeit*
2 Das Gespräch war so, wie Mario es erwartet hat.
3 Das Feedback vom Chef war negativ.
4 Marios Verbesserungsvorschläge haben dem Chef nicht gefallen.
5 Der Chef möchte jetzt zwei Mal pro Jahr ein Mitarbeitergespräch führen.

2 Welche Erfahrungen haben Sie mit Gesprächen mit Ihren Vorgesetzten gemacht? Wie stellen Sie sich ein gutes Mitarbeitergespräch vor? Sprechen Sie zuerst zu zweit und dann im Kurs.

Zufriedenheit und Unzufriedenheit ausdrücken 211–212
Ich mache/arbeite sehr / nicht so gern ...
Mir gefällt/gefallen ... besonders gut / nicht so gut.

Sie sind unzufrieden! Was gefällt Ihnen nicht? Notieren Sie fünf Sätze.

Wünsche höflich ausdrücken 213–214
Vielleicht gibt es die Möglichkeit, ...
Es wäre mir sehr recht, wenn ich ...

Schreiben Sie den Satz höflich: *Ich will heute früher nach Hause gehen.*

erklären, was zu tun ist 215
Zuerst müssen/sollten Sie ...
Das ist wichtig, damit ...
Der nächste/letzte wichtige Punkt ist: ...

Was müssen Sie heute noch tun? Schreiben Sie drei Sätze.

Feedback geben 216–217
Das ist wirklich gut. Ich habe alles verstanden.
Ich glaube, da fehlt noch etwas. / Habt ihr vielleicht einen Schritt vergessen?
Ich hatte Probleme, das zu verstehen, weil ...

ein Problem schildern 218–219
Ich habe folgendes Problem: ...
Ich bin nicht ganz zufrieden damit, wie ...
Ich finde es überhaupt nicht in Ordnung, dass ...

Ein Kollege / Eine Kollegin kommt sehr oft zu spät. Wie sprechen Sie das Problem an? Formulieren Sie einen Satz.

auf Kritik reagieren 220–221
Oh, das tut mir echt leid ...
Entschuldigung. Ich wusste überhaupt nicht, dass du ein Problem damit hast.
Das ist doch wirklich meine Sache.

Vorschläge und Gegenvorschläge machen 222–223
Wie wäre es denn, wenn ...
Wenn du einverstanden bist, könnten wir ...
Ich würde lieber ...
Es wäre besser, wenn wir ...

Sie bekommen diese Nachricht. Antworten Sie: Sie lehnen ab und machen einen Gegenvorschlag.

Sollen wir jetzt schon Feierabend machen?

einen Vorschlag annehmen/ablehnen 224–225
Einverstanden! / Okay, das machen wir.
Das kommt für mich nicht infrage.
Ich finde, das ist keine so gute Idee.

226–227 ***um ... zu* + Infinitiv und *damit***

Sie können sich Notizen machen,	damit **Sie** nichts vergessen.
Sie können sich Notizen machen,	um nichts zu vergessen.
Sie können sich Notizen machen,	damit **es** leichter für Sie ist.

um ... zu + Infinitiv steht nur, wenn das Subjekt im Hauptsatz und im Nebensatz identisch ist.

um ... zu / damit
Ergänzen Sie die Sätze.
Ich nehme einen Tag frei, ...
Ich nutze das schöne Wetter, ...

Gibt es den Unterschied zwischen *um ... zu / damit* in einer anderen Sprache, die Sie kennen?

228–229 **Gradpartikeln**

++	+	–	––
echt, total, super besonders, voll	ziemlich, wirklich	nicht so, nicht besonders	gar nicht, überhaupt nicht

Gradpartikeln geben an, wie sehr oder wie wenig eine Aussage zutrifft.

Schreiben Sie die Sätze mit Gradpartikel.
Ich esse mittags viel.
Wir verstehen uns gut.
Ich finde meinen Chef nett.

15

Mayari Villarama nimmt an einer Betriebsversammlung teil

Von: betriebsrat@blitzputz.de
An: personal_gesamt@blitzputz.de
Betreff: Erinnerung an die Betriebsversammlung

Liebe Kolleginnen und Kollegen,

wir möchten Sie noch einmal an die Betriebsversammlung am 14. 11. um 16 Uhr im Raum LZ4 erinnern. Wir haben folgende Punkte auf der Tagesordnung:

1. Eröffnung der Versammlung und Begrüßung der Teilnehmenden
2. Bericht des Betriebsrats über das letzte Quartal
3. Neue Sportangebote
4. Personelle Veränderungen

Wir hoffen, dass Sie zahlreich kommen. Wenn es weitere Themen gibt, für die Sie sich interessieren, können Sie uns diese gern mitteilen.

Mit freundlichen Grüßen
Ihr Betriebsrat

1 **Welche Informationen zur Betriebsversammlung enthält die E-Mail? Kreuzen Sie an.** → AB

1 ☒ Datum
2 ○ Uhrzeit
3 ○ Gebäude
4 ○ Raum
5 ○ Tagesordnung
6 ○ Mitteilungen des Chefs
7 ○ Informationen zum Getränkebuffet
8 ○ Aufforderung, Diskussionsthemen zu nennen

2 **Wer kommt zur Betriebsversammlung, wer nicht? Hören Sie und kreuzen Sie an.**
🔊 230

	richtig	falsch
1 Mayari nimmt an der Betriebsversammlung teil.	○	☒
2 Sie findet die Anwesenheit bei der Betriebsversammlung wichtig.	○	○
3 Theo nimmt an der Betriebsversammlung teil.	○	○
4 Er muss seine Kinder um 18 Uhr abholen.	○	○
5 Er möchte über die Themen der Versammlung informiert werden.	○	○

3 **Waren Sie schon einmal auf einer Betriebsversammlung? Erzählen Sie. Welche Themen könnten dort besprochen werden? Sammeln Sie zu zweit.**

A eine formelle E-Mail schreiben

A1 | a Was passt? Lesen Sie und ergänzen Sie.

~~Arbeitgeber~~ Arbeitsalltag Entscheidungen Firma Kündigungen Rechte

Welche Aufgaben hat eigentlich ein Betriebsrat?

Der Betriebsrat vertritt im Unternehmen die Interessen der Arbeitnehmerinnen und Arbeitnehmer gegenüber dem [1] *Arbeitgeber*. Er besteht aus Mitarbeiterinnen und Mitarbeitern der [2] ________ und wird von den Arbeitnehmerinnen und Arbeitnehmern gewählt. Der Betriebsrat hat verschiedene [3] ________ und kann den [4] ________ im Betrieb mitbestimmen. Er kann zum Beispiel bei Vorstellungsgesprächen dabei sein, [5] ________ prüfen und damit die Mitarbeiterinnen und Mitarbeiter vor falschen [6] ________ des Arbeitgebers schützen.

b Was ist richtig? Kreuzen Sie an. → AB

1 Den Betriebsrat bilden
- ⓐ ☒ Mitarbeiter/innen der Firma.
- ⓑ die Chefs/Chefinnen.
- ⓒ die Abteilungsleiter/innen.

2 Der Betriebsrat wird
- ⓐ von der Unternehmensleitung eingestellt.
- ⓑ vom Arbeitgeber vertreten.
- ⓒ gewählt.

3 Der Betriebsrat
- ⓐ kann unterschiedliche Rechte haben.
- ⓑ kann manches mitbestimmen.
- ⓒ muss den Arbeitgeber schützen.

4 Der Betriebsrat vertritt die Interessen
- ⓐ der Mitarbeiter/innen.
- ⓑ der Firma.
- ⓒ des Arbeitsgebers / der Arbeitgeberin.

A2 | a Sehen Sie die Folien an. Über welchen Punkt der Tagesordnung spricht man in der Betriebsversammlung zurzeit? Kreuzen Sie an.

Tagesordnung

○ 1. Eröffnung der Versammlung
○ 2. Bericht des Betriebsrats über das letzte Quartal
○ 3. Neue Sportangebote
○ 4. Personelle Veränderungen
○ 5. Sonstiges

Kurse in der Mittagspause:
Pilates für Anfänger und Fortgeschrittene

Anfängerkurs 1:	Montag,	13–13.30 Uhr, im Raum T11
Anfängerkurs 2:	Mittwoch,	12–12.30 Uhr, im Raum R14
Kurs für Fortgeschrittene:	Donnerstag,	12.30–13 Uhr, im Raum T11

Verbindliche (!!) Anmeldungen bitte per E-Mail bis zum 6. Dezember an Herrn Franke, Personalabteilung (torsten.franke@blitzputz.de).

b Schreiben Sie eine E-Mail an Herrn Franke und melden Sie sich für einen Kurs an. → AB

eine Anmeldung per E-Mail formulieren

Anrede
Sehr geehrte Frau ... / Sehr geehrter Herr ...

Hauptteil
Ich möchte mich verbindlich für ... anmelden.
Hiermit melde ich mich für ... an.
Bitte bestätigen Sie die Anmeldung.

Gruß
Vielen Dank und freundliche Grüße
Mit freundlichen Grüßen

Warum E-Mails schreiben?
Eine richtige Anrede und eine richtige Struktur von E-Mails wirken sehr professionell – und sind auch in der Prüfung wichtig!

B sich in einer Besprechung äußern

B1 | a **Sehen Sie das Bild an. Was könnte das Thema der Besprechung sein? Wie fühlen sich die Personen? Sprechen Sie.**

b **Welche Themen werden besprochen? Hören Sie und ergänzen Sie.**

231 Thema 1: .... Thema 2: ....

c **Ordnen Sie die Redemittel zu und vergleichen Sie dann zu zweit Ihre Lösungen.**

Das halte ich für … | Das sehe ich genauso. | Ein Kompromiss wäre vielleicht, dass … | Es wäre eine gute Lösung, … | Ich bin der Meinung, dass … | ~~Ich finde …~~ | Sind alle einverstanden?

die Meinung sagen	eine Lösung aushandeln
Ich finde …	

d **Lesen Sie den Satz im Grammatikkasten rechts und formulieren Sie ähnliche Sätze.** → AB

1 Akzeptieren Sie den Dienstplan. *Sie werden den Dienstplan akzeptieren!*
2 Tauschen Sie den Dienst. ....
3 Vertreten Sie Herrn Öztürk. ....

Futur I als Befehl oder Drohung
Sie **werden** die Arbeit jetzt **erledigen**!

B2 **Soll das Catering-Unternehmen in der Kantine gewechselt werden oder nicht? Spielen Sie in Kleingruppen eine Besprechung. Sammeln Sie verschiedene Meinungen und finden Sie eine Lösung.** → AB

Essen ist billig

Essen schmeckt nicht

Essen hat keine gute Qualität

keine große Auswahl

Catering-Unternehmen ist zuverlässig

lange Zusammenarbeit mit Catering-Unternehmen

eine Lösung aushandeln
Ein Kompromiss wäre, dass …
Eine gute Lösung wäre, wenn …
Wir könnten uns (vielleicht) auf … einigen.
Wie wäre es mit folgendem Vorschlag: …

B3 Lesen Sie und verbinden Sie. → AB

Protokoll zur Dienstbesprechung

Datum: 06. Juni 20XX
Uhrzeit: 8.00–8.20 Uhr
Ort: Dienstzimmer 2
Anwesende: Frau Dinkel, Herr Lerche, Herr Habib, Frau Peters, Frau Ulinski
Nicht anwesend: Herr Lutz (Urlaub)

THEMEN

TOP 1 Dienstplan für die 24. Kalenderwoche

Den Anwesenden wurde der Dienstplan für die 24. KW am Vortag per E-Mail zugesendet. Die Anwesenden haben sich den Dienstplan angeschaut und ihm zugestimmt. Der Dienstplan ist somit beschlossen.

TOP 2 Einweisung neues Multifunktionsgerät im Dienstzimmer 4

Der kaputte Kopierer im Dienstzimmer 4 wurde durch ein neues Multifunktionsgerät ersetzt. Einige Kolleg:innen haben berichtet, dass das neue Gerät sehr kompliziert ist. Die Anwesenden wurden darüber informiert. Die Anleitung liegt im Dienstzimmer 4 aus. Herr Habib macht den Vorschlag, dass eine offizielle Einweisung gut wäre. Der Vorschlag wird an die Stationsleitung weitergegeben.

Nächste Dienstbesprechung: 13. Juni 20XX
Protokoll: Alexander Lerche

1 Zu Beginn des Protokolls
2 In der Mitte des Protokolls
3 Am Ende des Protokolls

A findet man die Tagesordnung und die Entscheidungen dazu.
B stehen Informationen zu Zeit und Ort der Besprechung und eine Liste, wer anwesend war.
C ist notiert, wann die nächste Sitzung stattfindet und wer das Protokoll geschrieben hat.

B4 231 **Hören Sie noch einmal die Besprechung in B1 b und schreiben Sie dazu ein Protokoll. Vergleichen Sie dann Ihre Protokolle im Kurs.**

Protokoll zur Dienstbesprechung

Datum: 02. März 20XX
Uhrzeit: 8.00–8.15 Uhr
Ort: Raum A24
Anwesende: Frau Lauters, Herr Öztürk, Herr Saupé, Frau Sommerfeld, Frau Wagner

THEMEN

TOP 1 ……………………………………

……………………………………

……………………………………

……………………………………

TOP 2 ……………………………………

……………………………………

……………………………………

……………………………………

Nächste Dienstbesprechung: 09. März 20XX, 8 Uhr
Protokoll: Clemens Saupé

C eine Kündigung verstehen

C1 | a Wer kündigt? Überfliegen Sie die Kündigungen und notieren Sie die Ziffern.

Kündigung ...... = Der Arbeitgeber / Die Arbeitgeberin kündigt.
Kündigung ...... = Der Arbeitnehmer / Die Arbeitnehmerin kündigt.

1

Simon Schmidt
Steinstr. 46
25832 Tönning

Schrauben-Rudi
An der Wacht 32
20095 Hamburg

Tönning, 16. 3. 20XX

Kündigung meines Arbeitsvertrags

Sehr geehrter Herr Holm,

hiermit kündige ich meinen Arbeitsvertrag, den ich am 01. 09. 2017 mit Ihnen geschlossen habe, ordentlich und fristgerecht zum 30. 04. 20XX.

Ich bitte Sie, mir ein Arbeitszeugnis auszustellen. Ich bedanke mich für die gute Zusammenarbeit und wünsche Ihnen und Ihrer Firma alles Gute.

Mit freundlichen Grüßen

Simon Schmidt

2

Hotel Seeblick
Hannah Borović
Lindenallee 14
78467 Konstanz

Laura Robert
Sassgasse 6
78467 Konstanz

Konstanz, 22. 1. 20XX

Kündigung Ihres Arbeitsverhältnisses

Sehr geehrte Frau Robert,

hiermit kündigen wir das zwischen uns bestehende Arbeitsverhältnis fristgerecht zum 28. 02. 20XX.

Die Kündigung hat betriebsbedingte Gründe. Bis zum 28. 2. haben Sie noch Anspruch auf zwei Urlaubstage. Ihr Arbeitszeugnis werde ich Ihnen am letzten Arbeitstag aushändigen.

Ich bedanke mich für Ihre Arbeit und wünsche Ihnen für die Zukunft alles Gute.

Mit freundlichen Grüßen

Hannah Borović

b Lesen Sie die Fragen und beantworten Sie sie zu zweit.

1. Wann im Jahr 2017 hat Simon Schmidt den Arbeitsvertrag mit Schrauben-Rudi unterschrieben? *am 1. September*
2. Wann hört Simon Schmidt auf, bei Schrauben-Rudi zu arbeiten? ......
3. Wann endet das Arbeitsverhältnis von Laura Robert? ......
4. Wie viele Tage Urlaub kann Laura Robert noch machen? ......
5. Was bekommt Laura Robert an ihrem letzten Tag? ......

c Haben Sie schon einmal eine Kündigung geschrieben oder bekommen? Sprechen Sie.

Ich habe neulich meine Mietwohnung gekündigt. Da musste ich auch eine Kündigung schreiben.

Ich habe schon öfter ...

C2| a **Was muss der Arbeitgeber bei einer Kündigung beachten? Überlegen Sie zu zweit und sprechen Sie.**

Ich glaube, der Chef oder die Chefin darf nicht einfach sagen: „Sie sind entlassen."

Der Arbeitgeber muss bestimmt …

b **Lesen Sie und ordnen Sie die Überschriften zu.**

Betriebsbedingte Kündigungen | Der Arbeitgeber braucht wichtige Gründe für die Kündigung | ~~Kündigung durch den Arbeitgeber – ja, aber nur unter bestimmten Bedingungen~~ | Kündigungsfristen regelt das Gesetz | Personen- und verhaltensbedingte Kündigungen

1 *Kündigung durch den Arbeitgeber – ja, aber nur unter bestimmten Bedingungen*

Wenn ein Arbeitgeber einem Mitarbeiter oder einer Mitarbeiterin kündigen möchte, dann gibt es viele Dinge, auf die er achten muss. Hier bekommen Sie einen Überblick darüber, was wichtig ist.

2 ……………………………………………

Zum Schutz der Arbeitnehmer dürfen Arbeitsverhältnisse nur gekündigt werden, wenn es gute Gründe gibt. Diese Gründe können z. B. mit der Person oder dem Verhalten des Arbeitnehmers zu tun haben. Auch Veränderungen im Betrieb können ein Anlass sein. Wichtig ist: Der Arbeitgeber muss Beweise haben.

3 ……………………………………………

Ein Arbeitnehmer kann entlassen werden, wenn er wegen seiner Eigenschaften für die Arbeit nicht geeignet ist. Das kann zum Beispiel eine lange Krankheit sein. Auch Drogen- oder Alkoholsucht sind ein Kündigungsgrund. Diese Form der Kündigung nennt man personenbedingt. Im Gegensatz dazu gibt es die verhaltensbedingte Kündigung, bei der ein falsches Verhalten des Mitarbeiters zur Kündigung führt. Beispiele sind häufiges Zuspätkommen oder Diebstahl.

4 ……………………………………………

Bei der zweiten Art der Kündigung ist der Grund die wirtschaftliche Situation des Unternehmens. Der Arbeitgeber darf kündigen, wenn sich seine Firma negativ entwickelt – zum Beispiel, wenn es zu wenige Aufträge gibt und die Firma nicht genug Geld verdient. Diese Form der Kündigung nennt man betriebsbedingt. Allerdings muss der Arbeitgeber beweisen, dass er den Arbeitnehmer in keiner anderen Abteilung braucht. Außerdem muss er soziale Faktoren beachten, zum Beispiel, wie alt der Arbeitnehmer ist, wie lange er schon im Unternehmen ist und ob er Familie hat.

5 ……………………………………………

Wie lange der Arbeitnehmer bei einer Kündigung im Unternehmen bleiben kann, ist gesetzlich festgelegt. Hier kommt es darauf an, wie lange die Person dort gearbeitet hat. Je länger, desto länger ist die Kündigungsfrist.

c **Lesen und überlegen Sie zu zweit, welche Situationen Kündigungsgründe sind. Welche Gründe sind betriebsbedingt, welche personen- und verhaltensbedingt? Sprechen Sie.**

1 Ich bin immer pünktlich im Büro. Nur heute war ich zu spät, weil mein Bus nicht kam.

2 Ich habe ein Tablet aus der Firma mitgenommen. Es war alt. Mein Sohn wollte eins zum Geburtstag.

3 Der Akku von meinem Smartphone ist total schwach. Ich muss ihn immer während der Arbeit im Büro aufladen.

4 Meine Firma hat in diesem Jahr zehn Prozent weniger Umsatz gemacht und muss Leute entlassen. Weil ich noch in der Probezeit war, hat der Chef mich entlassen.

5 Ich bin erkältet und eine Woche krankgeschrieben. Das passiert mir höchstens dreimal im Jahr.

d **Markieren Sie im Text in b alle Relativsätze mit Präposition. Wo steht die Präposition? Wo das Relativpronomen?** → AB

Relativsätze mit Präpositionen

Es gibt viele Dinge, **auf** die man achten muss.

Die Gehaltsabrechnung

Extra

1 | a Was für ein Problem hat Mayari? Hören Sie und kreuzen Sie an.

232

Mayari versteht ihre Gehaltsabrechnung nicht,

1 ○ weil die Abrechnungsfirma ein neues Formular verwendet.
2 ○ weil die Abrechnung von einer neuen Firma gemacht wird und deshalb anders aussieht.
3 ○ weil der Betriebsrat ein neues Abrechnungsformular eingeführt hat.

b Worüber wird gesprochen? Hören Sie noch einmal und kreuzen Sie an.

232

1 ○ die Sozialversicherung
2 ○ die Arbeitslosenversicherung
3 ○ die Krankenversicherung
4 ○ die Pflegeversicherung
5 ○ die Urlaubstage
6 ○ die Rentenversicherung
7 ○ die Steuern
8 ○ der Bruttolohn
9 ○ der Wochenendzuschlag
10 ○ der Nettolohn

2 Wo findet man die Informationen? Sehen Sie die Gehaltsabrechnung an. Ordnen Sie zu. → AB

1 ~~Arbeitslosenversicherungsbeitrag~~ **2** Bruttolohn **3** Krankenversicherungsbeitrag **4** Nettolohn **5** Pflegeversicherungsbeitrag **6** Rentenversicherungsbeitrag **7** Wochenendzuschlag

Mayari Villarama
Lindenstr. 56
12345 Neuhausen

Personalnummer	00014567
Abrechnungsmonat	04/20XX
Geburtsdatum	04.05.1999
Eintrittsdatum	01.10.2021

Entgeltbescheinigung
Wichtiges Dokument – Bitte sorgfältig aufbewahren

St-Kl I Kd-Freib 0 Konf –

	Gehalt	2.000,00
....	WE-Zuschlag	66,70
....	**Gesamtbrutto**	**2.066,70**
	Lohnsteuer	217,08
	Kirchensteuer	–
....	AN-Beitrag zur KV	164,00
....	AN-Beitrag zur RV	187,00
....	AN-Beitrag zur PV	25,50
1	AN-Beitrag zur AV	30,00
....	**Auszahlungsbetrag**	**1.443,12**

3 Erklären Sie Mayari die Abkürzungen auf ihrer Gehaltsabrechnung. Schreiben Sie eine Textnachricht und vergleichen Sie dann zu zweit.

Die Gehaltsabrechnung für April ist da! 😃 Aber da stehen so komische Abkürzungen drauf, die ich nicht verstehe. Zum Beispiel „AN-Beitrag zur KV“ ... Was heißt das denn? 😱 Kannst du mir das erklären?

Alles gut, bleib ganz ruhig. 😎 AN-Beitrag heißt ...

eine Anmeldung per E-Mail formulieren 233–234

Anrede

Sehr geehrte Frau … / Sehr geehrter Herr …

Hauptteil

Ich möchte mich verbindlich für … anmelden.
Hiermit melde ich mich für … an.
Bitte bestätigen Sie die Anmeldung.

Gruß

Vielen Dank und freundliche Grüße
Mit freundlichen Grüßen

eine Lösung aushandeln 235–237

Ein Kompromiss wäre, dass …
Eine gute Lösung wäre, wenn …
Wir könnten uns (vielleicht) auf … einigen.
Wie wäre es mit folgendem Vorschlag: …

Sie möchten zu Hause lernen, Ihre Lernpartnerin / Ihr Lernpartner lieber im Park. Nehmen Sie eine Sprachnachricht ( ) auf und schlagen Sie eine Lösung vor.

238–239 **Futur I als Befehl oder Drohung**

Sie werden die Arbeit jetzt erledigen.

Befehle oder Drohungen mit dem Futur I wirken sehr direkt und bestimmt. Diese Form sollte man nur sehr vorsichtig verwenden. Sie kann extrem unfreundlich wirken.

Stellen Sie sich vor, Sie sind ein/e sehr unfreundliche/r Chef/in. Nennen Sie zehn Befehle im Futur I.

240–241 **Relativsätze mit Präposition**

	Mit dem Kollegen arbeite ich am liebsten zusammen.
• der Kollege,	**mit** dem ich am liebsten zusammenarbeite
	Gestern habe ich **nach** der Bestellung gefragt.
• die Bestellung,	**nach** der ich gestern gefragt habe
	Ich habe dich vorhin **um** das Formular gebeten.
• das Formular,	**um** das ich dich vorhin gebeten habe
	Man muss **auf** die Dinge achten.
• die Dinge,	**auf** die man achten muss.
	Bis zu dem Termin müssen wir fertig sein.
• der Termin,	**bis zu** dem wir fertig sein müssen
	Frau Müller ist **in** das Büro umgezogen
• das Büro,	**in** das Frau Müller umgezogen ist

Die Präpositionen stehen im Relativsatz an erster Stelle. Darauf folgt das Relativpronomen.

Bilden Sie drei weitere Relativsätze mit Präposition.
Welche Firma meinst du?
Ich meine die Firma, für die du zwei Jahre gearbeitet hast.
Ich meine die Firma, …

Tipp: Wenn Verben feste Präpositionen haben, dann lernen Sie diese immer mit. Das hilft Ihnen, wenn Sie mit diesen Verben Relativsätze mit Präpositionen bilden.

sich interessieren für
Das ist das Stellenangebot, für das ich mich interessiere.

Welche Informationen gehören in ein Protokoll? Nennen Sie mindestens fünf.

16

Alejandro Marini Flores ist ein Fan von Maschinen

Hi, guck mal. Wir haben eine neue Abfüllanlage!

Ah. Okay.

Die Anlage ist super. Sie kann vollautomatisch Milch in unterschiedliche Verpackungen füllen. Sie sterilisiert natürlich auch das Verpackungsmaterial.

Aha. Hattet ihr nicht immer schon so eine Maschine?

Doch, klar, aber diese ist besser. Mit einer besonderen, neuen Technik werden die Bakterien und Mikroorganismen jetzt viel schneller abgetötet. Die Anlage kann so bis zu 40 000 Verpackungen pro Stunde abfüllen. Stell dir vor: Das sind elf Packungen pro Sekunde! Außerdem verbraucht die neue Maschine wenig Strom. Auch da ist sie besser als die alte.

Hmmm.

Und man kann die neue Anlage für mehrere unterschiedliche Milchprodukte nutzen. Wir können also das Produkt wechseln! So brauchen wir nicht mehr für jede Milchsorte eine eigene Anlage.

Super, so eine Maschine. Aber, sag mal ...

1 **Lesen Sie die Textnachrichten. Was sind die Vorteile der neuen Abfüllanlage? Unterstreichen Sie im Chat und vergleichen Sie dann zu zweit.** → AB

2 | a **Wählen Sie eine Maschine aus dem Haushalt, die Sie gut finden. Was kann diese Maschine? Was sind ihre Vorteile? Notieren Sie drei Stichpunkte.**

schnell und leise sein
mich glücklich machen
gute Getränke machen

b **Kursspaziergang – Berichten Sie über Ihre Maschinen. Stellen Sie dann die Maschine vor, die Ihnen am besten gefallen hat.**

A über die Funktionen von Geräten sprechen

A1 **Was machen Sie mit Ihrem Smartphone besonders oft, was machen Sie selten oder nie? Sprechen Sie.**

Kurznachrichten schreiben | Sprachnachrichten verschicken | Fotos/Videos machen | bezahlen | etwas bestellen | telefonieren | sich über das Wetter informieren | navigieren | die Uhrzeit lesen | als Taschenlampe benutzen | ...

Ich schreibe sehr viele Kurznachrichten mit dem Smartphone.

Ich bezahle selten mit dem Smartphone.

A2 **Lesen Sie die Hinweise und die Erklärungen. Welche Erklärung passt? Kreuzen Sie an und vergleichen Sie dann zu zweit.** → AB

Laden Sie den Akku vollständig auf, bevor Sie das Gerät in Betrieb nehmen.

1 ☒ Du musst zuerst den Akku aufladen und dann kannst du das Gerät in Betrieb nehmen.

2 ○ Du kannst das Gerät in Betrieb nehmen und dann den Akku aufladen.

Tipp zum Stromsparen: Trennen Sie Smartphone und Ladegerät, nachdem Sie den Akku vollständig aufgeladen haben.

3 ○ Du sollst das Ladegerät ausstecken, wenn der Akku noch lädt.

4 ○ Wenn der Akku voll ist, sollst du das Ladegerät ausstecken.

Schalten Sie das Gerät nicht aus, während die Software aktualisiert wird.

5 ○ Wenn die Software aktualisiert wird, soll man das Smartphone nicht ausschalten.

6 ○ Du sollst das Gerät nach der Aktualisierung der Software nicht ausschalten.

Zeitangaben: *bevor, nachdem, während*

Laden Sie den Akku vollständig auf, bevor Sie das Gerät in Betrieb nehmen.
Stecken Sie das Ladegerät aus, nachdem Sie den Akku vollständig aufgeladen haben.
Schalten Sie das Gerät nicht aus, während die Software aktualisiert wird.

A3 **Arbeiten Sie zu zweit. Lesen Sie die Frage und den Kommentar. Ergänzen Sie dann *bevor, nachdem* und *während* (2×).** → AB

Kann ich mit dem Smartphone ein Foto machen, 1 .... ich ein Video aufnehme?

Ja! 2 .... du die App „Kamera" geöffnet hast, tippst du auf den roten Punkt. Dann startet die Video-Aufnahme. 3 .... das Video läuft, kannst du auf die kleine Kamera tippen. So machst du ein Foto. 4 .... du die Fotos anschauen kannst, musst du das Video stoppen.

A4 | a **Wählen Sie eine Funktion Ihres Smartphones. Machen Sie Notizen, welche Schritte wichtig sind.**

auf ... tippen | auswählen | bestätigen | eingeben | öffnen

b **Erklären Sie Ihrer Lernpartnerin / Ihrem Lernpartner, was er/sie machen soll. Sie / Er macht auf dem Smartphone alles genau so, wie Sie sagen. Klappt das?**

B Vorgänge beschreiben

B1 | a **Was sagen die Personen auf dem Foto? Schreiben Sie zu zweit Sprechblasen. Vergleichen Sie.**

b **Hören Sie das Gespräch. Welche Situation passt? Kreuzen Sie an und vergleichen Sie zu zweit.**

242

1 ○ Die Kollegin erklärt, wie man ein Paket packt und verschickt.
2 ○ Die Kollegin erklärt, was man macht, wenn ein Paket ankommt.
3 ○ Die Kollegin erklärt, wie man Büromaterial bestellt.

c **Hören Sie noch einmal und ergänzen Sie dann.** → AB

242

Fehler | Karton | Lieferschein | Notiz | ~~Paket~~ | Rechnung | Ware

1 Wenn eine Lieferung kommt, soll das *Paket* vorsichtig geöffnet werden.
2 Dann muss geprüft werden, ob die ________ vollständig geliefert wurde.
3 Das geht am besten, wenn man die Artikel im Paket mit dem ________ vergleicht.
4 Außerdem muss kontrolliert werden, ob die Artikel einen ________ haben oder beschädigt sind.
5 Es soll eine ________ auf dem Lieferschein gemacht werden. Dort steht, wer die Lieferung wann geprüft hat.
6 Der Lieferschein soll zusammen mit der ________ in der Buchhaltung abgegeben werden.
7 Die Ware soll in den Raum 5 gebracht werden. Der leere ________ kommt in den Keller.

B2 | a **Markieren Sie in B1 c das Passiv Präsens mit Modalverben und ergänzen Sie die Tabelle.**

Modalverb	Partizip II	Infinitiv
soll	*geöffnet*	*werden*

Passiv Präsens mit Modalverben
Zuerst soll das Paket vorsichtig geöffnet werden.
Dann muss geprüft werden, ob die Bestellung vollständig ist.

b **Arbeiten Sie zu zweit. Ergänzen Sie die Regel.** → AB

Infinitiv | Partizip | ~~Präsens~~

Passiv Präsens mit Modalverben: Das Modalverb steht im *Präsens*, dann folgt das ________ Perfekt und der ________ von *werden*.

B3| a Arbeiten Sie zu zweit. Lesen Sie das Angebot und die Bestellung. Prüfen Sie dann die Rechnung. Markieren Sie die Fehler. Vergleichen Sie dann mit einem anderen Paar.

Multifunktionspapier, A4, 250 Blatt, 80 g: 6,75 € / 100 g: 8,32 €

SONDERANGEBOT:

Fenster-Briefumschläge DL, weiß, selbstklebend (1.000 Stück) 25,50 €

Kugelschreiber, verschiedene Farben, Stück 0,69 €, ab 10 Stück 0,65 €

Liebe Damen und Herren,

hiermit bestelle ich folgende Artikel:

10 × Multifunktionspapier, A4, 80 g, 250 Blatt (Artikelnr.: 271641)

3 × Toner – Prima Z645, schwarz (Artikelnr.: 560264)

1 × Briefumschläge C6, weiß, selbstklebend, ohne Fenster (1.000 Stück) (Artikelnr.: 823568)

1 × Briefumschläge DL, weiß, selbstklebend, mit Fenster (1.000 Stück) (Artikelnr.: 823559)

15 × Kugelschreiber, blau (Artikelnr.: 94715-2)

10 × Kugelschreiber, schwarz (Artikelnr.: 94715-1)

Mit Dank und besten Grüßen
Murat Yanar

***Schneider* BÜROMATERIAL**

Elektrotechnik Walter
Im Mühlenbach 27
53115 Bonn

Frankfurt, den 24. September 2022

Rechnung 45/2019

Artikel Nr.	Beschreibung	Anzahl	Stückpreis	Gesamtpreis
271645	Multifunktionspapier, A4, 100 g, 250 Blatt	10	8,32	83,20
560264	Toner – Prima Z645, schwarz	3	39,85	190,55
823559	Fenster-Briefumschläge DL, weiß, selbstklebend (1.000 Stück)	1	29,50	29,50
94715-2	Kugelschreiber, blau	5	0,69	3,45
94715-7	Kugelschreiber, rot	10	0,69	6,90
	zzgl. 19 % MwSt.			

*„**einen Fehler beschreiben***
Es wurden zu viel / zu wenig ... geliefert.
Ein Artikel / Ein Buchstabe / ... fehlt!
Der Preis / Die Menge / Die Nummer / Das Datum / Die Adresse stimmt nicht / ist falsch.“

b Schreiben Sie zu zweit eine E-Mail an die Kollegin in der Buchhaltung, die die Rechnungen bearbeitet. Weisen Sie auf alle Fehler hin. → AB

B4| a Was muss hier gemacht werden? Schreiben Sie zu zweit möglichst viele Sätze. Sie haben drei Minuten Zeit.

aufräumen, putzen, spülen, gießen, reparieren, leeren, kaufen, bestellen, wecken, ...

Die Fenster müssen geputzt werden.

b Tauschen Sie Ihre Sätze mit einem anderen Paar. Korrigieren Sie mögliche Fehler. Wer hat die meisten korrekten Sätze? → AB

C eine Bedienungsanleitung verstehen

C1 | a Überfliegen Sie die Bedienungsanleitung. Zu welchem Gerät passt sie? Kreuzen Sie an.

Folgende Hinweise sollten Sie auf jeden Fall beachten:

- Das laufende Gerät sollte immer auf festem und trockenem Boden stehen und einen Abstand von mindestens 30 cm zu Gegenständen und Wänden haben. Legen Sie nichts auf das Gerät.
- Benutzen Sie das Gerät nie ohne Filter. Eine gleichbleibende Leistung erreichen Sie nur, wenn der Filter regelmäßig gereinigt wird.
- Zum Einschalten drücken Sie den EIN-/AUS-Schalter. Das Gerät misst automatisch die Raumtemperatur. Bei einer Temperatur über 23 °C kühlt das Gerät, bei einer Temperatur unter 20 °C heizt das Gerät.
- Sie können die passende Temperatur mit der Taste „^" erhöhen und mit der Taste „v" senken. Das Display zeigt die eingestellte Temperatur nur, während Sie die Taste „^" oder „v" drücken. Sonst wird die aktuelle Raumtemperatur angezeigt.
- Das Gerät sollte nach dem Gebrauch ausgeschaltet werden. Der grün leuchtende EIN-/AUS-Schalter befindet sich auf der Rückseite des Geräts. Ziehen Sie nicht den Netzstecker, um das laufende Gerät auszuschalten.
- Mit der TIMER-Taste können Sie die gewünschte Betriebszeit einstellen – von einer Stunde bis zu 24 Stunden. Danach schaltet sich das Gerät automatisch ab. Sie können auch die Zeit bis zum Betriebsbeginn einstellen. Wenn Sie beispielsweise die Zeitschaltuhr auf ‚2' stellen, startet das Gerät nach zwei Stunden automatisch.
- Die blinkende rote Lampe weist auf einen Fehler hin. Schalten Sie das Gerät mit dem EIN-/AUS-Schalter aus. Ziehen Sie immer den Netzstecker, bevor Sie das Gerät öffnen.
- Die beiliegende Fernbedienung steuert alle Funktionen, die oben beschrieben wurden. Für die Fernbedienung benötigen Sie zwei AAA-Batterien.

Warum überfliegen (= schnell lesen)?
Um die Frage zu beantworten, müssen Sie den Text nicht genau verstehen. Sie sparen viel Zeit, wenn Sie sich auf die Informationen konzentrieren, die Sie für die Antwort brauchen.

1 ○

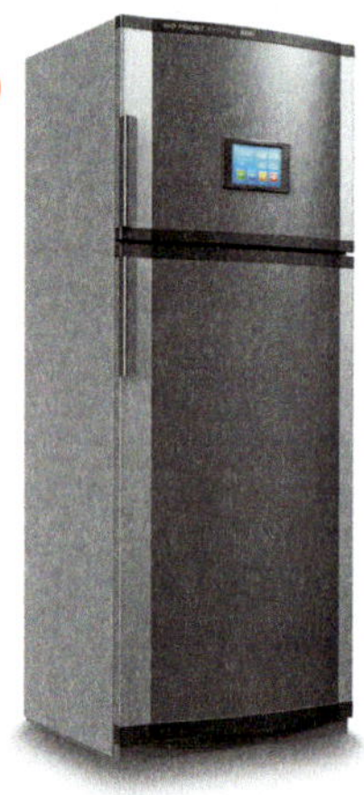

2 ○

3 ○

4 ○

b Lesen Sie die Bedienungsanleitung in a genau. Was ist richtig? Kreuzen Sie an. → AB

1 Wenn das Gerät läuft,
ⓐ sollte es direkt an der Wand stehen.
ⓑ dürfen keine Gegenstände darauf liegen.
ⓒ reinigt es den Filter automatisch.

2 Wenn man keine Taste drückt, zeigt das Gerät an,
ⓐ wie lange das Gerät noch mit voller Leistung läuft.
ⓑ welche Temperatur der Raum haben soll.
ⓒ wie hoch die Temperatur im Raum ist.

3 Wenn das Gerät nicht gebraucht wird,
ⓐ kann man einfach den Netzstecker ziehen.
ⓑ schaltet es sich automatisch aus.
ⓒ sollte man es auf der Rückseite ausschalten.

4 Wenn es einen Fehler im Betrieb gibt,
ⓐ zeigt die Fernbedienung an, was man tun soll.
ⓑ sollte man das Gerät sofort öffnen.
ⓒ blinkt eine rote Lampe am Gerät.

C2| a **Markieren Sie in der Bedienungsanleitung (C1 a) alle Partizipien Präsens.** → AB

Partizip Präsens als Adjektiv
das laufende Gerät — eine gleichbleibende Leistung

b **Sehen Sie sich die Beispiele unten an und beschreiben Sie, wie das Partizip Präsens gebildet wird.**

laufen – das Gerät läuft – das laufende Gerät
gleichbleiben – eine Leistung bleibt gleich – eine gleichbleibende Leistung

C3| a **Finden Sie noch acht Redemittel und notieren Sie sie in beliebiger Reihenfolge auf einem Bingo-Plan.**

VAQNQMJGQSMANDARFAUFKEINENFALLHD
BNVQSNQKGJSIEHMALNSJKDESBDUMUSST
DARAUFACHTENGAFQHQGLÖKICHERKLÄRE
DIRNKJJFDHNOCHEINTIPPKJSDHJFRESIST
GEFÄHRLICHSDEHGHJSEIVORSICHTIGJDHJ
KGBQSMNQFMANSOLLTEIMMERKJHAFEHG
ICHEMPFEHLEDIRKLGWEJH

Man darf auf keinen Fall		

b **Hören Sie das Gespräch. Wenn Sie einen Satz mit einem der neun Redemittel hören, kreuzen Sie ihn auf Ihrem Plan an. Wer hat zuerst drei Kreuze in einer Reihe?**
243

c **Hören Sie noch einmal und vergleichen Sie die Erklärungen mit der Bedienungsanleitung in C1 a. Finden Sie zu zweit drei Unterschiede. Vergleichen Sie.**
243

Im Text steht, dass ...
Aber der Chef sagt, dass ...

Der Chef sagt nicht, dass ...

Die Erklärung im Text ist anders: ...

C4| a **Recherchieren Sie online zu zweit nach einer Bedienungsanleitung zu einem Gerät Ihrer Wahl.**

b **Was muss man beachten, wenn man das Gerät benutzen will? Überlegen Sie gemeinsam und machen Sie Notizen.**

c **Erklären Sie einem anderen Paar, wie man das Gerät benutzt und was man dabei beachten muss.** → AB

etwas erklären
Ich erkläre dir, wie du ...
Sieh mal, zuerst musst du hier ...
Du musst darauf achten, dass ...

auf ein Problem / eine Gefahr hinweisen
Es ist gefährlich, ...
Sei vorsichtig, wenn du ...
Es ist wichtig, ..., sonst kann ... kaputt gehen.

Roboter

Extra

1 Sehen Sie die Fotos an. Was für einen Roboter haben Sie schon einmal gesehen? Was hat er gemacht? Wie fanden Sie das? Sprechen Sie.

2 | a Lesen Sie den Chat. Was passt? Markieren Sie.

Julia sieht Roboter nicht so / genauso positiv wie Alejandro.
Sie hat die Hoffnung / Sorge, dass Roboter den Menschen auf dem Arbeitsmarkt / im Alltag Konkurrenz machen.

Julia
Super, so eine Maschine. Aber, sag mal: Hast du keine Angst, dass Roboter uns die Arbeit wegnehmen? Sie sind schließlich sehr billige Arbeitskräfte.

Alejandro
Nein. Roboter machen die Arbeit für den Menschen leichter. Sie können Aufgaben übernehmen, die für uns Menschen zu gefährlich oder gesundheitsschädlich sind. Das ist doch gut. Außerdem können sie vieles besser als die Menschen. Sie arbeiten präzise, sind nie müde oder schlecht gelaunt.

Julia
Na ja, ich sehe das anders. Schau mal hier: ein spannender Artikel über Roboter als Konkurrenz.

b Lesen Sie den Zeitungsartikel. Ergänzen Sie die Aussagen über Roboter.

ROBOTER ALS KONKURRENZ FÜR DEN MENSCHEN

In einigen Bereichen sind Software und Roboter heute schon so gut, dass sie Menschen als Arbeitskräfte ersetzen können. Hier sind einige Beispiele:
Bankangestellte im Bereich „Kredit“: Computerprogramme können heute leicht und schnell entscheiden, ob eine Bank jemandem einen Kredit geben sollte oder nicht. Die Software hat keine Gefühle, ihre Entscheidung ist sachlich und objektiv.
Mitarbeiter*innen an einer Rezeption: Roboter können neue Gäste immer freundlich begrüßen, sie haben nie schlechte Laune. Sie können ihnen alle wichtige Informationen geben – und natürlich auch einen Zimmerschlüssel.
Verkäufer*innen: Roboter können auch Verkaufsgespräche führen – zum Beispiel zu Elektrogeräten. Sie haben ein besseres Gedächtnis als der Mensch. Sie kennen alle Details und können die Geräte sehr gut vergleichen.
Taxifahrer*innen: Autos können in Zukunft ganz allein fahren. Die Software funktioniert immer gleich gut und macht so gut wie keine Fehler. Doch der Mensch ist mal müde oder kann sich nicht gut konzentrieren.

ersetzen | Fehler | Gefühle | einfacher | schneller | ~~wegnehmen~~

Roboter ...
1. ... *nehmen* Arbeitsplätze *weg*.
2. ... machen weniger ______ als Menschen.
3. ... arbeiten ______ als Menschen.
4. ... können den Menschen vollkommen ______.
5. ... haben keine ______. Das ist ein Vorteil.
6. ... machen die Arbeit für den Menschen ______.

c Machen Sie eine Umfrage zu den Aussagen 1 bis 6 aus 2 b. Wer stimmt welcher Aussage (nicht) zu?

3 Wie finden Sie Alejandros Meinung (2 a)? Schreiben Sie einen Kommentar. → AB

etwas kommentieren
Ich sehe das auch so wie ..., weil ...
Grundsätzlich stimme ich ... zu, aber ...
... Deshalb denke ich, dass man das nicht so sehen kann wie ...
Ich verstehe, was ... meint, aber ...

Grundsätzlich stimme ich ihm zu, aber ganz so problemlos wird das nicht gehen.

einen Fehler beschreiben 244–246
Es wurden zu viel / zu wenig ... geliefert.
Ein Artikel / Ein Buchstabe / ... fehlt!
Der Preis / Die Menge / Die Nummer / Das Datum / Die Adresse stimmt nicht / ist falsch.

Bonn, den 30. Febuar 2025

Was ist hier falsch? Schreiben Sie zwei Sätze.

etwas erklären 247–249
Ich erkläre dir, wie du ...
Sieh mal, zuerst musst du hier ...
Du musst darauf achten, dass ...

auf ein Problem / eine Gefahr hinweisen 250–251
Es kann gefährlich sein, wenn man ...
Sei vorsichtig, wenn du ...
Es ist wichtig, ..., sonst kann ... kaputtgehen.

Erklären Sie, wie man Ihre Waschmaschine bedient. Weisen Sie auch auf ein mögliches Problem hin. Nehmen Sie Ihre Erklärung auf ( ) und schicken Sie sie Ihrer Lernpartnerin / Ihrem Lernpartner. Bitten Sie um Feedback.

etwas kommentieren 252–253
Ich sehe das auch so wie ..., weil ...
Grundsätzlich stimme ich ... zu, aber ...
... Deshalb denke ich, dass man das nicht so sehen kann wie ...
Ich verstehe, was ... meint, aber ...

„Eines Tages werden Maschinen vielleicht denken können, aber sie werden niemals Fantasie haben.“ (Theodor Heuss) Kommentieren Sie das Zitat.

254–255 **Zeitangaben: *bevor, nachdem* und *während***

Hauptsatz	Nebensatz
Laden Sie den Akku vollständig auf,	bevor Sie das Gerät in Betrieb nehmen.
Stecken Sie das Ladegerät aus,	nachdem Sie den Akku vollständig aufgeladen haben.
Schalten Sie das Gerät nicht aus,	während die Software aktualisiert wird.

Ergänzen Sie die Sätze.
Während ich frühstücke, ...
Nachdem ich gefrühstückt habe, ...
Bevor ich aus dem Haus gehe, ...

256–257 **Passiv Präsens mit Modalverben**

Modalverb + Partizip II + Infinitiv von *werden*
Zuerst soll das Paket vorsichtig geöffnet werden.
Die Artikel dürfen nicht beschädigt werden.
Dann muss geprüft werden, ob die Bestellung vollständig ist.
Danach kann die Ware eingeräumt werden.

Was kann, darf und muss vor einem Urlaub gemacht werden? Schreiben Sie fünf Sätze. Übersetzen Sie die Sätze in eine Sprache, die Sie kennen. Was fällt Ihnen auf?

258–259 **Partizip Präsens als Adjektiv**

Infinitiv	Partizip I	Partizip I als Adjektiv (Nominativ)
leuchten	leuchten**d**	• der leuchten**d**e / ein leuchten**d**er Schalter
laufen	laufen**d**	• das laufen**d**e / ein laufen**d**es Gerät
blinken	blinken**d**	• die blinken**d**e / eine blinken**d**e Lampe
folgen	folgen**d**	• die folgen**d**en / folgen**d**e Hinweise

Das Partizip Präsens bildet man mit einem *d* am Infinitiv.
Übersicht über die Adjektivdeklination → Seite 374

Lesen Sie den Satz mit den passenden Partizipien vor.

funktionieren | helfen | lachen | passen

Das gefällt mir bei der Arbeit: viele gut ________ Maschinen, ein zu mir ________ Team, jede ________ Hand und ein schon morgens ________ Chef.

Szenarien im Beruf – auf Beschwerden angemessen reagieren

Per E-Mail kommunizieren, Unternehmensrichtlinien verstehen und auf eine Beschwerde antworten

1 **Rodrigo Silva hat eine E-Mail von seiner Chefin bekommen. Worum geht es? Kreuzen Sie an.**

Liebe Mitarbeiterinnen und Mitarbeiter des „Blumen-per-Post"-Kundenservices,

am 14.6. findet außerplanmäßig eine Teambesprechung statt. Der Grund für diese ungeplante Sitzung ist, dass es in der letzten Zeit oft Beschwerden unserer Kundinnen und Kunden in Bezug auf die E-Mail-Kommunikation gegeben hat. Bitte kommen Sie um 14 Uhr in den Raum 13 (Haus A). Die Besprechung wird nicht länger als eine Stunde dauern.

Mit freundlichen Grüßen
Annegret Morgentau

1 Die Chefin …
- ⓐ lädt zu einer Teambesprechung ein, die nicht geplant war.
- ⓑ verschiebt die Teambesprechung auf den 14.6.

2 Grund für die Besprechung ist, dass …
- ⓐ viele Kundinnen und Kunden nicht zufrieden mit der Kommunikation sind.
- ⓑ die Chefin zu viel Arbeit hat, weil sie alle Beschwerden beantworten muss.

2 | a **In der Teambesprechung zeigt Frau Morgentau E-Mails von Kundinnen und Kunden. Warum sind sie unzufrieden? Sprechen Sie.**

1 Auf meine Beschwerde (Blumenstrauß kam ganz kaputt bei meiner Freundin an) habe ich gar keine Antwort bekommen. Das ist jetzt drei Wochen her …

2 Ich möchte mich beschweren. Ihr Kundendienst hat mir eine sehr unfreundliche Antwort geschrieben.

3 Ich habe eine E-Mail an den Kundenservice geschickt und erst nach acht Tagen eine Antwort bekommen.

Person 1 ist unzufrieden, weil …

b **Hören Sie den Ausschnitt aus der Teambesprechung und kreuzen Sie an.**

260

1 Rodrigo Silva
- ⓐ fand die E-Mail nicht dringend.
- ⓑ hat die Frage der Frau falsch verstanden.
- ⓒ hatte ein paar Tage frei.

2 Die Richtlinien legen fest, dass
- ⓐ alle E-Mails schnell beantwortet werden.
- ⓑ man nach dem Inhalt der E-Mails entscheiden soll.
- ⓒ man erst 24 Stunden danach antworten soll.

3 In den Richtlinien findet man
- ⓐ eine Beschreibung des Intranets.
- ⓑ fertige Beispiel-E-Mails.
- ⓒ Sätze für freundliche E-Mails.

c **Was glauben Sie: Warum hatten Rodrigo und seine Chefin unterschiedliche Vorstellungen, wie schnell man eine Antwort schreiben soll? Sprechen Sie.**

d **Wie schnell sollte man Ihrer Meinung nach Nachrichten von Kundinnen / Kunden, Kolleginnen / Kollegen, der Chefin / dem Chef oder von Freundinnen / Freunden beantworten? Sortieren Sie nach Schnelligkeit und sprechen Sie.**

3 | a **Rodrigo macht sich Notizen. Lesen Sie die Richtlinien und ergänzen Sie.**

Hey, Rodrigo, wo stehen noch mal die Richtlinien für die E-Mails?

Du loggst dich ins Intranet ein. Dann zu „Richtlinien" und danach zu „E-Mail-Kommunikation"! Ich lese sie gerade und mache mir ein paar Notizen. Den Zettel hänge ich mir an den Schreibtisch!

Unsere E-Mail-Kommunikation extern: RICHTLINIEN

Angekommene E-Mails werden so schnell wie möglich beantwortet. Unser Ziel ist es, auf jede Mail innerhalb von 24 Stunden nach ihrem Eingang zu antworten. Eine längere Beantwortungszeit ist nur erlaubt, wenn es dafür einen wichtigen Grund gibt.

Auf Beschwerden per E-Mail reagieren wir in jedem Fall sehr freundlich und kundenorientiert (auch wenn die eingegangene E-Mail unfreundlich ist). Wir zeigen, dass uns leidtut, was passiert ist (z. B. mit dem Satz „Der Vorfall ist sehr bedauerlich."). Außerdem machen wir den Kundinnen und Kunden Vorschläge zur Verbesserung der Situation (z. B. mit dem Satz „Wir möchten Ihnen gern anbieten, ...").

1 Merke: .... immer so schnell wie möglich ...., auf jeden Fall innerhalb von ....!!
2 freundlich auf .... reagieren, z. B. so: Der Vorfall ist sehr ....
3 .... machen, z. B. so: Wir möchten Ihnen gern ...., dass ...

b **Helfen Sie Rodrigo und sammeln Sie für die Punkte 2 und 3 weitere Redemittel.**

4 | a **Rodrigo erhält eine Nachricht von einer Kundin.**

Von: theresia.leipolt
An: kundenservice@blumen-per-post.de
Betreff: Falsche Blumen und schlechte Qualität
Gesendet: heute, 13:02

Sehr geehrte Damen und Herren,
meine Mutter feiert heute ihren 95. Geburtstag. Weil ich 300 Kilometer entfernt von ihr wohne, habe ich über Ihren Shop einen Blumenstrauß für sie bestellt und heute liefern lassen. Die Lieferung war pünktlich, aber es wurden die falschen Blumen geliefert und die Qualität ist außerdem sehr schlecht. Ich wollte einen großen Strauß weißer Rosen, aber Sie haben einen kleinen Strauß mit alten, gelben Blumen geschickt. Ich weiß nicht, welche Sorte das ist – auf jeden Fall keine Rosen!
Ich möchte, dass meine Mutter bis morgen den richtigen Strauß Blumen bekommt. Sonst will ich mein Geld zurück.
Mit freundlichen Grüßen
Theresia Leipolt

Notizen für die Antwort an Frau Leipolt:
– Gründe für die Probleme
– Problemlösung

Welche Lösung (a oder b) passt am besten? Markieren Sie.

1 Der Blumenstrauß	ⓐ kam rechtzeitig an.	ⓑ war groß genug.
2 Theresia Leipolt	ⓐ sucht jetzt andere Blumen aus.	ⓑ will Ersatz.

b **Schreiben Sie eine E-Mail an die Kundin. Schreiben Sie etwas zu den beiden Punkten auf dem Notizzettel. Zeigen Sie, was Sie können. Schreiben Sie möglichst viel. Schreiben Sie zu jedem Punkt mindestens zwei Sätze. Vergessen Sie nicht die Anrede und den Gruß.**

17

Alexander Tatarou betreut Auszubildende

1 Richtig oder falsch? Kreuzen Sie an.

Sag mal, Linda, hat sich dein Sohn nicht mal für eine Ausbildung bei der Polizei interessiert? Wir suchen ja dringend Nachwuchs ... Und wir machen jetzt ganz viel Werbung, damit sich genug junge Leute bei uns bewerben. Er kann ab sofort seine Bewerbung schicken – alle Infos findet er auf unserer Internetseite!! Oder er soll mich anrufen!! 😉 LG Alexander

	richtig	falsch
1 Alexander informiert Linda über Bewerbungen bei der Polizei.	☒	○
2 Die Information ist für Lindas Kind.	○	○
3 Die Polizei sucht neue, junge Mitarbeiter/innen.	○	○
4 Die Bewerbung kann man jetzt noch nicht abgeben.	○	○
5 Details gibt es auf der Homepage der Polizei.	○	○
6 Alexander will den Sohn selbst anrufen.	○	○

2 Was vermuten Sie: Was verlangt die Polizei von Bewerberinnen und Bewerbern? Was muss man können? Sprechen Sie. → AB

Ich glaube, es gibt eine Aufnahmeprüfung. Die muss man bestehen.

Man muss bestimmt auch ...

3 Arbeiten Sie in Kleingruppen. Informieren Sie sich über die Ausbildung und die Voraussetzungen für den Beruf Polizist/in. Recherchieren Sie im Internet und berichten Sie im Kurs.

A einen Erfahrungsbericht verstehen

A1 | a Sehen Sie den Text an. Was für ein Text ist das? Kreuzen Sie an.

○ 1 eine Zeitungsanzeige ○ 2 eine Bedienungsanleitung ○ 3 ein Aushang

Liebe Schülerinnen unserer Schule,

am Donnerstag, 28. März, ist wieder **Girls' Day – der Mädchen-Zukunftstag**. An diesem Tag könnt ihr euch in Unternehmen und Betrieben über technische und naturwissenschaftliche Berufe informieren. Dafür bekommt ihr schulfrei – ihr müsst aber einen Bericht über eure Erlebnisse schreiben.
Mehr Informationen gibt's beim Klassenlehrer / bei der Klassenlehrerin.

Viel Spaß allen Mädchen wünscht die Schulleitung

b Arbeiten Sie zu zweit. Lesen Sie den Text und formulieren Sie zu jeder Frage mit eigenen Worten eine Antwort.

1 Was ist der Girls' Day?
2 Wann findet der Girls' Day statt?
3 Wo sind die Mädchen an diesem Tag?
4 Was tun die Mädchen nach dem Girls' Day?

A2 | a Was hat Elena beim Girls' Day gemacht? Lesen Sie und bringen Sie die Punkte in die richtige Reihenfolge.

Erfahrungsbericht zum Girls' Day

Am 28. März fand der Girls' Day statt. Ich habe ihn bei der Polizei in der Rubenstraße in Rostock verbracht. Um 9 Uhr ging es los. Wir wurden von der Ausbilderin Andrea Neufert begrüßt. Dann wurden wir in drei Gruppen eingeteilt. Ich war in der zweiten Gruppe.
In meiner Gruppe wurden wir zuerst von Frau Neufert gefragt, wie wir uns den Beruf Polizistin vorstellen. Dann wurde ein Film über den Alltag bei der Polizei gezeigt.
Nach der Mittagspause gingen wir in ein Labor, wo wir einiges ausprobieren durften. Es wurde uns zum Beispiel erklärt, wie man Fingerabdrücke untersucht. Am Ende des Girls' Day gab es dann noch eine Überraschung: Wir durften in einem Polizeiwagen mitfahren.
Ich fand den Girls' Day sehr spannend. Ich kann mir jetzt noch besser vorstellen, eine Ausbildung zur Polizistin zu machen.

Elena Haufe (Klasse 9b)

A ○ Gespräch über den Beruf Polizistin
B ○ Untersuchung von Fingerabdrücken
C ① Begrüßung der Mädchen
D ○ Film über die Polizei
E ○ Einteilung der Gruppen
F ○ Fahrt im Polizeiauto

b Suchen Sie im Text Sätze, die passen. Vergleichen Sie dann zu zweit und korrigieren Sie.

1 Die Ausbilderin begrüßte uns. *Wir wurden von der Ausbilderin begrüßt.*
2 Man teilte uns in Gruppen ein. ....
3 Frau Neufert fragte uns, ...
4 Man zeigte einen Film. ....

Passiv Präteritum
Wir **wurden** von der Ausbilderin **begrüßt**.

c Über welchen Beruf würden Sie sich gern informieren? Sprechen Sie. → AB

über Interessen sprechen
Ich würde mich gern über ... informieren.
Ich hätte Interesse an ...
Der Beruf ... würde mich reizen.

Mich würde es sehr reizen, ein Praktikum bei einem Autohersteller zu machen.

Ich habe ja schon einen Beruf, aber es würde mich auch reizen, Polizist zu sein.

B einen formellen Text und eine Statistik verstehen

B1 | a Sehen Sie die Fotos an. Worum geht es im Text wohl? Sprechen Sie.

b Überfliegen Sie den Text. Vergleichen Sie dann mit Ihren Vermutungen in a.

FORUM ENERGIE

Energien der Zukunft

Menschen brauchen Energiequellen. Indem sie sie in nutzbare Energie umwandeln, produzieren sie z. B. den für das moderne Leben notwendigen Strom.
Lange Zeit musste Energie aus fossilen Energiequellen, wie zum Beispiel Erdöl, Erdgas und Braunkohle, gewonnen werden. Diese Energiequellen werden aber irgendwann aufgebraucht sein.
Daher suchte man nach neuen Möglichkeiten, Energie zu gewinnen. Eine Möglichkeit ist die Herstellung von Atomenergie in Atomkraftwerken – aber dagegen wehren sich viele Menschen, weil es gefährlich ist.
Hoffnung machen sogenannte erneuerbare Energien: Sonnen-, Wind- und Wasserenergie. Erneuerbare Energien haben viele Vorteile: Sie sind in großen Mengen vorhanden und werden niemals verbraucht. Außerdem sind sie sauber und umweltfreundlich, weil bei ihrer Gewinnung kein schädliches CO_2 produziert wird wie z. B. bei der Gewinnung von Energie aus Braunkohle.
Der Strom zurzeit kommt jedoch erst zu einem kleinen Teil aus erneuerbaren Energiequellen, denn bei ihrer Nutzung gibt es einiges zu beachten. Die Energiemengen, die zum Beispiel aus der Sonne gewonnen werden, schwanken stark: An einem Tag kann die Sonne sehr intensiv scheinen, an einem anderen gar nicht.

Indem das Stromtransportnetz ausgebaut und Speichermöglichkeiten verbessert werden, können diese Unterschiede ausgeglichen werden. Dafür gibt es schon Projekte, wie zum Beispiel die riesige Stromleitung *SuedLink*, die Windenergie von Nord- nach Süddeutschland transportieren soll, oder die Stromleitung *NordLink*, die durch die Ostsee gelegt wurde.

c Welches Wort ist falsch? Vergleichen Sie mit dem Text und korrigieren Sie gemeinsam.

1 Zu den fossilen Energiequellen gehören ~~Strom~~, Erdöl und Braunkohle. *Erdgas*
2 Energie aus Sonne, Wind und Kohle nennt man erneuerbare Energien. ....
3 Erneuerbare Energien sind sauber und niemals vergessen. ....
4 Man weiß noch nicht genau, wie man erneuerbare Energien speichern und bezahlen soll. ....
5 NordLink ist ein Atomkraftwerk, das Strom durch die Ostsee transportiert. ....

d Markieren Sie im Text die Nebensätze mit *indem*.

e Was bedeutet ungefähr das Gleiche wie *indem*? → AB

○ damit ○ obwohl ○ dadurch, dass

indem
Man will eine Lösung finden, indem man neue Energiequellen sucht.

B2 Haben Sie schon Anlagen für erneuerbare Energien in Ihrer Nachbarschaft gesehen? Sprechen Sie.

In meiner Nachbarschaft haben viele Menschen Photovoltaikanlagen auf dem Dach. Manche gewinnen damit richtig viel Strom.

B3 | a **Was meinen Sie: Wie viel Prozent des Stroms weltweit werden aus erneuerbaren Energien produziert? Recherchieren Sie zu zweit und berichten Sie.**

Ich schätze, das sind ungefähr ... Prozent.

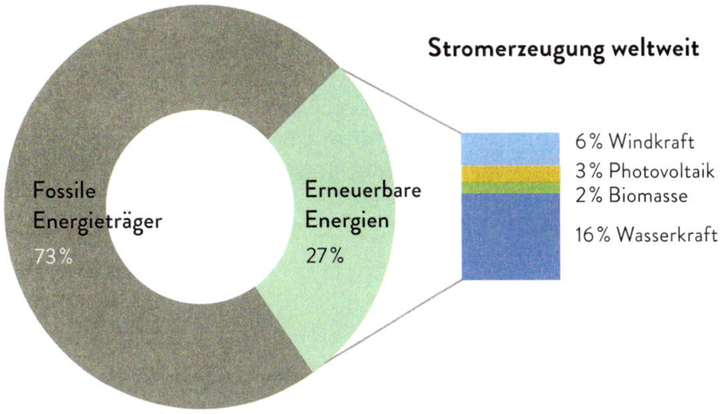

b **Sehen Sie die Grafik an. Was ist das Thema? Formulieren Sie zu zweit einen einleitenden Satz für eine Präsentation.**

> ***ein Thema benennen***
> *Das Thema der Grafik ist ...*
> *Die Grafik stellt dar, ...*
> *In der Grafik geht es um ...*
> *Die Grafik gibt Auskunft über ...*

c **Beschreiben Sie die Grafik und vergleichen Sie die Angaben zu den verschiedenen Arten, erneuerbare Energien zu erzeugen. Überlegen Sie zu zweit, welche Informationen wichtig sind, und notieren Sie sie.**

> ***eine Grafik beschreiben***
> *Für die Darstellung wurde ein Tortendiagramm gewählt.*
> *Die Angaben sind in Prozent / in absoluten Zahlen.*
> *Die Zahlen zeigen, wie ...*
> *... hat einen Anteil von ... Prozent.*
> *Der Anteil von ... beträgt / liegt bei ... Prozent.*

> ***Gegensätze ausdrücken***
> *... hat im Gegensatz zu ... einen großen/geringen Anteil.*
> *Verglichen mit ... ist der Anteil von ... groß/gering.*
> *Im Unterschied zu ...*
> *Während ...,*

d **Präsentieren Sie Ihre Ergebnisse.** → AB

B4 **Arbeiten Sie in Kleingruppen. Wählen Sie eine Grafik. Nennen Sie das Thema, beschreiben Sie die Grafik und präsentieren Sie die wichtigsten Informationen.**

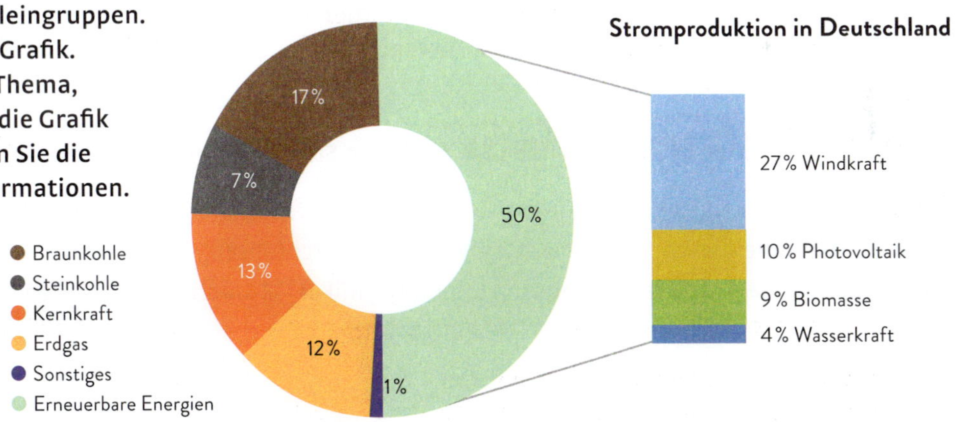

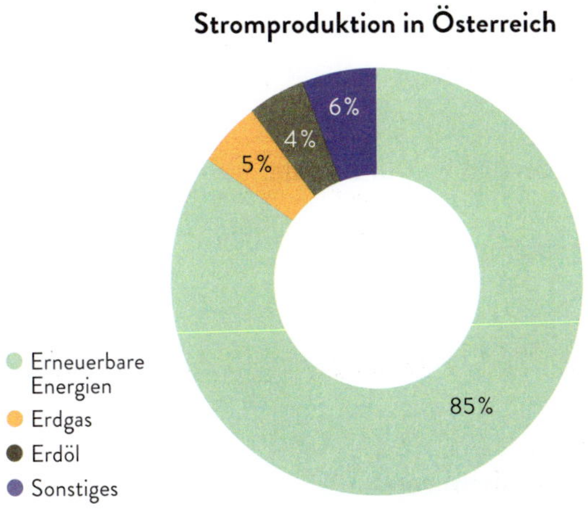

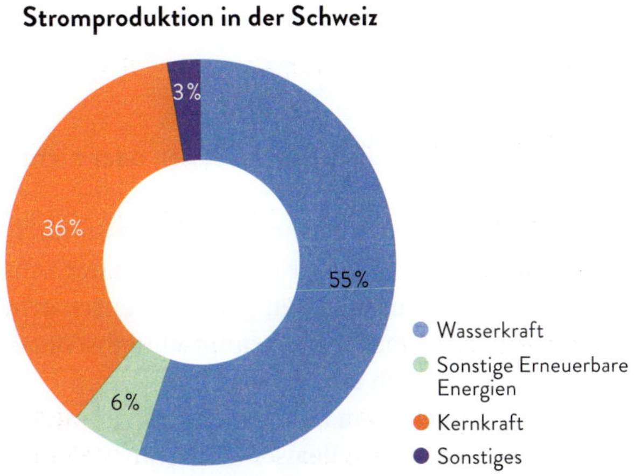

C einen Beruf präsentieren

C1 | a Welche Informationen erwarten Sie bei einer Berufspräsentation? Sprechen Sie und notieren Sie in einer Mindmap.

In eine Berufspräsentation gehören Informationen zur Ausbildung, die man für den Beruf machen muss.

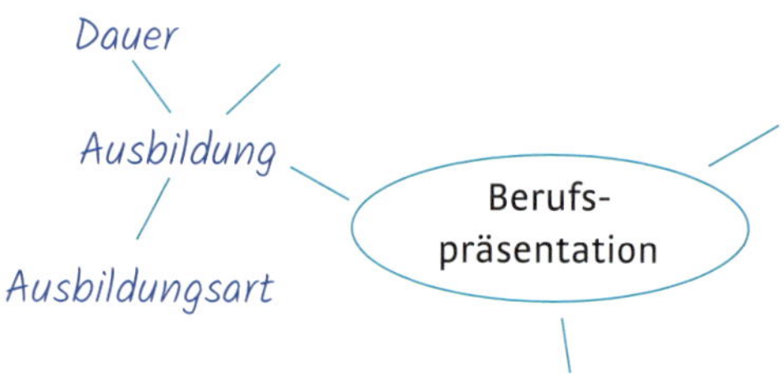

b Suchen Sie zu jeder Information in a Unterpunkte. Sprechen Sie und notieren Sie ebenfalls in der Mindmap.

Man sollte sagen, wie lange die Ausbildung dauert.

Es ist auch wichtig, um welche Ausbildungsart es sich handelt. Also zum Beispiel dual oder schulisch.

C2 | a Welche Beschreibung passt zum Beruf Chemisch-technische/r Assistent/in? Hören Sie und kreuzen Sie an. 261

Chemisch-technische Assistenten ...

1 ○ helfen Ärzten bei Operationen, untersuchen Patienten und geben ihnen Medikamente.
2 ○ arbeiten vor allem im Labor, führen Untersuchungen durch und stellen chemische Stoffe her.
3 ○ untersuchen die Technik und die Geräte in Laboren und reparieren kaputte medizinische Geräte.

b Was gehört wohin? Hören Sie und ordnen Sie zu. Hören Sie dann noch einmal und überprüfen Sie zu zweit. 262

Bedingung: Realschulabschluss | ~~chemische Substanzen produzieren~~ | Ergebnisse dokumentieren | Kontrolluntersuchungen durchführen | Praktika | Proben untersuchen | Weiterbildung zum Chemotechniker | Zusatzqualifikationen möglich | zwei Jahre Berufsfachschule | 2500–3000 Euro brutto

Aufgaben	Ausbildung	Perspektiven
chemische Substanzen produzieren		

c Passt dieser Beruf zu den Personen oder nicht? Kreuzen Sie an und begründen Sie. → AB

	eher ja	eher nein
1 Ahmed untersucht gern chemische Stoffe. Er arbeitet ruhig und genau.	⊗	○
2 Bruno experimentiert sehr gern. In der Schule hatte er Schwierigkeiten in den naturwissenschaftlichen Fächern.	○	○
3 Anouk hat gerade den Hauptschulabschluss gemacht und sucht nun eine Ausbildung.	○	○
4 Pavlo möchte am liebsten Pharmazie studieren. Er hat nach dem Realschulabschluss aber leider das Abitur nicht geschafft.	○	○

C3 **Welche Sätze hören Sie? Hören Sie ein drittes Mal und kreuzen Sie an.** → AB

262

1 ⓐ Ich möchte Ihnen heute den Beruf ... vorstellen. (X)
ⓑ Ich präsentiere Ihnen heute den Beruf ...

2 ⓐ Zuerst zu den Aufgaben: ...
ⓑ Erstens, die Aufgaben: ...

3 ⓐ Nun komme ich zur Ausbildung: ...
ⓑ Als Nächstes komme ich zur Ausbildung: ...

4 ⓐ Damit bin ich bei meinem letzten Punkt: ...
ⓑ Dann komme ich zu meinem letzten Punkt: ...

5 ⓐ Nun bin ich am Ende meiner Präsentation angekommen.
ⓑ Nun bin ich am Schluss meiner Präsentation angekommen.

6 ⓐ Zusammenfassend kann man sagen, dass ...
ⓑ Ich fasse noch einmal zusammen: ...

7 ⓐ Vielen Dank für Ihr Interesse.
ⓑ Vielen Dank für Ihre Aufmerksamkeit.

> ***einen Vortrag gliedern***
> *Zuerst / Zunächst / Als Erstes sage ich etwas zu ...*
> *Im Anschluss daran / Danach / Anschließend erkläre ich, wie ...*
> *Zum Schluss / Am Ende / Abschließend spreche ich noch über ...*

C4 **Lesen Sie die Sätze und ergänzen Sie *sein* in der richtigen Form.** → AB

1 Die meisten Praktika sind in Laboren von Krankenhäusern und in Apotheken gemacht worden.
2 Mein Gehalt ________ nach jeder Zusatzqualifikation erhöht worden.
3 Die Ergebnisse der Untersuchungen ________ dokumentiert worden.

> Passiv Perfekt
> Die meisten Praktika **sind** in Apotheken **gemacht worden**.

C5 | a **Sammeln Sie in der Mindmap Fakten über einen Beruf Ihrer Wahl.**

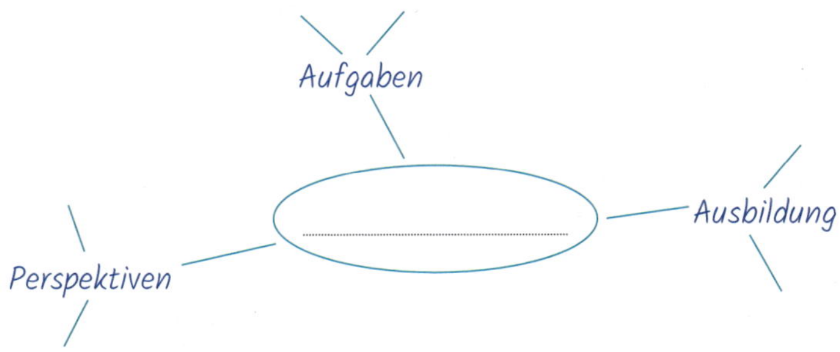

> **Warum präsentieren?**
> Präsentationen sind in vielen Berufen wichtig. Daher sollte man sie gut üben.

b **Erarbeiten Sie eine Präsentation. Verwenden Sie die Redemittel auf dieser Seite. Präsentieren Sie anschließend einmal im Kurs und einmal in Ihrem Bekanntenkreis.**

> ***die Präsentation beginnen***
> *Ich möchte Ihnen heute den Beruf ... vorstellen.*
> *Ich präsentiere Ihnen heute den Beruf ...*

> ***die Präsentation gliedern***
> *Zuerst zu den Aufgaben: ...*
> *Erstens, die Aufgaben: ...*
> *Nun komme ich zur Ausbildung: ...*
> *Als Nächstes komme ich zur Ausbildung: ...*
> *Damit bin ich bei meinem letzten Punkt: ...*
> *Damit komme ich zu meinem letzten Punkt: ...*

> ***die Präsentation beenden***
> *Nun bin ich am Ende meiner Präsentation angekommen.*
> *Nun bin ich am Schluss meiner Präsentation angekommen.*
> *Zusammenfassend kann man sagen, ...*
> *Ich fasse noch einmal zusammen: ...*
> *Vielen Dank für Ihr Interesse.*
> *Vielen Dank für Ihre Aufmerksamkeit.*

Sache der Länder

Extra

1 **Lesen Sie die E-Mails. Was bedeutet *Sache der Länder*? Stellen Sie Vermutungen an.**

Hallo, Herr Tatarou,

ich habe eine kurze Frage. Was muss man tun, wenn man als Polizist in ein anderes Bundesland umziehen und dann dort arbeiten will? Kann man sich einfach auf eine freie Stelle bewerben?

Danke für eine Auskunft und viele Grüße, Robin Gerke

Hallo, Herr Gerke,

so einfach ist das leider nicht. Sie wissen ja: Polizei ist Sache der Länder! Wenn Sie hier bei uns in Mecklenburg-Vorpommern arbeiten und zum Beispiel nach Bayern wechseln wollen, müssen Sie einen Antrag auf Versetzung stellen. Und Sie müssen eine/n Tauschpartner/in finden, also eine Person, die von Bayern nach Mecklenburg-Vorpommern will.

Viele Grüße, Alexander Tatarou

2 **Überfliegen Sie den Online-Artikel. Haben Sie in 1 richtig vermutet? Sprechen Sie.** → AB

FÖDERALISMUS IN DEUTSCHLAND, ÖSTERREICH UND DER SCHWEIZ

Deutschland, Österreich und die Schweiz sind föderalistische Staaten. Was heißt das? Das bedeutet, dass diese Länder aus kleineren Teilen bestehen: Deutschland aus 16 Bundesländern, Österreich aus neun Bundesländern und die Schweiz aus 26 Kantonen.
Es gibt politische Bereiche, für die der gesamte Staat – der Bund – verantwortlich ist. Da gelten dann auch in jedem Bundesland bzw. Kanton die gleichen Regeln und Gesetze. Aufgaben des Bundes sind in Deutschland zum Beispiel die Bereiche Auslandsbeziehungen, Verteidigung und Bahnverkehr.
Und es gibt politische Themen, für die die einzelnen Bundesländer verantwortlich sind. Das gilt in Deutschland zum Beispiel für die Schul- und Bildungspolitik, für das Polizeirecht und für die Förderung von Kultur. Man sagt, dass diese Aufgaben *Sache der Länder* sind.
Das Beispiel der Polizei in Deutschland zeigt das Prinzip des Föderalismus sehr gut. Jedes Bundesland hat eine eigene Polizei, die sogenannte Landespolizei. Die Aufgaben und die Organisation der Landespolizei werden durch die Gesetze der Bundesländer geregelt. Das hat zum Beispiel den Vorteil, dass die Landespolizei nah dran ist an den Problemen und Herausforderungen vor Ort und schnell reagieren kann.
Aber es gibt auch Nachteile: Die Zusammenarbeit der verschiedenen Landespolizeien klappt nicht immer gut. Und es kann zu Problemen kommen, wenn man als Polizist in einem anderen Bundesland arbeiten möchte.

3 **Was ist richtig? Lesen Sie den Text in 2 und kreuzen Sie an.** → AB

	richtig	falsch
1 Deutschland und Österreich sind in Bundesländer aufgeteilt.	⊗	○
2 Die Schweiz besteht aus 16 Kantonen.	○	○
3 Für die Verteidigungspolitik ist in Deutschland der Bund zuständig.	○	○
4 Bildungspolitik und Bahnverkehr sind in Deutschland Sache der Länder.	○	○
5 Jedes Bundesland hat eine eigene Polizei, die Landespolizei.	○	○
6 Die Gesetze für die Landespolizeien macht der Bund.	○	○

4 **Eine Freund möchte von Stuttgart nach Berlin umziehen. Er hat schulpflichtige Kinder und seine Frau ist Polizistin. Fassen Sie für Ihren Freund die wichtigsten Informationen aus dem Text in 2 zusammen. Erklären Sie ihm auch, was *Sache der Länder* bedeutet. Sprechen Sie zu zweit.** → AB

über Interessen sprechen 263–265
Ich würde mich gern über ... informieren.
Ich hätte Interesse an ...
Der Beruf ... würde mich reizen.

ein Thema benennen 266
Das Thema der Grafik ist ...
Die Grafik stellt dar, ...
In der Grafik geht es um ...
Die Grafik gibt Auskunft über ...

ein Tortendiagramm beschreiben 267
Für die Darstellung wurde ein Tortendiagramm gewählt.
Die Angaben sind in Prozent / in absoluten Zahlen.
Die Zahlen zeigen, wie ...
... hat einen Anteil von ... Prozent.
Der Anteil von ... beträgt / liegt bei ... Prozent.

Gegensätze ausdrücken 268–269
... hat im Gegensatz zu ... einen großen/geringen Anteil.
Verglichen mit ... ist der Anteil von ... groß/gering.
Im Unterschied zu ...
Während ...,

Suchen Sie im Internet eine Grafik zu einem Thema, das Sie interessiert. Beschreiben Sie die Grafik zuerst in Ihrer Muttersprache, dann auf Deutsch. Vergleichen Sie die beiden Versionen. Was sagt man ähnlich, was anders? Präsentieren Sie die Präsentation auf Deutsch dann einer Lernpartnerin / einem Lernpartner.

präsentieren

die Gliederung vorstellen 270–271
Zuerst / Zunächst / Als Erstes sage ich etwas zu ...
Im Anschluss daran / Danach / Anschließend erkläre ich, wie ...
Zum Schluss / Am Ende / Abschließend spreche ich noch über ...

die Präsentation beginnen 272
Ich möchte Ihnen heute den Beruf ... vorstellen.
Ich präsentiere Ihnen heute den Beruf ...

die Präsentation gliedern 273–274
Zuerst zu den Aufgaben: ...
Erstens, die Aufgaben: ...
Nun komme ich zur Ausbildung: ...
Als Nächstes komme ich zur Ausbildung: ...
Damit bin ich bei meinem letzten Punkt: ...
Damit komme ich zu meinem letzten Punkt: ...

die Präsentation beenden 275
Nun bin ich am Ende meiner Präsentation angekommen.
Nun bin ich am Schluss meiner Präsentation angekommen.
Zusammenfassend kann man sagen, ...
Ich fasse noch einmal zusammen: ...
Vielen Dank für Ihr Interesse.
Vielen Dank für Ihre Aufmerksamkeit.

Tipp: Wenn Sie das nächste Mal einen Vortrag / eine Präsentation hören: Achten Sie bewusst auf die Redemittel, die verwendet werden. Ergänzen Sie die Liste links.

276–277 **Passiv Präteritum**

Wir wurden von der Ausbilderin begrüßt.

ich wurde ...	wir wurden ...
du wurdest ...	ihr wurdet ...
er wurde ...	sie wurden ...

Passiv Perfekt 278–279

Die meisten Praktika sind in Apotheken gemacht worden.

ich bin ... worden	wir sind ... worden
du bist ... worden	ihr seid ... worden
er ist ... worden	sie sind ... worden

Was ist heute im Kurs gemacht worden? Schreiben Sie mindestens fünf Sätze im Passiv Perfekt. Formulieren Sie die Sätze danach im Passiv Präteritum.

280–281 ***indem***

Hauptsatz	Nebensatz
Man will eine Lösung finden,	indem man neue Möglichkeiten der Energiegewinnung **sucht**.

Der Nebensatz mit *indem* drückt aus, wie/wodurch man etwas macht.

Formulieren Sie mindestens drei Fragen und Antworten.
Wie kann ich mein Deutsch verbessern? Indem du lernst!

Tipp: In Fachtexten ist es oft nicht möglich, jedes Wort zu verstehen. Das ist auch nicht nötig. Konzentrieren Sie sich darauf, was Sie verstehen .

18

Gute Besserung, Saira!

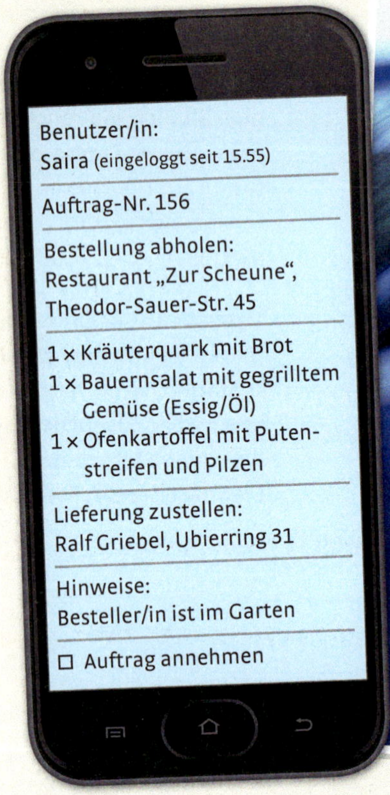

1 **Sehen Sie das Foto an. Was glauben Sie: Was macht Saira beruflich? Was braucht sie für ihre Arbeit? Sammeln Sie.** → AB

Ich glaube, Saira ist ... von Beruf.

Ich denke, sie muss ... sein.

Sie braucht ... für ihren Beruf.

2 | a **Lesen Sie die Informationen in der App. Welche Arbeitsschritte gehören zu Sairas Berufsalltag? Sammeln Sie zu zweit weitere Arbeitsschritte und machen Sie Notizen. Vergleichen Sie dann.** → AB

abholen | annehmen | ansehen | anziehen | aufrufen | aufpumpen | bestätigen
~~checken~~ | einschalten | einloggen | kassieren | liefern | öffnen | zustellen | ...

Fahrrad checken

b **Was denken Sie: Welche Unfälle und Missgeschicke können in Sairas Beruf passieren? Sprechen Sie im Kurs.**

A über Unfälle und Missgeschicke sprechen

A1 | a Was passt? Ordnen Sie die Sprechblasen zu und vergleichen Sie. (Es gibt mehrere Lösungen.)

Hätte ich doch nur besser aufgepasst!

Hätte ich bloß noch einmal kontrolliert!

Hätte ich bloß nichts gesagt!

Wäre ich doch vorsichtiger gewesen!

○ 

○ 

○ 

> Konjunktiv II Vergangenheit: Irreale Wünsche
> Hätte ich doch nur aufgepasst!
> Wäre ich doch vorsichtiger gewesen!

b Hören Sie die Gespräche. Welches Gespräch passt zu welchem Bild? Notieren Sie in a die Ziffer.

282

c Was passt zusammen? Hören Sie noch einmal und verbinden Sie. Vergleichen Sie dann zu zweit. → AB

282

1 Maria ist gegen einen Eimer getreten,
2 Das war für Maria peinlich,
3 David hat einen Trick,
4 Davids Kunde hat sich geärgert,
5 Lara telefoniert oft mit ihrem Kollegen,
6 Lara musste lachen,
7 Rashid war nicht vorsichtig,
8 Plötzlich war Chaos in der Werkstatt,

A weil er Namen schnell vergisst.
B weil sie viel zu besprechen haben.
C als der Chef am Telefon war.
D als sie sich verabschiedet hat.
E als er den falschen Namen gehört hat.
F als er in der Werkstatt gearbeitet hat.
G weil die Leiter auf das Regal gefallen ist.
H weil der ganze Teppichboden weiß war.

A2 | a Welcher Unfall oder welches Missgeschick ist Ihnen passiert? Machen Sie Notizen. Nutzen Sie das Wörterbuch.

b Kursspaziergang – Erzählen Sie Ihre Geschichte mindestens drei Personen.

von Unfällen oder Missgeschicken erzählen
Manchmal geht alles schief: ...
Stell dir vor, ... / Stellt euch vor, ...
Mir ist etwas richtig Peinliches/Dummes passiert: ...
Du glaubst / Ihr glaubt nicht, was gerade/gestern/... passiert ist: ...

auf Erzählungen über Unfälle oder Missgeschicke reagieren
Oje! / Oh, nein! Wie peinlich!
Das kenne ich.
So etwas ist mir auch schon mal passiert.
Und, hast du / habt ihr gelacht?

c Welche Geschichte hat Ihnen am besten gefallen? Machen Sie eine Hitliste im Kurs. → AB

B einen Verkehrsunfall schildern und sich krankmelden

B1 | a Was passt? Hören Sie das Telefonat und markieren Sie.

283 Saira erzählt ihrem Kollegen / Chef von einem Unfall, den sie gestern um 15 Uhr / gegen fünf mit ihrem Auto / Fahrrad auf einer Straße / Brücke hatte.

b Lesen Sie die Aussagen. Was ist richtig? Kreuzen Sie an und hören Sie noch einmal zur Kontrolle.

283
1 ○ Saira hatte gestern um 15 Uhr einen Fahrradunfall.
2 ○ Der Unfall ist auf dem Fußgängerüberweg an der Ecke Adenauer Str. / Giergasse passiert.
3 ○ Saira wollte zuerst geradeaus fahren, ist dann aber abgebogen.
4 ○ Der Autofahrer hat ein anderes Auto überholt.
5 ○ Der Autofahrer hat nicht aufgepasst und Saira angefahren.
6 ○ Saira kann einen Monat nicht arbeiten, weil ihr Arm gebrochen ist.
7 ○ Sie hat das Attest für die Krankmeldung schon abgeschickt.

c Arbeiten Sie zu zweit. Welche Skizze passt zur Schilderung des Unfalls? Hören Sie noch einmal und kreuzen Sie an. Begründen Sie Ihre Wahl. → AB

283

A
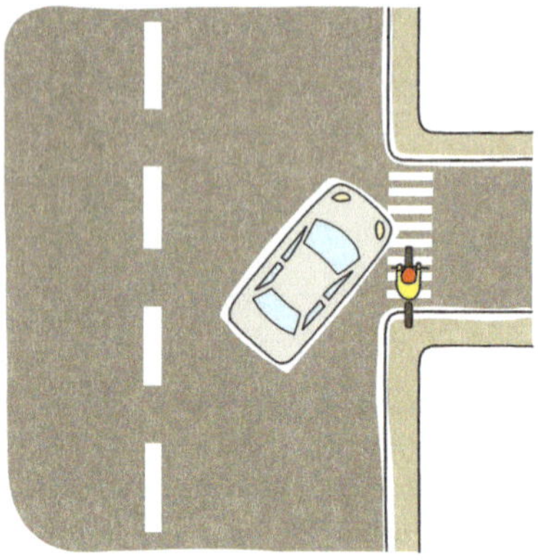

B

C

Die Skizze ... passt besser, weil man da ...

Ja, das sehe ich auch so. Da sieht man ...

1

zustimmen
Ja, das sehe ich auch so.
Das stimmt.
Da hast du recht.

Zweifel ausdrücken
Bist du sicher?
Aber ist das nicht ...
Meinst du wirklich? Ich denke, dass ...

B2 | a Saira muss für die Versicherung einen Unfallfragebogen ausfüllen. Machen Sie zu zweit Notizen und schreiben Sie dann. → AB

2. Schilderung des Unfallhergangs – bitte unbedingt ausfüllen (falls nötig, zusätzliches Blatt verwenden, ggf. auch für Skizze):

einen Verkehrsunfall schildern
Ich bin mit dem Fahrrad/Auto/... auf ... gefahren.
Ich war in Richtung ... unterwegs.
Ich wollte gerade ... Und dabei ...
Der Autofahrer hat nicht gemerkt, dass ...
Das Auto hat mich angefahren / mir die Vorfahrt genommen / ...

b Arbeiten Sie in Kleingruppen. Vergleichen Sie Ihre Fragebögen. Wo gibt es Unterschiede?

B3 | a **Lesen Sie die Antworten und ordnen Sie die Fragen zu. (Nicht alles passt.)**

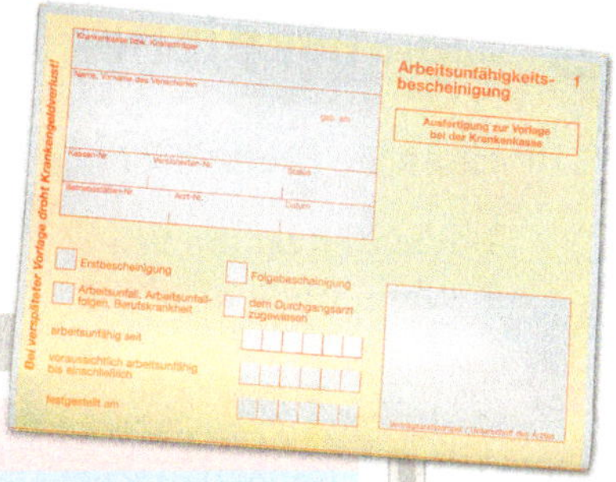

Ab wann braucht man eine Arbeitsunfähigkeitsbescheinigung?
Wer kann mir bei der Krankmeldung helfen?
Wann muss ich mich krankmelden? Wie melde ich mich krank?

www.im-beruf.net

FAQs: Krankmeldung

....

Arbeitnehmer sind verpflichtet, ihrem Chef oder der Personalabteilung mitzuteilen, wenn sie krank sind. Man sollte sofort Bescheid geben, wenn man weiß, dass man nicht arbeiten kann. Auf jeden Fall vor Beginn der Arbeitszeit.

....

Das geht telefonisch oder per E-Mail. Man kann auch eine andere Person bitten, das zu übernehmen.

....

Wenn die Krankheit länger als drei Tage dauert, muss man dem Arbeitgeber ein Attest schicken.

b **Lesen Sie noch einmal und fassen Sie die wichtigsten Informationen in zwei Sätzen zusammen.**

B4 **Sie hören vier telefonische Mitteilungen. Welche Antwort (a, b oder c) passt am besten? Kreuzen Sie an.** → AB

284

1 Bis wann wird Saira krankgeschrieben?
ⓐ Wahrscheinlich bis zum Ende des Monats.
ⓑ Bis morgen oder übermorgen.
ⓒ Nicht mehr als drei Wochen.

2 Was möchte Saira wissen?
ⓐ Ob sie eine Bescheinigung braucht.
ⓑ Ob sie einen Termin braucht.
ⓒ Wo sie die Bescheinigung abholen soll.

3 Was macht der Kollege?
ⓐ Er fragt, wie der Unfall passiert ist.
ⓑ Er wünscht gute Besserung.
ⓒ Er möchte sich verabreden.

4 Was soll beim Termin passieren?
ⓐ Saira holt die Bescheinigung nur ab.
ⓑ Die Ärztin untersucht Sairas Arm.
ⓒ Die Ärztin ruft Saira an.

B5 | a **Arbeiten Sie zu zweit. Sie sind krank und können mindestens drei Wochen nicht arbeiten. Schreiben Sie eine E-Mail an Ihre/n Vorgesetzte/n. Denken Sie an die Anrede und den Gruß. Vergleichen Sie dann mit einem anderen Paar.**

b **Rufen Sie auch eine Kollegin / einen Kollegen an. Machen Sie Notizen und spielen Sie den Dialog zu zweit. Tauschen Sie dann die Rollen.** → AB

sich krankmelden
Es tut mir wirklich leid. Ich kann (heute/morgen) leider nicht kommen/arbeiten.
Ich bin leider krank.
Mein Arzt hat mich bis ... krankgeschrieben.
Die Krankmeldung kommt in den nächsten Tagen / ist auf dem Weg.

auf eine Krankmeldung reagieren
Ach, das tut mir leid!
Gute Besserung!
Werden Sie / Werd schnell wieder gesund!
Ich hoffe, es geht dir/Ihnen bald besser.

C ein Fest planen und auf eine Einladung reagieren

C1 | a Lesen Sie zuerst die Fragen und dann den Chat. Beantworten Sie die Fragen.

1 Für wen ist die Feier?
2 Wann und wo soll sie stattfinden?
3 Wer besorgt die Getränke?
4 Wer soll die Einladungen verschicken?

MONI: Hallo! Dieter geht ja im Mai in Rente. Ich finde, wir sollten ein Abschiedsfest für unseren lieben Kollegen organisieren.

PAUL: Gute Idee! Hast du schon einen genauen Plan? Kennst du ein Restaurant, wo wir feiern könnten?

MONI: Wir könnten da feiern, wo im letzten Jahr das Sommerfest war. Oder einfach im Konferenzraum. Den müsste man halt ein bisschen dekorieren.

MAX: Der Konferenzraum ist gut! Der kostet wenigstens nichts.

MONI: Okay! Vielleicht am 24. April? Am späten Nachmittag, so ab 16 Uhr?

MAX: Klingt super.

PAUL: Dann brauchen wir ja nur Getränke und vielleicht Kuchen.

MAX: Kuchen ist alles, was wir brauchen. 😃 Ich bringe Kuchen für alle mit, wenn ihr den Rest übernehmt.

MONI: Super! Dann kümmere ich mich um die Dekoration und besorge noch ein Geschenk.

PAUL: Alles klar. Dann sorge ich für ein bisschen Musik und für die Getränke. Kaffee, Tee, Wasser und Sekt?

MONI: 👍

MAX: 👍 Gibt es noch etwas, was wir vergessen haben?

MONI: Ja: Wer schreibt die Einladung?

MAX: Immer die, die fragt …

b Lesen Sie noch einmal und korrigieren Sie die Sätze.

1 Die Kollegen entscheiden, im ~~Restaurant~~ zu feiern, weil das nichts kostet. *Konferenzraum*
2 Max verspricht, Getränke und die Dekoration zu besorgen.
3 Moni bucht den Raum und sucht ein Geschenk aus
4 Paul ist für die Musik und die Einladung zuständig.

C2 Markieren Sie im Text in C1 a *wo* und *was*. Sehen Sie die Teilsätze an, die mit *wo* und *was* beginnen: Wo steht das Verb? Machen Sie dann in C1 a Pfeile wie im Grammatikkasten. → AB

Relativsatz mit *wo* und *was*

Wir treffen uns dort, wo gestern die Besprechung war.

Ist das alles, was wir mitnehmen müssen?

C3 | a Arbeiten Sie zu zweit. Lesen Sie die Situation. Sprechen Sie mit Ihrer Lernpartnerin / Ihrem Lernpartner über die Einzelheiten. Machen Sie Vorschläge und begründen Sie sie. Gehen Sie auf die Ideen Ihrer Lernpartnerin / Ihres Lernpartners ein. Einigen Sie sich.

Situation: Sie beide arbeiten zusammen in einer Firma. Sie möchten eine kleine Überraschungsfeier zum Geburtstag Ihres Vorgesetzten organisieren.

Diese Stichpunkte helfen Ihnen:

Wann? (Tag und Uhrzeit)
Wer wird eingeladen?
Essen / Trinken
…

b Berichten Sie im Kurs, worauf Sie sich geeinigt haben. Machen Sie dann eine Blitzumfrage: Welchen Plan finden die meisten am besten? → AB

C4 | a Lesen Sie die Einladungen und finden Sie zu zweit passende Betreffs. Vergleichen Sie.

1

Betreff: Abschied von Fr. Schmitz

Liebe Kolleginnen und Kollegen,

wie Sie vielleicht schon gehört haben, wird Frau Meike Schmitz unser Unternehmen zum 30. Juni verlassen. Wir möchten uns mit einer kleinen Feier von ihr verabschieden und laden Euch dazu am 28. 6., um 15 Uhr, in Raum IX ein.

Mit herzlichen Grüßen
Sabrina Neuberger

2

Betreff: ....

Hi, Ihr Lieben!

Auch ich verabschiede mich von der 39. Wer Lust hat, kann am 15. Mai in die Teeküche kommen. Ab 18 Uhr gibt es da Brot und Käse und ein Glas zum Anstoßen. Ich freu mich auf Euch!

Liebe Grüße
Jan

3

Betreff: ....

Hallo, liebe Kolleginnen und Kollegen!

Es ist wieder so weit: Der Termin für unser Sommerfest steht. Wir treffen uns am 18. Juni um 12 Uhr im Restaurant „Rosengarten“. Bringt gute Laune mit.

Liebe Grüße
Katrin (Raabe)

b Lesen Sie die Absagen. Welche finden Sie besonders unhöflich/unfreundlich, welche besonders höflich/freundlich? Begründen und vergleichen Sie Ihre Meinungen.

1

Liebe Frau Neuberger,

herzlichen Dank für die Einladung. Das ist eine tolle Idee. Ich wäre gern dabei, aber leider kann ich nicht an der Feier teilnehmen. Ich habe an dem Tag einen wichtigen Arzttermin, den ich nicht verschieben kann. Es tut mir leid!
Feiern Sie schön!

Herzliche Grüße, Lara Bender

2

Ach, du wirst schon 40? Du musst leider ohne mich feiern.

Sorry, Simon

3

Liebe Katrin,

vielen Dank für die Einladung zum Sommerfest! Es tut mir total leid, aber leider kann ich nicht kommen. Ich habe an dem Tag schon lange freigenommen, weil mein Vater dann seinen 80. Geburtstag feiert. Wie schade! Aber ich wünsche euch allen viel Spaß beim Sommerfest!

Liebe Grüße, Helmut

4

Hallo, Frau Neuberger!

Am 28. 6. kann ich leider nicht, weil ich im Urlaub bin. Gruß Maria Friedrich

Absage 2 finde ich nicht sehr höflich, weil die Anrede fehlt.

Ich finde die Absage 1 ...

c Wählen Sie zu zweit eine Einladung aus a. Schreiben Sie eine höfliche Absage. Tauschen Sie Ihre Absage dann mit einem anderen Paar und geben Sie sich gegenseitig Feedback. → AB

- Bedanken Sie sich für die Einladung.
- Sagen Sie, dass Sie gern dabei wären, aber nicht kommen können.
- Geben Sie einen Grund an, warum Sie nicht kommen können (evtl. denken Sie sich eine Ausrede aus).
- Beenden Sie Ihre E-Mail mit guten Wünschen.
- Vergessen Sie die Anrede und den Gruß nicht.

höflich absagen
Vielen/Lieben Dank für die Einladung!
Es tut mir wirklich sehr leid!
Ich wäre gern dabei, aber leider ...
Leider kann ich nicht kommen/teilnehmen, weil ...

Grüße

Extra

1 | a Lesen Sie die Textnachrichten. Wer schreibt? Ordnen Sie zu und begründen Sie.

der/die Chef/in | ein/e Freund/in oder ein/e Verwandte/r | ein Kollege / eine Kollegin

Liebe Saira, wie geht es dir denn? Du Arme! Ich hoffe, dein Arm tut nicht so schlimm weh. Es tut mir so leid, dass du diesen blöden Unfall hattest! Sag Bescheid, wenn ich dir irgendwie helfen kann.
Du weißt, dass ich fast alles für dich tue. 😃 Werd schnell wieder fit!
Liebe Grüße, Karim

Hallo, Frau Mengal, ich wünsche Ihnen gute Besserung und hoffe, dass Sie schnell wieder fit werden.
Viele Grüße
Klaus Stöger

Meine liebe Saira! Oje, es tut mir total leid. Ich hoffe so sehr, dass es dir schnell wieder besser geht. Ich wäre jetzt so gern in deiner Nähe. Ich denke auf jeden Fall an dich.
Bis ganz bald.
Alles Liebe, deine Tanja

b Markieren Sie die Wörter, die die Grüße besonders freundlich wirken lassen. Vergleichen Sie dann zu viert.

2 | a Wählen Sie zu dritt eine Situation (1–5) und eine Rolle (A–D) aus und schreiben Sie eine Nachricht mit Grüßen für Ihre Kollegin / Ihren Kollegen.

1 Ihre Kollegin / Ihr Kollege ist krank.

2 Ihre Kollegin / Ihr Kollege hat Geburtstag.

3 Ihre Kollegin / Ihr Kollege hat ein Kind bekommen.

4 Ihre Kollegin / Ihr Kollege hat eine Prüfung bestanden.

5 Ihre Kollegin / Ihr Kollege hat geheiratet.

A Sie mögen die Kollegin / den Kollegen.

B Sie finden die Kollegin / den Kollegen nervig.

C Sie kennen die Kollegin / den Kollegen gar nicht.

D Sie sind von der Kollegin / dem Kollegen begeistert.

b Sortieren Sie alle Nachrichten nach der Situation 1–5 und legen Sie sie aus. Sehen Sie sich die Nachrichten an und überlegen Sie, welche Rolle die Absenderin / der Absender gewählt hat.

3 | a Arbeiten Sie zu zweit. Machen Sie eine Liste mit (Glück-)Wünschen, die Sie verwenden können. Notieren Sie auch die passende Situation.

b Wie sagt man Ihre Wünsche aus a in einer anderen Sprache, die Sie kennen? Vergleichen Sie im Kurs.

von Unfällen oder Missgeschicken erzählen 285–286
Manchmal geht alles schief: ...
Stell dir vor, ... / Stellt euch vor, ...
Mir ist etwas richtig Peinliches/Dummes passiert: ...
Du glaubst / Ihr glaubt nicht, was gerade/gestern/... passiert ist: ...

auf Erzählungen über Unfälle oder Missgeschicke reagieren 287
Oje! / Oh, nein! Wie peinlich!
Das kenne ich. / So etwas ist mir auch schon mal passiert.
Und, hast du / habt ihr gelacht?

Denken Sie sich einen Unfall oder ein Missgeschick aus und schreiben Sie eine Textnachricht an Ihre Lernpartnerin / Ihren Lernpartner.

zustimmen 288–289
Ja, das sehe ich auch so.
Das stimmt.
Da hast du recht.

Zweifel ausdrücken 290–291
Bist du sicher?
Aber ist das nicht ...
Meinst du wirklich? Ich denke, dass ...

Reagieren Sie auf folgende Aussagen.

Das Leben ist zu kurz, um sich zu ärgern.

Missgeschicke passieren nur, wenn man nicht gut aufpasst.

einen Verkehrsunfall schildern 292–294
Ich bin mit dem Fahrrad/Auto/... auf ... gefahren.
Ich war zu Fuß in Richtung ... unterwegs.
Ich wollte gerade ... Und dabei ...
Der Autofahrer bemerkte leider nicht, dass ...
Ein Auto hat mich angefahren / mir die Vorfahrt genommen ...

sich krankmelden 295
Es tut mir wirklich leid. Ich kann (heute/morgen) leider nicht kommen/arbeiten.
Ich bin leider krank.
Mein Arzt hat mich bis ... krankgeschrieben.
Die Krankmeldung kommt in den nächsten Tagen.

Melden Sie sich für eine Woche bei Ihrer/m Vorgesetzten krank. Nehmen Sie eine Sprachnachricht ( ) auf und vergleichen Sie sie mit Ihrer Lernpartnerin / Ihrem Lernpartner.

auf eine Krankmeldung reagieren 296–297
Ach, das tut mir leid!
Gute Besserung! / Werden Sie / Werd schnell wieder gesund!
Ich hoffe, es geht dir/Ihnen bald besser.

Reagieren Sie im Chat.

Ich habe schlimme Zahnschmerzen.

höflich absagen 298–299
Vielen/Lieben Dank für die Einladung!
Es tut mir wirklich sehr leid! Ich wäre gern dabei, aber leider ...
Leider kann ich nicht kommen/teilnehmen, weil ...

Sie haben von einem Kollegen eine Einladung zu einer Geburtstagsfeier bekommen. Schreiben Sie eine Absage.

300–301 **Konjunktiv II Vergangenheit: Irreale Wünsche**

Hätte ich doch nur aufgepasst!
Wäre ich doch vorsichtiger gewesen!

Sie haben sich mit einer Kollegin gestritten. Was denken Sie? Ergänzen Sie:
Hätte ich doch ...
Wäre ich doch nur ...

302–303 **Relativsatz mit *wo* und *was***

Wir könnten **da** feiern, wo im letzten Jahr das Sommerfest war.

auch so: dort / überall / die Stadt / das Restaurant / ..., wo ...

Gibt es noch **etwas**, was wir vergessen haben?

auch so: das/nichts/alles/..., was ...

Wo sind Sie gern? Schreiben Sie drei Sätze. Benutzen Sie *überall*, *dort* und *da*.
Ich bin gern da, wo ...

19

Tano Magoro möchte sich weiterbilden

Hey Tano, suchst du immer noch nach einer Weiterbildung? Guck mal, was ich im Internet gefunden habe!!

Oh, das klingt interessant! Danke!! 😃
Ja, ich suche immer noch nach einer Weiterbildung. Ich will endlich mal Abwechslung. Und mehr verdienen! Ich gucke gleich mal auf die Internetseite! Bis bald!

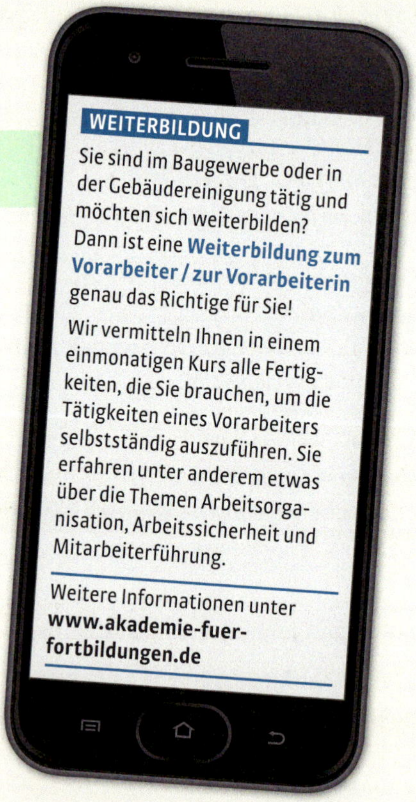

1 **Was ist richtig? Lesen Sie und kreuzen Sie an. Vergleichen Sie dann zu zweit.** → AB

1 ⊗ Tano möchte gern eine Fortbildung machen.
2 ○ Die Weiterbildung zum Vorarbeiter ist nur für Bauarbeiter.
3 ○ Die Weiterbildung dauert eine Woche.
4 ○ Man lernt dort auch, was für die Sicherheit am Arbeitsplatz wichtig ist.
5 ○ Tano will die Weiterbildung machen, weil er dann mehr Geld verdient.

2 **Möchten Sie sich weiterbilden? Warum? Sammeln Sie.** → AB

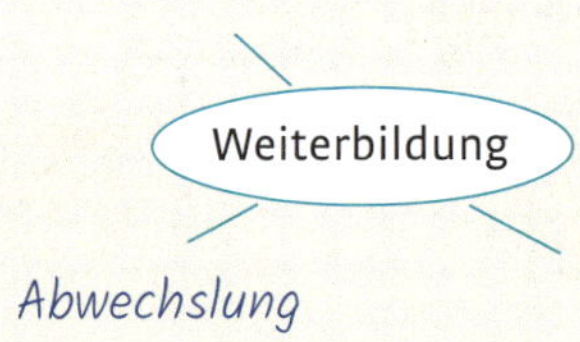

A über berufliche Pläne sprechen

A1 | a **Was wünschen und planen Sie für Ihre berufliche Zukunft? Notieren Sie.**

einen Ausbildungsplatz finden
mehr Geld verdienen
...

b **Sprechen Sie zu zweit über Ihre Wünsche und Pläne.** → AB

Mein Plan ist, einen Ausbildungsplatz zu finden.

über Pläne sprechen
Ich plane ...
Mein Plan ist, ...
Ich beabsichtige, ...
Ich habe die Absicht, ...

A2 | a **Wer sagt was? Hören Sie und notieren Sie die Ziffer.** 304

Person 1 Person 2 Person 3

A ____ Ich werde eine bessere Stelle in meiner Firma haben.
B ____ Ich werde mehr verdienen.
C ____ Ich werde in einem anderen Betrieb arbeiten.

b **Richtig oder falsch? Hören Sie noch einmal und kreuzen Sie an.** 304 → AB

	richtig	falsch
1 a Person 1 möchte am liebsten bei der Firma bleiben.	☒	○
b Sie hat ihre Ausbildung schon beendet.	○	○
2 a Person 2 möchte eine Beförderung.	○	○
b Sie wechselt sonst das Unternehmen.	○	○
3 a Person 3 möchte nicht viel ändern.	○	○
b Das Einzige, was sie verändern möchte, sind ihre Kollegen.	○	○

A3 | a **Was sagen die Personen? Hören Sie ein drittes Mal und ergänzen Sie.** 304

1 ______________________, suche ich eine neue Firma.
2 ______________________, bewerbe ich mich bei der Konkurrenz.
3 ______________________, bin ich total zufrieden!

Reale Bedingungssätze mit *wenn*
Wenn ich nicht übernommen werde, suche ich eine neue Firma.

b **Was würden Sie tun? Ergänzen Sie die Sätze. Sprechen Sie dann zu zweit und berichten Sie im Kurs.** → AB

1 Wenn ich meine Arbeit nicht mehr interessant finde, *suche ich mir eine neue Arbeit.*
2 Wenn mir meine Ausbildung nicht gefällt, ______________________.
3 Wenn ich zu wenig Geld verdiene, ______________________.
4 Wenn meine Kollegen nicht nett sind, ______________________.

B über Weiterbildung sprechen

B1 | a Lesen Sie und ordnen Sie die Überschriften zu. Vergleichen Sie dann zu zweit.

Lebenslanges Lernen hat viele Gesichter | Mit Weiterbildung die Chancen im Betrieb verbessern | Raus aus der Arbeitslosigkeit – durch Weiterbildungen | ~~Warum berufliche Weiterbildung so wichtig ist~~

1 *Warum berufliche Weiterbildung so wichtig ist*

Nach der Schule oder der Ausbildung hört das Lernen auf, richtig? Auf keinen Fall. In den meisten Berufen ist es wichtig, sein Wissen immer aktuell zu halten, neue Methoden zu lernen oder mit neuer Software umzugehen. Berufliche Weiterbildung ist also nicht nur ganz nett, sondern unbedingt nötig.

2 ……………………………………

Wer sich regelmäßig weiterbildet und Neues dazu lernt, hat mehr Möglichkeiten im eigenen Betrieb. Durch Spezialwissen kann man sich von Kolleginnen und Kollegen unterscheiden und hat mehr Chancen auf eine bessere Position. Erfolgreiche Weiterbildungen sind auch ein gutes Argument, mit dem man die / den Vorgesetzte/n um eine Lohnerhöhung bitten kann.

3 ……………………………………

Auch falls der Job nicht sicher ist oder man den Job verloren hat, sind Weiterbildungen sinnvoll. Sie helfen, die Wartezeit auf einen neuen Job zu verkürzen und die Chancen bei Bewerbungen zu erhöhen. Denn durch besondere Kompetenzen auf dem eigenen Fachgebiet lässt sich die eigene Bewerbung unter vielen anderen Bewerbungen sehr gut hervorheben.

4 ……………………………………

Nicht immer muss man auf der Schulbank sitzen, um zu lernen und sich weiterzubilden. Es gibt auch viele Online-Lernangebote für zu Hause, mit denen man sich beschäftigen kann, wann man will. Ein Fachgespräch mit Kolleginnen und Kollegen oder die Lektüre eines Fachbuches – auch das hat mit Lernen zu tun. Lernen bringt in jedem Fall Abwechslung in den Berufsalltag, macht klüger und interessanter für den Arbeitsmarkt.

Expertentipp von unserem Coach Rudi Grünbein: „Sehen Sie Weiterbildungen als etwas Positives. Durch Weiterbildungen kommen Sie weiter! Diese Einstellung hilft Ihnen auch beim Lernen!"

b Was ist richtig? Lesen Sie noch einmal und kreuzen Sie an.

1 Im Berufsleben muss man sich ständig weiterbilden. ○ richtig ○ falsch

2 In jedem Beruf braucht man ⓐ richtiges ⓑ aktuelles ⓒ nettes Wissen.

3 Mit Weiterbildungen kann man in der Firma erfolgreicher werden. ○ richtig ○ falsch

4 Man kann durch Weiterbildungen
ⓐ die Kollegen wählen.
ⓑ das Büro wechseln.
ⓒ mehr Geld verdienen.

5 Eine Weiterbildung ist eine sinnvolle Beschäftigung bei Arbeitslosigkeit. ○ richtig ○ falsch

6 Die eigene Bewerbung wird durch Weiterbildungen ⓐ interessanter. ⓑ schlechter. ⓒ sicherer.

7 Man muss einen Kurs machen, um wirklich etwas zu lernen. ○ richtig ○ falsch

8 Zum Lernen hat man viele ⓐ Kollegen. ⓑ Bücher. ⓒ Gelegenheiten.

B2 | a Welches Wort kann *falls* ersetzen: *dass, wenn, ob* oder *obwohl*? Ergänzen Sie.

Auch falls der Job nicht sicher ist, sind Weiterbildungen sinnvoll.
Auch ………………… der Job nicht sicher ist, sind Weiterbildungen sinnvoll.

b Bilden Sie drei Sätze mit *falls*. → AB

Falls ich morgen krank bin, kann ich nicht zum Deutschkurs kommen.

Reale Bedingungssätze mit *falls*

Falls ich arbeitslos werde, mache ich eine Weiterbildung.

B3 | a Sehen Sie die Grafik an und ergänzen Sie.

Anteil · höchsten Wert · Säulendiagramm · Prozent · ~~Grafik~~ · y-Achse

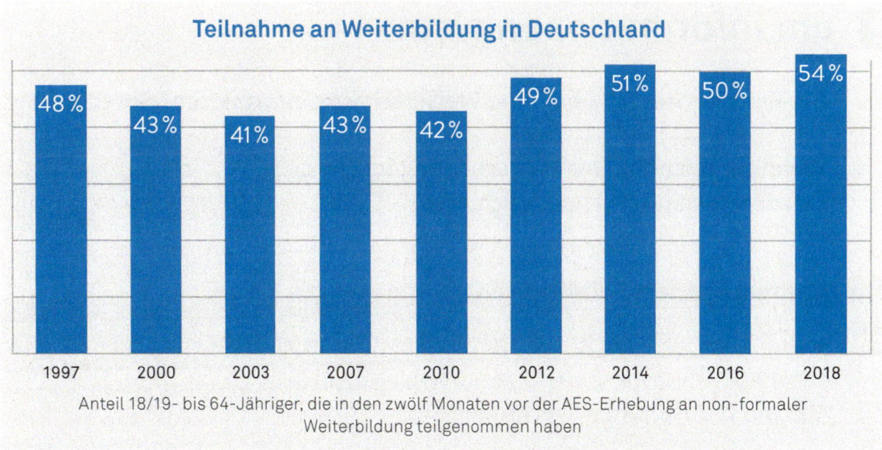

Worum geht es in der Grafik genau?

Die [1] *Grafik* beschreibt, wie viele Menschen an beruflichen Weiterbildungen teilnehmen. Es handelt sich um ein [2] .... Auf der x-Achse befinden sich die Jahreszahlen, auf der [3] .... der Anteil der Menschen, die Weiterbildungen besuchen, in [4] .... Angegeben sind die Jahre 1997 bis 2018. Im Jahr 1997 nehmen 48 Prozent an Weiterbildungen teil. Dann nimmt der [5] .... ab und schwankt in den nächsten Jahren zwischen 43 und 41 Prozent. Danach nimmt er wieder zu. Im Jahr 2018 erreicht der Anteil mit 54 Prozent den [6] ....

b Entwicklungen beschreiben – Lesen Sie und ergänzen Sie passende Redemittel aus B3 a. → AB

Steigerungen beschreiben
Der Anteil steigt leicht an.

Gleichbleibendes beschreiben
Der Anteil von ... ist seit ... gleich geblieben.
Die Zahlen haben sich im Zeitraum ... nicht verändert.

Senkungen beschreiben
Die Zahl sinkt von ... auf ...
... hat sich um ... verringert.

B4 | a Notieren Sie zu zweit Sätze, die die Grafik beschreiben.

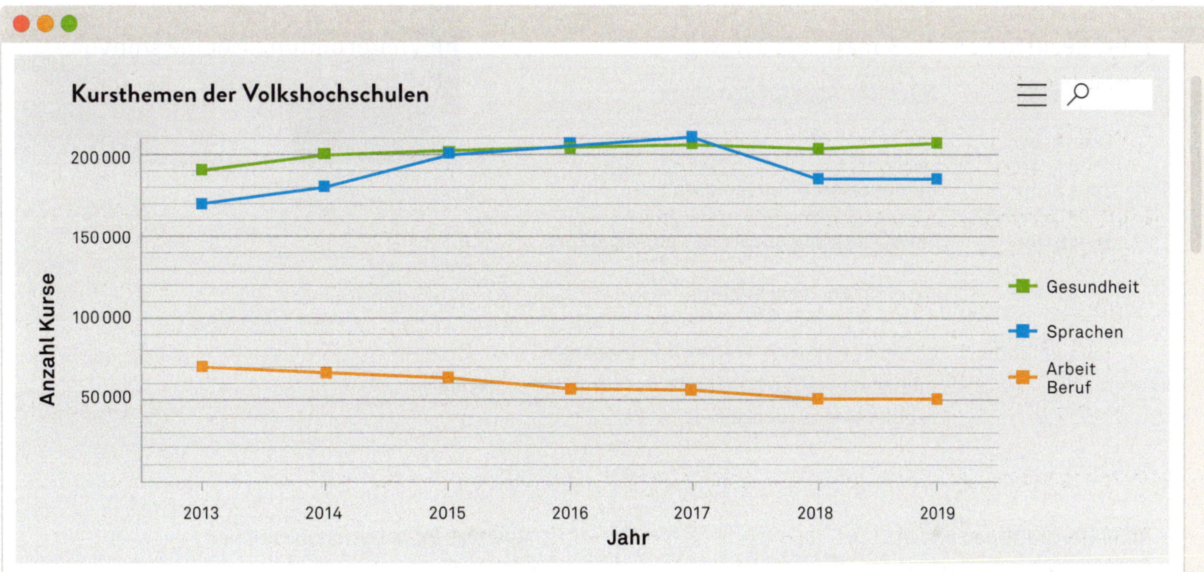

b Arbeiten Sie nun zu viert. Vergleichen Sie Ihre Sätze und machen Sie daraus eine Präsentation.

c Präsentieren Sie. Die anderen geben Feedback.

C um Informationen bitten

C1 Wie würden Sie sich über eine Weiterbildung informieren? Sprechen Sie.

Wenn ich mich für eine Weiterbildung interessiere, würde ich im Internet recherchieren.

Man kann sich auch ...

C2 | a Was macht Adem Solak? Hören Sie und kreuzen Sie an.

🔊 305

Adem Solak ⓐ bucht ⓑ bewertet ⓒ informiert sich über eine Weiterbildung.

b Was passt zusammen? Verbinden Sie.

1 Es gibt — C
2 Auszubildende erhalten
3 Die Kosten betragen
4 Die Kurse finden

A eine Ermäßigung.
B zwischen 120 und 150 Euro.
C mehrere PowerPoint-Kurse.
D an verschiedenen Tagen statt.

c Hören Sie noch einmal. Was hören Sie? Kreuzen Sie an.

🔊 305

1 Ich ☒ hätte ⓑ möchte gern Informationen zu Ihrem Kursangebot.
2 Ich ⓐ würde gern einen PowerPoint-Kurs machen. ⓑ brauche einen PowerPoint-Kurs.
3 Wann ⓐ sind die Kurszeiten? ⓑ finden die Kurse statt?
4 ⓐ Wie hoch sind die Kursgebühren? ⓑ Wie viel kosten die Kurse?
5 ⓐ Gibt es eine Ermäßigung für Auszubildende? ⓑ Zahlen Auszubildende weniger?
6 ⓐ Vielen Dank ⓑ Danke für die Informationen.

C3 Lesen Sie das Programm. Wählen Sie ein Angebot aus und spielen Sie ein Gespräch. → AB

LERNLUST e.V.

Unser Angebote im Bereich *Computer, Internet und Digitales*

Montag	
16–18 Uhr	Excel – Anfängerkurs
18–20 Uhr	Richtig recherchieren im Internet
20–22 Uhr	Nützliche Apps für den Alltag
Dienstag	
10–12 Uhr	Computertreff für Senioren
16–18 Uhr	Textgestaltung mit Word – Anfängerkurs
18–21 Uhr	Excel für Fortgeschrittene
Kursgebühren:	80 Euro pro Kurs (8 Treffen à 2 Stunden), Intensivkurse 120 Euro pro Kurs (8 Treffen à 3 Stunden) Schüler und Studenten –10 %

um Informationen bitten
Ich hätte gern eine Information zu ...
Ich interessiere mich für ...
Ich habe Interesse an ...
Ich würde/möchte gern wissen, ...

weitere Informationen einholen
Wann findet ... statt?
Wie viel kostet ...?
Gibt es eine Ermäßigung für Schüler/Auszubildende/...?

C4 | a **Welche Aussage passt zu wem? Lesen Sie und notieren Sie die Namen. Vergleichen Sie dann zu zweit.**

Unsere Kursteilnehmer/innen sagen uns ihre Meinung

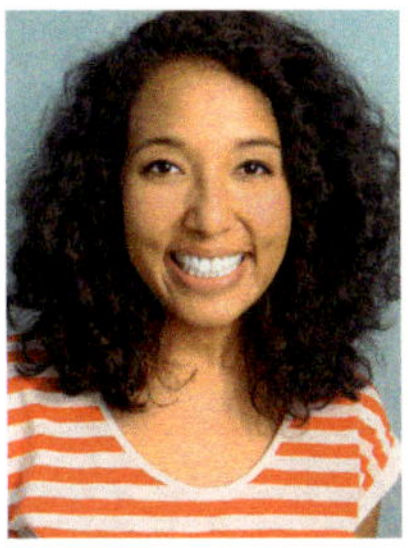

Talea

Ich habe schon drei Kurse hier besucht und alle drei waren toll! Nette Dozent:innen, eine gute Atmosphäre im Kurs – einfach super. Wenn ich gewusst hätte, wie viel Spaß Weiterbildungen machen, hätte ich schon viel früher damit angefangen.

Lilo

Der Verein bemüht sich sehr, viele interessante Computerkurse anzubieten. Ich finde das Programm wirklich sehr vielseitig – da findet sicher jeder einen interessanten Kurs. Wenn ich mehr Zeit hätte, würde ich noch viel mehr Kurse belegen.

Ricardo

Ich kann die Kurse auf jeden Fall empfehlen. Ich habe einen Wordkurs besucht, der hat mir Spaß gemacht. Aber ich hätte mich sehr gefreut, wenn es auch einen Open-Office-Kurs geben würde. Der ist hier leider nicht im Angebot.

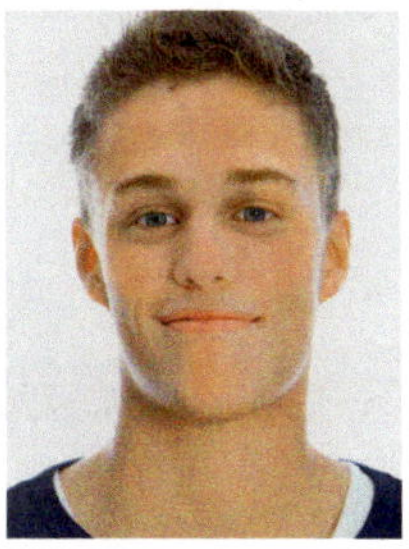

Sergej

Ich habe hier in den Ferien einen Recherchekurs fürs Internet besucht. Der war okay. Ich habe viel gelernt und der Lehrer war nett. Meine Ferien wären bestimmt schöner gewesen, wenn ich den Kurs nicht gemacht hätte. Aber meine Eltern wollten das unbedingt.

1 Der Verein bietet verschiedene PC-Kurse an, von denen mich viele interessieren. *Lilo*
2 Ich bin nicht freiwillig zum Kurs gegangen. ....
3 Meine Erfahrungen aus drei Kursen sind alle sehr gut. ....
4 Leider gab es den Kurs nicht, den ich belegen wollte. ....

b **Markieren Sie in den Aussagen in a die Sätze mit *wenn*. Vergleichen Sie die Sätze mit den Sätzen in A3 a.** → AB

Irreale Bedingungssätze
Gegenwart: Wenn ich mehr Zeit hätte, würde ich öfter Weiterbildungen machen.
Vergangenheit: Wenn ich mehr Zeit gehabt hätte, hätte ich öfter Weiterbildungen gemacht.

In irrealen Bedingungssätzen stehen die konjugierten Verben im ○ Präteritum. ○ Konjunktiv II.

C5 **Geben Sie Ihrer Kursleiterin / Ihrem Kursleiter eine Rückmeldung zum Deutschkurs. Schreiben Sie eine kleine Bewertung wie in C4 a.** → AB

etwas positiv bewerten
Ich finde gut, dass ...
Mir gefällt, dass ...
Ich bin zufrieden mit ...
Ich kann ... empfehlen.

etwas negativ bewerten / Verbesserungen vorschlagen
... finde ich nicht so gut.
Mir gefällt nicht, dass ...
Es wäre besser, wenn ...
... sollte man ändern: ...

Ich finde meinen Deutschkurs eigentlich sehr gut. Mir gefällt die nette Atmosphäre im Kurs. Es wäre für mich aber besser, wenn man die Kurszeiten ändern würde: 8 Uhr ist einfach zu früh!

Sich fremd fühlen

Extra

1 Was hat Tano überrascht? Kreuzen Sie an.

Na, wie war dein erster Weiterbildungstag heute?

Hi! Es war interessant! Ich habe schon einiges gelernt. Was mich ein bisschen überrascht hat: Wir haben viel zu zweit oder in Gruppen gearbeitet. In meiner Gruppe haben wir ein Thema ganz allein bearbeitet – und die Lehrerin hat beobachtet und geholfen, wo es nötig war. Das kenne ich gar nicht aus meiner Heimat – da hat immer nur der Lehrer geredet ...

Tano findet es überraschend, dass ...

1 ○ die Lehrerin so wenig geholfen hat.
2 ○ er schon am ersten Tag etwas gelernt hat.
3 ○ die Kursteilnehmer selbst so aktiv waren.

2 Was ist das Thema des Radiofeatures? Hören Sie und kreuzen Sie an.

306

Das Radiofeature erklärt, ...

1 ○ welche Regeln es in der Kultur gibt.
2 ○ warum wir fremde Kulturen schwer verstehen.
3 ○ warum man sich auch im eigenen Land manchmal fremd fühlt.

3 Richtig oder falsch? Hören Sie noch einmal und kreuzen Sie an.

306

	richtig	falsch
1 Die Regeln des Zusammenlebens unterscheiden sich von Kultur zu Kultur.	⊗	○
2 Beim Kennenlernen einer neuen Kultur kann es viele Überraschungen geben.	○	○
3 Man macht Fehler, wenn man nicht weiß, wie die fremde Kultur funktioniert.	○	○
4 Man sollte sich dann so verhalten, wie man sich auch in der Heimat verhält.	○	○
5 Je besser man eine Kultur kennt, desto besser klappt das Leben in dieser Kultur.	○	○

4 Welche Bereiche, in denen es kulturelle Unterschiede gibt, werden im Radiofeature genannt? Sammeln Sie weitere Bereiche.

– *Begrüßung*
– ...

5 Welche Erfahrungen haben Sie gemacht? Haben Sie Missverständnisse erlebt? Tauschen Sie sich im Kurs aus. → AB

Am Anfang habe ich nicht gewusst, dass man in Deutschland nicht einfach zu den Nachbarn geht. Ich dachte, meine Nachbarn mögen mich nicht. Sie haben komisch reagiert, wenn ich vorbeigekommen bin. Heute weiß ich, dass man fragen sollte, ob es gerade passt.

Kommunikation & Grammatik

19 K & G

über Pläne sprechen 307–308
Ich plane ...
Mein Plan ist, ...
Ich beabsichtige, ...
Ich habe die Absicht, ...

Welche privaten Pläne haben Sie? Sprechen Sie zu zweit.

Entwicklungen beschreiben 309–311

Steigerungen beschreiben
Der Anteil steigt leicht/stark an.
Die Zahl / der Wert erreicht den Höhepunkt.

Gleichbleibendes beschreiben
Der Anteil von ... ist seit ... gleich geblieben.
Die Zahlen haben sich im Zeitraum ... nicht verändert.

Senkungen beschreiben
Die Zahl / Der Wert sinkt von ... auf ...
... hat sich um ... verringert.
Der Anteil sinkt leicht.

Suchen Sie in Zeitschriften oder im Internet eine Statistik zu einem Thema, das Sie interessiert. Stellen Sie die Statistik einer Freundin / einem Freund vor.

um Informationen bitten 312
Ich hätte gern eine Information zu ...
Ich interessiere mich für ...
Ich habe Interesse an ...
Ich würde/möchte gern wissen, ...

weitere Informationen einholen 313–314
Wann findet ... statt?
Wie viel kostet ...?
Gibt es eine Ermäßigung für Schüler/ Auszubildende/...?

Sie wollen eine Prüfung machen. Bitten Sie um Informationen. Schreiben Sie zwei Sätze.

etwas positiv bewerten 315–316
Ich finde gut, dass ...
Mir gefällt, dass ...
Ich bin zufrieden mit ...
Ich kann ... empfehlen.

etwas negativ bewerten / Verbesserungen vorschlagen 317–321
... finde ich nicht so gut.
Mir gefällt nicht, dass ...
Es wäre besser, wenn ...
... sollte man ändern: ...

322–323 **Reale Bedingungssätze**

Wenn / Falls	ich nicht befördert werde, suche ich eine neue Arbeitsstelle.
Ich suche eine neue Arbeitsstelle,	wenn / falls ich nicht befördert werde.

Die Nebensätze mit *wenn* und *falls* geben an, was passieren muss, damit die Aussage des Hauptsatzes wahr wird.

Wenn verwendet man auch für Zeitangaben:

Wenn ich nach Hause komme, ruhe ich mich zuerst einmal aus.

Tipp: Denken Sie darüber nach, welche Lernatmosphäre Ihnen guttut. Vielleicht lernen Sie in einer Lerngruppe besser als allein – oder es gefällt Ihnen, in einer Bibliothek zu lernen.

324–325 **Irreale Bedingungssätze**

Gegenwart:
Wenn ich mehr Zeit hätte, würde ich öfter Weiterbildungen machen.

Vergangenheit:
Wenn ich mehr Zeit gehabt hätte, hätte ich öfter Weiterbildungen gemacht.

Die Bedingung im Nebensatz ist nicht realistisch, darum kann auch die Aussage im Hauptsatz nicht wahr werden. Die konjugierten Verben stehen im Konjunktiv II.

Was würden Sie machen, wenn Sie im Lotto gewinnen würden? Bilden Sie mindestens drei irreale Bedingungssätze.

20

Alena Vieira bereitet sich auf ihre Prüfung vor

Oh mein Gott! Der Termin für die Abschlussprüfung meiner Tierpfleger-ausbildung steht fest. Ich habe Angst! Wie bereitet ihr euch auf Prüfungen vor? Habt ihr Tipps für mich? Und was tut ihr gegen Prüfungsangst?

Alena

László
Ich bin auch immer aufgeregt. Aber: Keine Panik! Hast du jemanden, mit dem du zusammen lernen kannst? Weißt du, wo du Probleme hast?

Isabel
Ich sehe mir vorher ganz genau an, wie der Test aussieht. Das hilft mir. Ich mag keine Überraschungen.

Arif
Es hilft, wenn man regelmäßig lernt. Also: früh anfangen und dann jeden Tag ein bisschen lernen. Damit habe ich gute Erfahrungen gemacht.

1 **Beantworten Sie die Fragen.**

1 Was möchte Alena wissen?
2 Was schlägt László vor?
3 Welchen Tipp hat Isabel?
4 Was rät Arif?

2 | a **Was sind Ihre Tipps für eine Prüfung? Sprechen Sie.**

b **Schreiben Sie zu zweit eine Antwort für Alena. Vergleichen Sie dann mit einem anderen Lernpaar.** → AB

> *etwas empfehlen*
> *Es hilft, wenn man ...*
> *Ich würde an deiner Stelle ... Damit habe ich gute Erfahrungen gemacht.*

A sich auf den *Deutsch-Test für den Beruf B1* vorbereiten

A1 | a **Welche Fragen haben Sie zum *Deutsch-Test für den Beruf B1*? Sammeln Sie.**

Ich möchte wissen, wie lange die Prüfung dauert.

Mich interessiert, …

b **Hören Sie die Informationen zum *Deutsch-Test für den Beruf B1* und erstellen Sie eine Mindmap**
326 **für Ihre Prüfung. Vergleichen Sie dann zu zweit.** → AB

Antwortbogen | ca. 16 Minuten | Hören | Hören und Schreiben | Lesen | Lesen und Schreiben | 95 Minuten | mündlich | schriftlich | Sprachbausteine und Schreiben | Sprechen | Wörterbuch | zu zweit | …

Deutsch-Test für den Beruf B1

schriftlich: ………… *Minuten*
· *Lesen:* …………
· …………
…

…………
· …………
…

A2 | a **Lesen Sie die Beiträge im Gruppenchat und die Zusammenfassungen. Wer sagt was? Ordnen Sie zu.**

Zeki

Nimm dir Zeit, die Aufgabe in Ruhe zu lesen. Ich habe bei einer Prüfung nur schnell gelesen und die Aufgabe falsch verstanden. Das war nicht so schlau.

Der beste Tipp überhaupt: Man sollte auf jeden Fall etwas ankreuzen, auch wenn man nicht sicher ist. Vielleicht hast du Glück und rätst richtig. Wenn du nichts ankreuzt, ist es auf jeden Fall falsch.

Carla

Kristóf

Auf den Prüfungsblättern steht, wie viel Zeit man hat. Man muss sich die Zeit gut einteilen. Ich mache zuerst die Aufgaben, die ich gut kann. Wenn ich am Ende noch Zeit habe, kümmere ich mich um die schwierigen Fragen.

Noch etwas: Es zählt nur, was auf dem Antwortbogen steht. Man muss also seine Antworten auf jeden Fall auf diesen Bogen schreiben!

1 ………… empfiehlt, die einfachen Aufgaben zuerst zu lösen.
2 ………… rät, dass man sich unbedingt für eine Lösung entscheiden soll.
3 ………… schreibt, dass man auf die Uhrzeit achten soll.
4 ………… meint, dass man die Aufgaben auf den Prüfungsblättern genau lesen muss.
5 ………… gibt den Tipp, dass man nicht vergessen darf, die Lösungen auf den Antwortbogen zu schreiben.

b **Welche Erfahrungen haben Sie selbst mit Prüfungen gemacht? Haben Sie Tipps für die anderen? Sprechen Sie im Kurs.**

Bei mir war das so: Ich habe in der Prüfung …

Ich habe eine ähnliche Erfahrung gemacht. Als ich …

Mein Tipp ist …

B für die Prüfung üben: Lesen (und Schreiben)

B1 | a LESEN TEIL 1 **Lesen Sie die Informationen zu den Personen 1–5 und die Anzeigen a–h. Welche Anzeige passt zu welcher Person? Markieren Sie Ihre Lösungen auf dem Antwortbogen auf Seite 368.** → AB: Lesen Teil 2, 3 und 4

1 Maria Gomez will sich selbstständig machen und braucht ein Arbeitszimmer.

2 Pit Lehmann will Vollzeit arbeiten, ist kommunikativ und telefoniert gern.

3 Raja Gordon ist Studentin und möchte Lehrerin werden. Sie sucht einen passenden Nebenjob.

4 Selina Rustev sucht einen Nebenjob im Lager. Sie hat nur bis mittags Zeit dafür.

5 Theo Hansen sucht für seinen Möbelladen neue Räume in der Innenstadt.

---

a **Großer Raum zu vermieten (für Yogacenter, Küchenstudio oder andere Geschäfte)**

Bremen (Zentrum)
150 qm | in guter Geschäftslage | ab sofort zu mieten oder spätestens im März | zwei große Schaufenster | Heizung und warmes Wasser | großer Stellplatz | 2 000 € Kaltmiete

mehr ...

b **Aushilfe am Empfang (m/w/d)**

Hotel Seewellenblick, Konstanz
auf 450-Euro-Basis | 10 Stunden/Woche | vormittags und abends, gelegentlich am Wochenende | Telefon- und E-Mail-Dienst, Reservierungen annehmen und bearbeiten | Auf Freundlichkeit und ein gepflegtes Äußeres legen wir großen Wert!

mehr ...

c **Nachhilfe (m/w/d**

Hannover
Dringend Nachhilfe für Schüler (8. Klasse) gesucht! | Mathe, Physik und Englisch | idealerweise zweimal pro Woche am Nachmittag bei uns zu Hause | 15 € pro Stunde

mehr ...

d **Ein Raum für dich? Arbeitsplatz in Bürogemeinschaft**

Leipzig
Mieter gesucht | schöner Büroraum | 14 qm | vier weitere Büroräume mit netten Kolleginnen und Kollegen | gemeinsame Nutzung von großer Küche und Bad | frei ab August | 300 € inkl. Nebenkosten und Internet

mehr ...

e **Aushilfe Lager**

RTY Logistic, Mannheim
Nebenjob: 3 Vormittage pro Woche | Transport von Ware im Lager | Ware verpacken und versenden | nette Kollegen und angenehmes Arbeitsklima

mehr ...

f **Musiklehrer (w/m/d)**

Musikschule, Chemnitz
Sie spielen Gitarre und Klavier auf hohem Niveau und haben Freude am Unterrichten von Kindern (6 bis 10 Jahre)? Wir suchen ab sofort Lehrer*innen in Vollzeit mit mindestens zwei Jahren Berufserfahrung. Zeitliche Flexibilität ist unbedingt notwendig.

mehr ...

g Mitarbeiter im Büro (m/w/d)

Gärtnerei Jimker, Buxtehude
Sie sind Bürokauffrau/-mann und suchen eine neue Herausforderung? Nettes Team sucht Sie! | in Vollzeit | Bürozeiten 8.00 bis 16.00 Uhr | Telefonate und Korrespondenz | Aufträge annehmen | angemessene Vergütung

mehr ...

h Lagerfahrer (w/m/d)

PLXY Group, Potsdam
ab sofort | Beladen von Lkws und Regalen | feste Arbeitszeiten | 40 Stunden/Woche im Zweischichtsystem | überdurchschnittliche Vergütung | Berufseinsteiger willkommen

mehr ...

b Vergleichen Sie Ihre Lösungen zu dritt. Wo gibt es unterschiedliche Lösungen? Überlegen Sie gemeinsam, welche Lösung die richtige ist.

B2 Was haben Sie genau gemacht, um die Aufgabe zu lösen? Was hat Ihnen dabei geholfen, die Lösung zu finden? Sprechen Sie im Kurs.

Ich habe bei jeder Aufgabe zuerst die wichtigsten Wörter markiert.

Ja, ich auch. Erst danach habe ich die Anzeigen angeschaut.

Tipp:
Sie haben für *Lesen Teil 1* circa 10 Minuten Zeit. Lesen Sie zuerst die Aufgaben 1–5.
Schauen Sie dann: Welche Wörter aus den Aufgaben finden Sie in den Anzeigen?
Und welche Wörter, die eine ähnliche Bedeutung haben, finden Sie?
Lesen Sie dann die passenden Anzeigen genauer.
Lösen Sie zuerst die Aufgaben, die Sie leicht finden. Dann bleiben weniger Lösungsmöglichkeiten für die schwierigeren Aufgaben.
Sie müssen nicht jedes Wort verstehen, um die Aufgabe zu lösen. Wichtiger ist: Welche der Anzeigen passt besser zur Aufgabe?

Tipps für alle Teile der schriftlichen Prüfung:
1. Es gibt bei allen Aufgaben zum Markieren immer nur eine richtige Lösung.
2. Markieren Sie die Lösung immer sofort auf dem Antwortbogen. Sie können Ihre Lösung dort immer noch korrigieren, denn Sie schreiben in der Prüfung mit Bleistift.

B3 | a LESEN UND SCHREIBEN **Ihr Pizzaservice erhält eine Nachricht von einer Kundin.**

Von: Sara Mitschek
An: lieferung@giovanni-pizza.de
Gesendet: heute, 8:20 Uhr
Betreff: Schlechter Service

Sehr geehrte Damen und Herren,

ich hatte gestern Abend Besuch von meinen Kolleginnen und Kollegen. Um 18.00 Uhr haben wir bei Ihnen sechs Pizzen bestellt. Am Telefon sagte man uns, dass die Lieferung etwa eine Stunde dauert.

Der Bote kam erst um 21 Uhr mit den Pizzen, also mit einer Verspätung von zwei Stunden. Das war ärgerlich! Noch schlimmer war, dass die Pizzen kalt waren. Und als wir dem Boten sagten, dass wir die Pizzen nicht bezahlen wollen, wurde er sehr unfreundlich und hat uns beschimpft.

Wir möchten unser Geld zurück! Außerdem wollen wir, dass Sie uns einen Ersatz für dieses schlimme Essen anbieten. Sonst werden wir nie wieder bei Ihnen bestellen.

Mit freundlichen Grüßen

Sara Mitschek

Notizen für die Antwort an Frau Mitschek:
- Gründe für die Probleme
- Problemlösung

Welche Lösung (a oder b) passt am besten? Markieren Sie auf dem Antwortbogen auf Seite 368.

19 Die Lieferung war
ⓐ falsch.
ⓑ zu spät.

20 Sara Mitschek
ⓐ fand den Boten höflich.
ⓑ hat die Pizzen bezahlt.

b **Vergleichen Sie Ihre Lösungen zu zweit. Markieren Sie Wörter und Sätze in der E-Mail, die Ihnen beim Lösen der Aufgabe geholfen haben.**

B4 | a **Schreiben Sie eine E-Mail an die Kundin. Schreiben Sie etwas zu den beiden Punkten auf dem Notizzettel in B3a. Zeigen Sie, was Sie können. Schreiben Sie möglichst viel. Schreiben Sie zu jedem Punkt mindestens zwei Sätze auf den Antwortbogen auf S. 370. Vergessen Sie nicht die Anrede und den Gruß.**

Tipp:
Wenn Sie in der Prüfung für das Lösen der Aufgaben 19 und 20 circa fünf Minuten brauchen, haben Sie zum Schreiben noch circa 15 Minuten Zeit. Diese Schritte können Ihnen helfen:

1. Lesen Sie die Aufgabe und den Notizzettel genau.
2. Markieren Sie in der E-Mail Wörter / Formulierungen, die Sie für Ihre Antwort nutzen können.
3. Sammeln Sie Ideen zu beiden Punkten auf dem Notizzettel und machen Sie Notizen dazu.
4. Überlegen Sie, welche Anrede und welcher Gruß passen.
5. Schreiben Sie dann die E-Mail. Nehmen Sie sich am Ende ein paar Minuten Zeit, Ihre E-Mail noch einmal zu lesen. Korrigieren Sie mögliche Fehler.

b **Tauschen Sie Ihre E-Mail mit einer Lernpartnerin / einem Lernpartner. Haben Sie Verbesserungsvorschläge? Sprechen Sie zu zweit.**

c **Welche Redemittel helfen beim Schreiben der E-Mail? Sammeln Sie im Kurs. Notieren Sie die Redemittel, die Sie sich merken möchten.**

C für die Prüfung üben: Hören (und Schreiben)

C1 | a **HÖREN TEIL 1** **Sie hören vier Gespräche. Zu jedem Gespräch gibt es zwei Aufgaben.**
327 **Ist die Aussage dazu richtig oder falsch und welche Antwort (a oder b) passt am besten? Markieren Sie Ihre Lösungen für die Aufgaben 22–29 auf dem Antwortbogen auf S. 369. Sie hören die Gespräche einmal.**

22 Jan soll einen Termin für seine Kollegin vereinbaren.

richtig/falsch?

23 Jan

a möchte gern einen Rat von Hartmut.
b will sich gut auf den Kundentermin vorbereiten.

24 Anita leitet eine Fortbildung.

richtig/falsch?

25 Die Kolleginnen

a haben viel Erfahrung mit Fortbildungen.
b machen am Abend zusammen Sport.

26 Herr Dürim ärgert sich über seine Chefin.

richtig/falsch?

27 Frau Kox bietet an,

a schon mal mit den Fotos anzufangen.
b sich allein um den Plan zu kümmern.

28 Irene hat Probleme mit dem Dienstplan.

richtig/falsch?

29 Boris schlägt vor,

a die Dienstpläne am Wochenende zu schreiben.
b in der Teambesprechung eine Lösung zu suchen.

Tipps:
1. In der Prüfung werden alle Teile des Subtests *Hören* nacheinander abgespielt, insgesamt dauert der Subtest circa 20 Minuten.
2. *Hören Teil 1* dauert circa sieben Minuten. Zwischen den vier Gesprächen haben Sie immer 15 Sekunden Zeit, um die beiden Aufgaben zum nächsten Gespräch zu lesen.

Tipp:
Hören Sie zu Hause Radio. Das trainiert für das Hören in der Prüfung.

b **Vergleichen Sie Ihre Lösungen zu dritt. Wo haben Sie unterschiedliche Lösungen markiert?**
327 **Hören Sie dann noch einmal gemeinsam zur Kontrolle.**

C2 | a **HÖREN TEIL 2** **Sie hören drei Aussagen zu einem Thema. Welcher der Sätze a–f passt zu den Aussagen 30 und 31? Markieren Sie Ihre Lösungen auf dem Antwortbogen auf S. 369. Lesen Sie jetzt die Sätze a–f. Dazu haben Sie eine Minute Zeit. Sie hören die Aussagen einmal.** → AB: Hören Teil 3 und 4

328

Beispiel:

○ a ● b ○ c ○ d ○ e ○ f

> **Tipp:**
> *Hören Teil 2* dauert insgesamt circa vier Minuten. Sie haben eine Minute Zeit, um die Aussagen zu lesen, bevor der Hörtext beginnt.

30 ...

31 ...

a In vielen Betrieben sind Überstunden im Berufsalltag üblich.

~~b~~ Man sollte selbst entscheiden können, ob man Überstunden macht.

c Mit guter Planung kann man im Betrieb Überstunden vermeiden.

d Überstunden sind eine gute Möglichkeit, das eigene Gehalt zu verbessern.

e Wenn es viel Arbeit gibt, sind Überstunden selbstverständlich.

f Wer oft Überstunden macht, sollte dafür mehr Urlaub bekommen.

b **Was war für Sie bei der Aufgabe in a leicht und nicht so leicht? Sprechen Sie zuerst zu zweit und dann im Kurs.**

C3 | a **Lesen Sie die Tipps. Welche Tipps können Ihnen bei den Prüfungsaufgaben zum Subtest *Hören* helfen? Welche helfen nicht oder sind sogar falsch? Sprechen Sie im Kurs.**

- Lesen Sie vor dem Hören die Aufgaben.
- Unterstreichen Sie in den Aufgaben wichtige Wörter.
- Fragen Sie sich bei jeder Aufgabe: Was ist hier die Aussage?
- Konzentrieren Sie sich auf das Hören, das Lesen der Aufgaben ist hier nicht so wichtig.
- Überlegen Sie beim Lesen der Aufgaben: Was ist das Thema?
- Achten Sie besonders auf die Wörter, die Sie nicht kennen.
- Es gibt immer nur eine richtige Lösung.
- Um die Aufgabe, die im Beispiel vorkommt, müssen Sie sich nicht kümmern.
- Hören Sie von Anfang bis zum Ende genau zu.
- Hören Sie nur am Anfang genau zu. Dort kommen alle wichtigen Informationen.
- Hören Sie auch, wie die Personen sprechen. Die Gefühle können etwas über das Thema des Gesprächs (Streit, Ärger, ...) sagen.
- Markieren Sie eine Aufgabe als richtig, wenn im Hörtext gleiche Wörter vorkommen wie in der Aufgabe.

Ich denke, es ist sinnvoll, wenn man ...

Ich glaube, es hilft nicht, wenn ...

b **Welche Tipps möchten Sie sich merken? Machen Sie Notizen und vergleichen Sie zu zweit.**

C4 | a **Lesen Sie die Aufgaben in b, sehen Sie die Telefonnotiz an und lesen Sie die Tipps. Was sollen Sie hier machen? Sprechen Sie im Kurs. Bearbeiten Sie danach b.**

b **HÖREN UND SCHREIBEN** **Sie hören eine telefonische Mitteilung. Notieren Sie die Informationen**
◀)) 329 **auf dem Antwortbogen auf S. 372. Sie hören die Mitteilung zweimal.**

41 Grund für den Anruf
Wählen Sie die richtige Lösung (a oder b). Markieren Sie auf dem Antwortbogen.
ⓐ Beschwerde
ⓑ Bestellung

42–45 Notizen schreiben
Schreiben Sie Name, Firma, Telefonnummer und weitere Informationen auf.

Hören und Schreiben

Telefonnotiz

41 Grund für den Anruf — a ◯ Beschwerde / b ◯ Bestellung

42 Namen — Frau/Herr

43 Firma

44 Kontakt Telefon

45 Weitere Informationen

-
-
-

Notieren Sie direkt auf dem Antwortbogen, Seite 372.

Tipp:
Der Teil *Hören und Schreiben* dauert insgesamt circa fünf Minuten. Sie hören die Mitteilung zweimal – und zwar kurz hintereinander, ohne lange Pause. Machen Sie schon beim ersten Hören Notizen auf dem Antwortbogen (z. B. zu Name, Firma und Telefonnummer) und ergänzen bzw. korrigieren Sie sie beim zweiten Hören.

c **Vergleichen Sie Ihre Lösungen zu zweit.**

d **Kursspaziergang – Geben Sie sich gegenseitig Tipps für diesen Teil der Prüfung. Machen Sie dann eine Hitliste mit den wichtigsten Tipps.**

D für die Prüfung üben: Schreiben

D1| a **Lesen Sie die Aufgabe und die Chatnachrichten. Sammeln Sie im Kurs Ideen, was man antworten könnte.** → AB: Sprachbausteine

SCHREIBEN ***Eine befreundete Kollegin schreibt Ihnen folgende Kurznachricht. Antworten Sie Ihrer Kollegin. Schreiben Sie Ihre Antwort direkt auf den Antwortbogen auf S. 373.***

Hi, kannst du vielleicht deinen Urlaub mit mir tauschen?

Nein, das geht leider nicht.

Schade. Warum nicht? Ist wirklich wichtig.

Ich würde erklären, warum das nicht geht. Zum Beispiel, weil …

Ja, oder weil …

b **Die Antwort soll eine Chatnachricht für eine befreundete Kollegin sein. Was passt zu einer Chatnachricht? Markieren Sie zu zweit und vergleichen Sie mit einem anderen Lernpaar.**

- ○ eine Anrede
- ○ ein Gruß
- ○ schwierige Wörter
- ○ freundlich sein
- ○ Duzen
- ○ kurze Sätze
- ○ viel Text
- ○ Emojis

D2| a **Lesen Sie den Tipp. Bearbeiten Sie dann die Aufgabe in D1a.**

Tipp:
Für den Teil *Schreiben* haben Sie nur circa fünf Minuten Zeit. Schreiben Sie aber trotzdem nicht einfach gleich los: Überlegen Sie zuerst, was Sie schreiben möchten. Nehmen Sie sich am Ende etwas Zeit, um Ihren Text zu korrigieren.

b **Legen Sie Ihre Antworten offen auf Ihre Tische. Lesen Sie die Antworten der anderen. Welche finden Sie besonders gut? Begründen Sie.**

E für die Prüfung üben: Sprechen

E1 | a Bevor die mündliche Prüfung beginnt, stellen sich alle Teilnehmenden kurz vor. Was kann man sagen, um sich vorzustellen? Sammeln Sie im Kurs.

Auf jeden Fall sollte man seinen Namen sagen.

Man kann sein Alter sagen.

Oder wie lange man schon …

b Überlegen Sie drei oder vier Sätze, mit denen Sie sich in der Prüfung vorstellen möchten.

c Kursspaziergang – Suchen Sie eine Lernpartnerin / einen Lernpartner. Stellen Sie sich vor und hören Sie zu, wie sich Ihre Lernpartnerin / Ihr Lernpartner vorstellt. Suchen Sie dann neue Lernpartner/innen.

Tipp:
Auf den Start der Prüfung können Sie sich gut vorbereiten. Üben Sie, sich vorzustellen. So können Sie selbstsicher in die mündliche Prüfung starten.

E2 | a Lesen Sie die Aufgabe und die beiden Themen. Wählen Sie ein Thema aus und machen Sie Notizen dazu. → AB

SPRECHEN TEIL 1A ***Über ein Thema Sprechen (ca. 2 Minuten pro TN)***
Wählen Sie ein Thema aus und sprechen Sie circa zwei Minuten darüber. Danach stellt Ihnen die Prüferin oder der Prüfer Fragen dazu. Zeigen Sie, was Sie können.

- Beschreiben Sie **einen Arbeitgeber**, für den Sie gearbeitet haben oder arbeiten möchten (z. B. Was macht die Firma? Wie groß ist die Firma? Wo ist diese Firma? Was gefällt Ihnen?).
- Beschreiben Sie **eine Person**, an der Sie sich beruflich orientieren möchten (z. B. wer, was macht die Person, was finden Sie gut / nicht gut, warum).

SPRECHEN TEIL 1B ***Anschlussfragen beantworten (ca. 2 Minuten pro TN)***

- Im Anschluss an die Ausführungen einer Teilnehmerin bzw. eines Teilnehmers stellt die Prüferin bzw. der Prüfer einige Fragen.

b Arbeiten Sie zu dritt. Eine Person hält ihren kurzen Vortrag. Die zwei anderen stellen danach je eine Frage zum Vortrag. Tauschen Sie dann die Rollen.

c Was ist gut gelaufen? Was möchten Sie besser machen? Sprechen Sie zu dritt.

Tipp:
In der Prüfung haben Sie keine Zeit, sich auf Ihren kurzen Vortrag vorzubereiten. Tun Sie dies zu Hause! Überlegen Sie sich, was Sie zu den Themen sagen können und welche Redemittel Ihnen dabei helfen. Sie bekommen zwei von sechs möglichen Themen zur Auswahl. Das sind die beiden Themen in E2a und folgende vier Themen:

- Beschreiben Sie **einen bestimmten Beruf** und warum Sie sich dafür interessieren (z. B. Aufgaben, Vor- und Nachteile, Besonderheiten).
- Stellen Sie Ihre **berufliche Entwicklung** vor (z. B. Stationen in Ihrem Berufsleben, was haben Sie dort gelernt, wichtige berufliche Entscheidungen, Gründe dafür).
- Erzählen Sie von **einem Produkt**, das Sie vor kurzem gekauft haben (z. B. Funktion, Aussehen, Material, Größe, Preis, was Ihnen daran gefällt).
- Beschreiben Sie, **wie die Jobsuche funktioniert**. Sprechen Sie über ein Land Ihrer Wahl (z. B. Angebote finden, Beratung, Bewerbung schreiben, Vorstellungsgespräch).

E3 **Teil 2 und 3 der Prüfung sollen möglichst natürliche Gespräche sein. Was gehört für Sie dazu? Sammeln Sie zu zweit Ideen und sprechen Sie dann im Kurs.**

Es ist wichtig, dem Gesprächspartner zuzuhören.

Die Gesprächspartner sollten sich anschauen.

Auf eine Frage sollte man …

> **Tipp:**
> Einigen Sie sich am Anfang des Gesprächs, ob Sie und Ihre Gesprächspartnerin / Ihr Gesprächspartner sich duzen oder siezen.
> Antworten Sie nicht nur in einem Wort oder einem Satz. Sprechen Sie viel. So zeigen Sie, was Sie können – und das Gespräch macht mehr Spaß!

E4 **Arbeiten Sie zu viert. Lesen Sie die Aufgabe. Zwei Personen führen ca. 3 Minuten ein Gespräch (Smalltalk) zu den angegebenen Themen. Das andere Lernpaar hört zu und gibt anschließend Feedback. Tauschen Sie dann die Rollen.**

SPRECHEN TEIL 2 ***Mit Kolleginnen und Kollegen sprechen (ca. 3 Minuten)***
Aufgabe: Sprechen Sie mit Ihrer Gesprächspartnerin oder Ihrem Gesprächspartner. Stellen Sie Fragen und antworten Sie.

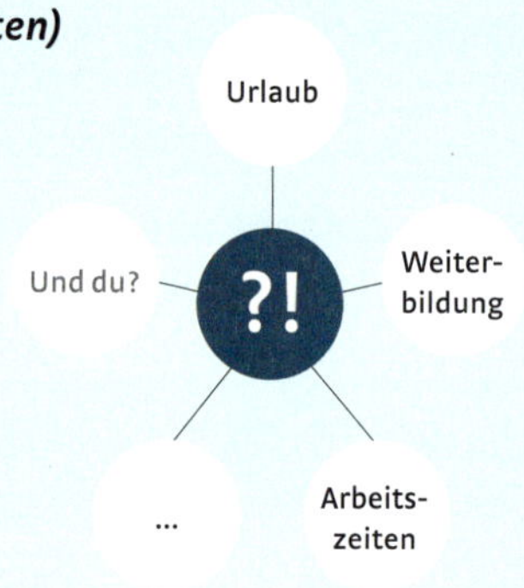

E5 | a **Arbeiten Sie zu zweit. Lesen Sie die Situation, die Aufgabe und die Stichpunkte. Sprechen Sie dann ca. 5 Minuten miteinander. Nehmen Sie das Gespräch mit dem Smartphone auf.**

SPRECHEN TEIL 3 ***Gemeinsam etwas planen (ca. 5 Minuten)***

Situation: Sie beide möchten ein Abschiedsgeschenk für eine Kollegin kaufen, die in Rente geht.

Aufgabe: Sprechen Sie mit Ihrer Partnerin oder Ihrem Partner über die Einzelheiten. Machen Sie Vorschläge und begründen Sie Ihre Vorschläge. Gehen Sie auf die Ideen Ihrer Partnerin oder Ihres Partners ein. Einigen Sie sich.

Diese Stichpunkte helfen Ihnen:

- Geschenkideen
- Wer kauft es?
- Preis
- Wann schenkt man es?
- …

b **Hören Sie sich Ihr Gespräch an. Überlegen Sie gemeinsam, was gut war und was Sie besser machen möchten. Führen Sie das Gespräch dann noch einmal.**

> **Tipp:**
> In diesem Teil der Prüfung geht es immer darum, gemeinsam etwas zu planen. Sie teilen sich gegenseitig Ihre Ideen mit. Sie machen Vorschläge und begründen sie. Sie reagieren auf Vorschläge. Sie stimmen zu oder lehnen ab und machen einen Gegenvorschlag. Sie fragen nach, wenn Sie etwas nicht verstanden haben. Sie einigen sich. Notieren Sie sich passende Redemittel und üben Sie sie.

Lernen im Schlaf?

Extra

1 **Lesen Sie die Nachricht. Sammeln Sie zu zweit Ideen. Sprechen Sie dann im Kurs.**

Alena
Puh, mir fällt es echt schwer, mich zu konzentrieren.
Wie macht ihr das denn? Und wo könnt ihr besonders gut lernen?

2 | a **Lesen Sie die Nachricht. Was denken Sie: Ist Schlafen eine gute Prüfungsvorbereitung? Sprechen Sie zu zweit und dann im Kurs.**

Alena

Eine Freundin hat mir gerade einen Artikel geschickt:
„Lernen im Schlaf?". Das ist doch DIE Idee!!!

b **Lesen Sie den Online-Artikel und die Aufgaben 1 bis 4 dazu. Welche Antwort (a, b oder c) passt am besten? Markieren Sie zu zweit.** → AB

LERNEN IM SCHLAF?

Wissenschaftler*innen haben untersucht, was im Kopf passiert, wenn Menschen schlafen. Sie konnten feststellen, dass das menschliche Gehirn auch im Schlaf arbeitet. Wir merken zwar nichts davon, aber im Schlaf beschäftigt sich das Gehirn damit, was wir vorher gelernt haben. Es sortiert wichtige und unwichtige Informationen. Man kann sich das so vorstellen: Das Gehirn legt wichtige Informationen in eine Schublade, sodass man sie besser wiederfinden kann. Diese Tatsache kann man nutzen, wenn man sich auf eine Prüfung vorbereitet. Wissenschaftler*innen konnten zeigen, dass man erfolgreicher Wörter lernt, wenn man vor der Wiederholung schläft. Man lernt also zum Beispiel abends 20 Wörter und wiederholt sie am nächsten Tag. Es funktioniert auch schon, wenn man nur einen kurzen Mittagsschlaf macht. Aber der Schlaf nachts wirkt besser. Für ein Experiment in Frankreich sollten Personen 16 Wörter einer afrikanischen Sprache lernen. Nach zwölf Stunden Pause wiederholten sie die Wörter. Die Hälfte der Personen (Gruppe A) hatte in der Pause kurz geschlafen. Sie brauchten nur halb so viel Zeit, um die Wörter zu lernen, wie die Personen, die nicht geschlafen hatten (Gruppe B). Außerdem konnte die Gruppe A eine Woche später noch fast alle Wörter. Die Gruppe B konnte nur zwei Drittel der Wörter. Sogar nach einem halben Jahr konnte man den Unterschied noch messen.

1 Wissenschaftler/innen haben untersucht,
- ⓐ was die Menschen im Schlaf beschäftigt.
- ⓑ wie Menschen am besten schlafen.
- ⓒ wie das Gehirn arbeitet, wenn der Mensch schläft.

2 Das menschliche Gehirn
- ⓐ räumt im Schlaf auf.
- ⓑ löscht unwichtige Informationen.
- ⓒ verarbeitet alle Informationen gleich.

3 Kurz schlafen vor dem Wiederholen
- ⓐ hilft, wenn die Prüfung am nächsten Tag ist.
- ⓑ hilft am besten.
- ⓒ hilft weniger gut als länger schlafen.

4 Ein Experiment hat gezeigt, dass man sich neue Wörter mit Schlaf
- ⓐ eine Woche lang gut merken kann.
- ⓑ auch nach mehreren Monaten besser merken kann.
- ⓒ nach zwölf Stunden am besten merken kann.

3 **Machen Sie für sich selbst einen Zeitplan (mit Lernpausen) für Ihre Prüfungsvorbereitung. Vergleichen Sie Ihre Pläne zu dritt. Welche Gemeinsamkeiten und Unterschiede gibt es?**

Lektion 1

1 **Schreiben Sie die Wörter richtig.** → 1 Wortschatz

> **Mit uns** 1 *treffen* (fentref) **Sie die richtige Entscheidung!**
>
> Die 2 .... (wahlrufsBe) fällt vielen Menschen schwer – Ihnen auch? Dann kommen Sie zu uns – wir helfen Ihnen! 3 .... (denscheiEnt) Sie sich mit unserer Hilfe für die richtige 4 .... (dungbilAus). Wir unterstützen Sie dabei freundlich und 5 .... (tivakre).
>
> www.erfolgreich-in-den-beruf.de

A über Berufswünsche und Berufserfahrungen sprechen

2 a **Finden Sie noch fünf Wörter.** → A1 Wortschatz

LJGESTALTENLAHANDWERKLICHIBUVBGESCHICKTUKATRSOZIALF

EBANTEFRSDGZUSAMMENBAUENTKIPSERTFOPDAFGUMGEHENHTJ

gestalten, ...

....

b **Ergänzen Sie die Wörter aus a in der passenden Form.**

1 ◆ Mona *gestaltet* gern Räume. Da ist sie sehr kreativ!
○ Das stimmt. Sie hat tolle Ideen und ist wirklich ....
▲ Warum wird sie dann nicht Innendesignerin?

2 ◆ Ich muss einen Schrank .... Kennst du jemanden, der mithelfen könnte?
○ Na klar: ich. Ich habe .... Talent.
◆ Ach ja? Das wusste ich ja gar nicht.

3 ◆ Theo kann so gut mit Kindern ....
○ Das finde ich auch. Er sollte einen .... Beruf wählen. Vielleicht Erzieher?
▲ Ja. Er hat auch schon viel Übung. Er hat nämlich vier kleine Geschwister.

c **Welches Foto passt zu welchem Dialog in b? Ergänzen Sie 1, 2 und 3.**

A ....

B ....

C ....

3 | a Wo steht das im Text? Lesen Sie und ergänzen Sie die Zeilennummern. → A1 Lesen

KURZ ERKLÄRT: WAS SIND DIENSTLEISTUNGSBERUFE?

Unter handwerklichen, kreativen und sozialen Berufen kann sich jeder etwas vorstellen. Aber schwieriger wird es, wenn man den Begriff *Dienstleistungsberuf* nennt. Diesen Begriff kennen viele nicht. Was versteht man darunter? In Dienstleistungsberufen steht der Mensch im Mittelpunkt: Man leistet Menschen einen Dienst. Dienstleistungsberufe bilden eigentlich keine eigene Berufsgruppe. Es gibt in allen Berufsgruppen Berufe, die Dienstleistungen anbieten. Ein Florist zum Beispiel hat einen kreativen Dienstleistungsberuf, er gestaltet und verkauft schöne Blumensträuße. Wenn sich eine Krankenpflegerin um kranke oder behinderte Menschen kümmert, praktiziert sie eine soziale Dienstleistung. Und wenn ein Dachdecker baut und repariert, dann bietet er eine handwerkliche Dienstleistung an.
Weil die Dienstleistungsbranche so vielseitig ist, gibt es hier auch sehr viele Arbeitsplätze. Ungefähr drei Viertel aller Arbeitnehmerinnen und Arbeitnehmer sind in einem Dienstleistungsberuf tätig. Die meisten Jobs gibt es in den Branchen Erziehung und Gesundheit, Einzelhandel und Gastronomie.

		Zeile
1	Nicht alle wissen, was Dienstleistungsberufe sind.	3
2	In Dienstleistungsberufen tut man etwas für Menschen.	______
3	Dienstleistungsberufe existieren in allen Berufsgruppen.	______
4	Es gibt viele Stellen im Dienstleistungsbereich.	______
5	Etwa 75 Prozent der arbeitenden Menschen haben einen Dienstleistungsberuf.	______

b Notieren Sie für jede Berufsgruppe mindestens drei Berufe, in denen Dienstleistungen angeboten werden.

1 handwerkliche Berufe: Dachdecker / Dachdeckerin, ______
2 kreative Berufe: Florist / Floristin, ______
3 soziale Berufe: Krankenpfleger / Krankenpflegerin, ______

4 | a Markieren Sie im Text in 3 a alle Nebensätze mit *wenn*. Ergänzen Sie dann die Sätze. → A1 Wiederholung: *wenn*

1 Es wird schwieriger, ______ man den Begriff *Dienstleistungsberuf* ______.
2 ______ sich eine Krankenpflegerin um kranke oder behinderte Menschen ______, praktiziert sie eine soziale Dienstleistung.
3 ______ ein Dachdecker ______ und ______, bietet er eine handwerkliche Dienstleistung an.

> Mit *wenn* beginnt man einen Nebensatz, das Verb steht also am Ende.
> Der *wenn*-Satz drückt eine Bedingung aus.

b Ergänzen Sie in der passenden Form.

arbeiten | entscheiden | ~~machen~~ | sehen | wählen | werden

◆ Was wünschst du dir für einen Beruf?
○ Ach, ich weiß nicht ... Jeder Beruf hat Nachteile. Wenn ich eine Ausbildung zum Bäcker [1] mache, muss ich sehr früh aufstehen. Wenn ich Möbelpacker [2] ______, muss ich sehr schwer heben. Und wenn ich mich für eine Ausbildung zum Friseur [3] ______, habe ich oft nasse Hände.
◆ Und wenn du einen sozialen Beruf [4] ______? Das passt doch gut zu dir! Vielleicht Erzieher?
○ Wenn ich als Erzieher [5] ______, habe ich den ganzen Tag laute Kinder um mich herum ...
◆ Hmm ... Aber wie willst du dich entscheiden, wenn du überall nur die Nachteile [6] ______?

5 **Verbinden Sie die Sätze mit *wenn*.** → A1 Wiederholung: *wenn*

1 Man wählt einen sozialen Beruf. Man sollte gern mit Menschen arbeiten.
Wenn man einen sozialen Beruf wählt, sollte man gern mit Menschen arbeiten.

2 Man entscheidet sich für einen handwerklichen Beruf. Man muss oft mit Werkzeug arbeiten.

3 Man möchte kreativ arbeiten. Man muss geschickt sein.

4 Man hat einen Dienstleistungsberuf. Man sollte den Kontakt zu Menschen mögen.

6 **Was machen Sie, wenn …? – Schreiben Sie.** → A1 Wiederholung: *wenn*

1 Wenn ich den Deutschkurs beendet habe,

2 Wenn das Wetter am Wochenende schön ist,

3 Wenn ich Urlaub habe,
4 Wenn

7 | a **Was passt? Ergänzen Sie.** → A2 Redemittel / Mediation

Danach habe ich als Lkw-Fahrer gearbeitet | Ich habe eine Ausbildung zum | Ich kann sehr gut | ~~Ich suche zurzeit eine Arbeit~~ | Ich wünsche mir eine neue Stelle

Hallo Tom,

wie geht's? Ich brauche deine Hilfe. Du weißt ja: 1 *Ich suche zurzeit eine Arbeit*.
Du kennst doch so viele Leute … Kannst du in deinem Bekanntenkreis fragen? Zur Erinnerung:
2 ………… Lkw-Fahrer gemacht. 3 …………
………… – sechs Jahre lang in einer Spedition! Bis meine Firma schließen musste … 4 ………… mit netten Kollegen.
Du weißt ja, ich bin freundlich und pünktlich. Und: 5 …………
Lkw fahren. Hilfst du mir ein bisschen?

Viele Grüße
Rüdiger

b **Ein Bekannter von Ihnen arbeitet bei einer Speditionsfirma, die gerade neue Mitarbeiterinnen / Mitarbeiter sucht. Nehmen Sie eine Sprachnachricht auf und geben Sie die Informationen aus Rüdigers E-Mail weiter.**

Hallo Can, ihr sucht für eure Spedition doch neue Mitarbeiter. Mein Freund Rüdiger …

c **Welche Berufswünsche haben Sie? Was haben Sie beruflich schon gemacht? Notieren Sie wichtige Stationen.**

2012–2015 Ausbildung zum / zur …

B sich über den Arbeitsmarkt informieren

8 **Ergänzen Sie.** → B1 Redemittel

◆ Schau mal, Lucy freut sich sehr. [1] I c h g l a u b e, dass sie gute Nachrichten bekommen hat.

○ [2] W _ _ _ _ c h _ _ n _ _ _ h hat sie einen neuen Job gefunden.

◆ [3] E _ k _ n n _ _ a _ _ h s _ _ n, dass sie eine interessante Stellenanzeige entdeckt hat.

○ [4] V _ _ l l _ _ c h _ ist sie auch einfach froh, dass heute mal die Sonne scheint.

9 **Bilden Sie noch drei zusammengesetzte Nomen mit *Berufs-*. Notieren Sie mit Artikel.** → B2 Wortschatz

be ~~er~~ fach ~~fah~~ for in le ma ra ~~rung~~ schu ter tions zentrum

die Berufserfahrung, ______

______

10 **Welches Verb passt? Verbinden Sie.** → B2 Wortschatz

1 ein Beratungsgespräch
2 sich über den Arbeitsmarkt
3 das Berufsinformationszentrum
4 einen Termin bei einem Berufsberater
5 im Internet
6 in einem Praktikum Berufserfahrungen

A vereinbaren
B sammeln
C informieren
D recherchieren
E führen
F besuchen

11 | a **Ergänzen Sie.** → B3 Wortschatz

Agentur für Arbeit ~~Arbeitsmarkt~~ Arbeitsstelle Beratungsgespräch Berufsberater Überblick Unterstützung

Möchten Sie sich über den [1] Arbeitsmarkt informieren?
Suchen Sie eine neue [2] ______ oder brauchen Sie [3] ______ bei Bewerbungen?
Die [4] ______ Reinshagen in der Poststraße hilft Ihnen gern und kompetent weiter. Vereinbaren Sie einfach unter unserer kostenlosen Telefonnummer oder online einen Termin für ein [5] ______ mit einem [6] ______.
Einen [7] ______ über unsere Leistungen finden Sie hier.

b **Richtig oder falsch? Lesen Sie den Text in 11 a noch einmal und kreuzen Sie an.**

	richtig	falsch
1 Die Agentur für Arbeit befindet sich in Reinshagen in der Roststraße.	○	⊗
2 Die Agentur für Arbeit bietet Hilfe bei der Jobsuche und beim Bewerben.	○	○
3 Ein Anruf bei der Agentur für Arbeit kostet nichts.	○	○
4 Man kann Beratungstermine nur telefonisch machen.	○	○
5 Auf der Internetseite findet man weitere Informationen.	○	○

12 **Ergänzen Sie. (Nicht alles passt.)** → B3 Wortschatz

Bau | Gesundheitswesen | konstruieren | Produktion | Tätigkeiten | technisch | ~~Umgebung~~ | Voraussetzungen | zahlreich

◆ Zurzeit gibt es in unserer 1 Umgebung viele Jobs auf dem 2 ______ und im 3 ______.
○ Ach so? Wenn man zum Beispiel Maurer oder Krankenpfleger ist, hat man also sehr gute 4 ______?
◆ Genau. Aber auch 5 ______ im Lager und in der 6 ______ kann man schnell finden. Da sind die Stellenangebote sehr 7 ______.
○ Das ist interessant. Danke für die Informationen.

C ein Beratungsgespräch verstehen und Fragen stellen

13 | a **Finden Sie noch sieben Wörter zum Thema *Ausbildung*.** → C1 Wortschatz

P	D	R	O	T	D	E	V	B	U	J	Ü	K	E	P	T	H	I
A	U	S	B	I	L	D	U	N	G	S	B	E	T	R	I	E	B
N	A	M	T	A	T	H	E	O	R	I	E	K	R	A	J	O	S
K	L	O	R	V	I	N	I	B	A	N	R	K	O	X	L	Y	A
Ä	D	S	C	H	U	L	I	S	C	H	N	Z	A	I	H	E	B
N	O	C	K	A	S	S	C	H	M	A	A	L	A	S	N	G	E
N	U	B	E	R	U	F	S	F	A	C	H	S	C	H	U	L	E
D	E	L	N	S	C	H	N	E	F	L	M	D	E	R	C	K	K
B	E	R	U	F	S	S	C	H	U	L	E	T	Ä	P	S	S	Ä

dual
______
______
______
______
______
______
______

b **Ergänzen Sie die Wörter aus a in der passenden Form.**

1 Die duale Ausbildung findet in einem ______ und in einer ______ statt.
2 Für die ______ Ausbildung besucht man eine ______.
3 In einem großen Betrieb hat man mehr Chancen auf eine ______ nach der Ausbildung.
4 In der Schule lernt man die ______.
5 Man hat regelmäßig ______ in einem Betrieb.

14 **Vorteile einer Berufsberatung – Ergänzen Sie.** → C2 Redemittel

Argumente für eine Berufsberatung | ~~Der Vorteil einer Berufsberatung ist~~ | Ein Nachteil ist vielleicht | Positiv fand ich auch | Spricht auch etwas dagegen

◆ Sie haben doch schon einmal eine Berufsberatung gemacht. Hilft das bei der Berufswahl?
○ 1 Der Vorteil einer Berufsberatung ist auf jeden Fall, dass man mit einem Experten spricht. Die Berater kennen sich sehr gut aus. 2 ______, dass man alle Fragen stellen konnte und gleich Antworten bekam.
◆ Aha. Das sind 3 ______. 4 ______?
○ Eigentlich nicht. Ach doch: 5 ______, dass man lange auf einen Termin warten muss. Jedenfalls ist das in Berlin so.
◆ Oh. Dann rufe ich gleich morgen an.

15 **Ihr Freund Marius möchte sich beruflich verändern und braucht Ihren Rat. Lesen Sie die E-Mail und sammeln Sie Vorteile und Nachteile. Schreiben Sie Marius dann eine Antwort.** → C2 Schreiben / Mediation

Hallo,

ich brauche deinen Rat. Du weißt ja: Ich habe einen guten Job mit angenehmen Arbeitszeiten und einem ordentlichen Gehalt. Aber mein Problem ist: Die Arbeit macht mir gar keinen Spaß ... 🙁 Deshalb überlege ich schon lange, ob ich mich beruflich verändern soll. Ich könnte noch einmal eine Ausbildung machen. Dann habe ich einen Beruf, der mir gefällt! Ach, ich weiß einfach nicht, ob das eine gute Idee ist. Was spricht für, was gegen eine berufliche Veränderung? Bitte sag mir deine Meinung!

Viele Grüße
Marius

berufliche Veränderung: Vorteile	berufliche Veränderung: Nachteile
mehr Spaß am Job	

Hallo Marius,

danke für deine Mail. Ich sage dir gern meine Meinung:

16 **Welches Wort passt? Kreuzen Sie an.** → C3 Wortschatz

1 Nun ist meine ○ Dienstleistung ⊗ Ausbildung ○ Übernahme beendet.
2 Gestern habe ich meine letzte Prüfung in der ○ Berufsschule ○ Praxis ○ Beratung geschrieben.
3 Die ○ Ergebnisse ○ Voraussetzungen ○ Anforderungen waren sehr hoch.
4 Ich hoffe, dass mein Betrieb mich nach der Ausbildung ○ fest anstellt. ○ bezahlt. ○ berät.
5 Meine Chefin kann aber nur drei von uns fünf Auszubildenden ○ zusammenbauen. ○ gestalten. ○ übernehmen.
6 Es hängt von vielen ○ Branchen ○ Arbeitsstellen ○ Faktoren ab, für wen sie sich entscheidet.

17 **Verbinden Sie.** → C3 Wortschatz

1 eine duale Ausbildung	A übernehmen
2 eine Berufsschule	B machen
3 von vielen Faktoren	C abhängen
4 die Auszubildenden	D besuchen

18 | a Sind die Redemittel eher sehr höflich oder eher neutral? Ordnen Sie zu. → C3 Redemittel

~~Können Sie mir bitte sagen, …~~ | ~~Sagen Sie mir, …~~ | Ich möchte gern wissen, … | Ich hätte gern eine Auskunft: … | Könnten Sie mir sagen, … | Ich will wissen, … | Eine Frage hätte ich noch: … | Ich habe noch eine Frage: … | Eine Frage noch: … | Erklären Sie mir, … | Würden Sie mir bitte sagen, …

eher sehr höflich	eher neutral
Können Sie mir bitte sagen, …	*Sagen Sie mir, …*

b Formulieren Sie die Sätze höflicher. (Es gibt mehrere Möglichkeiten.)

1 Erklären Sie mir, wie ich dieses Formular ausfüllen muss.
Können Sie mir bitte erklären, wie ich dieses Formular ausfüllen muss?

2 Ich will wissen, was ich in diesem Feld eintragen soll.

3 Sagen Sie mir, wo ich unterschreiben muss.

4 Eine Frage noch: Bis wann muss ich das Formular abgeben?

19 Verbinden Sie die Sätze mit *weil*. → C4 *weil / wegen*

1 Ich wünsche mir einen handwerklichen Beruf.
Ich repariere gern Dinge.
Ich wünsche mir einen handwerklichen Beruf, weil ich gern Dinge repariere.

2 Zu mir passt ein kreativer Beruf.
Ich habe viel Fantasie.

3 Ich habe eine Ausbildung zum Pfleger gemacht.
Ich helfe gern Menschen.

4 Ich suche zurzeit eine neue Arbeitsstelle.
Meine Firma musste schließen.

5 Ich würde gern eine Weiterbildung machen.
Ich möchte etwas Neues lernen.

20 Ergänzen Sie die Endungen, wenn nötig.

→ C4 *weil / wegen*

Liebe Kursteilnehmerinnen und Kursteilnehmer,

leider kann unsere Exkursion zum Berufsinformationszentrum nach Dresden heute [1] wegen d es Wetter s nicht stattfinden. Unser Zug fällt [2] wegen d...... Sturm...... aus. Deshalb müssen wir den Ausflug verschieben. Ich habe schon im BIZ angerufen und [3] wegen ein...... Termin...... in der nächsten Woche gefragt. Wir könnten nächsten Mittwoch kommen. Aber vielleicht klappt das [4] wegen Ihr...... Prüfung...... nicht. Wir besprechen das am besten morgen im Kurs.

Viele Grüße
Ruben Rotbart

21 | a Antworten Sie wie im Beispiel.

→ C4 *weil / wegen*

1 Warum kommst du morgen später zur Arbeit? (ein Termin) *Wegen eines Termins.*

2 Warum gehst du zur Arbeitsagentur? (ein Beratungsgespräch)

....

3 Warum bist du dienstags nie im Laden? (die Berufsschule)

....

4 Warum musst du lernen? (eine Prüfung)

....

5 Warum hast du gerade so wenig Zeit? (ein Praktikum)

....

b Formulieren Sie die Sätze in a mit *weil*.

1 Ich komme morgen später zur Arbeit, *weil ich einen Termin habe*.
2 Ich gehe zur Arbeitsagentur, ...
3 Ich bin dienstags nie im Laden, ...
4 Ich muss lernen, ...
5 Ich habe gerade so wenig Zeit, ...

22 | a Aus welchen Gründen sind die Mitarbeiterinnen und Mitarbeiter heute nicht da? Schreiben Sie noch drei Nachrichten an die Teamleitung.

→ C4 *weil / wegen* / Mediation

1 Mihail: heute nicht ins Büro kommen / krank sein
2 Rahel: von zu Hause arbeiten / Auto in der Werkstatt sein
3 Lorenzo: von 10 bis 12 Uhr eine Besprechung haben / die neuen Maschinen
4 Filippa: die ganze Woche in der Berufsschule sein / die Prüfungen

1 Ich komme heute nicht ins Büro, weil ich krank bin.

2 ....

3 ....

4 ....

b Die Teambesprechung wird abgesagt. Geben Sie die Informationen aus a an das Team weiter.

Guten Morgen,
unsere Teambesprechung findet heute Morgen nicht statt: Mihail kann heute nicht ins Büro kommen, weil er krank ist. Rahel ...

23 | a 🔊 330 **Hören Sie und sprechen Sie die Sätze nach. Wie unterscheidet sich die Satzmelodie in den Beispielen 3 und 4? Ergänzen Sie die Pfeile.**

→ C4 *weil/wegen*/Phonetik

1 Zu mir passt ein sozialer Beruf. — Ich helfe gern.

2 Zu mir passt ein sozialer Beruf, — weil ich gern helfe.

3 Zu mir passt ein kreativer Beruf. — Ich habe viel Fantasie.

4 Zu mir passt ein kreativer Beruf, — weil ich viel Fantasie habe.

b Ergänzen Sie die Pfeile zu den Satzmelodien in a.

Bei einem Komma

Bei einem Punkt

E *Du* oder *Sie*?

24 | a Lesen Sie die Sätze a–f zum Thema *Du oder Sie*? Welche Wörter sind besonders wichtig? Markieren Sie.

→ 5 Prüfung: Hören Teil 2

a Die Anrede „du" ist bei der Arbeit nur unter Kolleginnen und Kollegen sinnvoll.
b Bei der Arbeit sollte das „Sie" normal sein.
c In einem Betrieb, in dem sich alle siezen, weiß man, wer die Verantwortung trägt.
d Die Kommunikation wird einfacher, wenn sich alle in der Firma duzen.
e Ob man in der Firma „du" oder „Sie" sagt, spielt für eine gute Zusammenarbeit keine große Rolle.
f Auch in der Arbeitswelt sollten sich jüngere Mitarbeiterinnern und Mitarbeiter duzen.

b 🔊 331 **Sie hören drei Aussagen zu einem Thema. Welcher der Sätze a–f passt zu den Aussagen 1 und 2? Kreuzen Sie an.**

Beispiel:	ⓐ	ⓑ	ⓒ	☒ⓓ	ⓔ	ⓕ
Aussage 1	ⓐ	ⓑ	ⓒ	ⓓ	ⓔ	ⓕ
Aussage 2	ⓐ	ⓑ	ⓒ	ⓓ	ⓔ	ⓕ

Lernwortschatz

S. 10 | Leyla Qamar arbeitet gern draußen

Nomen

die Berufswahl (Sg.) ....

Verb

entscheiden, entschied, hat entschieden ....

....

Adjektiv

kreativ ....

S. 11 | A über Berufswünsche und Berufserfahrungen sprechen

Nomen

die Berufsgruppe, -n ....

die Branche, -n ....

die Dienstleistung, -en ....

der Dienstleistungsberuf, -e ....

....

Verben

gestalten, gestaltete, hat gestaltet

umgehen, ging um, ist umgegangen (mit Menschen)

zusammenbauen, baute zusammen, hat zusammengebaut

Adjektive

behindert

geschickt

handwerklich

sozial

S. 12 | B sich über den Arbeitsmarkt informieren

Nomen

die Agentur für Arbeit, -en

der Arbeitsmarkt, ¨-e

die Arbeitsstelle, -n

der Bau (hier nur Sg.)

der Berater, – / die Beraterin, -nen

der Berufsberater, – / die Berufsberaterin, -nen

das Beratungsgespräch, -e

die Berufserfahrung, -en

die Berufsfachschule, -n

das Berufsinformationszentrum, -zentren

das Gesundheitswesen (Sg.)

die Internetrecherche, -n

die Produktion (hier nur Sg.)

die Tätigkeit, -en

die Technik (hier nur Sg.)

der Überblick, -e

die Umgebung, -en

die Unterstützung (Sg.)

die Voraussetzung, -en

Verben

konstruieren, konstruierte, hat konstruiert

recherchieren, recherchierte, hat recherchiert

Adjektive

technisch

zahlreich

S. 14 | C ein Beratungsgespräch verstehen und Fragen stellen

Nomen

die Anforderung, -en

der Ausbildungsbetrieb, -e

die Berufsschule, -n

der Faktor, -en

die Praxiszeit, -en

die Theorie (hier nur Sg.)

die Übernahmechance, -n

Verben

fest anstellen, stellte fest an, hat fest angestellt

übernehmen, übernahm, hat übernommen

Adjektive

dual

schulisch

Tipp: Karteikarten

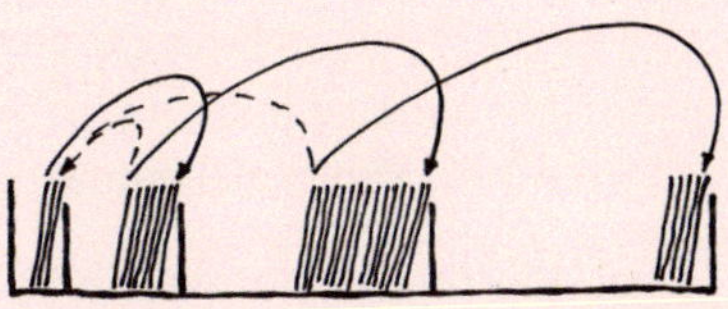

Schreiben Sie die Wörter, die Sie lernen möchten, zusammen mit einem Beispielsatz auf Karteikarten. Notieren Sie auf die Rückseite die Übersetzung in Ihrer / Ihren Sprache/n. Besorgen Sie sich einen Karteikasten. Neue Kärtchen kommen ins erste Fach. Wenn Sie ein Wort können, wandert es ein Fach nach hinten. Die Wörter in den hinteren Fächern werden ab und zu kontrolliert. Beherrschen Sie ein Wort bei der Überprüfung nicht mehr, kommt die Karte wieder ins erste Fach. Das letzte Fach ist das Archiv. Aber auch diese Wörter sollten Sie immer mal wieder überprüfen.

Lektion 2

1 **Finden Sie noch vier Wörter zum Thema *Arbeitsbedingungen* und ergänzen Sie dann.** → 1 Wortschatz

GASJQZGSVGHARBEITSZEITENJAFHDTÖLZUSAMMENARBEITAKUAMDHAVAPQO

XWGEHALTBNVCYXWVERANTWORTUNGPOGTATMOSPHÄREDBANM

1 ◆ Bist du mit deinen Arbeitszeiten zufrieden?
○ Nein. Ich wünsche mir, dass sie flexibler sind. Ich möchte morgens gern später beginnen.

2 ◆ Findest du dein ______ in Ordnung?
○ Nein, ich möchte gern mehr verdienen. Vielleicht verändere ich mich beruflich.

3 ◆ Wie ist die ______ bei der Arbeit?
○ Sehr angenehm! Die Kolleginnen und Kollegen sind wirklich nett.

4 ◆ Dann macht dir die ______ also Spaß?
○ Ja, wir sind ein gutes Team.

5 ◆ Hast du viel ______ in deinem Job?
○ Ja, ich kann viel selbst entscheiden und muss nicht immer den Chef fragen.

2 **Wie kann man das auch sagen? Ergänzen Sie. (Nicht alles passt.)** → 1 Wortschatz

angenehm | Arbeitsbedingung | Atmosphäre | aufwachsen | flexibel | Gehalt | ~~Kinderheim~~ | verändern | Verantwortung | Zusammenarbeit

1 ein Ort für Kinder, die keine Eltern mehr haben = das Kinderheim
2 im Beruf etwas Neues machen = sich beruflich ______
3 das Geld, das man für seine Arbeit bekommt = das ______
4 die Arbeit im Team = die ______
5 groß werden = ______
6 mit unterschiedlichen Situationen zurechtkommen = ______ sein
7 verantwortlich sein = ______ haben

3 **Was passt zusammen? Verbinden Sie.** → 1 Wortschatz

1 die Arbeits — C
2 das Kinder- und Jugend
3 die Zusammen
4 die Atmo

A heim
B sphäre
C bedingungen
D arbeit

Ⓐ über Stärken und Schwächen sprechen

4 **Lesen Sie die Beiträge im Forum und schreiben Sie die Wörter richtig.** → A2 Wortschatz

SELMA: Ich finde die Geschichten von anderen Menschen interessant. Ich kann gut 1 zuhören (renzuhö). Ich glaube, das ist wirklich eine ganz große 2 ______ (keStär) von mir. Das hilft mir auf jeden Fall in meinem Beruf als Altenpflegerin.

DOMINIK: Ich habe zwei linke Hände. Ich kann überhaupt nicht gut mit Werkzeug 3 ______ (geumhen). Das ist auf jeden Fall eine 4 ______ (cheSchwä) von mir.

ADNAN: Ich verstehe meistens sehr schnell, wenn es ein Problem gibt. Und dann weiß ich oft auch, was hilft. Ich kann also ziemlich gut Probleme 5 ______ (lyrenanasie). In welchem Beruf braucht man diese Fähigkeit?

5 | a Ergänzen Sie. → A2 Redemittel / Mediation

meine großen Schwächen | Ich kann leider nicht | kann ich gut | ~~meine größte Stärke~~

Marc: Was sind denn eigentlich deine Stärken, Radia?
Radia: Rechnen ist 1 meine größte Stärke.
Außerdem 2 ……………
kommunizieren.
Marc: Und wo hast du Schwächen?
Radia: 3 ……………
so gut mit den Händen arbeiten.
Leider habe ich selten kreative Ideen.
Das sind 4 …………… .

+++ rechnen

++ kommunizieren

– mit den Händen arbeiten

– – kreative Ideen haben

b Lesen Sie und ergänzen Sie.

– | ++ | – – | ~~+++~~

Marc: Sag mal, was kannst du besonders gut?
Piotr: Technische Geräte verstehen, das ist meine größte Stärke.
Außerdem kann ich sehr gut basteln und mit Werkzeug umgehen.
Marc: Und was kannst du nicht so gut?
Piotr: Ich kann leider gar nicht gut kommunizieren. Das ist eine Schwäche von mir.
Und ich kann leider nicht so gut organisieren.

technische Geräte verstehen: +++
basteln und mit Werkzeug umgehen: ……………
kommunizieren: ……………
organisieren: ……………

c Schreiben Sie für das Forum in 4 einen Beitrag über Ihre Stärken und/oder Schwächen. Vergleichen Sie dann im Kurs.

6 | a Ergänzen Sie *dürfen, können, müssen, sollen* oder *wollen* in der passenden Form. → A2 Wiederholung: Modalverben

1

2

3

4

1 Diego soll zuhören, aber er …………… nichts mehr hören.
2 Susanna …………… sehr gut rechnen.
3 Antonio …………… die Werkstatt so nicht betreten.
Er …………… andere Schuhe anziehen.
4 Isabella …………… ein Regal bauen.

b Wie heißen die Sätze aus a in einer anderen Sprache, die Sie kennen? Vergleichen Sie.

7 | a Schreiben Sie Fragen.

→ A2 Wiederholung: Modalverben

1 aufstehen – wann – müssen – du – am Montag *Wann musst du am Montag aufstehen?*

2 können – du – gut – auf Deutsch telefonieren

....

3 deine Stärken – analysieren – du – wollen

....

4 dürfen – wo – zeigen – wir – unsere Schwächen

....

5 was – noch lernen – du – wollen

....

6 du – müssen – viel organisieren

....

b Schreiben Sie Antworten auf die Fragen in a.

Am Montag muss ich um 6 Uhr aufstehen.

8 Lesen Sie den Forumsbeitrag. Was passt? Markieren Sie.

→ A2 Wiederholung: Modalverben

MIRKO

Ich [1] kann | soll gut mit Geld umgehen. Rechnen ist meine große Stärke. Ich arbeite seit vielen Jahren in einer Bank. Natürlich passe ich immer gut auf, denn ich [2] muss | darf keine Fehler machen. Nach der Arbeit spiele ich gern Schach gegen meinen Computer. Ich [3] will | muss so gern gewinnen. Aber der Computer ist stärker. Er [4] darf | kann die Spielsituation im Moment noch besser analysieren als ich – aber ich werde immer besser! 😃

9 Was passt zusammen? Verbinden Sie.

→ A2 Wortschatz

1 handwerklich — D technisch — c

2 sozial

3 künstlerisch

4 kaufmännisch

A kreativ

B verwaltend

C pflegerisch

D technisch

a

b

c

d

10 Tipps für die Berufswahl. Schreiben Sie drei Dialoge.

→ A2 Wortschatz

Dann passt ein verwaltender Beruf gut zu dir. ~~Ich kann gut organisieren.~~ Ich kann sehr gut malen. Mich um Menschen kümmern ist meine große Stärke. Wie wäre es dann mit einem künstlerischen Beruf? Zu dir passt ein sozialer Beruf.

1 ◆ *Ich kann gut organisieren.*

○ ....

2 ▲ ....

□ ....

3 ◆ ....

○ ....

B Unternehmensformen und Arbeitsverhältnisse kennenlernen

11 Bilden Sie Wörter und ergänzen Sie.

→ B1 Wortschatz

Beschäfti ~~betrieb~~ boom ~~Familien~~ gungs Kleinst Kon Mittel nehmen stand Start- unter up zern

1 Ein Unternehmen, das eine Familie führt, nennt man *Familienbetrieb*.
2 Ein sehr großes Unternehmen, das international tätig ist, nennt man auch ______.
3 Alle kleinen und mittleren Unternehmen bilden zusammen den ______.
4 Wenn es in kurzer Zeit viele neue Arbeitsplätze gibt, spricht man von einem ______.
5 Wenn in einem Betrieb weniger als 10 Menschen arbeiten, ist das ein ______.
6 Ein neues und auch innovatives Unternehmen nennt man ______.

12 Ergänzen Sie.

→ B2 Wortschatz

befristet innovativ selbstständig Leiharbeit Vollzeit wenig

1 angestellt arbeiten = nicht ______ sein
2 die Zeitarbeit = die ______
3 in Teilzeit beschäftigt sein = nicht in ______ arbeiten
4 geringfügig = nur ______
5 ein unbefristetes Arbeitsverhältnis haben = nicht ______ angestellt sein
6 sich etwas Neues ausdenken = ______ sein

13 Was passt zusammen? Verbinden Sie.

→ B2 Wortschatz

1 Wo finde ich gute Informationen zum Thema *Existenzgründung*?
2 Warum suchst du einen Teilzeitjob?
3 Wie bekomme ich eine unbefristete Stelle?
4 Findest du es schön, in einem kleinen Unternehmen angestellt zu sein?
5 Für wen ist ein Minijob das Richtige?
6 Welche Erfahrungen hast du mit Zeitarbeit gemacht?
7 Hast du schon vom Beschäftigungsboom im Mittelstand gehört?

A Meine Eltern sind krank. Darum kann ich nicht mehr Vollzeit arbeiten.
B Das passt, wenn man zum Beispiel als Aushilfe nur geringfügig beschäftigt sein möchte.
C Oh, ich wusste gar nicht, dass du dich selbstständig machen möchtest.
D Ganz gute! Ich kann Leiharbeit empfehlen.
E Das ist nicht so einfach. Hast du denn im Moment ein befristetes Arbeitsverhältnis?
F Ja! Und gerade im IT-Bereich gibt es viele Arbeitsplätze.
G Ja! Denn es gibt wirklich viele spannende Familienbetriebe.

14 Berufswünsche. Was passt zusammen? Verbinden Sie.

→ B2 Infinitiv mit *zu*

1 Sam arbeitet zurzeit Teilzeit, aber er versucht,
2 Karin ist noch in der Ausbildung, aber sie möchte
3 Mia mag kleine Betriebe, aber sie hat auch Lust,
4 Tom ist noch angestellt, aber er hat vor,
5 Hanna ist schon in Rente, will aber noch
6 Sara arbeitet gern, aber sie findet es nicht okay,
7 Ali hat eine befristete Stelle, aber er hofft,

A jedes Wochenende zu arbeiten.
B bald unbefristet angestellt zu sein.
C danach gern bei ihrer Firma bleiben.
D einen Vollzeitjob zu finden.
E etwas dazuverdienen. Sie sucht einen Minijob.
F sich bald selbstständig zu machen.
G sich in einem Konzern zu bewerben.

15 Wie kann man das auch sagen? Formulieren Sie die Sätze mit *zu*.

→ B2 Infinitiv mit *zu*

1 Ich möchte gern in einem großen Unternehmen arbeiten.
Ich kann mir gut vorstellen, *in einem großen Unternehmen zu arbeiten.*
2 Am liebsten möchte ich unbefristet angestellt sein.
Ich wünsche mir, ______
3 Darum will ich alles richtig machen.
Darum versuche ich, ______
4 Mein Plan ist: Ich überzeuge mit meinen Stärken.
Ich plane, ______
5 Ab morgen schreibe ich meine Bewerbung.
Ich fange morgen an, ______

16 | a Lesen Sie die E-Mail. Ergänzen Sie – wo nötig – *zu*.

→ B2 Infinitiv mit *zu* / Mediation

Liebe Sara,

es ist schön, von dir [1] *zu* hören! Danke, mir geht es gut. Ich schreibe nicht so oft. Ich muss ja im Büro den ganzen Tag am Computer [2] ______ sitzen. Dann habe ich abends keine Lust, den Laptop [3] an______schalten. 😀 Vielleicht habe ich den falschen Beruf. Ich möchte eigentlich am liebsten draußen [4] ______ arbeiten. Ich versuche schon länger, eine neue Stelle [5] ______ finden. Das ist nicht so einfach. Aber ich kann mir wirklich nicht [6] ______ vorstellen, die nächsten 40 Jahre in einem Büro [7] ______ arbeiten. Ich träume davon, in einer Gärtnerei [8] ______ arbeiten. Wann können wir uns denn mal wieder [9] ______ treffen? Ich habe vor, Ende des Monats nach Köln [10] ______ fahren. Vielleicht hast du Lust, einen Kaffee mit mir [11] ______ trinken?

Liebe Grüße
Murat

b Was schreibt Murat über seinen Beruf? Und welche Wünsche hat er? Markieren Sie in der E-Mail in a und nehmen Sie eine Sprachnachricht auf. Geben Sie die Informationen aus Murats E-Mail weiter.

Hallo ..., hier spricht ..., du suchst doch Mitarbeiter für deine Gärtnerei. Mein Freund Murat ...

17 Was würden Sie gern / nicht so gern machen? Schreiben Sie Sätze.

→ B2 Infinitiv mit *zu*

als Aushilfe angestellt sein | ein befristetes Arbeitsverhältnis haben | einen Minijob haben | selbstständig sein | sich bei einem Start-up bewerben | Vollzeit arbeiten | ...

Ich habe Lust, ...
Es macht mir keinen Spaß, ...
Ich kann mir nicht vorstellen, ...
Es ist spannend, ...

18 **Lesen Sie die Gespräche und ergänzen Sie.** → B3 Redemittel / Kommunikation

Ich finde es spannend | Es ist stressig | Ich habe keine Lust | Ich kann mir gut vorstellen | ~~Ich kann mir nicht vorstellen~~

1 ◆ Ich habe eine Stellenanzeige gesehen. Eine Bäckerei sucht eine Verkäuferin. Ist das vielleicht etwas für dich?
○ Nein, ich glaube nicht. *Ich kann mir nicht vorstellen*, in einer Bäckerei zu arbeiten. Dann würde ich den ganzen Tag essen und sehr viel zunehmen.

2 ◆ Also, ich arbeite ja am liebsten im Team.
○ Ich auch! ……………………, Ideen auszutauschen und gemeinsam zu planen.

3 ◆ Was möchtest du im Beruf überhaupt nicht gern machen?
○ ……………………, Überstunden zu machen. Das gefällt mir gar nicht.

4 ◆ Was findest du in deinem Beruf besonders anstrengend?
○ ……………………, viele Termine zu haben. Das nervt mich.

5 ◆ Wo siehst du deine berufliche Zukunft?
○ ……………………, mich mit einer kleinen Werkstatt selbstständig zu machen. Das wäre toll.

C eine Beratung zum Thema *Anerkennung und Bescheinigung* verstehen

19 **Lesen Sie die Erklärungen und ergänzen Sie. (Nicht alles passt.)** → C1 Wortschatz

Anerkennung | ~~Berufsabschluss~~ | Bescheinigungen | Bewertung | Fortbildungen | Praktikum | Zeugnis

1 Wer eine berufliche Ausbildung erfolgreich zu Ende macht, hat dann einen *Berufsabschluss*.
2 Am Ende des Schuljahres bekommt man ein …………………… mit Noten.
3 Eine Schulnote ist eine …………………… einer Leistung.
4 Wer einen Beruf näher kennenlernen will, kann ein …………………… machen.
5 Wer nach der Ausbildung noch mehr lernen will, sollte sich über …………………… informieren.

20 **Lesen Sie die Fragen auf der Webseite eines Jobcenters. Schreiben Sie die Wörter richtig.** → C1 Wortschatz

1 **Was bedeutet „Anerkennung von Bildungsqualifikationen"?**
Das ist zum Beispiel die positive *Bewertung* (tungwerBe) einer Berufsausbildung, die Sie in Ihrer Heimat gemacht haben.

2 **Wann muss ich die Berufsausbildung, die ich in meiner Heimat gemacht habe, anerkennen lassen?**
Auf jeden Fall, wenn Sie in einem …………………… (tierglemenreten) Beruf arbeiten möchten. Das sind Berufe wie Lehrer/in, Krankenpfleger/in, Erzieher/in, Arzt/Ärztin etc.

3 **Wann soll ich den Antrag auf …………………… (ungkennerAn) stellen?**
Wenn Sie eine Ausbildung im Ausland abgeschlossen haben oder einen ausländischen …………………… (schlussrufsBeab) haben und planen, in Deutschland zu arbeiten.

4 **Welche Unterlagen brauche ich für den Antrag?**
Sie brauchen auf jeden Fall ein …………………… (nisZeug) über die Berufsausbildung und …………………… (genscheigunBeni) für alle Fortbildungen und Praktika, die Sie gemacht haben. Außerdem brauchen Sie [mehr]

21 Notieren Sie die zusammengesetzten Wörter wie im Beispiel. → C2 Wortbildung

1 das Arbeitsverhältnis = *die Arbeit + das Verhältnis*
2 der Beschäftigungsboom = ……
3 die Zeitarbeit = ……
4 der Familienbetrieb = ……
5 die Existenzgründung = ……
6 die Unternehmensform = ……
7 der Berufsabschluss = ……
8 die Qualifizierungsberatungsstelle = ……

22 Was ist richtig? Kreuzen Sie an. → C4 *obwohl/weil*

1 ☒ Obwohl ○ Weil Rami viel Verantwortung im Kinder- und Jugendheim hat, verdient er nicht sehr viel.
Und ○ obwohl ○ weil er so viel Verantwortung hat, möchte er gern mehr verdienen.

2 Rami macht seine Arbeit als Erzieher Spaß, ○ obwohl ○ weil er gut mit Jugendlichen umgehen kann.
Und ihm gefällt die Arbeit, ○ obwohl ○ weil die Zusammenarbeit mit den Kollegen nicht einfach ist.

3 Rami findet seine Tätigkeit sinnvoll, ○ obwohl ○ weil Jugendliche die Zukunft sind.
Und er arbeitet gern als Erzieher, ○ obwohl ○ weil er den Jugendlichen nicht immer helfen kann.

4 Seine Berufsausbildung wird nicht anerkannt, ○ obwohl ○ weil er in Syrien schon viele Jahre als Erzieher gearbeitet hat.
Er muss seine Ausbildung anerkennen lassen, ○ obwohl ○ weil „Erzieher" zu den reglementierten Berufen gehört.

23 Verbinden Sie die Sätze mit *obwohl*. → C4 *obwohl*

1 Ich gehe nicht jeden Tag gern zur Arbeit. Ich bin eigentlich zufrieden mit meinem Job.
Ich gehe nicht jeden Tag gern zur Arbeit, obwohl ich eigentlich mit meinem Job zufrieden bin.

2 Die Arbeit macht mir Spaß. Sie ist anstrengend.
Die Arbeit ……

3 Ich finde die Arbeitsbedingungen gut. Ich habe keine flexiblen Arbeitszeiten.
Ich finde ……

4 Mir gefällt die Atmosphäre in der Werkstatt. Ich finde nicht alle Kollegen sympathisch.
Mir gefällt ……

5 Ich habe viel Verantwortung. Ich bin noch nicht lange in diesem Betrieb.
Ich habe ……

6 Ich habe keine Angst, den Job zu verlieren. Ich bin befristet angestellt.
Ich habe ……

7 Ich würde lieber Teilzeit arbeiten. Ich bekomme dann weniger Gehalt.
Ich würde lieber ……

24 **Verbinden Sie die Sätze. Schreiben Sie jeweils zwei Möglichkeiten wie im Beispiel.** → C4 *obwohl*

1 Ich vergesse manchmal Termine. Ich kann gut organisieren.
Ich vergesse manchmal Termine, obwohl ich gut organisieren kann.
Obwohl ich gut organisieren kann, vergesse ich manchmal Termine.

2 Du kannst gut mit Tieren umgehen. Du hast selbst kein Tier.
Du kannst ……

3 Ihr versteht technische Geräte gut. Ihr könnt nicht alles selbst reparieren.
Ihr versteht ……

25 **Hören Sie und ergänzen Sie.** → C6 Redemittel

🔊 332

1 ◆ Ich möchte gern eine Fortbildung machen. Aber ich weiß nicht genau, wie das funktioniert.
○ A *n* d *e i* n *e r* S _ _ l l _ w _ _ d _ i _ _ mich zuerst im Internet informieren.

2 ◆ Ich brauche eine Anerkennung für meinen Berufsabschluss. Wen frage ich da am besten?
○ I _ _ e _ p f _ _ l _ d _ _, einen Termin bei einer Beratungsstelle zu machen.

3 ◆ Ich brauche eine Bescheinigung von meinem Praktikum. Wie muss so eine Bescheinigung aussehen?
○ Das weiß ich auch nicht. I _ _ r _ t _ d _ _, beim Arbeitsamt zu fragen.

4 ◆ Ich hätte gern flexiblere Arbeitszeiten. Was kann ich da tun?
○ D _ s _ l l _ _ s t d _ a _ _ j _ d _ _ F _ l l mit deinem Chef sprechen. Vielleicht ist das für ihn in Ordnung.

26 **Lesen Sie die Textnachrichten. Schreiben Sie Ratschläge für eine Freundin / einen Freund.** → C6 Redemittel

1 Ich habe morgen einen Termin bei der Beratungsstelle von „Starthilfe". Was brauche ich dafür? Mi, 18:03

Ich empfehle dir, deine Zeugnisse mitzunehmen.
(Zeugnisse mitnehmen) Mi, 18:35

2 Ich habe gleich den Termin bei der Beratungsstelle. Aber ich kann nicht hingehen. Ich muss arbeiten ... Was soll ich jetzt machen? Do, 16:15

……
(bei der Beratungsstelle anrufen + sich entschuldigen) Do, 16:25

3 Okay, ich habe angerufen und mich entschuldigt. 😀 Do, 16:30

……
(bald einen neuen Termin machen) Do, 16:41

4 Ja, den habe ich schon. Nächsten Donnerstag ... Muss ich da wirklich hin? Do, 17:06

……
(hingehen + sich informieren) Do, 18:11

(E) Typisch Frau? Typisch Mann?

27 **Lesen Sie die Schlagzeilen und ergänzen Sie.** → 2 Wortschatz

Fachkräfte | ~~gute Chancen~~ | Frauenberufe | Vorbild | offene Stellen

1 *Gute Chancen* für Männer in Frauenberufen

2 IT-Branche sucht weiter gut ausgebildete ....

3 Viele .... in der Pflege

4 Immer mehr Jungen interessieren sich für ....

5 Martha S. – ein .... für kreative Mädchen

28 | a **Lesen Sie die Forumsfrage und die Kommentare dazu. Was passt? Ergänzen Sie.** → 3 Lesen / Mediation

Gibt es das denn heute noch? | Ich glaube, das ist nicht ganz einfach. | Ist das nicht in jedem Land anders?

MÄNNER IN FRAUENBERUFEN? FRAUEN IN MÄNNERBERUFEN? WAS DENKT IHR?

ROBERTO

Was sind denn typische Männer- oder Frauenberufe? 1 .... Ist denn zum Beispiel Lkw-Fahrerin oder -Fahrer in allen Ländern eher ein Beruf für Männer?

TAREK

Männerberufe, Frauenberufe? 2 .... Das war vielleicht früher so. Heute kann man doch seinen Beruf frei wählen.

LISETTE

Ich kann mir nicht vorstellen, in einem klassischen Männerberuf zu arbeiten. 3 .... Viele fragen dann vielleicht: Kannst du das denn?

b **Wählen Sie einen Kommentar in a. Nehmen Sie eine Sprachnachricht auf und erzählen Sie einer Freundin / einem Freund, was im Kommentar steht, und sagen Sie Ihre Meinung dazu.**

Du, ich habe gerade einen Kommentar zum Thema *Männer- und Frauenberufe* gelesen. Das passt zu unserem Gespräch gestern! Dort steht, …

Lernwortschatz

S. 18 | Rami As-Sayed möchte sich beruflich verändern

Nomen

die Arbeitsbedingung, -en ....

die Atmosphäre (Sg.) ....

das Gehalt, ¨-er ....

das Kinder- und Jugendheim, -e ....

....

die Verantwortung (Sg.) ....

die Zusammenarbeit (Sg.) ....

Verben

aufwachsen, wuchs auf, ist aufgewachsen ....

....

sich (beruflich) verändern, veränderte sich, hat sich verändert ....

....

Adjektiv
flexibel ....

S. 19 | Ⓐ über Stärken und Schwächen sprechen

Nomen
die Schwäche, -n ....
die Stärke, -n ....

Verb
analysieren, analysierte, hat analysiert ....

....

Adjektive
kaufmännisch ....
verwaltend ....

S. 20 | Ⓑ Unternehmensformen und Arbeitsverhältnisse kennenlernen

Nomen
das Arbeitsverhältnis, -se ....
die Aushilfe, -n ....
der Beschäftigungsboom (Sg.) ....

....

die Existenzgründung, -en ....

....

der Familienbetrieb, -e ....
das Kleinstunternehmen, – ....

....

der Konzern, -e ....
die Leiharbeit (Sg.) ....
der Minijob, -s ....
der Mittelstand (Sg.) ....
das Start-up, -s ....
die Teilzeit (Sg.) ....
der Teilzeitjob, -s ....
das Unternehmen, – ....
die Unternehmensform, -en ....

....

die Vollzeit (Sg.) ....
die Zeitarbeit (Sg.) ....

Adjektive
angestellt ....
befristet ....
geringfügig ....
innovativ ....
selbstständig ....
unbefristet ....

S. 22 | Ⓒ eine Beratung zum Thema *Anerkennung und Bescheinigung* verstehen

Nomen
die Anerkennung (Sg.) ....
die Anerkennungs- und Qualifizierungs-
beratungsstelle, -n ....

....

der Berufsabschluss, ¨-e ....
die Bescheinigung, -en ....
die Bewertung, -en ....
die Fortbildung, -en ....
das Praktikum, Praktika ....
das Zeugnis, -se ....

Verb
anerkennen, erkannte an, hat anerkannt ....

....

Adjektiv
reglementiert ....

S. 24 | Ⓔ Typisch Frau? Typisch Mann?

Nomen
der Frauenberuf, -e ....
die Fachkraft, ¨-e ....
die offene Stelle, -n ....
das Vorbild, -er ....

Tipp: Gleiches & Gegensätze

Üben Sie Wörter zusammen mit ihrem Gegenteil.
Beispiele: jemand – *niemand* irgendwo – *nirgendwo*

Oder üben Sie Wörter oder Redemittel zusammen mit Ausdrücken, die eine ähnliche Bedeutung haben.
Beispiel: in der Regel = *normalerweise*

Lektion 3

1 Verbinden Sie. → 1 Wortschatz

1 Ich habe lange
2 Und nun hat es
3 Ein Bekannter von mir wollte
4 Ich arbeite jetzt
5 Nach dem Arbeitstag bin ich

A in einer Fabrik.
B nach einer Stelle gesucht.
C endlich geklappt.
D echt müde.
E einen Mitarbeiter einstellen.

2 Lesen Sie das Gespräch und ergänzen Sie. → 1 Wortschatz

Aushänge | Jobcenter | Lokalzeitung | Stellenanzeigen | ~~Vollzeitstelle~~

◆ Suchst du immer noch nach einem neuen Job?
○ Ja. Ich habe gerade einen Minijob, aber ich muss unbedingt eine 1 *Vollzeitstelle* als Verkäuferin finden. Ich brauche mehr Geld.
◆ Und wie läuft die Suche?
○ Nicht so gut. Ich gehe regelmäßig ins 2 __________ und suche mit meiner Beraterin nach 3 __________. Und ich habe extra die 4 __________ abonniert. Aber bisher ohne Erfolg.
◆ An deiner Stelle würde ich auch auf 5 __________ achten. Ich sehe oft welche in Supermärkten. Vielleicht ist da mal eine passende Stelle dabei. Und guck auch mal ins Internet!
○ Das sind gute Tipps! Danke!

A Stellenanzeigen finden

3 Verbinden Sie. → A1 Wortschatz

1 das Stellen
2 das Internet
3 die Daten
4 das Anzeigen
5 die Arbeits

A blatt
B bank
C agentur
D angebot
E portal

4 Schreiben Sie die Wörter richtig. → A1 Wortschatz

Ich glaube, ich muss mich bald bei der Arbeitsagentur melden. Mein Job ist nur befristet und es kann sein, dass ich in einem halben Jahr arbeitslos bin ... ☹

Oh ja, melde dich unbedingt dort – mindestens drei Monate, bevor dein Vertrag zu Ende ist! Du kannst dich dort 1 *betreuen* (entreube) und 2 __________ (lichführaus) beraten lassen.

Hast du telefonisch oder persönlich Kontakt aufgenommen?

Telefonisch! Du rufst einfach an, machst einen Termin, gehst hin, wartest eine 3 __________ (leWei) im zuständigen 4 __________ (reichBe) und wirst dann gerufen. Allerdings sind die 5 __________ (tenzeinungsÖff) nicht so toll, selten bis 18 Uhr. Aber abends kannst du ja zu Hause in der Online- 6 __________ (sebörJob) weitersuchen. Viel Erfolg! ☺

5 | a Markieren Sie in den Haupt- und in den Nebensätzen das Subjekt. Wo ist es identisch? Kreuzen Sie an. → A2 *ohne dass* und *ohne ... zu*

1 ⊗ Ich habe eine tolle Stelle gefunden, ohne dass ich lange gesucht habe.
2 ○ Ich hatte ein Vorstellungsgespräch, ohne dass ich etwas über die Stelle wusste.
3 ○ Die Chefin hat mir eine Zusage geschickt, ohne dass ich zu einem zweiten Gespräch kommen musste.
4 ○ Meine Kollegen haben mir viele Dinge erklärt, ohne dass ich darum bitten musste.
5 ○ Ich hatte ein Mitarbeitergespräch, ohne dass man mich kritisiert hat.
6 ○ Nach einem Jahr habe ich mehr Gehalt bekommen, ohne dass ich gefragt habe.

b Formulieren Sie die Sätze, die Sie angekreuzt haben, mit *ohne ... zu*.

1 Ich habe eine tolle Stelle gefunden, ohne lange zu suchen.

6 Verbinden Sie die Sätze mit *ohne ... zu* oder, falls nicht möglich, mit *ohne dass*. → A2 *ohne dass* und *ohne ... zu*

1 Ich suche seit Monaten einen Job. Ich habe keinen Erfolg.
Ich suche seit Monaten einen Job, ohne Erfolg zu haben.

2 Ich habe Bewerbungen geschickt. Ich bekomme keine Antwort.

3 Ich habe mich beworben. Die Firma hatte keine freie Stelle.

4 Ich bin ins Jobcenter gegangen. Die Beraterin hatte mir keinen Termin gegeben.

5 Ich suche weiter nach einer Stelle. Ich verliere nicht den Mut.

B Stellenanzeigen verstehen

7 Eigenschaften, die Arbeitgeber gut finden – Finden Sie noch drei Wörter und schreiben Sie mit Artikel. → B1 Wortschatz

BFUTELLTERFAHRUNGRKSNJMKLHEITGENAUIGKEITWELCTHHWERF

FKUNDENORIENTIERUNGJDNKOOKTBFLKOZUVERLÄSSIGKEITGUKLERWT

die Erfahrung,

8 | a Lesen Sie die Stellenanzeige und ergänzen Sie. → B1 Wortschatz / Mediation

abgeschlossene | Beschäftigung | Erfahrung | Führerschein | ~~nächstmöglichen~~
Tarifvertrag | Übernahme | Zeitpunkt | Zuschläge

Der Pflegedienst **Abendlicht** sucht zum [1] *nächstmöglichen* [2] ____________

eine/n Altenpfleger/in

Voraussetzungen, die Sie mitbringen sollten:

- eine [3] ____________ Berufsausbildung
- mindestens drei Jahre [4] ____________ in diesem Beruf
- eigener Pkw und [5] ____________
- Freude am Umgang mit älteren Menschen
- Freundlichkeit und absolute Zuverlässigkeit

Das bieten wir Ihnen:

- eine auf zwei Jahre befristete [6] ____________ mit der Möglichkeit auf [7] ____________ in ein unbefristetes Beschäftigungsverhältnis
- eine angemessene Bezahlung nach [8] ____________
- [9] ____________ für Wochenend- und Feiertagsarbeit

Bitte senden Sie Ihre Bewerbungsunterlagen an personal@pflege-abendlicht.de.

b Eine Freundin von Ihnen sucht eine Stelle als Altenpflegerin. Nehmen Sie eine Sprachnachricht auf und geben Sie die Informationen aus der Anzeige an sie weiter.

Hallo ..., du suchst doch eine neue Stelle als ...

9 Ergänzen Sie. → B1 Redemittel

Der Bewerber muss | ein Minijob | ~~hier wird eine Küchenhilfe gesucht~~
Man hat folgende Aufgaben | Was sind die Voraussetzungen

- ◆ Guck mal, [1] *hier wird eine Küchenhilfe gesucht*.
- ○ Oh, hier in der Nähe?
- ◆ Ja, im Restaurant Milano. [2] ____________: Hilfe bei der Zubereitung von Speisen, spülen und die Küche reinigen. Und man verdient 400 Euro pro Monat.
- ○ 400 Euro? Ach, dann ist das [3] ____________. [4] ____________?
- ◆ [5] ____________ gut Deutsch können und zu Wochenendarbeit bereit sein.
- ○ Hm. Ist das für dich interessant?

10 Ergänzen Sie. Sammeln Sie noch weitere Nomen auf *-ung*. → B2 Wiederholung: Wortbildung der Nomen mit *-ung*, *-er*, *-in*

Aus manchen Verben kann man mit den Endungen *-ung*, *-er* oder *-erin* Nomen bilden.

Verb	-ung	-er	-erin
ausbilden	*die Ausbildung*	*der Ausbilder*	*die Ausbilderin*
beraten			
betreuen			
bewerben			
erziehen			
prüfen			

11 | a Bilden Sie zusammengesetzte Nomen und ergänzen Sie den Artikel. Achtung: Manchmal müssen Sie ein s einfügen und einmal müssen Sie den Plural bilden.

→ B2 Wortbildung: Nomen + Nomen

1 der Beruf + die Erfahrung — *die Berufserfahrung*
2 der Tarif + der Vertrag ....
3 der Mitarbeiter + das Gespräch ....
4 das Wochenende + die Arbeit ....
5 das Internet + das Portal ....
6 die Arbeit + die Agentur ....
7 die Zeit + der Punkt ....
8 die Stelle + das Angebot ....
9 der Beruf + die Schule ....

b Markieren Sie die Wörter in a, nach denen Sie ein s eingefügt haben. Wo haben Sie den Plural gebildet?

c Bilden Sie so viele zusammengesetzte Nomen wie möglich. Notieren Sie sie.

der Beruf | die Erfahrung | das Gespräch | die Stelle | die Bildung | die Schule | die Ausbildung | die Beratung | der Job | das Angebot

die Berufsschule, ...

....

12 Bilden Sie zusammengesetzte Nomen und ergänzen Sie.

→ B2 Wortbildung: Verb + Nomen

fahren | lernen | Methode | ~~schreiben~~ | ~~Tisch~~ | warten | Zeug | Zimmer

1 Am besten lerne ich, wenn ich allein am *Schreibtisch* sitze und es ganz ruhig im Raum ist. Dann schreibe ich oft Mindmaps und hänge sie auf.
2 Ich kann überall lernen. Das ist praktisch und spart Zeit. Wenn ich einen Arzttermin habe, nehme ich Karteikarten mit und lerne im ....
3 Ich lerne gern unterwegs. Ich kann in jedem .... lernen: im Zug, im Auto und sogar im Bus. Ich erzähle den Stoff einfach meinen Freunden, wenn ich mit ihnen unterwegs bin.
4 Und welche .... klappt bei dir am besten?

13 Lesen Sie die Nachricht. Markieren Sie alle zusammengesetzten Nomen. Aus welchen Wörtern bestehen sie? Schreiben Sie Nomen jeweils mit dem bestimmten Artikel.

→ B2 Wortbildung: Adjektiv + Nomen

Hi! Du hast doch neulich erzählt, dass deine Firma einen alten Schwarzweißdrucker verschenken will. Mein Großvater würde ihn nehmen!!! Er wohnt im Westen von Bonn, ganz in der Nähe von deiner Kleinstadt. 😃 Könntest du ihm den Drucker mitbringen? Er wohnt in der Sonnenstraße 13. Du weißt schon, das ist das Hochhaus an der Schnellstraße 212 ... Wäre toll, wenn das klappt!

der Schwarzweißdrucker — *schwarz + weiß + der Drucker*

14 | a Hören Sie die zusammengesetzten Nomen und sprechen Sie sie nach. Wo wird das Wort betont? Markieren Sie.

🔊 333

→ B2 zusammengesetzte Nomen / Phonetik

1 der Fahrplan
2 der Schreibtisch
3 der Zeitpunkt
4 die Berufsschule
5 das Jobcenter
6 die Datenbank
7 die Schwarzarbeit
8 das Wartezimmer

b Formulieren Sie eine Regel zu a.

Bei zusammengesetzten Nomen wird der ________ Teil betont.

C sich über einen Arbeitgeber informieren

15 | a Überfliegen Sie den Online-Artikel. Welche Überschrift passt? Kreuzen Sie an.

→ C1 Lesen / Mediation

1 ○ Wie ich in der Bewerbung einen guten Eindruck mache
2 ○ Wie ich einen Arbeitgeber finde, der zu mir passt
3 ○ Wie ich einen Arbeitgeber von mir überzeuge

Arbeitgeber suchen ihre Mitarbeiterinnen und Mitarbeiter in der Regel sehr genau aus. Sie prüfen, wer zum Unternehmen passt. Das sollten Sie umgekehrt auch tun. Denn wichtig ist: Wenn man in einer Firma arbeitet, dann sollte man sich dort auch wohlfühlen. Überlegen Sie schon vor der Bewerbung: Welche Dinge sind mir wichtig? Was für Unternehmen finde ich gut? Möchte ich in einem großen, internationalen Unternehmen arbeiten oder mag ich kleinere Firmen lieber? Wie wichtig ist mir eine Bezahlung nach Tarif? Und was für eine Unternehmenskultur gefällt mir? Unternehmenskultur meint die Werte und die Philosophie, die das Unternehmen hat. In manchen Unternehmen gibt es zum Beispiel flache Hierarchien. Das heißt, dass die Distanz zwischen den Vorgesetzten und den Mitarbeitern gering ist. Andere Unternehmen zeigen soziales oder ökologisches Engagement oder legen besonderen Wert auf gute Teamarbeit und Familienfreundlichkeit.

Denken Sie darüber nach, welche Werte Ihnen besonders wichtig sind. Suchen Sie dann nach Unternehmen, die diese Werte auch haben. Es dauert dann vielleicht ein bisschen länger, bis man einen Job findet. Aber es lohnt sich, den Arbeitgeber gut auszusuchen: Dann hat man nämlich bessere Chancen, ein glückliches Arbeitsleben zu verbringen.

b Lesen Sie den Artikel in a. Was ist richtig? Kreuzen Sie an.

1 ⊗ Arbeitnehmer sollen den Arbeitgeber gut auswählen.
2 ○ Über die Größe des Unternehmens soll man sich keine Gedanken machen.
3 ○ Die Unternehmenskultur zeigt, was dem Unternehmen wichtig ist.
4 ○ Die Werte des Arbeitnehmers und des Arbeitsgebers sollten etwa die gleichen sein.
5 ○ Manchmal ist es besser, etwas mehr Zeit mit der Jobsuche zu verbringen, damit der Arbeitgeber gut passt.

c Eine Freundin sucht einen neuen Arbeitgeber. Schreiben Sie ihr eine E-Mail. Fassen Sie die wichtigsten Infos aus dem Text zusammen und geben Sie ihr Tipps, was sie bei der Suche beachten soll.

16 | a Ergänzen Sie. → C1 Redemittel

◆ 1 F ü r m i c h i s t e s total w i c h t i g, dass ich einen Tarifvertrag habe. Dort ist genau festgelegt, wann ich mehr Geld bekomme.

○ Ach, das 2 f _ _ _ e i _ _ n _ _ _ t s _ w _ _ _ t _ _. Das kannst du doch auch mit deinem Chef besprechen.

◆ Was findest du denn 3 a _ w _ _ _ t _ _ s t _ _ in einer Firma?

○ Für mich ist vor allem 4 v _ _ B _ _ e u _ _ _ _, dass es flache Hierarchien gibt und ich mit meinem Chef ganz locker sprechen kann.

▲ Ich habe drei Kinder und 5 l _ _ _ g _ _ ß _ _ W _ _ _ darauf, dass meine Firma familienfreundlich ist.

□ Das 6 i _ _ m _ _ auch w _ _ _ t _ _. 7 F _ _ m _ _ _ ist aber noch w _ _ _ t _ _ _ r, dass die Firma etwas für den Umweltschutz tut. Ich will in einer Firma arbeiten, die auf die Umwelt achtet.

b Was ist Ihnen in der Firma wichtig? Machen Sie Notizen und schreiben Sie Sätze.

nette Kollegen

gute Kantine

flexible Arbeitszeiten

Vollzeitstelle

____

Mir ist wichtig, dass ich nette Kollegen habe.

17 Ergänzen Sie. → C2 Redemittel

◆ 1 ______________________ (fällt – auf – Mir), dass du heute ganz still bist. Geht es dir nicht gut?

○ 2 ______________________ (mich – wundere – Ich), dass ich morgen einen Termin bei meiner Chefin habe.

◆ 3 ______________________ (das – eigenartig – du – Findest)?

○ 4 Ja, ______________________ (seltsam – das – ist), so offiziell ... Normalerweise spricht sie spontan mit mir, ohne Termin.

18 Ergänzen Sie. → C3 Wortschatz

Kontaktformular | Soziale Medien | ~~Stellenanzeige~~ | unseriös

Ich habe eine tolle 1 *Stellenanzeige* gefunden. Ich bin aber nicht sicher, ob das Angebot vielleicht 2 ______________________ ist. Die Firma hat so einen komischen Namen ... Was soll ich denn jetzt machen? 🙁

Nutzt die Firma 3 ______________________? Such doch mal. Da kannst du auch Kommentare und Bewertungen lesen ... Oder du schreibst einfach eine Nachricht? Schau mal, ob sie auf der Internetseite ein 4 ______________________ haben ...

Okay, mache ich! Danke!!!

19 | a **Welche Anzeige hat welche Merkmale? Lesen Sie und kreuzen Sie an.** → C3 Lesen

A

Die Heinrich-Bau GmbH sucht zum nächstmöglichen Zeitpunkt

Bauhelfer (m/w/d) auf 450-Euro-Basis.

Sie transportieren und lagern Material, pflegen Werkzeuge und Geräte und helfen beim Aufbau und Abbau von Gerüsten.

Mehr Infos auf www.heinrich-bau.de. Bewerben können Sie sich schriftlich oder per Telefon (0341-821 89 89).

B

BEQUEM GELD IM HOMEOFFICE VERDIENEN

Investieren Sie drei Stunden täglich und verdienen Sie dafür 2 800 Euro. Leichte Tätigkeiten!

www.schnelles-geld.de. Besuchen Sie unsere Webseite und bestellen Sie sofort Infomaterial (15 Euro) per Überweisung bei uns.

Werden Sie noch heute Teil des Teams!

C

Wir suche Sie!

Werden Sie telefonischer Kundenberater bei TeleFono!

Sie beraten unsere Kunden am Telefon und pflegen die TeleFono-Datenbank.

Dafür bekommen Sie einen unbefristeten Arbeitsvertrag, ein marktübliches Gehalt und jährliche Gehaltserhöhungen. Bewerbungen mit allen wichtigen Zeugnissen an personal@telefono.de.

Merkmale	Anzeige A	Anzeige B	Anzeige C
1 realistisches Gehalt	☒	○	○
2 Aufgaben sind gut beschrieben	○	○	○
3 Bewerbung muss Qualifikationen enthalten	○	○	○
4 Informationen zum Arbeitgeber sind vorhanden	○	○	○
5 Arbeitgeber kann leicht kontaktiert werden	○	○	○
6 man muss nichts bezahlen	○	○	○

b **Welche Anzeige würden Sie Bekannten empfehlen, welche eher nicht? Begründen Sie.**

20 **Ergänzen Sie.** → C3 Redemittel

Das habe ich auch schon mal erlebt | Mir ist mal Folgendes passiert | Mir ist schon mal ein Angebot begegnet | ~~Wer hat persönliche Erfahrungen~~

◆ 1 *Wer hat persönliche Erfahrungen* mit unseriösen Stellenanzeigen gemacht?

○ 2 ______________________: Ich habe eine Bewerbung per E-Mail geschickt. Die Bewerbung ist zurückgekommen, weil es die Mailadresse und die Firma gar nicht gab.

◆ 3 ______________________.

▲ 4 ______________________, wo man Formulare ordnen sollte. Für 80 Euro Gehalt pro Stunde!

E Schwarzarbeit

21 **Was passt? Verbinden Sie.** → 2 Wortschatz

1 Steuern und Sozialversicherungsbeiträge
2 einen Handwerker
3 gegen ein Gesetz
4 unangemeldet
5 sich strafbar

A verstoßen
B machen
C schwarz beschäftigen
D zahlen
E arbeiten

Lernwortschatz

S. 26 | Mike Rosby hat eine Vollzeitstelle gefunden

Nomen

der Aushang, ¨-e
die Fabrik, -en
das Jobcenter, –
die Lokalzeitung, -en
der Mitarbeiter, – / die Mitarbeiterin, -nen
die Stellenanzeige, -n
die Vollzeitstelle, -n

Verb

klappen, klappte, hat geklappt

S. 27 | Ⓐ Stellenanzeigen finden

das Anzeigenblatt, ¨-er
die Arbeitsagentur, -en
der Bereich, -e
die Datenbank, -en
das Internetportal, -e
die Öffnungszeit, -en
die Online-Jobbörse, -n
das Stellenangebot, -e
die Weile (Sg.)

Verben

beraten, beriet, hat beraten
betreuen, betreute, hat betreut
bewerben, bewarb, hat beworben

Adjektiv

ausführlich

S. 28 | Ⓑ Stellenanzeigen verstehen

die Ausbildung, -en
der Führerschein, -e
die Genauigkeit, -en
die Beschäftigung, -en
die Erfahrung, -en
die Kundenfreundlichkeit, –
der Tarifvertrag, ¨-e
der Zuschlag, ¨-e
die Übernahme, -n
der Zeitpunkt, -e
die Zuverlässigkeit, –

Adjektive

abgeschlossen
nächstmöglich

S. 30 | Ⓒ sich über einen Arbeitgeber informieren

das Kontaktformular, -e
das Medium, Medien: Soziale Medien

Adjektiv

unseriös

S. 32 | Ⓔ Schwarzarbeit

das Gesetz, -e
der Handwerker, – / die Handwerkerin, -nen
die Haushaltshilfe, -n
die Schwarzarbeit (Sg.)
der Sozialversicherungsbeitrag, ¨-e
die Steuer, -n

Verben

schwarzarbeiten, arbeitete schwarz, hat schwarzgearbeitet
verstoßen, verstößt, hat verstoßen

Adjektive

strafbar
unangemeldet

Lektion 4

1 **Lesen Sie Textnachricht von Henrik, Mias Sohn, an einen Freund aus dem Volleyballverein. Ergänzen Sie *sein* oder *haben* in der passenden Form.** → 1 Wiederholung: *sein* und *haben*

Hilfe, ich [1] *bin* jetzt 19 Jahre und ich weiß nicht, was ich beruflich machen will. [2] ______ das nicht seltsam? Ich [3] ______ einfach keine Ahnung. 🙄 Meine Eltern [4] ______ darüber leider überhaupt nicht glücklich. Sie [5] ______ aber auch einfach keine Geduld. [6] ______ du vielleicht eine Idee oder [7] ______ deine Schwester einen Tipp? Ihr [8] ______ doch zufrieden mit euren Berufen, oder? Vielleicht können wir darüber mal sprechen? [9] ______ ihr Lust vorbeizukommen? Ich backe auch einen Kuchen. 😀

2 **Lesen Sie den Post und die Kommentare dazu. Ergänzen Sie.** → 1 Redemittel / Kommunikation

Es stimmt, dass | ~~Es stimmt nicht, dass~~ | Ich finde ... hat recht | Ich kann verstehen, dass

EGAL, WAS DU MACHST UND WIE VIEL GELD DU VERDIENST: DAS WICHTIGSTE IST, DASS DER JOB SPASS MACHT.

RADIA

Ich sehe das anders. [1] *Es stimmt nicht, dass* Spaß das Wichtigste ist. Am wichtigsten ist, dass man Erfolg hat.

BEN

Klar! [2] ______ Spaß im Beruf wichtig ist. Das sehe ich auch so. Aber Geld ist auch wichtig.

CARLA

Genau! [3] ______, Ben ______. [4] ______ man Spaß wichtig findet. Aber oft ist wichtiger, dass man überhaupt einen Job hat.

A über Biografien sprechen

3 **Wie kann man das auch sagen? Ergänzen Sie.** → A2 Wortschatz

~~Arbeitsalltag~~ | Berufswunsch | Biografie | Schulabschluss

1 Was man täglich im Beruf erlebt, gehört zum *Arbeitsalltag*.
2 Was man in seinem Leben erlebt und erreicht hat, gehört zur eigenen ______.
3 Wenn man weiß, was man beruflich machen möchte, hat man einen bestimmten ______.
4 Wenn man seine Ausbildung in einer Schule erfolgreich beendet, hat man einen ______.

4 **Ergänzen Sie.** → A2 Wortschatz

1 die Arbeits [z] [*e*] [*i*] [t] und der Arbeits [a] [ ] [ ] [t] [ ] [g]
2 der Schul- und der Berufs [a] [ ] [s] [c] [h] [ ] [ ] [s] [s]
3 der Berufs [w] [ ] [ ] [s] [c] [h] und die Berufs [e] [ ] [f] [ ] [ ] [ ] [u] [n] [g]
4 die Bio [g] [ ] [ ] [f] [ ] [ ] und der Lebens [l] [ ] [ ] [f]

5 **Lesen Sie den Anfang des Online-Portraits.**
Bilden Sie Wörter mit *Krank-* oder *Kranken-* und ergänzen Sie. → A2 Wortschatz

~~pflegerin~~ | haus | heit | kasse

JASMINA

Ich bin 1 *Krankenpflegerin* von Beruf und arbeite seit ein paar Wochen in einem 2 ___ in Mannheim. Bei uns sind einige Patientinnen und Patienten, die eine seltene 3 ___ haben. Für sie ist das oft schwierig, denn manchmal bezahlt die 4 ___ nicht alles. ▸ *mehr*

6 **Was passt zusammen? Markieren Sie.** → A2 Wortschatz

1 geschäftlich – beruflich – privat
2 stressig – sozial – anstrengend
3 unzufrieden – begeistert – unglücklich
4 schlimm – spannend – interessant
5 kreativ – innovativ – langweilig
6 verwaltend – geschickt – kaufmännisch

7 **Schreiben Sie die Textnachricht im Präteritum.** → A2 Präteritum von *sein* und *haben*

Ich habe meistens Lust zu arbeiten. Mein Arbeitsalltag ist nicht besonders anstrengend. Meine Kollegen sind lustig. Die Arbeitsatmosphäre ist wirklich gut. Wir haben viel Spaß zusammen. Und meine Chefin hat innovative Ideen.

Früher hatte ich meistens Lust zu arbeiten. Mein Arbeitsalltag ...

8 **Ergänzen Sie die passende Form von *sein* oder *haben* im Präteritum.** → A2 Präteritum von *sein* und *haben*

◆ Wie 1 *war* dein Tag?
○ Gut, aber auch anstrengend. Ich 2 ___ viele Termine mit Kunden.
◆ 3 ___ die Kunden denn freundlich?
○ Die meisten 4 ___ sehr nett. Nur ein Ehepaar 5 ___ überhaupt keine Geduld. Das 6 ___ sehr stressig. Außerdem 7 ___ beide keine Ahnung, was sie kaufen wollten.
◆ Oje, wie anstrengend! 8 ___ du denn erfolgreich? Hast du etwas verkauft?
○ Ja, ich 9 ___ sogar sehr erfolgreich. Das nervöse Ehepaar hat am Ende eine ganze Küche gekauft. Sie 10 ___ zufrieden, als sie das Geschäft verlassen haben.
◆ Und du 11 ___ froh, dass du endlich Feierabend 12 ___!
○ Ja, genau! Ich 13 ___ danach wirklich erst einmal keine Lust mehr zu reden.

9 | a **Bilden Sie Nomen mit der Endung *-nis*. Notieren Sie mit Artikel.**
(Benutzen Sie ein Wörterbuch.) → A2 Wortbildung

~~eig~~ | ~~Er~~ | Er | Er | fäng | Ge | Ge | geb | hält | heim | Kennt | laub | ständ | Ver | Ver | Zeug

das Ereignis

b **Ergänzen Sie die Regel.**

Bei Nomen auf *-nis* steht der Artikel ___ oder ___.

10 | a Markieren Sie alle Modalverben im Präteritum. → A2 Modalverben im Präteritum

LUIZA

Als ich meine Ausbildung zur Erzieherin gemacht habe, musste ich jeden Morgen um 6 Uhr aufstehen. Ich wollte nämlich unbedingt mit dem Rad zur Kita fahren. Meine Chefin war leider sehr streng. Ich durfte auf keinen Fall zu spät kommen. Sie konnte einfach nicht verstehen, dass auch Radfahrer mal im Stau stehen oder viele rote Ampeln haben. Meine Kollegen und ich, wir wollten nicht akzeptieren, dass sie bei den Autofahrern viel toleranter war. Wir mussten immer wieder mit ihr diskutieren. Das war vielleicht anstrengend! Und bis zum Schluss konnten wir sie nicht überzeugen.

b Ergänzen Sie die Fragen zum Beitrag in a.

1 Wann *musstest* du aufstehen?
2 Was ______ du unbedingt?
3 Was ______ du nicht?
4 Was ______ deine Chefin nicht verstehen?
5 Was ______ ihr nicht akzeptieren?
6 Was ______ ihr immer wieder machen?
7 Wen ______ ihr nicht überzeugen?

11 Ergänzen Sie *dürfen*, *können*, *müssen*, *sollen* und *wollen* in der passenden Form. → A2 Modalverben im Präteritum

TOM

Bevor ich Chef wurde, 1 *musste* ich abends die Werkstatt aufräumen. Ich 2 *d* ______ nicht selbst mit den Kunden sprechen. Ich 3 *m* ______ immer pünktlich sein. Als Angestellter 4 *k* ______ ich nichts selbst entscheiden. Ich 5 *m* ______ immer den Chef fragen. Ich 6 *d* ______ nicht so kreativ sein. Natürlich 7 *s* ______ ich immer nett zum Chef sein. Darum 8 *w* ______ ich möglichst schnell selbst Chef werden. 😃

12 | a Welches Bild passt zu welchem Text? Ordnen Sie zu. → A2 Modalverben im Präteritum

A

B

C

1 ______ Als Kind *wollte* ich Pilot werden, aber ich ______ das Geschäft von meinem Vater übernehmen.
2 ______ Als Kind ______ ich auf dem Bauernhof meiner Eltern helfen, obwohl ich viel lieber mit anderen Kindern spielen ______.
3 ______ Als Kind ______ ich nicht gut mit Pflanzen umgehen, aber meine Mutter ______ unbedingt, dass ich eine Ausbildung zur Gärtnerin mache.

b Ergänzen Sie in a *können*, *müssen oder wollen* im Präteritum.

13 Über welche Informationen aus dem Lebenslauf spricht Jan?
334 Hören Sie und markieren Sie im Lebenslauf. → A3 Redemittel / Kommunikation

Lebenslauf

Persönliche Daten	Jan JELÍNEK Blücherplatz 5, 24105 Kiel JJelinek@webmail.de geboren in Olomouc (Tschechien) seit 08/21 in Deutschland	
Berufserfahrung	seit 10/21	Maler und Lackierer Farbenfrisch, Kiel
Ausbildung	09/18 – 07/21	Ausbildung zum Maler und Lackierer Střední škola polytechnická (Berufsmittelschule), Olomouc Abschluss: Lehrbrief (Výuční List) – Note: 1,5
	09/09 – 07/18	Základní školy, Olomouc (Grundschule) (Abschluss entspricht dem deutschen Hauptschulabschluss)
Sprachkenntnisse	Tschechisch Deutsch (Niveau A2)	

Kiel, den 30. Oktober 20XX

Jan Jelinek

14 **Schreiben Sie die Sätze richtig.** → A3 Redemittel / Kommunikation

Mein Vater 1 *ist in Stuttgart geboren und aufgewachsen* (und aufgewachsen – in Stuttgart – ist – geboren). Er hat zwei jüngere Geschwister. 2 ________ (als – wollte – Kind) er Fitnesstrainer werden, aber seine Eltern hatten andere Pläne für ihn. 3 ________ (der Schule – nach) hat er eine Ausbildung gemacht. 4 ________ (zum Metzger – nach – seiner Ausbildung) hat er Deutschland verlassen.

15 **Ergänzen Sie den Notizzettel mit Ihren Angaben und schreiben Sie eine kurze Biografie.** → A3 Redemittel / Kommunikation

geboren in ________
aufgewachsen in ________
Berufswunsch als Kind: ________
nach der Schule: ________
nach der Ausbildung: ________

Ich bin in ...

B einen tabellarischen Lebenslauf schreiben

16 **Zu welchen Themen sollte es im Lebenslauf Informationen geben? Kreuzen Sie an.** → B2 Wortschatz

1 ☒ Schulabschluss
2 ○ Berufserfahrung
3 ○ Sprachkenntnisse
4 ○ Weiterbildungen
5 ○ Religion
6 ○ Staatsbürgerschaft der Eltern
7 ○ persönliche Daten
8 ○ Haarfarbe
9 ○ Gehalt

17 **Lesen Sie den Text aus einem Internet-Ratgeber und ergänzen Sie.** → B2 Wortschatz

Abschlüsse | Daten | ~~Lebenslauf~~ | Kenntnisse | Reife | Staatsbürgerschaft | Tätigkeiten | Weiterbildungen | Zeitraum

IHRE BEWERBUNGSUNTERLAGEN

Der tabellarische 1 Lebenslauf ist der wichtigste Teil Ihrer Bewerbung. Er zeigt auf einer Seite, welche Fähigkeiten, Qualifikationen und 2 ________ Sie haben.
Es ist wichtig, dass man alle Informationen schnell lesen und verstehen kann. Die persönlichen 3 ________, wie zum Beispiel Ihr Name, Ihre Adresse oder auch Informationen zu Ihrer 4 ________, stehen ganz oben.
Sie sollten auf jeden Fall unter „Ausbildung" Ihren letzten Schulabschluss nennen. Die 5 ________ heißen in jedem Land anders. Darum sollten Sie in einer Bewerbung angeben, welchem Abschluss Ihre Qualifikation entspricht (zum Beispiel Hauptschulabschluss, Mittlere 6 ________, Abitur oder Matura). Außerdem gehören Angaben zu 7 ________ (zum Beispiel Kurse und Workshops) in den Lebenslauf. Wenn Sie Berufserfahrungen haben, sollten Sie Ihre 8 ________ beschreiben.
Bei Informationen zur Aus- und Weiterbildung sowie zur Berufserfahrung ist es wichtig, dass Sie einen 9 ________ angeben. Es reicht, wenn Sie den Monat und das Jahr nennen.

18 **Wie heißt das Nomen? Schreiben Sie die Wörter mit Artikel.** → B2 Wortschatz

1 abschließen: der Abschluss (schlussAb)
2 angeben: ________ ________ (begaAn)
3 tun: ________ ________ (keittigTä)
4 kennen: ________ ________ (nisKennt)

19 **Was passt zusammen? Verbinden Sie.** → B2 *seit/von ... bis*

1 seit 2022
2 von Januar 2021 bis Mai 2021
3 von 2020 bis 2021
4 seit Januar 2021

A 01/2021 – heute
B 2020/21
C 2022 –
D 01/2021 – 05/2021

20 **Ergänzen Sie *wann* oder *seit wann*.** → B2 *seit*

1 ◆ Seit wann arbeiten Sie hier?
○ Seit drei Wochen. Und ________ haben Sie angefangen, hier zu arbeiten?
◆ Vor dreißig Jahren, junger Mann!

2 ◆ ________ hast du Urlaub?
○ In drei Wochen. Ich fahre wie immer nach Kroatien.
◆ ________ machst du dort schon Urlaub?
○ Ach, bestimmt schon acht Jahre. Ich fühle mich dort sehr wohl.

3 ◆ ________ isst du Salat zu Mittag?
○ Seit ich immer dicker werde. Aber ________ interessierst du dich für mein Mittagessen?
◆ Ach, schon immer! Ich interessiere mich einfach für meine Kollegen.

21 **Schreiben Sie Antworten wie im Beispiel.** → B2 *seit/von ... bis*

1 Seit wann leben Sie in Nürnberg?
Seit November 2021. (November 2021)

2 Wann haben Sie Ihre Ausbildung zum Kfz-Mechatroniker gemacht?
________ (2015–2017)

3 Seit wann sind Sie fest angestellt?
________ (März 2022)

4 Wann haben Sie Deutschkurse gemacht?
________ (November 2021–Februar 2022)

22 | a **Lesen Sie die E-Mail. Was passt? Markieren Sie.**

→ B2 Wiederholung: *ab, am, bis, für, in, seit, von ... bis, vor, zwischen*

Lieber Herr Mitterhagen,

vielen Dank für das nette Telefonat. Im Anhang finden Sie wie besprochen meinen Lebenslauf. Ich fasse gern die wichtigsten Informationen noch einmal kurz zusammen: Ich bin [1] bis | vor drei Monaten nach Deutschland gekommen und suche [2] ab | seit zwei Wochen eine Vollzeitstelle als Elektrikerin. Ich habe [3] von | ab 2017 [4] bis | zwischen 2019 eine Ausbildung zur Elektrikerin gemacht. Nach der Ausbildung war ich in meiner Heimat Bulgarien zwei Jahre als Elektrikerin angestellt. Ich habe dort auch eine sechswöchige Weiterbildung im Bereich „Gebäudetechnik" absolviert. Ich habe [5] in | ab den letzten achten Wochen an einem Deutschkurs teilgenommen und mache [6] für | am Montag die B1-Prüfung.
Ich würde mich sehr freuen, wenn ich mich in einem persönlichen Gespräch vorstellen könnte.

Mit den besten Grüßen
Luba Angelova

b **Lesen Sie die E-Mail in a noch einmal. Welche Formulierung passt für einen Lebenslauf besser? Kreuzen Sie an.**

→ B5 Redemittel / Kommunikation: Lebenslauf schreiben

1 ⓐ (X) 2017–2019 Ausbildung zur Elektrikerin
ⓑ 2017–2019 Elektrikerin-Schule

2 ⓐ 2019–2021 Arbeit als Angestellte
ⓑ 2019–2021 Arbeit als Elektrikerin

3 ⓐ 04/05 2020 Weiterbildung im Bereich „Gebäudetechnik"
ⓑ 04/05 2020 Absolvierte Weiterbildung

4 ⓐ 02/03 2022 Prüfung für den Deutschkurs (A2–B1)
ⓑ 02/03 2022 Teilnahme am Deutschkurs (A2–B1)

23 **Was passt zusammen? Verbinden Sie und ergänzen Sie.**

→ B5 Redemittel / Kommunikation: Lebenslauf schreiben

1 Ich habe im Juni 2015 die Schule mit dem Baccalauréat abgeschlossen.
2 Ich habe in der Ausbildung 2017 in einem Start-up ausgeholfen.
3 Ich habe von Mai bis Juni 2021 an einem Deutschkurs teilgenommen.
4 Ich habe eine zweijährige Ausbildung zum Fachinformatiker absolviert.
5 Ich habe im November 2018 eine Weiterbildung zum Thema *Infografiken* gemacht.

A 05/06 2021 Teilnahme an einem Deutschkurs
B 2017 A _ _ h _ _ _ _ in einem Start-up
C 10/2016–9/2018 A _ _ b _ _ _ _ _ _ zum Fachinformatiker
D 11/2018 W _ _ _ _ _ b _ _ _ _ _ _ „Infografiken"
E 06/2015 A _ s c h _ _ _ _: Baccalauréat (entspricht dem Abitur)

24 **Was passt zusammen? Verbinden Sie.**

→ B5 Redemittel / Kommunikation

1 Es wäre gut,
2 Was hältst du davon,
3 Ich würde vorschlagen,
4 Mein Vorschlag:

A Wähl ein freundlicheres Foto.
B buntes Papier zu nehmen?
C die E-Mailadresse zu ergänzen.
D du liest alles noch einmal.

25 **Ergänzen Sie.** → B5 Redemittel / Kommunikation

1 ◆ Ich finde es schwierig, meinen Lebenslauf auf Deutsch zu schreiben.
○ W *a* *s* h *ä* *l* t *s* *t* d __ d __ v __ __, dich dazu beraten zu lassen?

2 ◆ Welche Tipps hast du denn?
○ E *s* w __ r __ g __ __, wenn ein Muttersprachler den Lebenslauf korrigiert.

3 ◆ Ich weiß nicht, wie ich anfangen soll.
○ Ich schicke dir mal ein Beispiel. I __ __ w __ r d __ v __ __ s c h __ __ g __ __, du schaust das erst einmal an und dann sprechen wir darüber.

C eine Bewerbung zusammenstellen

26 **Was passt? Ordnen Sie zu.** → C1 Wortschatz

das Abitur / die Matura · das Anschreiben · die Arbeitsprobe · das Arbeitszeugnis · ~~die Bescheinigung~~ · der Bildungsabschluss · ~~das Diplom~~ · das Empfehlungsschreiben · das Foto · der Lebenslauf · der Leistungsnachweis · der Schulabschluss

der Abschluss	die Bewerbungsunterlagen
das Diplom	*das Diplom, die Bescheinigung*

27 **Was passt? Markieren Sie.** → C1 Wortschatz

1 **ausschreiben:** eine Stelle – einen Job – ein Anschreiben
2 **beglaubigen:** eine Kopie – eine Bewerbungsfrist – eine Übersetzung
3 **hochladen:** ein Format – ein Dokument – ein Foto
4 **zusammenstellen:** Bewerbungsunterlagen – Dateianhänge – eine Herausforderung

28 **Was passt zusammen? Verbinden Sie.** → C1 Wortschatz

1 der Leistungs — B
2 die Bewerbungs
3 das Empfehlungs
4 die Online-

A Bewerbung
B nachweis
C frist
D schreiben

29 **Was passt besser und ist höflicher? Kreuzen Sie an.** → C4 Schreiben

1 ⓐ Sehr geehrte Damen und Herren,
☒ⓑ Sehr geehrter Herr Mayer,
2 ⓐ ich habe Ihr Übersetzungsbüro in den Gelben Seiten gefunden.
ⓑ Sie haben ein Übersetzungsbüro.
3 ⓐ Ich brauche für eine Bewerbung eine Übersetzung meines griechischen Zeugnisses ins Deutsche.
ⓑ Ich brauche eine Übersetzung ins Deutsche!
4 ⓐ Können Sie diesen Auftrag übernehmen?
ⓑ Könnten Sie diesen Auftrag vielleicht übernehmen?
5 ⓐ Vielen Dank im Voraus.
ⓑ Danke.

30 | a **Ordnen Sie die E-Mail.** → C4 Schreiben

A ____ ich habe vom 1. Mai bis 30. Juni ein Praktikum bei Ihnen gemacht.
B ____ Für eine Bewerbung brauche ich jetzt einen Nachweis. Könnten Sie mir bitte eine Bescheinigung schicken?
C ____ Vielen Dank im Voraus.
Mit herzlichen Grüßen
D *1* Liebe Frau Schulze,
E ____ Falls Sie weitere Informationen brauchen, stehe ich natürlich gern zur Verfügung.

b Schreiben Sie eine E-Mail. Benutzen Sie die Notizen.

Sehr geehrter Herr Maurer,

ich

E-Mail an Herrn Maurer
Bescheinigung
Weiterbildung „Gebäudetechnik“
(15.10. bis 30.11.2021)

(E) Lücken im Lebenslauf

31 **Wie kann man das auch sagen? Ergänzen Sie.** → 2 Wortschatz

Arbeitgeber ~~arbeitsuchend~~ Eindruck erfinden lügen Wohnortwechsel

1 eine Beschäftigung suchen = *arbeitsuchend* sein
2 etwas sagen, was nicht stimmt = ...
3 sich etwas überlegen, was es (noch) nicht gibt = etwas ....
4 die Firma, in der man arbeitet = der ....
5 sich gut präsentieren = einen guten .... machen
6 der Umzug in eine andere Stadt = der ....

32 **Finden Sie noch drei Wörter und ergänzen Sie.** → 2 Wortschatz

GATXKLÜCKEHQBIARBEITSLOSIGKEITMIYVGNEUORIENTIERUNGÖSHVINSOLVENZHGJ

MICHAL

Was mache ich bei einer [1] *Lücke* im Lebenslauf? Ich war nach der [2] .... meines Arbeitgebers sechs Monate arbeitslos.
Aber es ist ja nicht so gut, [3] „............“ zu schreiben, oder?

KIA

Nein, da hast du Recht. Es wäre besser zu sagen, dass du die Zeit für eine berufliche [4] .... gebraucht hast. Vielleicht hast du in dieser Orientierungsphase auch etwas neu gelernt?

33 | a **Lesen Sie die Sätze a–d zum Thema *Lücken im Lebenslauf*. Welche Wörter sind besonders wichtig? Markieren Sie.** → 3 Prüfung: Hören Teil 2

a Zum Glück sind Lücken im Lebenslauf eher selten.
b Arbeitgeberinnen und Arbeitgeber suchen im Lebenslauf nach Lücken.
c Bewerberinnen und Bewerber sind oft unsicher.
d Lücken im Lebenslauf können bei einer Bewerbung auch ein Vorteil sein.

b **Sie hören zwei Aussagen zu einem Thema. Welcher der Sätze a–d passt zu den Aussagen 1 und 2? Kreuzen Sie an.**

335

Aussage 1 ⓐ ⓑ ⓒ ⓓ
Aussage 2 ⓐ ⓑ ⓒ ⓓ

34 **Hören Sie die Wörter. Wo hören Sie ein *sch* [ʃ]? Markieren Sie.** → Phonetik: *s/sch*

336

sprechen Tasche wissen Fisch Strom Spiel
gestern besprechen erstens schreiben wischen

35 **Hören Sie und sprechen Sie nach.**

337

36 **Hören Sie und sprechen Sie nach. Ergänzen Sie *s* oder *sch*.**

338

ra*sch* be____tehen ____traße ____tuhl ____reiben ____piegel
____prechen be____tellen ____port klat____en ____pannung

37 **Ergänzen Sie die Regel.**

____ und ____ werden am Silbenanfang wie *sch + p* und ____ gesprochen.

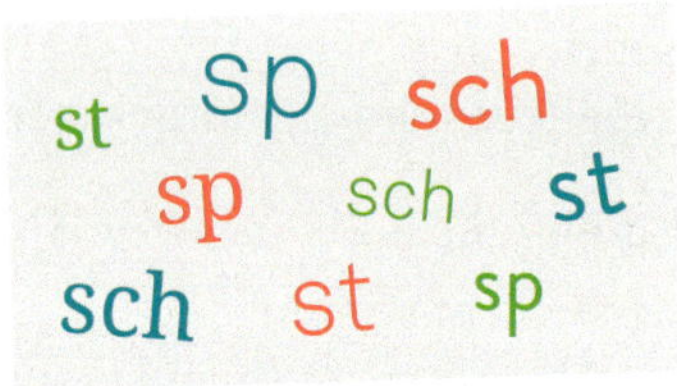

Lernwortschatz

S. 35 | A über Biografien sprechen

Nomen

die Biografie, -n ____
der Arbeitsalltag, -e ____
der Berufswunsch, ¨-e ____
der Krankenpfleger, – / die Krankenpflegerin, -nen ____
der Schulabschluss, ¨-e ____

Adjektiv

anstrengend ____

S. 36 | B einen tabellarischen Lebenslauf schreiben

Nomen

der Abschluss, ¨-e ____
die Angabe, -n ____
der Hauptschulabschluss, ¨-e ____
____
die Kenntnis, -se ____
der Kfz-Mechatroniker, – / die Kfz-Mechatronikerin, -nen ____
____
der Lebenslauf, ¨-e ____
die Mittlere Reife (Sg.) ____
____
Persönliche Daten (Pl.) ____
____
die Staatsbürgerschaft, -en ____
____
die Weiterbildung, -en ____
der Zeitraum, ¨-e ____

Verb

entsprechen, entsprach, hat entsprochen
____

Adjektiv

tabellarisch ____

S. 38 | C eine Bewerbung zusammenstellen

Nomen

das Anschreiben, – ____
die Arbeitsprobe, -n ____
das Arbeitszeugnis, -se ____
die Bewerbungsfrist, -en ____
____
Bewerbungsunterlagen (Pl.) ____
____
der Bildungsabschluss, ¨-e ____
____
das Diplom, -e ____
der Dateianhang, ¨-e ____
das Dokument, -e ____
das Empfehlungsschreiben, – ____
____

das Format, -e (Word-Format)

die Herausforderung, -en

der Leistungsnachweis, -e

die Online-Bewerbung, -en

Unterlagen (Pl.)

Verben

ausschreiben, schrieb aus, hat ausgeschrieben

beglaubigen, beglaubigte, hat beglaubigt

hochladen, lud hoch, hat hochgeladen

zusammenstellen, stellte zusammen, hat zusammengestellt

S. 40 | Ⓔ Lücken im Lebenslauf

Nomen

der Arbeitgeber, – / die Arbeitgeberin, -nen

die Arbeitslosigkeit (Sg.)

der Eindruck, ¨-e

die Insolvenz, -en

die Lücke, -n

die Neuorientierung, -en

die Orientierungsphase, -n

der Wohnortwechsel, –

Verben

erfinden, erfand, hat erfunden

lügen, log, hat gelogen

Adjektiv

arbeitsuchend

Tipp: Domino

Spielen Sie mit Ihren neuen Wörtern zu dritt oder viert Domino. Schreiben Sie ein Wort auf eine Karte und kleben oder zeichnen Sie auf dieselbe Karte ein Bild des nächsten Worts. So entsteht eine Wörter-Bilder-Schlange. Mischen Sie die Karten und verteilen Sie sie gleichmäßig an alle Mitspieler, eine Karte bleibt auf dem Tisch liegen. Nun darf reihum jeder eine passende Karte anlegen. Wer nichts Passendes hat, muss aussetzen. Gewonnen hat, wer zuerst alle Karten angelegt hat.

Lektion 5

1 **Bilden Sie noch acht Wörter und ergänzen Sie mit Artikel.** → 1 Wortschatz

Belast | barkeit | bilität | bewusstsein | Eigen | ~~fähigkeit~~ | fähigkeit | fähigkeit | fähigkeit | Flexi | initiative | ~~Kommunikations~~ | Kritik | Moti | Organisations | Team | vation | Verantwortungs

die Kommunikationsfähigkeit

Sozialkompetenzen

2 **Ergänzen Sie.** → 1 Wortschatz

Anschreiben | Bewerbungscoach | Eigenschaften | Qualifikationen | Sozialkompetenzen | ~~Vorstellungsgespräch~~

◆ Irgendetwas mache ich falsch! Ich schicke so viele Bewerbungen und bekomme nie eine Einladung zum 1 Vorstellungsgespräch. Ich bin total verzweifelt!
○ Hast du deine Bewerbung mal einem 2 ______ gezeigt? Das sind Profis, die dir viele Tipps geben können.
◆ Nein. Ist das denn nötig?
○ Ich habe mal einen Kurs zum Thema *Bewerbung* gemacht. Dort hat der Coach mein 3 ______ genau angeschaut. Er hat mit mir darüber gesprochen, wie ich meine fachlichen 4 ______ besser präsentieren kann. Er hat mir den Tipp gegeben, dass ich meine persönlichen 5 ______ genau beschreiben soll, die sogenannten 6 ______. Die sind wichtig! Danach hat das Bewerben echt besser geklappt.
◆ Ach, wirklich?

A über Kompetenzen sprechen

3 **Was passt zusammen? Verbinden Sie.** → A1 Wortschatz

1 Ahmed sagt immer die Wahrheit. Er ist
2 Der Bewerber sollte gut organisieren können. Das ist
3 Selina hat kein Problem mit Stress. Sie ist
4 Ich brauche die Antwort sofort. Es ist
5 Senja kommt immer pünktlich. Sie ist

A belastbar.
B dringend.
C zuverlässig.
D wünschenswert.
E ehrlich.

4 **Lesen Sie die Informationen zu den Personen 1–5 und die Anzeigen A–H. Welche Anzeige passt? Ergänzen Sie den Buchstaben.** → A1 Prüfung: Lesen Teil 1

A
PIZZAFAHRER/IN AB SOFORT GESUCHT
Minijob, Arbeitszeiten vor allem abends und am Wochenende
Voraussetzung: Führerschein, Kundenfreundlichkeit, Flexibilität
Bei Interesse bitte in der Pizzeria Diabolo melden
(0441/36 88 488).

B
Aushilfe im Sommercamp gesucht! Verbringen Sie sechs Wochen in der Natur! Voraussetzung: Erfahrung mit Kindern (8 bis 15 Jahre), Teamfähigkeit und Freude am Zusammenleben in einer großen Gruppe. Interesse? E-Mail an: info@kinder-camp.de

C
Zur Unterstützung unseres Serviceteams sucht das Hotel Seeblick
Aushilfen für die Sommermonate.
Ihre Aufgaben: Bedienen, Reinigen der Zimmer und des Restaurants.
Ihr Profil: idealerweise Erfahrung in Gastronomie und Reinigung, gute Deutschkenntnisse, Teamfähigkeit und selbstständige Arbeitsweise. Bei Interesse im Hotel melden.

D
Das Team des Restaurants ***Kellnerei*** sucht ab September: ca. 150 qm in der Innenstadt mit großer Küche und Außenbereich. Miete max. 1.500 € inkl. Nebenkosten. Angebote bitte per E-Mail (chefin@kellnerei.de).

E
Wir suchen für drei Nachmittage pro Woche einen **Babysitter** für unsere Zwillinge (6 Jahre). Erfahrung mit Kindern ist Voraussetzung! Außerdem: Kinderfreundlichkeit, absolute Zuverlässigkeit. Pkw für Fahrten zum Sport usw. wäre gut.
familieklug@schreib-mir.de.

F
Der Kindergarten Sonnenland sucht eine/n **Hausmeister/in.** Bei uns geht viel kaputt, deshalb ist handwerkliches Geschick Voraussetzung! Außerdem sind Sie ein sozialer Typ, Kinderlärm stört Sie nicht und Sie sind immer freundlich – dann werden Sie Teil des Sonnenland-Teams! 030/31 99 643.

G
Der Biohof Rübli sucht Helfer!
Sie helfen bei der Ernte von Obst und Gemüse. Vollzeit von Juli bis September, danach nach Bedarf. Voraussetzung: Belastbarkeit und selbstständige Arbeitsweise! *www.biohof-ruebli.de.*

H
Tischlerei Fritsche in Naumburg sucht **eine/n Auszubildende/n**! Sie haben die 10. Klasse erfolgreich beendet und möchten Tischler/in werden? Sie arbeiten gern mit Holz und möchten lernen, Möbel herzustellen? Kommen Sie einfach vorbei und lernen Sie uns kennen (Lausitzer Straße 154)!

1 G ...... Iwanka sucht einen Sommerjob. Sie liebt die Natur und arbeitet nicht so gern im Team.
2 ...... Jens studiert und sucht einen Job am Nachmittag, um etwas Geld zu verdienen. Er musste früher immer auf seine zwei kleinen Geschwister aufpassen.
3 ...... Ahmed hat eine Ausbildung zum Tischler gemacht. Er repariert gern Dinge und wünscht sich Abwechslung im Beruf.
4 ...... Theo hat in seiner Schulzeit als Kellner gejobbt. Jetzt sucht er einen Job, bis im September seine Ausbildung beginnt. Er arbeitet gern mit anderen zusammen.
5 ...... Aycha sucht einen Nebenjob. Sie hat ein Auto und kann abends und am Wochenende arbeiten.

5 **Welches Wort passt nicht? Korrigieren Sie.** → A1 Wortschatz

Baustelle | Gastronomiebereich | Schichtdienst | Verantwortungsbewusstsein | ~~Verstärkung~~

1 Wir sind ein Team von fünf Mitarbeitern und suchen zum nächstmöglichen Zeitpunkt ~~Zuverlässigkeit~~. Verstärkung
2 Sie suchen eine Beschäftigung im Wartebereich und haben schon als Küchenhilfe gearbeitet? Dann sind Sie bei uns genau richtig! ....
3 In Produktionshalle 2 arbeiten wir im Tarifvertrag: von 6 bis 14 Uhr, von 14 bis 22 Uhr und von 22 bis 6 Uhr. ....
4 In unserem Team ist Eigenschaft sehr wichtig. ....
5 Die A4 ist zwischen Erfurt und Weimar wegen einer Abfahrt gesperrt. Deshalb bin ich heute zu spät zur Arbeit gekommen. ....

B ein Anschreiben formulieren

6 | a Bringen Sie die Textabschnitte des Anschreibens in die richtige Reihenfolge. → B2 Lesen / Mediation

.... Küchengeräte Larsson
Jahnallee 19
04552 Borna

.... Ich habe im Jahr 2013 meine Ausbildung zur Verkäuferin abgeschlossen. Anschließend habe ich drei Jahre im Küchenstudio Mohr & Mohr in Leipzig gearbeitet. Seit dem Ende meiner Elternzeit 2018 bin ich im Möbelhaus Bender im Leipziger Süden tätig. Nun möchte ich mich gern beruflich verändern. Ich bringe viel Berufserfahrung im Verkaufsbereich mit, bin zuverlässig, belastbar und arbeite gern im Team.

.... *Nilüfer Türker*

.... Mit freundlichen Grüßen

.... Bewerbung als Verkäuferin

..1.. Nilüfer Türker
Am Rabat 26
04463 Großpösna

.... Ihre Anzeige in der Großpösnaer Zeitung hat mich sehr angesprochen.
Deshalb möchte ich mich bei Ihnen bewerben.

.... Großpösna, 14. 12. 20XX

.... Über eine Einladung zu einem Vorstellungsgespräch würde ich mich sehr freuen.

.... Sehr geehrte Damen und Herren,

b Verbinden Sie.

1 Das Anschreiben
2 Die Betreffzeile
3 Mit der Anrede
4 In der Einleitung
5 Im Hauptteil
6 Mit dem Gruß

A beendet man das Anschreiben freundlich.
B sagt man, wo man die Stellenanzeige gefunden hat.
C beschreibt man seine Qualifikationen.
D ist ein wichtiger Teil der Bewerbung.
E nimmt man Kontakt auf.
F erklärt, warum man schreibt.

**c Ein Freund bewirbt sich gerade und hat Fragen zum Anschreiben.
Antworten Sie ihm in einer Textnachricht.**

Wie ist ein Anschreiben aufgebaut? Worauf muss ich achten?
Es wäre super, wenn du mir helfen könntest.

Ein Anschreiben ist so aufgebaut:
Ganz oben ...

d Lesen Sie das Anschreiben in a noch einmal. Was ist richtig? Kreuzen Sie an.

1 ☒ Nilüfer Türker bewirbt sich bei Küchengeräte Larsson.
2 ○ Sie hat die Anzeige in der Online-Jobbörse gefunden.
3 ○ Sie ist Verkäuferin von Beruf.
4 ○ Während der Ausbildung hat sie ein Kind bekommen.
5 ○ Nach der Elternzeit hat sie im Küchenstudio Mohr & Mohr gearbeitet.
6 ○ Sie ist zurzeit arbeitslos und will etwas daran ändern.
7 ○ Sie ist leider nicht sehr pünktlich.
8 ○ Teamfähigkeit ist eine Stärke von ihr.

e Wie kann man das noch sagen? Formulieren Sie die Sätze um.

1 Ihre Anzeige in der Großpösnaer Zeitung hat mich sehr angesprochen.
(mit großem Interesse – lesen – Ihre Anzeige – Großpösnaer Zeitung)
Mit großen Interesse habe ich Ihre Anzeige in der Großpösnaer Zeitung gelesen.

2 Ich habe im Jahr 2019 meine Ausbildung abgeschlossen. (ich – beenden – meine Ausbildung – Jahr 2019)

____

3 Seit 2021 bin ich im Möbelhaus Bender tätig. (seit 2021 – arbeiten – ich – Möbelhaus Bender)

____

4 Ich bringe viel Berufserfahrung mit. (ich – sammeln – viel Berufserfahrung)

____

7 | a Richtig oder falsch? Lesen Sie den Text aus einem Internet-Ratgeber und kreuzen Sie an. → B2 Präteritum

„Die Qualität der Bewerbung entscheidet oft über den Erfolg"

Lutz Pelnik spricht über seine Erfahrungen in der Personalabteilung

Lutz Pelnik

Acht Jahre lang arbeitete ich in der Personalabteilung eines großen Unternehmens. Ich bekam viele Bewerbungen und traf mit den Vorgesetzten die Auswahl, wen wir zum Vorstellungsgespräch einluden und wen nicht. Manchmal erhielten wir 50 Bewerbungen für eine Stelle. Bei so einer Zahl war es nicht möglich, jede Bewerbung genau zu lesen.
Dann entschied der erste Eindruck: Wenn die Bewerbung gut aussah und wenn man nicht sofort Rechtschreibfehler erkannte, kam sie auf den Stapel „WEITER". Aber wenn die Bewerbung chaotisch war und wenn man gleich Rechtschreibfehler sah, war Schluss! Damals dachte ich oft: Mit einer ordentlichen Bewerbung kann man viel erreichen! Das ist vielen Menschen gar nicht klar.

	richtig	falsch
1 Lutz Pelnik hat die Kandidaten für die Vorstellungsgespräche ausgesucht.	☒	○
2 Teilweise hatte er sehr viele Bewerbungen für eine Stelle.	○	○
3 Wenn es sehr viele Bewerbungen gab, hat er jede Bewerbung genau gelesen.	○	○
4 Fehler sind bei Bewerbungen nicht so schlimm.	○	○
5 Die Bewerber können ihre Chancen durch eine gute Bewerbung verbessern.	○	○
6 Leider wissen viele Leute nicht, dass eine ordentliche Bewerbung wichtig ist.	○	○

b Markieren Sie alle Verben in a im Präteritum und ergänzen Sie.

	arbeiten	treffen	denken
ich	*arbeitete*		
du			
er, sie, es			
wir			
ihr			
sie			

c Wie kann man den Text in a am besten zusammenfassen? Vergleichen Sie mit dem Text und kreuzen Sie an.

1 ○ Herr Pelnik hat viel Erfahrung im Bereich Personal.
2 ○ Manchmal kommen 50 Bewerbungen für eine Stelle.
3 ○ Jede Bewerbung wird genau gelesen.
4 ○ Mit einer guten Bewerbung hat man bessere Chancen.

8 Ergänzen Sie in der passenden Form.

→ B2 Wiederholung: Präteritum von *haben*, *sein* und den Modalverben

BERUFSWEGE

AURELIA

Als Kind [1] wollte (wollen) ich unbedingt bei der Feuerwehr arbeiten. Aber meine Eltern [2] ______ (sein) dagegen. Ich [3] ______ (sollen) mir „einen Beruf für Frauen" suchen. Also [4] ______ (machen) ich eine Ausbildung zur Erzieherin. Ich habe auch gleich eine Stelle gefunden, aber die Arbeit [5] ______ (sein) nichts für mich. Ich [6] ______ (müssen) immer früh aufstehen, die Eltern [7] ______ (sein) anstrengend und ich [8] ______ (dürfen) nichts selbst entscheiden.
Mit 35 [9] ______ (haben) ich dann keine Lust mehr. Ich habe eine Ausbildung zur Feuerwehrfrau gemacht – ich [10] ______ (wollen) mir endlich meinen Traum erfüllen! Seit zwei Jahren arbeite ich jetzt bei der Berufsfeuerwehr Potsdam – und ich weiß: Das [11] ______ (sein) damals die richtige Entscheidung!

9 Formulieren Sie Sätze im Präteritum.

→ B2 Präteritum

1 ich / arbeiten / zehn Jahre lang / in einer Fabrik
Ich arbeitete zehn Jahre lang in einer Fabrik.

2 Ich / prüfen / die Bestellungen / und / kontrollieren / das Lager
______

3 Dabei / können / ich / viel Erfahrung im Logistikbereich / sammeln
______

4 Zu meinen Aufgaben / gehören / die Bearbeitung von Rechnungen
______

5 Dann / wollen / ich / mich weiterentwickeln
______

6 Ich / teilnehmen / an mehreren Weiterbildungen im Bereich IT
______

7 Danach / suchen / ich / eine besser bezahlte Stelle
______

10 Ergänzen Sie in der passenden Form.

→ B3 Wortschatz

absolvieren | angemessen | Arbeitsatmosphäre | Berufseinsteiger | ~~interessant~~ | kommunizieren | Realschulabschluss | Weiterbildungsmöglichkeiten

◆ Hier ist eine [1] interessante Stellenanzeige: Kundenberatung am Telefon. Auch für [2] ______ geeignet.
○ Aha. Das klingt interessant.
◆ Die Firma zahlt ein [3] ______ Gehalt und bietet viele [4] ______. Guck mal: Man darf jedes Jahr zwei Weiterbildungen [5] ______. Und hier steht noch, dass man sich auf eine angenehme [6] ______ und nette Kollegen freuen kann.
○ Und was müssen die Bewerber können?
◆ Man muss mindestens einen [7] ______ haben und gut [8] ______ können.
○ Mehr nicht?

11 **Ergänzen Sie.** → B3 Redemittel

A ◆ 1 I c h d e n k e, dass man sich bei jeder Bewerbung viel Zeit für das Anschreiben nehmen sollte.

○ Ach so? 2 M_ _ n_ _ M_ _ _ ung n_ _ _ kann man immer das gleiche Anschreiben nehmen, wenn man es ein bisschen verändert.

◆ Ach ja ... Und wie oft sind deine Bewerbungen erfolgreich?

B ▲ 3 I_ _ b_ _ d_ _ A_ s_ ch_, dass jeder in einem Kurs lernen sollte, wie man gute Bewerbungen schreibt. Was meinst du?

□ Also, 4 i_ _ f_ _ d_, dass es reicht, wenn man die Bewerbungen Freunden zeigt. Da bekomme ich immer gute Tipps.

12 **Wählen Sie eine Anzeige in 4 aus. Schreiben Sie ein Anschreiben dazu.** → B3 Schreiben

C ein Bewerbungsanschreiben überarbeiten

13 **Finden Sie noch vier Wörter und ergänzen Sie.** → C1 Wortschatz

HTSIHKTSTRUKTURIERTGTHERSERSTELLUNGWASERSTÜBERARBEITENWEIETSOP

ITAREISEBEREITSCHAFTGUZTJIUPOTAEARBEITSWEISEAVBNUUIL

1 Auf diese Stellenanzeige soll man sich bewerben, wenn man *strukturiert* arbeiten kann und belastbar ist.
2 Du musst dein Anschreiben auf jeden Fall noch einmal ______. Es sind viele Fehler drin.
3 Dieses Unternehmen sucht Mitarbeiter mit ______ und selbstständiger ______.
4 Die neue Mitarbeiterin ist für die ______ von Angeboten und für Rechnungen zuständig.

14 **Ergänzen Sie.** → C1 Redemittel

Das macht einen besseren Eindruck | Es wäre besser, wenn | ~~Ich habe bemerkt, dass~~ | ist mir aufgefallen, dass

◆ 1 *Ich habe bemerkt, dass* du in deinem Anschreiben keine Betreffzeile hast. Das finde ich komisch.
○ Oh, das ist mir noch gar nicht aufgefallen.
◆ 2 ______ du noch eine Betreffzeile einfügst. Außerdem 3 ______ alle deine Sätze im Anschreiben mit „ich" anfangen.
○ Echt? Das ist nicht so gut!
◆ Du solltest die Sätze unterschiedlich beginnen. 4 ______.

15 **Verbinden Sie.** → C3 Redemittel

1 Ich bin im Jahr 2009
2 Bis 2019 bin ich
3 Von 2019 bis 2022
4 Vor drei Monaten
5 Seit gestern

A habe ich eine Ausbildung gemacht.
B habe ich eine feste Stelle.
C habe ich eine Weiterbildung begonnen.
D in die Schule gekommen.
E zur Realschule gegangen.

16 **Ergänzen Sie *seit* oder *bis*.** → C3 *seit* und *bis*

1 Oskar ist *seit* gestern krank. Er hat eine Grippe und kann ______ nächste Woche nicht arbeiten.
2 Von 2018 ______ 2021 habe ich eine Ausbildung zum Gärtner gemacht.
3 ______ wann ist die Chefin heute im Haus? Ich muss dringend mit ihr sprechen.
4 Wir haben ______ letzter Woche einen neuen Kollegen. Er heißt David und ist sehr nett.
5 Ich arbeite ______ drei Jahren bei Teppich-Traum. Dort gefällt es mir gut.
6 Wir sind ______ jetzt drei Kollegen in der Personalabteilung. Es soll aber noch jemand eingestellt werden. Darauf hoffen wir ______ Monaten.

(E) Nach der Bewerbung fragen – wann und wie?

17 **Bilden Sie Wörter und ordnen Sie zu.** → 2 Wortschatz

~~Be~~ ~~bung~~ Durch fra gen let nach News schnitt ter ~~wer~~

Huhu! Ich habe immer noch keine Antwort auf meine [1] *Bewerbung* ! 🙁 Was meinst du: Soll ich da mal [2] ______ ?

Hey du! Ich würde noch warten. Arbeitgeber brauchen im [3] ______ vier Wochen, bis sie auf eine Bewerbung reagieren. Das habe ich in einem [4] ______ gelesen!

So lange??? Oh Mann ... 🙁

18 | a **Hören Sie. Wie wird *ch* gesprochen?** → Phonetik

🔊 339

der Durchschnitt | die Schicht | suchen | der Koch | die Technik
nachfragen | der Bereich | das Gespräch | auch

b **Hören Sie noch einmal und ordnen Sie die Wörter.**

🔊 339

ich-Laut [ç]: *der Durchschnitt,* ______

ach-Laut [x]: *nachfragen,* ______

c **Ergänzen Sie die Regel.**

Nach e, i, ä, ö, ü, ei, eu, l, n, r und in Nomen mit -chen steht der ______ -Laut [ç] wie in *Gespräch*.
Nach a, o, u und au steht der ______ -Laut [x] wie in *Koch*.

d **Suchen Sie je ein eigenes Beispiel für die Regel.**

a → lachen | *o → ...* | *...*
e → der Mechatroniker | *i → ...* | *...*

Lernwortschatz

S. 44 | Kosta Bogdanov ist flexibel und gern unterwegs

Nomen

die Belastbarkeit (Sg.) ....

der Bewerbungscoach, -es ....

die Bewerbungscoachin, -nen ....

die Eigeninitiative, -n ....

die Eigenschaft, -en ....

die Flexibilität (Sg.) ....

die Kommunikationsfähigkeit, -en ....

die Kritikfähigkeit (Sg.) ....

die Motivation, -en ....

die Organisationsfähigkeit (Sg.) ....

die Qualifikation, -en ....

die Sozialkompetenz, -en ....

die Teamfähigkeit (Sg.) ....

das Verantwortungsbewusstsein (Sg.) ....

das Vorstellungsgespräch, -e ....

Adjektiv

sogenannt ....

S. 45 | A über Kompetenzen sprechen

Nomen

die Baustelle, -n ....

der Gastronomiebereich, -e ....

der Schichtdienst, -e ....

das Verantwortungsgefühl (Sg.) ....

die Verstärkung, -en ....

Adjektive

belastbar ....

dringend ....

wünschenswert ....

zuverlässig ....

S. 46 | B ein Anschreiben formulieren

die Anrede, -n ....

die Arbeitsatmosphäre, -n ....

der Berufseinsteiger, – / die Berufseinsteigerin, -nen ....

die Betreffzeile, -n ....

die Einleitung, -en ....

der Hauptteil, -e ....

der Realschulabschluss, ¨-e ....

die Weiterbildungsmöglichkeit, -en ....

Verben

absolvieren, absolvierte, hat absolviert ....

kommunizieren, kommunizierte, hat kommuniziert ....

Adjektiv

angemessen ....

S. 48 | C ein Bewerbungsanschreiben überarbeiten

die Arbeitsweise, -n ....

die Erstellung (Sg.) ....

die Reisebereitschaft (Sg.) ....

Verb

überarbeiten, überarbeitete, hat überarbeitet ....

Adjektiv

strukturiert ....

S. 50 | E Nach der Bewerbung fragen – wann und wie?

der Durchschnitt, -e ....

der Newsletter, – ....

Verb

nachfragen, fragte nach, hat nachgefragt ....

Lektion 6

1 | a Zu welchem Gespräch passt das Bild? Kreuzen Sie an.

→ 1 Wortschatz

1 ○ ◆ Seit wann arbeitest du als Kellnerin und wie hast du die Stelle gefunden?
○ Seit zwei Monaten. Ich mag das Café schon lange. Ich habe mit der Chefin gesprochen und meinen Lebenslauf zum Gespräch .... Sie hat mir dann einen Minijob .... Das hat perfekt gepasst!

2 ○ ◆ Wie hast du die Stelle im Supermarkt *bekommen* ?
○ Ich habe einfach eine Verkäuferin gefragt. „................ Sie im Geschäft noch Personal?“ Sie hat mir dann gesagt, wann ich den Chef telefonisch .... kann. Ich musste einen halben Tag zur Probe .... Dann hatte ich den Job.

b Bilden Sie Wörter und ergänzen Sie in a.

an ar ~~be~~ bei bo brau chen chen er ge ge ~~kom~~ ~~men~~ mit nom men rei ten ten

2 | a Lesen Sie die Textnachrichten. Welches Bild passt nicht? Streichen Sie.

→ 2 Redemittel / Kommunikation

Hi! Wo hast du nach einem Job gesucht?

Ich habe zuerst im Internet nach Stellenanzeigen gesucht. Aber da habe ich nichts gefunden. Dann habe ich einfach in den Geschäften und an der Tankstelle bei uns auf der Straße gefragt. Außerdem habe ich mir Aushänge im Supermarkt angeschaut.

A ......

B ......

C ......

D ......

b Lesen Sie noch einmal. Bringen Sie die passenden Bilder in die richtige Reihenfolge (1–3).

**3 Ein Freund braucht Tipps für die Jobsuche.
Lesen Sie den Infokasten und die Textnachricht. Schreiben Sie eine Antwort.
Benutzen Sie *zuerst*, *dann* und *außerdem*.**

→ 2 Redemittel / Mediation

Tipps für die Jobsuche
1 in einem Unternehmen anrufen und nach einem Job fragen
2 einen Termin mit der Chefin oder dem Chef machen
3 anbieten, einen Tag zur Probe zu arbeiten

Ich suche einen Job.
Hast du gute Tipps?

Ich habe gerade diese drei Tipps gefunden. Zuerst kannst du …

A einen Ratgebertext verstehen

4 | a Ergänzen Sie. → A2 Wortschatz

druck gespräch kontakt partner

Tipps für das [1] Bewerbungs__________ – So klappt der Start

- Kommen Sie nicht zu spät zum Gespräch.
- Begrüßen Sie Ihren [2] Gesprächs__________ mit einem [3] Hände__________.
- Halten Sie [4] Blick__________ zu Ihrem Gesprächspartner.
- Seien Sie im Gespräch freundlich und offen.

b Erweitern Sie die Tipps aus a. Benutzen Sie *aber*.

A

nur Witze machen

B

die Hand zu fest drücken

C

ihm zu nahe kommen

D

~~viel zu früh da sein~~

Kommen Sie nicht zu spät zum Gespräch, aber seien Sie auch nicht viel zu früh da.

5 Lesen Sie die Textnachrichten zum Thema *Bewerbungsgespräch*. Schreiben Sie die Wörter richtig. → A2 Wortschatz

Ich habe in einem Interview mit einer [1] *Personalberaterin* (rinterabenalsoPer) gelesen, dass man im Bewerbungsgespräch [2] __________ (wusstbeselbst) sein soll. Das finde ich schwierig. Ich habe nämlich ziemlich viel Angst vor dem Gespräch und fühle mich gar nicht sicher.

Ja, das verstehe ich gut. So ein Gespräch ist ja auch sehr [3] __________ (gendreauf). Mir hilft es, wenn ich tief atme und [4] __________ (rechtauf) sitze. Probier das doch mal aus! Man kann aber auch einfach [5] __________ (bengezu), dass man gerade nervös ist. Das ist doch ganz normal!

Danke! Das hat mir sehr geholfen!

6 **Wie kann man das auch sagen? Ergänzen Sie.** → A2 Wortschatz

1 Ein Vorstellungsgespräch nennt man auch B *e* w *e* *r* b *u* *n* *g* *s* g *e* s p *r* *ä* *c* h.
2 Wer großes Interesse hat und begeistert mitarbeitet, zeigt E _ g _ _ _ m _ _ t.
3 Wer Vertrauen zu sich selbst hat, ist s _ _ _ s t b _ w _ _ _ t.
4 Was spannend ist, ist meistens a _ _ r _ g _ _ d.
5 Wenn man mit geradem Rücken sitzt, sitzt man a _ _ r _ _ _ _ t.

7 | a **Lesen Sie den Online-Artikel. Was steht im Text? Kreuzen Sie an.** → A3 Lesen

BEIM BEWERBUNGSGESPRÄCH ÜBERZEUGEN

Die meisten Arbeitssuchenden haben Angst vor dem Bewerbungsgespräch oder sie sind zumindest nervös. Sie stellen sich viele Fragen: Was ziehe ich zum Bewerbungsgespräch an? Wie soll ich mich verhalten? Wie kann ich meine Stärken besonders gut präsentieren? Was sollte ich auf keinen Fall tun oder sagen? Wissenschaftler:innen der Universität Hamburg haben nun in einer Studie untersucht, wie wichtig das Bewerbungsgespräch für die Entscheidung um einen Job wirklich ist. Sie stellten fest: Der Eindruck, den die Chef:innen von den Bewerber:innen im Gespräch bekommen, spielt die wichtigste Rolle bei der Entscheidung. Der persönliche Eindruck ist in den meisten Fällen deutlich wichtiger als Arbeitszeugnisse, Berufserfahrungen und gute Prüfungsnoten.
Die Forscher:innen haben außerdem untersucht, was Arbeitgeber:innen wirklich überzeugt. Und das ist vor allem das eigene Engagement, das Bewerber:innen zeigen. Wer signalisiert: Ich habe wirklich große Lust, in diesem Job zu arbeiten, hat sehr gute Chancen. Sätze wie „Mir macht es einfach Spaß zu arbeiten" oder „Ich arbeite wirklich gern" zeigen die Motivation der Arbeitssuchenden. Die eigene Motivation spielt bei der Bewertung des Bewerbungsgesprächs eine große Rolle. Sie überzeugt Chef:innen am meisten. KOMMENTARE

1 Vor dem Bewerbungsgespräch
ⓐ muss man Fragen und Antworten üben.
ⓑ sind viele Menschen unsicher.
ⓒ sollte man nicht nervös sein.

2 Wissenschaftler:innen wollten wissen,
ⓐ welche Rolle das Bewerbungsgespräch spielt.
ⓑ wer über Jobs entscheidet.
ⓒ wie wichtig die Kommunikation im Beruf ist.

3 Der persönliche Eindruck
ⓐ spielt eine kleinere Rolle als Zeugnisse.
ⓑ hängt von der Dauer des Gesprächs ab.
ⓒ ist für Vorgesetzte besonders wichtig.

4 Wer im Bewerbungsgespräch überzeugen will,
ⓐ sollte lustig sein und Spaß haben.
ⓑ sollte seine Motivation zeigen.
ⓒ sollte soziales Engagement zeigen.

b **Lesen Sie die Kommentare zum Artikel in a. Was passt? Ergänzen Sie.** → A3 Redemittel / Mediation

Deshalb finde ich ... sehr interessant | Für mich ist ... nicht so interessant, denn | ~~Ich finde ... besonders gut, weil~~ | ist für mich hilfreich. Ich habe nämlich

KOMMENTARE

ALIKA 1 *Ich finde* diesen Artikel *besonders gut, weil* er zeigt, was im Bewerbungsgespräch wirklich wichtig ist.

QASIM 2 Dieser Text .... auch Angst vor Bewerbungsgesprächen. Jetzt weiß ich besser, was ich sagen kann.

DAVID 3 .... dieser Artikel .... ich wusste das alles schon.

SANDRA 4 Ich bin immer nervös vor Bewerbungsgesprächen, weil meine Zeugnisse nicht so gut sind. .... den Text ....

c Welche Informationen aus dem Artikel in a auf S. 230 finden Sie interessant? Markieren Sie in a und fassen Sie die Informationen für eine Freundin / einen Freund in einer Sprachnachricht zusammen.

Hey, ich habe noch einen interessanten Artikel mit Infos für dein Bewerbungsgespräch morgen gefunden. Also, die schreiben, dass ...

B ein Bewerbungsgespräch verstehen

8 Was passt zusammen? Verbinden Sie. → B2 Wortschatz

1 der Vollzeit
2 der Small
3 die Arbeits- und Aufenthalts
4 der berufliche Hinter
5 der Lager

A genehmigung
B grund
C job
D arbeiter
E talk

9 Was passt zusammen? Bilden Sie drei Paare. (Nicht alles passt.) → B2 Wortschatz

~~die Absage~~ die Diskussion der Teilzeitjob der Smalltalk der Vollzeitjob das Zubehör die Zusage

die Absage – die ,

10 | a Was passt? Markieren Sie. → B2 Wortschatz

1 Ich habe an der Prüfung teilgenommen. Ich habe sie zum Glück bestanden | absolviert.
2 Ich habe den Test gemacht. Ich habe leider eine schlechte Note bekommen | zugegeben.
3 Ich kann mir bestellen | vorstellen, in einem Lager zu arbeiten. Ich möchte das nicht Vollzeit machen.
4 Ich kann schaffen | zugeben, dass ich aufgeregt bin. Ich sage nichts dazu.

b Verbinden Sie die Sätze aus a mit *aber, oder, und*. → B2 Wiederholung: *aber – oder – und*

1 *Ich habe an der Prüfung teilgenommen und sie zum Glück bestanden.*
2
3
4

11 Was passt zusammen? Verbinden Sie. → B3 *nicht nur ... sondern auch* und *zwar ..., aber*

1 Sascha ist zwar sehr nervös,
2 Er sitzt nicht nur aufrecht,
3 Er hat sich nicht nur über die Firma informiert,
4 Er hat das Gespräch zwar vorher geübt,

A sondern er schaut seinen Gesprächspartner auch an.
B aber es fällt ihm trotzdem nicht leicht.
C aber er versucht, selbstbewusst zu wirken.
D sondern er hat auch Fragen notiert.

12 Schreiben Sie die Sätze neu mit *zwar ..., aber*. → B3 *zwar ..., aber*

1 Obwohl ich noch keine Berufserfahrung habe, würde ich diese Aufgabe gern übernehmen.
2 Ich spreche noch nicht so gut Deutsch. Trotzdem macht mir die Arbeit im Service Spaß.
3 Ich habe kein Auto. Trotzdem bin ich sehr flexibel.
4 Obwohl ich eine Vollzeitstelle suche, würde ich auch einen Teilzeitjob annehmen.
5 Obwohl ich den Antrag sofort gestellt habe, warte ich noch immer auf meine Arbeitsgenehmigung.
6 Ich hatte schon viele Bewerbungsgespräche. Trotzdem bin ich immer etwas aufgeregt.

1 Ich habe zwar noch keine Berufserfahrung, aber ich würde diese Aufgabe gern übernehmen.

13 **Ergänzen Sie:** ***nicht nur …, sondern auch*** **oder** ***zwar …, aber.***

→ B3 *nicht nur …, sondern auch und zwar …, aber*

Liebe Frau Jacobi,

vielen Dank für das freundliche Telefonat.
Ich würde mich sehr freuen, wenn ich in Ihrer Bäckerei arbeiten könnte. Meine Arbeitsgenehmigung ist im Moment 1 *zwar* noch befristet, 2 .... die Arbeitsagentur sieht da kein Problem.
Kurz zu meinem beruflichen Hintergrund: Ich habe 3 .... meine Ausbildung zum Konditor abgeschlossen, 4 .... schon zwei Jahre Berufserfahrung in meinem Heimatland gesammelt.
Ich lebe seit einem halben Jahr in Deutschland. Ich habe hier 5 .... ein sechswöchiges Praktikum in einer Bäckerei absolviert, 6 .... als Aushilfe in einer Hotelküche gearbeitet.
Ich habe 7 .... an einem Deutschkurs teilgenommen, 8 .... die Prüfung habe ich leider noch nicht absolviert. Sie findet nächste Woche statt.
Ich würde mich freuen, wenn ich mich in einem Bewerbungsgespräch persönlich vorstellen könnte.

Mit freundlichen Grüßen
Ebrima Bah

14 **Lesen Sie die Fragen und Antworten aus einem Bewerbungsgespräch. Was passt zusammen? Verbinden Sie.**

→ B4 Redemittel / Kommunikation

1 Wie sieht denn Ihr beruflicher Hintergrund aus?

2 Wie stellen Sie sich die Arbeit bei uns vor?

3 Warum sollen wir gerade Sie einstellen?

4 Was interessiert Sie denn noch?

A Ich denke, dass ich bei Ihnen viel Kontakt mit Kunden habe. Das gefällt mir.

B Ich würde gern wissen, wie viele Kollegen und Kolleginnen in der Abteilung arbeiten.

C Nach meiner Ausbildung habe ich zuerst in einem kleinen Familienunternehmen gearbeitet. Dann habe ich …

D Mir macht es großen Spaß, im Verkauf zu arbeiten. Ich werde Ihre Kunden davon überzeugen, dass Ihre Produkte …

15 | a **Hören Sie und lesen Sie laut die Rolle ○.**

→ B4 Redemittel / Kommunikation

🔈 340

1 ◆ Vielleicht erzählen Sie uns erst einmal etwas über Ihren Hintergrund.
○ Ja, natürlich. Gern. Ich habe eine Ausbildung als Dachdecker gemacht. Und ich habe schon ein paar Monate Berufserfahrung: Ich war in einem Familienunternehmen als Aushilfe tätig und habe ein Praktikum absolviert.

2 ◆ Warum möchten Sie bei uns arbeiten?
○ Ich finde Ihr Unternehmen sehr interessant. Ich arbeite gern in einem Team. Und der Kontakt zu Kunden gefällt mir auch sehr.

3 ◆ Warum denken Sie, dass Sie für diesen Job gut geeignet sind?
○ Na ja, ich habe schon Erfahrung in diesem Bereich. Ich bin zuverlässig und es macht mir – ehrlich gesagt – Spaß zu arbeiten.

b **Ersetzen Sie die markierten Angaben in a durch Ihre persönlichen Daten. Hören und lesen Sie noch einmal.**

🔈 340

C sich auf ein Bewerbungsgespräch vorbereiten

16 | a Lesen Sie die Angaben aus einem Lebenslauf und die Aussagen aus einem Bewerbungsgespräch. Was passt zusammen? Verbinden Sie.

→ C1 Redemittel / Kommunikation

1. 5–12/2021
Reinigungskraft bei „CleanFix", Bielefeld
Betreuung von Großkunden wie der Hochschule

2. 4–7/2021
Praktikum: Fahrrad-Werkstatt Hildebrandt, Aachen
Reparaturen und Kundenservice

3. 1/2019–6/2021
Lagerhilfe: „Fromax für Sicherheit", Magdeburg
Warenkontrolle

4. 9/2019–8/2021
Ausbildung zur Frisörin
Schneiden, färben, stylen

5. 10/2021–2/2022
Aushilfe im Garten-Center „Grün und frisch", Heide
Unterstützung der Mitarbeiter/-innen

A Ich habe nach der Schule eine Ausbildung zur Frisörin gemacht. Die Ausbildung hat zwei Jahre gedauert.

B Außerdem habe ich ein Praktikum in einer Fahrrad-Werkstatt absolviert. Dort habe ich viel über Gespräche mit Kunden gelernt.

C Ich habe fünf Monate als Aushilfe in einem Garten-Center gearbeitet. Dort habe ich die Mitarbeiterinnen und Mitarbeiter bei Bestellungen unterstützt.

D Ich war acht Monate lang für eine Reinigungsfirma tätig. Dort war ich für große Kunden wie die Hochschule der Stadt zuständig.

E Ich habe zweieinhalb Jahre lang in einer Firma für Sicherheitstechnik gearbeitet. Ich war im Lager tätig. Ich habe mich um die Kontrolle der Waren gekümmert.

b Notieren Sie drei Informationen aus Ihrem Lebenslauf. Wie können Sie diese Informationen in einem Bewerbungsgespräch formulieren? (Die Beispiele in a helfen Ihnen.) Nehmen Sie die Sätze auf, bis Sie selbst zufrieden sind.

Also, ich ...

17 Wie kann man das auch sagen? Ergänzen Sie.

→ C1 Redemittel / Kommunikation

1 Ich habe eine Ausbildung zum Fachinformatiker gemacht. – Ich habe eine Ausbildung zum Fachinformatiker a *b s o* l v *i e* r t.
2 Das war eine dreijährige Ausbildung. – Die Ausbildung hat drei Jahre g _ d _ _ e r _.
3 Nach der Ausbildung habe ich in einem Start-up gearbeitet. – Nach der Ausbildung war ich in einem Start-up-Unternehmen t _ t _ _.
4 Dort habe ich mich um die Entwicklung von Apps gekümmert. – Dort war ich für die Entwicklung von Apps z _ s t _ _ _ i g.

18 | a **Was passt? Hören Sie und ordnen Sie zu (1, 2, 3).** → C1 Redemittel / Kommunikation

341

....

....

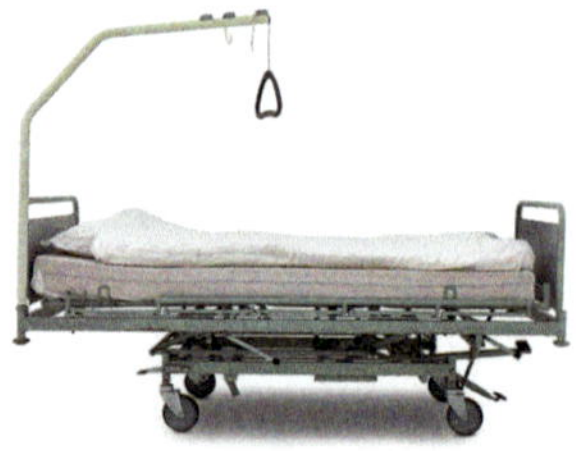
....

b **Schreiben Sie die Sätze richtig. Hören Sie dann noch einmal zur Kontrolle.**

1 .... *Ich war für die Kinder unter 3 Jahren zuständig* .
(war – Ich – zuständig – für die Kinder unter 3 Jahren)

2 ....
(drei Jahre – hat – gedauert – Die Ausbildung)

3 ....
(tätig – Ich – war – in der Abteilung „Kindermedizin“)

4 ....
(viel – Dort – gelernt – habe – ich)

5 ....
(nach der Schule – Ich – gemacht – habe – eine Ausbildung zum Krankenpfleger)

6 ....
(absolviert – Außerdem – ein Praktikum – habe ich – in einer Auto-Werkstatt)

7 ....
(in einer Kita – Ich – gearbeitet – vier Jahre lang – habe)

c **Wer sagt was in b? Ordnen Sie zu (Herr Khider = K, Herr Nowak = N, Frau Bogiatinis = B) und hören Sie dann noch einmal zur Kontrolle.**

341

19 **Wie kann man das anders sagen? Ergänzen Sie.** → C3 Wortschatz

ansprechen | Arbeitsagentur | Laune | teamfähig | stressig | ~~zusammenarbeiten~~

1 gut in einem Team *zusammenarbeiten* können = ... sein
2 ein Problem zum Thema machen = einen Konflikt ....
3 fröhlich sein = gute .... haben
4 sehr anstrengend = ...
5 die Agentur für Arbeit = die ....

20 | a **Lesen Sie den Infotext und schreiben Sie die Wörter richtig.** → C3 Wortschatz / Mediation

Die größten Fehler beim Bewerbungsgespräch

1. Kein .... (gaEnmentge) zeigen.
2. Schlechte *Laune* zeigen. (neLau)
3. Schon am Anfang die Themen Urlaub und Gehalt .... (chensprean)
4. Von .... (tenflikKon) mit früheren Arbeitgebern erzählen.
5. Sagen, dass man Arbeiten .... (sigstres) findet.
6. Sagen, dass man nicht .... (higfäteam) ist.
7. Sagen, dass man zum Bewerbungsgespräch kommt, weil die .... (agenbeitsturAr) das möchte.

b **Ein Kollege hat morgen ein Bewerbungsgespräch. Welche drei Informationen in a finden Sie besonders wichtig? Geben Sie ihm die Informationen weiter.**

Ich habe gerade Infos zu Fehlern im Bewerbungsgespräch gefunden. Da steht, dass …

21 **Lesen Sie die Aussagen aus einem Bewerbungsgespräch. Was passt zusammen? Verbinden Sie.** → C3 Wortschatz

1 Flexibilität ist meine große Stärke.

2 Ich kann sehr gut mit Kunden umgehen.

3 Zuverlässigkeit ist meine Stärke.

4 Ich bin teamfähig.

5 Ich bin pünktlich.

6 Ich kann gut mit Konflikten umgehen.

A Ich kann gut mit Kollegen in einem Team zusammenarbeiten.

B Ich kann Probleme gut ansprechen.

C Ich kann schnell auf neue Situationen reagieren.

D Ich komme so gut wie nie zu spät.

E Ich bin freundlich und hilfsbereit.

F Sie können sicher sein, dass ich alle Aufgaben zuverlässig bearbeite.

22 **Finden Sie noch neun Wörter und ergänzen Sie mit Artikel.** → C4 Wortschatz

HAQBEHINDERUNGVBÖLDEMOKRATIELÄDNDCGEHALTBNMAOZDKHOCHZEITÄLQ

WPSZGCKINDVNYXÖSUJKONTOLAJQWUEPKRANKHEITCMNAHPPARTEIAK

WCJSCHULDENAMNCSCHWANGERSCHAFTVAB

die Gesundheit: *die Behinderung,* ....

das Geld: ....

die Politik: ....

das Privatleben / die Familienplanung: ....

23 **Lesen Sie den Infotext. Bilden Sie Wörter und ergänzen Sie.** → C4 Wortschatz

Be | ben | de | den | Fa | ger | hin | le | lien | mi | ~~Par~~ | pla | Pri | rung | Schul | schwan | ~~tei~~ | nung | vat

Achtung bei diesen Fragen im Bewerbungsgespräch

→ Sind Sie politisch aktiv? Gehören Sie einer [1] *Partei* an?

→ Wie sieht es mit Ihrer Gesundheit aus? Haben Sie eine Krankheit oder eine [2] ....?

→ Wie ist Ihre finanzielle Situation? Haben Sie zurzeit [3] ....?

→ Wie sieht es bei Ihnen mit der [4] .... aus? Möchten Sie Kinder haben? Sind Sie [5] ....?

→ Wie würden Sie Ihr [6] .... beschreiben? Haben Sie einen Partner oder eine Partnerin?

24 **Lesen Sie die Nachricht von einer Freundin.
Antworten Sie mit einer Sprachnachricht. Die Notizen helfen Ihnen.** → C5 Kommunikation / Schreiben

Was sage ich, wenn man mich im Bewerbungsgespräch nach meiner Religion fragt?

Fragen zur Religion ...

Frage nicht erlaubt
Nicht antworten müssen
zum Beispiel so reagieren:
„Oh, ist diese Information für die Stelle wichtig?“
„Hat das etwas mit meiner zukünftigen Tätigkeit zu tun?“

(E) Was soll ich anziehen?

25 **Finden Sie noch neun Wörter und notieren Sie sie mit Artikel und Plural.** → 1 Wortschatz (Wiederholung Wortfeld Kleidung)

C	K	L	E	I	D	P	L	Q	T
V	R	X	A	N	Z	U	G	W	H
E	A	S	C	H	A	L	H	F	N
T	W	C	Q	K	B	L	U	S	E
U	A	H	G	Z	R	O	C	K	Y
B	T	U	B	X	M	V	S	K	O
M	T	H	S	T	I	E	F	E	L
H	E	M	D	S	D	R	G	J	P

1 *das Kleid, Kleider*
2 ....
3 ....
4 ....
5 ....
6 ....
7 ....
8 ....
9 ....
10 ....

26 | a **Lesen Sie die Forumsbeiträge. Ist die Person dafür, dass man beim Bewerbungsgespräch Kleidung anzieht, in der man sich wohlfühlt? Kreuzen Sie an: Ja oder Nein.** → 2 Lesen

IST ES WICHTIG, DASS MAN SICH IM BEWERBUNGSGESPRÄCH IN SEINEN KLEIDERN WOHLFÜHLT?

ABBAS Ich denke, das ist egal. Wichtig ist vor allem, dass man den Chef oder die Chefin mit den eigenen Kenntnissen überzeugt.

SARA Es hat eine positive Wirkung auf den Arbeitgeber, wenn man sich in seiner Kleidung wohlfühlt. Diesen Vorteil sollte man auf jeden Fall nutzen.

LELIA Man sollte sich über die Kleidung keine großen Gedanken machen. Jeder weiß: Was zählt, ist der Lebenslauf.

DAVID Wer sich in seiner Kleidung nicht wohlfühlt, wird schnell nervös. Das sollte man bei der Wahl der Kleidung beachten.

NIKO Natürlich muss man sich wohlfühlen! Alles anders ist Quatsch.

MARA Es ist wichtig, dass man Kleidung trägt, die zum Job passt. Nur das wirkt seriös. Das kann man in jedem Bewerbungsratgeber lesen.

Abbas ○ Ja ☒ Nein   Lelia ○ Ja ○ Nein   Niko ○ Ja ○ Nein
Sara ○ Ja ○ Nein   David ○ Ja ○ Nein   Mara ○ Ja ○ Nein

b **Und was ist Ihre Meinung? Schreiben Sie einen eigenen Kommentar zur Forumsfrage in a.**

Lernwortschatz

S. 52 | So hat Amanda Álvarez García ihren Job bekommen

Nomen

der Kellner, – / die Kellnerin, -nen

die Probe (hier Sg.)

S. 53 | A einen Ratgebertext verstehen

Nomen

das Bewerbungsgespräch, -e

der Blickkontakt, -e
das Engagement, -s
der Händedruck, ¨-e
der Personalberater, – / die Personalberaterin, -nen
der Witz, -e

Verb

zugeben, gab zu, hat zugegeben

Adjektive

aufrecht
aufregend
selbstbewusst

S. 54 | B ein Bewerbungsgespräch verstehen

Nomen

die Absage, -n
die Arbeitsgenehmigung, -en

die Aufenthaltsgenehmigung, -en

der Hintergrund, ¨-e
das Lager, –
der Lagerarbeiter, – / die Lagerarbeiterin, -nen

der Smalltalk, -s
der Vollzeitjob, -s
das Zubehör, -e
die Zusage, -n

Verb

bestehen, bestand, hat bestanden

S. 56 | C sich auf ein Bewerbungsgespräch vorbereiten

Nomen

das Arbeitsamt, ¨-er
die Behinderung, -en
die Familienplanung, -en
der Konflikt, -e
die Laune, -n
die Partei, -en
das Privatleben, –
die Schulden (hier Pl.)
die Tischlerei, -en
der Tischler, – / die Tischlerin, -nen

die Werkstatt, ¨-en

Verben

ansprechen, sprach an, hat angesprochen

zusammenarbeiten, arbeitete zusammen, hat zusammengearbeitet

Adjektive

schwanger
stressig
teamfähig
zuständig

S. 58 | E Was soll ich anziehen?

der Dresscode, -s
die Kleiderordnung, -en
die Krawatte, -n

Verb

sich wohlfühlen, fühlte sich wohl, hat sich wohlgefühlt

Lektion 7

1 Was passt zusammen? Verbinden Sie. → 1 Wortschatz

1 Anträge und Formulare — C
2 Briefe per Post an Behörden
3 einen Imbiss
4 die Eröffnung
5 den Mietvertrag prüfen und
6 Freunden eine Neuigkeit

A feiern
B unterschreiben
C ausfüllen
D schicken
E erzählen
F eröffnen

2 Ergänzen Sie. → 1 Wortschatz

Antrag | Behörde | ~~Eröffnung~~ | Formular | Mietvertrag

Hey! Zeit für eine gemeinsame Mittagspause heute?

Leider nein! ☹ Ich habe vor der 1 *Eröffnung* meines Kosmetikstudios noch so viel zu tun! Letzte Woche habe ich endlich den 2 .... für die Räume unterschrieben. Heute muss ich ein 3 .... beim Finanzamt ausfüllen. Und dann bei der Krankenkasse einen 4 .... stellen ... Und um 15 Uhr habe ich schon den nächsten Termin bei einer 5 .... ☹

Oh, das klingt anstrengend!

A über Geschäftsideen sprechen

3 Ergänzen Sie. → A1 Redemittel

◆ Oh, seht mal, da wird ein neues Geschäft eröffnet!

○ Man kann noch nicht viel sehen. 1 W*a**h**r*sch*e**i**n*l*i**c**h* wird das wieder ein Döner-Imbiss.

▲ Davon gibt es schon drei in der Straße. 2 I_ _ k_nn_ _ m_ _ v_ _st_ll_ _ _, dass es ein Chinarestaurant wird. Drinnen sieht es ein bisschen asiatisch aus.

◆ 3 V_ _l_ _ _ch_ auch ein Thai-Imbiss?

○ Also Mädels, 4 i_ _ v_ _m_ _t_, dass wir das nur erfahren, wenn wir fragen ... Oder wir warten!

4 Wie heißt das Wort? Ergänzen Sie. → A2 Wortschatz

1 betreuen — die *Betreuung*
2 fest anstellen — die ....
3 .... — die Lieferung
4 .... — der Transport

5 **Ergänzen Sie.** → A2 Wortschatz

Details ~~Geschäftsidee~~ laufen Risiko schenken Werkzeug

1 *Geschäftsidee* **des Jahres: BESONDERES AUS SCHOKOLADE**

Unsere Jury hat wieder die beste Geschäftsidee des Jahres ausgezeichnet. In diesem Jahr hat die junge Gründerin Sophie Baum aus Lippberg gewonnen. Die gelernte Konditorin hatte vor zwei Jahren die Idee, 2 .... aus Schokolade herzustellen. „Die Idee war natürlich nicht ohne 3 ....“, sagte sie. „Ich war nicht sicher, wie gut mein Geschäft 4 .... würde.“ Jetzt weiß sie aber, dass es ein Erfolg ist. Sie verkauft ihr Schokoladenwerkzeug an viele Handwerker, die es dann ihren Kunden 5 .... Auch auf Weihnachtsmärkten ist ihre Schokolade beliebt. Mehr 6 .... hat sie uns aber nicht verraten. „Ich möchte ja keine Konkurrenz bekommen“, erklärte sie lachend.

B über Anstellung und Selbstständigkeit sprechen

6 **Lösen Sie das Rätsel. (Die Angaben im Schüttelkasten helfen Ihnen.)** → B1 Wortschatz

An ~~Arbeit~~ der dung Ent Finan ge ~~geber~~ Grün heit ma schei selbst sicher ständig stellte The Un zierung

1 ... und Arbeitnehmer
2 Ein ... ist jemand, der sich selbstständig macht.
3 Selbstständige haben mehr finanzielle ... als Arbeitnehmer.
4 Das ... des Vortrags ist „Wie gründe ich ein Unternehmen?“
5 Petra hat vor zehn Jahren eine Firma gegründet und hat jetzt vier ...
6 Für die ... seines Restaurants musste sich Ahmed bei der Bank Geld leihen.
7 Angestellt oder ... arbeiten – was ist besser?
8 Sorina muss eine schwierige ... treffen. Kündigen – ja oder nein?

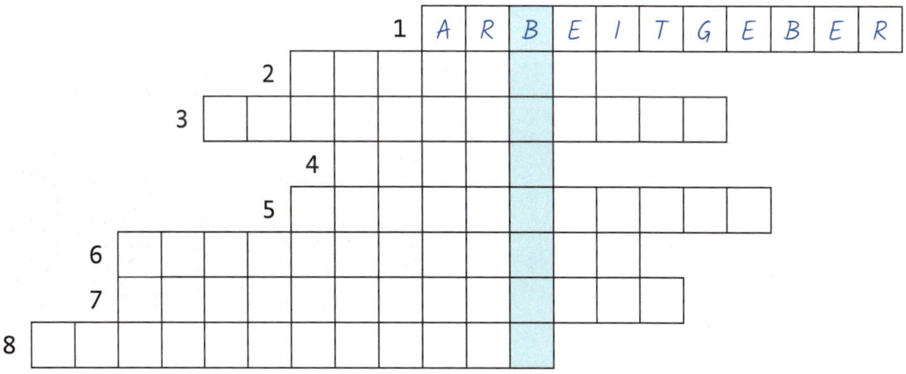

7 **Schreiben Sie die Wörter richtig.** → B1 Wortschatz

◆ Ich liebe meine 1 *Selbstständigkeit* (keitdigstänSelbst). Es soll nie wieder anders sein. Ich genieße meine 2 .... (keitgighänabUn) und meine 3 .... (heitfreidungsscheiEnt).
○ Echt? Also mir ist meine 4 .... (lungstelAn) lieber – wegen der 5 .... (heitcherSi).
▲ Ich wäre gern selbstständig, aber ich habe Angst vor den 6 .... (tenpflicherSteu). Wenn ich da etwas falsch mache ...
◆ Ach, weißt du, es gibt so viele gute 7 .... (geträVor) und 8 .... (renamiSe) für 9 .... (dergrüntenzxisE). Da wird alles prima erklärt!

8 | a Richtig oder falsch? Lesen Sie und kreuzen Sie an. → B1 Lesen / Mediation

www.beratung-bei-gruendung.de

DAS SIND WIR UNSER ANGEBOT FAQ KONTAKT

Zu wem passt Selbstständigkeit?
Selbstständige haben eine größere Unabhängigkeit als Angestellte. Man kann entscheiden, wann, wo und wie viel man arbeitet. Wer diese Entscheidungsfreiheit gut findet, kommt in der Selbstständigkeit vielleicht gut zurecht. Ein Mensch, der mehr Sicherheit braucht, findet sein Glück vielleicht eher in einer Anstellung.

Was muss man als Selbstständige/r beachten?
Vieles. Man hat besondere Steuerpflichten. Das heißt, man muss Steuern zahlen, die Arbeitnehmer nicht zu zahlen brauchen, zum Beispiel Gewerbesteuer. Ebenso sollte beachtet werden, ob man Umsatzsteuer abführen muss. Auch die Krankenversicherung muss man selbst zahlen. Das kann teuer werden, denn als Selbstständige/r zahlt man oft einen höheren Krankenkassenbeitrag.

Wo können sich Existenzgründer informieren und beraten lassen?
Unser Institut bietet regelmäßig Seminare für Menschen an, die sich selbstständig machen wollen. Es gibt Kurse zum Thema *Steuern, Buchführung, Marketing* und so weiter. Außerdem kann man bei uns Beratungstermine machen. Einmal im Monat organisieren wir einen Existenzgründerabend. Da laden wir immer Experten ein, die zu einem Thema einen Vortrag halten.

	richtig	falsch
1 Selbstständigkeit passt zu Menschen, die Freiheit mögen.	☒	○
2 Selbstständige müssen noch andere Steuern zahlen als Arbeitnehmer.	○	○
3 Gewerbesteuer brauchen nur Arbeitnehmer zu zahlen.	○	○
4 Die Krankenkasse kostet für Selbstständige weniger als für Arbeitnehmer.	○	○
5 Das Institut bietet Seminare für Gründerinnen und Gründer an.	○	○
6 Man kann sich im Institut auch persönlich beraten lassen.	○	○

b Wie heißt das? Suchen Sie das passende Wort im Text in a.

1 die berufliche Situation nach der Existenzgründung: *die Selbstständigkeit*
2 die Sozialversicherung, die bei Krankheit zahlt: ______
3 die Summe, die diese Versicherung kostet: ______
4 eine Person, die viel Spezialwissen zu einem Thema hat: ______

c Ein/e Bekannte/r möchte sich selbstständig machen, ist sich aber nicht sicher, ob die Selbstständigkeit das Richtige für sie / ihn ist. Nehmen Sie eine Sprachnachricht auf und geben Sie Tipps, wie sie / er das herausfinden kann.

Hallo ..., auf einer Webseite habe ich interessante Infos zur Existenzgründung gefunden. Selbstständige ...

9 Ergänzen Sie. → B1 Redemittel

ein Unterschied zwischen | im Gegensatz zu | ~~im Vergleich zu~~

1 ◆ Selbstständige müssen *im Vergleich zu* Angestellten viel mehr arbeiten.
○ Was? Das glaube ich nicht. Das ist doch nicht immer so.

2 ◆ Ich glaube, ______ Angestellten und Selbstständigen ist, dass Angestellte keine Entscheidungsfreiheit haben.
○ Gar keine? Das stimmt doch nicht!

3 ◆ Also ______ den Selbstständigen habe ich ein regelmäßiges Gehalt.
○ Ja, das ist wirklich ein Vorteil!

10 **Schreiben Sie die Sätze neu.** → B3 Wiederholung: Namen im Genitiv

1 Das ist das Restaurant von Leyla. *Das ist Leylas Restaurant.*
2 Das ist der Imbiss von Mohammad. ....
3 Das ist das Friseurgeschäft von Frau Gilbert. ....
4 Das ist das Fitnessstudio von Ahmed. ....
5 Das ist der Blumenladen von Herrn Yu. ....

11 | a **Markieren Sie Nomen im Genitiv.** → B3 Nomen im Genitiv

Hey! Ich habe endlich einen Laden für meine Geschäftsidee gefunden! Die Adresse des Geschäfts: Grünstraße 14. Der Vorteil des Ladens ist, dass er sehr zentral liegt. Auch toll: Ich kann einen großen Teil der Möbel vom Vormieter übernehmen. Da kann ich sparen! Aber die Renovierung der Küche ist dringend notwendig, leider ... Hilfst du mir?

b **Notieren Sie die markierten Nomen im Nominativ.**

das Geschäft, ...

12 | a **Ergänzen Sie, wo nötig.** → B3 Nomen im Genitiv

1 Ich habe eine Geschäftsidee und brauche den Rat ein*es* Fachmann*s*.
2 Ein Problem meiner Geschäftsidee ...... ist, dass ich eine teure Maschine kaufen muss.
3 Die Miete des Laden ...... ist auch sehr hoch.
4 Der Kredit der Bank ...... ist nicht hoch genug.
5 Der Gewinn der ersten Jahre ...... wird wahrscheinlich noch sehr klein sein.
6 Der Rat meiner Freunde ...... und des Coach ......: lieber nicht!

b **Ergänzen Sie die Tabelle.**

	der Laden	das Jahr	die Bank	die Freunde
der/die/das	*des Ladens*		*der Bank*	
ein/e/r		*eines Jahres*		

13 **Ergänzen Sie in der passenden Form.** → B3 Nomen im Genitiv

der Gründer | ein Experte | ein Seminar | ~~ein Unternehmen~~

1 Die Gründung *eines Unternehmens* ist immer ein Risiko.
2 Die Geschäftsidee .... funktioniert vielleicht nicht.
3 Man sollte vor einer Gründung den Rat .... einholen.
4 Auch der Besuch .... ist wichtig.

14 **Lesen Sie die Notizen und schreiben Sie Sätze.** → B4 Redemittel / Mediation

Ein Nachteil ist ... | ... ist meiner Meinung nach ein Vorteil. | ... könnte ein Vorteil sein. | Negativ ist ... | Positiv ist ... | ... sehe ich eher als Nachteil.

👍
zentrale Lage der Geschäftsräume
Höhe der Miete
funktionierende Küche

👎
viel Konkurrenz in der Nähe
Küche teuer
Renovierung notwendig

Die zentrale Lage der Geschäftsräume ist meiner Meinung nach ein Vorteil.

C über Gründungen sprechen

15 **Bilden Sie Wörter und ergänzen Sie.** → C2 Wortschatz

~~be~~ | er | fül | grup | kom | ~~kurs~~ | len | pe | pli | ~~rei~~ | ~~tungs~~ | ~~Vor~~ | Ziel | ziert

Hallo Bob,

und ...? Machst du dich jetzt selbstständig? Falls du noch unsicher bist, kann ich dir einen tollen 1 *Vorbereitungskurs* für Gründer empfehlen. Schau mal hier: www.trau-dich.de. Wir haben dort über viele wichtige Dinge gesprochen: Die Steuern, die Behörden, die 2 .... unserer Geschäftsidee und die Werbung, die wir machen können, damit unser Geschäft bald gut läuft. Das war sehr nützlich. Viele Themen sind wirklich 3 ...., vor allem wenn man noch nicht so gut Deutsch spricht! Aber der Kurs hat mir Mut gemacht und ich konnte mir endlich meinen Traum 4 ....: mein eigenes Fotostudio. Na, meldest du dich gleich an?

Viele Grüße
Junis

16 **Wie kann man das auch sagen? Verbinden Sie.** → C3 Redemittel

1 Ich hätte Interesse daran, ... — B
2 Ich hätte Lust, ...
3 Ich hätte eine Frage: ...
4 Ich habe nicht verstanden, ...

A Ich würde gern wissen, ...
B Es würde mir gefallen, ...
C Könnt ihr mir bitte erklären, ...
D Ich würde gern ...

17 **Sortieren Sie.** → C3 Redemittel

~~Ich hätte eine Frage: ...~~ | Kannst du mir bitte erklären, ...? | Ich würde gern wissen, ... | Ich möchte gern ... | Ich hätte gern ... | Ich habe nicht verstanden, ... | Ich hätte Spaß daran, ... | Ich fände spannend, ... | Kannst du mir bitte sagen, ... | Es würde mir gefallen, ...

Fragen stellen	Wünsche äußern
Ich hätte eine Frage: ...	

18 | a **Hören Sie die Wörter. In jedem Wort gibt es die Buchstaben *ng*. Wo hören Sie [ŋ]? Markieren Sie.** → Phonetik
🔊 342

ungünstig | (lange) | die Versicherung | die Eröffnung | die Angabe | singen | die Beratung | ungern | ungesund | der Junge | das Unglück

b **Suchen Sie weitere Wörter mit [ŋ].**

die Gründung, ...

....

(E) Wichtige Schritte auf dem Weg in die Selbstständigkeit

19 **Bilden Sie zusammengesetzte Wörter.** → 2 Wortschatz

1 die Behörde + der Gang *der Behördengang*

2 die Existenz + die Beratung ______

3 die Gesundheit + das Amt ______

4 das Gewerbe + die Anmeldung ______

5 die Steuer + die Nummer ______

20 **Verbinden Sie.** → 2 Wortschatz

1 eine Existenzberatung — D
2 einen Behördengang
3 ein Unternehmen
4 eine Steuernummer
5 einen Fragebogen

A erledigen
B beantragen
C ausfüllen
D machen
E gründen

21 **Schreiben Sie die Wörter richtig.** → 2 Wortschatz

Hey, wie läuft's bei dir?

Oh je! Als [1] *Unternehmer* (mernehterUn) muss man echt viel [2] ______ (tenachbe): Jetzt brauche ich noch eine spezielle [3] ______ (gungminehGe), damit ich meinen Asia-Imbiss eröffnen kann. Weil die [4] ______ (negieHy) kontrolliert werden muss … Ich weiß gar nicht, in welcher [5] ______ 🙁ontustiln) ich die bekomme. Werde ich mich jemals bei diesen Formularen [6] ______ (denfinrechtzu)?

Na klar! Geh zum Gesundheitsamt, das ist ganz einfach! Du wirst das [7] ______ (fenschaf)! 🙂

22 **Was macht man wo? Ergänzen Sie.** → 2 Wortschatz

Finanzamt | Gesundheitsamt | ~~Gewerbeamt~~ | Industrie- und Handelskammer | Krankenkasse

1 ◆ Wo gebe ich meine Gewerbeanmeldung ab?
○ Auf dem *Gewerbeamt*.

2 ◆ Wo bekomme ich eine Bescheinigung, dass die Hygiene in meinem Restaurant stimmt?
○ Auf dem ______.

3 ◆ Wo melde ich die Selbstständigkeit an und beantrage ich eine Steuernummer?
○ Auf dem ______.

4 ◆ Bei welcher Institution kann ich als Selbstständiger Hilfe bekommen?
○ Bei der ______.

5 ◆ Und wo kann ich mich krankenversichern?
○ Bei der ______.

23 **Lesen Sie die Texte. Zu jedem Text gibt es eine Aufgabe.**
Ist die Aussage richtig oder falsch? Markieren Sie.

→ 2 Prüfung: Lesen Teil 4

Hi Reela,
bald kann es losgehen mit meinem Fotostudio. Es ist fast alles fertig – Wahnsinn!! Das war viel Arbeit. In zwei Wochen ist die Eröffnung, am Samstag! Hast du vielleicht Zeit, mir da zu helfen? Wenn viele Leute kommen, schaffe ich das nicht allein ... Wie sieht es aus? Liebe Grüße, Edith

1 Reela soll zwei Wochen lang bei Edith im Fotostudio helfen. richtig/falsch?

Hallo André,
ich bin auf Jobsuche. Ich habe das mit der Selbstständigkeit jetzt drei Jahre lang probiert – das passt einfach nicht zu mir. Und meine Frau ist ja auch selbstständig ... Das ist einfach zu unsicher. Sucht ihr bei euch im Betrieb vielleicht jemanden? Gruß, Hachid

2 Hachid sucht eine Anstellung. richtig/falsch?

Hey Noah,
ich habe eine großartige Idee – ich eröffne ein Erlebnisrestaurant! Ich habe auch schon passende Räume gefunden, mitten im Zentrum. Alles ist perfekt! Das einzige Problem: Ich brauche viel Geld! Bei welcher Bank hast du deinen Kredit damals bekommen? Hatten die gute Konditionen? Melde dich doch mal! Ciao, Mala

3 Noah soll Mala Geld leihen. richtig/falsch?

Lieber Till,
die ersten Tage in meinem neuen Laden waren toll. Viele nette Kundinnen und Kunden sind gekommen! So kann es weitergehen. Aber die ganzen Steuern nerven mich. Gewerbesteuer, Umsatzsteuer ... das versteht doch niemand! Du hast doch letztens von deiner tollen Steuerberaterin erzählt, wie hieß sie noch mal? Bis bald, Alara

4 Alara braucht den Namen von Tills Steuerberaterin. richtig/falsch?

Lieber Brian,
eine Frage: Ich habe mich für das Existenzgründerseminar angemeldet, über das wir neulich gesprochen haben. Es findet am nächsten Wochenende statt. Aber ich bin krank geworden und kann nicht hingehen. Willst du für mich gehen? Oder hast du dich auch schon angemeldet? Gib mir bitte schnell Bescheid! Danke! LG, Christos

5 Christos bietet Brian seinen Platz im Kurs an. richtig/falsch?

Lernwortschatz

S. 60 | Trang Ratana eröffnet einen Imbiss

Nomen

der Antrag, ⸚e ....
die Behörde, -n ....
die Eröffnung, -en ....
das Formular, -e ....
der Imbiss, -e ....
der Mietvertrag, ⸚e ....
die Neuigkeit, -en ....

Verb

eröffnen, eröffnete, hat eröffnet ....
....

S. 61 | A über Geschäftsideen sprechen

Nomen

die Betreuung, -en ....
das Detail, -s ....
die Festanstellung, -en ....
die Geschäftsidee, -n ....
das Risiko, Risiken ....
das Werkzeug, -e ....

Verben

laufen, lief, ist gelaufen: Das läuft total gut.
....
liefern, lieferte, hat geliefert ....
....

transportieren, transportierte, hat transportiert

S. 62 | B über Anstellung und Selbstständigkeit sprechen

Nomen

der/die Angestellte, -n
die Anstellung, -en
der Arbeitnehmer, – / die Arbeitnehmerin, -nen
die Beratung, -en
die Entscheidung, -en
die Entscheidungsfreiheit, -en
der Existenzgründer, – / die Existenzgründerin, -nen
die Finanzierung, -en
der Gründer, – / die Gründerin, -nen
der Krankenkassenbeitrag, ¨-e
die Krankenversicherung, -en
die Selbstständigkeit (Sg.)
das Seminar, -e
die Sicherheit (hier Sg.): die soziale Sicherheit
die Steuerpflicht, -en
das Thema, Themen
die Unabhängigkeit (Sg.)
die Unsicherheit, -en
der Vortrag, ¨-e

S. 64 | C über Gründungen sprechen

Nomen

der Vorbereitungskurs, -e
die Zielgruppe, -n

Verb

erfüllen, erfüllte, hat erfüllt

Adjektiv

kompliziert

S. 66 | E Wichtige Schritte auf dem Weg in die Selbstständigkeit

Nomen

der Behördengang, ¨-e
die Existenzberatung, -en
das Finanzamt, ¨-er
die Genehmigung, -en
das Gesundheitsamt, ¨-er
das Gewerbeamt, ¨-er
die Gewerbeanmeldung, -en
die Hygiene (Sg.)
die Industrie- und Handelskammer, -n
die Institution, -en
die Krankenkasse, -n
die Steuernummer, -n
der Unternehmer, – / die Unternehmerin, -nen

Verben

beachten, beachtete, hat beachtet
beantragen, beantragte, hat beantragt
erledigen, erledigte, hat erledigt
schaffen, schaffte, hat geschafft
sich zurechtfinden, fand sich zurecht, hat sich zurechtgefunden

Tipp: Schreiben
Schreiben Sie Lernwörter öfter mal mit der Hand. Was man geschrieben hat, kann man sich besser merken, und mit der Hand funktioniert das besser als mit dem Computer. Sie können zu den Wörtern auch Beispielsätze aus Ihrem Berufsalltag aufschreiben. Oder Sie schreiben Sätze, die den Begriff definieren.

Lektion 8

1 **Finden Sie noch sechs Wörter und ergänzen Sie dann.** → 1 Wortschatz

S	F	R	E	U	N	D	L	I	C	H	K	E	I	T	O
C	L	Q	A	S	I	O	W	R	H	U	R	T	N	F	L
V	E	F	Y	X	J	J	S	F	J	M	Ä	G	T	W	T
B	X	N	D	C	G	K	A	V	S	O	L	Ü	E	A	M
H	I	M	H	N	E	U	G	I	E	R	S	Ö	R	Q	V
P	B	I	W	J	Q	L	Ä	L	Ö	S	Y	N	E	J	K
E	I	N	D	R	U	C	K	N	L	X	N	B	S	B	F
Ä	L	P	U	M	W	R	Ö	N	M	U	K	G	S	F	V
H	I	K	P	Ü	N	K	T	L	I	C	H	K	E	I	T
J	T	G	T	Ö	R	T	L	F	H	Z	M	S	D	O	P
L	Ä	D	F	C	Z	Z	C	G	N	H	T	H	K	L	Ä
E	T	M	N	X	V	U	Y	B	C	N	Z	N	J	W	Q

1 ◆ Ist es denn wichtig, flexibel zu sein?
○ Ja, Vorgesetzte erwarten heute viel *Flexibilität* von ihren Mitarbeiterinnen und Mitarbeitern.

2 ◆ Wie soll ich mich verhalten, wenn ich neu bin?
○ Vielleicht eher zurückhaltend. Aber du wirst sicher viele Fragen stellen.
◆ Ja? Ist .... denn gut?
○ Ja, mit Fragen zeigst du dein .... an der Arbeit.

3 ◆ Alle sagen immer, dass .... eine große Rolle spielt ...
○ Klar, es macht keinen guten ...., wenn man sich verspätet.

4 ◆ Ich dachte, es ist besonders wichtig, dass man zu allen freundlich ist.
○ Natürlich. .... hilft immer. Ich versuche, jeden Tag zu meinen Kolleginnen und Kollegen etwas Nettes zu sagen. Und es ist auch gut, lachen zu können. Mit .... und guter Laune geht vieles leichter!

2 **Was passt? Ergänzen Sie.** → 1 Wortschatz

beobachten · duzen · ~~machen~~ · stellen · verspäten · verhalten · zeigen

1 gut ankommen = einen guten Eindruck *machen*
2 deutlich machen, dass man interessiert ist = Interesse ....
3 zueinander „Du“ sagen = sich ....
4 den Ton ausschalten = auf Stumm ....
5 zu spät kommen = sich ....
6 etwas genau ansehen = etwas ....
7 zurückhaltend sein = sich vorsichtig ....

3 **Wie kann man das auch sagen? Verbinden Sie.** → 1 Wortschatz

1 großes Interesse — B
2 der Vorgesetzte
3 der Humor
4 die Anreise
5 die Aktivität

A der Chef
B die Neugier
C die Energie
D der Hinweg
E die Lust zu lachen

A sich begrüßen und vorstellen

4 Wie heißt das Gegenteil? Schreiben Sie die Wörter richtig.

→ A2 Wortschatz

1 ruhig, cool ↔ aufgeregt (regtgeauf)
2 uninteressiert ↔ ______ (riggieneu)
3 mit schlechter Stimmung ↔ gut______ (launtge)
4 sehr offen und etwas laut ↔ ______ (tendhalrückzu)

5 Lesen Sie den Blog und die Aufgaben 1 bis 6 dazu. Ist die Aussage richtig oder falsch? Kreuzen Sie an.

→ A2 Lesen

Ninas Blog

Frohes Schaffen!

Puh, es ist total aufregend. Meine erste Arbeitswoche ist erst drei Tage alt und ich bin schon ziemlich k. o. Ich will natürlich bei meiner Vorgesetzten einen guten Eindruck machen und bei den Kolleginnen und Kollegen gut ankommen.

Am ersten Tag war ich sehr aufgeregt. Ich habe mir viele Fragen gestellt. Wie verhält man sich am besten? Soll man zurückhaltend sein oder nicht? Wie zeigt man Interesse, ohne zu neugierig zu wirken? Das ist gar nicht so einfach.

Ich bin gut gelaunt aufgestanden und viel zu früh mit dem Rad losgefahren, weil ich mich auf keinen Fall verspäten wollte. Das habe ich auch nicht. Aber ich war eine halbe Stunde zu früh da. Komische Art von Pünktlichkeit. 🙂

Ich habe also gewartet, mein Smartphone auf Stumm gestellt und mich um 9 Uhr bei meiner neuen Chefin gemeldet. Sie hat gesagt, ich soll am ersten Tag einfach beobachten, was die Kolleginnen und Kollegen tun, und Fragen stellen, wenn ich etwas nicht verstehe. „Neugier ist gut", hat sie gesagt.

Dann hat sie mir meine Kolleginnen und Kollegen vorgestellt. Das war toll: So viel Freundlichkeit habe ich überhaupt nicht erwartet! Alle haben etwas Nettes zu mir gesagt. Wir haben uns sofort geduzt.

Und die meisten haben auch Humor. Ich habe erzählt, dass ich eine halbe Stunde zu früh da war. Sie haben gefragt, wie lang denn meine Anreise ist. Als ich sagte: „10 Minuten mit dem Rad", mussten alle lachen.

	richtig	falsch
1 Nina ist müde von den ersten Arbeitstagen.	⊗	○
2 Sie hat sich nicht lange überlegt, wie sie sich verhalten soll.	○	○
3 Sie wollte am ersten Arbeitstag unbedingt pünktlich sein.	○	○
4 Ihre Vorgesetzte erwartet, dass Nina alles sofort versteht.	○	○
5 Mit ihren Kollegen versteht Nina sich gut und sie duzen sich schon.	○	○
6 Nina hat den Kollegen erzählt, dass sie einen langen Arbeitsweg hat.	○	○

6 a Freundliche Fragen – Ergänzen Sie die Verben im Konjunktiv II.

→ A2 Wiederholung: *wäre, hätte, würde, könnte*

1 Könnten Sie Ihren Namen bitte wiederholen? (können)
2 ______ Sie mir das bitte noch einmal erklären? (würden)
3 ______ Sie vielleicht heute Zeit? (haben)
4 ______ Sie so freundlich, mir den Weg zu zeigen? (sein)
5 ______ Sie mir bitte zeigen, wie das geht? (können)
6 ______ Sie mir bitte helfen? (würden)

b Schreiben Sie die Sätze aus a mit *du*.

7 **Wie kann man das höflicher sagen? Schreiben Sie die Sätze neu.** → A2 Wiederholung: *wäre, hätte, würde, könnte*

1 Können Sie die Zahl bitte wiederholen?
Könnten Sie die Zahl bitte wiederholen?

2 Haben Sie vielleicht einen Stift für mich?
……………………………………

3 Geben Sie mir bitte die Adresse?
……………………………………

4 Sind Sie bitte so freundlich, das zu wiederholen?
……………………………………

5 Können Sie mir bitte die Maschine erklären?
……………………………………

8 **Wie ist die richtige Reihenfolge (1–4)? Ordnen Sie das Gespräch.** → A3 Redemittel / Kommunikation

…… Es freut mich, Sie kennenzulernen. Mein Name ist Alexandra Kläser. Herzlich willkommen!
1 Guten Morgen, ich bin Mirek Olejnik.
…… Ja, ich bin neu hier. Ich habe heute meinen ersten Arbeitstag.
…… Hallo, Herr Olejnik! Ach, Sie sind neu, oder?

9 **Ergänzen Sie.** → A3 Redemittel / Kommunikation

Es freut mich | Guten Morgen, ich bin | ~~Hallo, mein Name~~ | Herzlich willkommen | Ich bin neu hier

1 ◆ *Hallo, mein Name* ist Nils Bachmann. …………………… .
Ich soll hier als Lagerhilfe arbeiten.
○ Ich heiße Veronika Nees. ……………………! Schön, dass Sie da sind.

2 ◆ …………………… Michaela Studer. Ich habe heute meinen ersten Arbeitstag.
○ ……………………, Sie kennenzulernen. Ich bin Anna Glabowski. Frohes Schaffen!

10 **Schreiben Sie Fragen.** → A3 Redemittel / Kommunikation

1 bitte – Wie – ?
Wie bitte?

2 das – Könnten – Sie – bitte wiederholen – ?
……………………………………

3 sprechen – vielleicht – könnten – Sie – etwas langsamer – ?
Entschuldigung, ……………………………………

11 | a **Welche Antwort passt? Kreuzen Sie an.** → A3 Redemittel / Kommunikation

1 ◆ Schön, dass Sie da sind. Herzlich willkommen!
[X] ⓐ ○ Danke. Das ist sehr nett.
ⓑ ○ Viel Spaß und frohes Schaffen.

2 ◆ Guten Tag, ich bin Manuel Latz. Ich bin neu hier!
ⓐ ○ Aber gern!
ⓑ ○ Herzlich willkommen!

3 ◆ Ich heiße Lilou Berg. Herzlich willkommen!
ⓐ ○ Bestimmt!
ⓑ ○ Danke. Es freut mich, Sie kennenzulernen.

4 ◆ Entschuldigung, könnten Sie vielleicht etwas langsamer sprechen?
ⓐ ○ Aber gern!
ⓑ ○ Ich freue mich auch.

b **Hören Sie und antworten Sie wie in a.**

🔊 343

B sich mit den Kolleginnen und Kollegen unterhalten

12 | a Lesen Sie die Online-Kommentare zum Radiobeitrag *Duzen und Siezen am Arbeitsplatz*. Welche Personen finden es wichtig, dass man sich am Arbeitsplatz duzt? Kreuzen Sie an.

→ B2 Wortschatz / Lesen / Mediation

JAN	Danke für den interessanten Beitrag. Ich denke, es hat viele Vorteile, wenn man sich am Arbeitsplatz duzt. Die Atmosphäre ist ganz anders – ich finde, sie ist deutlich angenehmer. Es ist dann zum Beispiel viel leichter, Fragen zu stellen. Als meine Kollegen und Kolleginnen mich gefragt haben, war ich froh. Ich habe das Du sofort angenommen.
BEN	Ich finde das Thema nicht so besonders spannend. Ich denke, es ist vollkommen egal, ob man sich duzt oder siezt. Man muss natürlich immer darauf achten, wie man miteinander redet. Freundlichkeit, Respekt und Humor: Das ist sehr wichtig. Du oder Sie? Die Anrede spielt wirklich keine Rolle!
FRANZISKA	Ich möchte meine Kolleg:innen auf jeden Fall gern duzen. Bei uns ist das ganz normal. Mit ihnen arbeite ich jeden Tag zusammen und ich verbringe mit ihnen auch jede Mittagspause. Wer wem das Du anbietet, ist dabei nicht so wichtig: Neue Mitarbeiter:innen bekommen meistens gleich am ersten Tag das Du angeboten. Umgekehrt können sie natürlich auch selbst vorschlagen, das Du zu verwenden.
KLAUDIA	Ich weiß nicht. Für mich ist das keine große Sache. Ich kann auch mit Menschen, die ich sieze, gut zusammenarbeiten. In unserem Team duzen wir uns, weil wir alle ungefähr gleich alt sind. Aber die älteren Kollegen und Kolleginnen sieze ich. Die Zusammenarbeit ist aber genauso eng.
JOAN	Bei uns im Betrieb duzen sich alle – egal, wie alt jemand ist oder ob jemand Chef oder Chefin ist. Das ist eine Regel, die im ganzen Betrieb gilt. Mir ist das sehr recht. Es macht die Kommunikation leichter, wenn ich nicht überlegen muss, was die passende Anrede ist.
ALICIA	Ich finde, jeder sollte selbst entscheiden, ob er sich am Arbeitsplatz mit dem Chef und den Kollegen duzt oder lieber siezt. Von mir aus kann das jeder machen, wie er will. Ich denke aber, diese Entscheidung sollte nicht das Unternehmen treffen. Das ist eine ganz persönliche Sache.

1 Jan ☒
2 Ben ○
3 Franziska ○
4 Klaudia ○
5 Joan ○
6 Alicia ○

b Welcher Satz aus a bedeutet dasselbe? Ergänzen Sie.

1 Ich war sofort einverstanden, dass wir uns duzen. = *Ich habe das Du sofort angenommen.* (Z. 4)

2 Die Anrede ist egal! = ______ (Z. 7/8)

3 Andererseits können sie natürlich auch selbst vorschlagen, das Du zu verwenden. = ______ (Z. 12/13)

4 Das ist für den ganzen Betrieb so geregelt. = ______ (Z. 18)

5 Ich bin damit sehr zufrieden. = ______ (Z. 18)

6 Das kann jeder gern machen, wie er will. = ______ (Z. 21)

c Wählen Sie einen Kommentar aus a. Fassen Sie diesen Kommentar in einer Sprachnachricht an einen Freund zusammen und fragen Sie nach seiner Meinung dazu. Vergleichen Sie dann zu zweit.

Hallo ..., ich habe gerade einen Kommentar über Duzen oder Siezen am Arbeitsplatz gelesen. Dort schreibt jemand, dass ...

13 | a Sehen Sie die Fotos an. Wer kann das Du anbieten? Kreuzen Sie an. → B4 Redemittel / Kommunikation

○ ○

○ ○

○ ○

○ ○

b Ergänzen Sie.

1 ◆ Ü b r i g e n s, wir duzen uns hier alle.
○ O _ g _ _! Ich bin Marco.

2 ◆ W _ _ _ e _ I _ n _ _ r _ c h _ i _ _, können wir gern Du sagen!
○ J _, s _ h _ g _ _ n. Ich heiße Caro.

3 ◆ V _ _ m _ _ a _ _ können wir uns gern duzen. Ich bin Hannes.
○ Ja, klar, gern. Ich heiße Theo.

4 ◆ Ach, w _ l l _ _ w _ _ n _ c h _ e _ _ f _ _ _ Du sagen?
○ Sehr gern!

14 | a Ordnen Sie das Gespräch. → B5 *es*

..... ◆ Nein, ich liebe Fußball. Aber ich spiele nicht selbst.
Es macht mir mehr Spaß, ein Spiel im Fernsehen anzuschauen.
○ Du bist Fußballfan? Das wusste ich ja gar nicht.
1 ○ Hi, Sesuna. Wie geht es dir?
..... ◆ Ja, gern! Es gibt Pommes.
○ Hast du schon Hunger? Es ist erst halb elf ...
..... ◆ Etwas langweilig. Am Sonntag hat es ja nur geregnet.
○ Stimmt. Es ist Sommer. Und trotzdem ist es kalt und es regnet. Essen wir heute zusammen?
..... ◆ Gut. Danke. Und wie geht's dir?
○ Danke, alles in Ordnung. Wie war dein Wochenende?
..... ◆ Es ist verrückt, aber ich habe immer Hunger.
○ So siehst du aber nicht aus. Machst du eigentlich viel Sport?

b Markieren Sie in a alle Sätze mit *es*.

c Machen Sie eine Tabelle in Ihr Heft und ergänzen Sie die markierten Sätze.

Zeit	Wetter	Befinden	allgemein
		Es macht mir mehr Spaß, ...	

15 Wo fehlt *es*? Ergänzen Sie die E-Mail.

→ B5 *es*

Lieber Felix,

heute war mein erster Arbeitstag in meinem neuen Job! Und ich bin total froh, weil mir Spaß macht, dort zu arbeiten! Natürlich ist immer sehr aufregend, wenn man etwas Neues anfängt. Also war ich heute Morgen ganz schön nervös.

In diesem Betrieb gibt drei Bereiche. Ich arbeite im Lager. Dort war heute sehr warm. Ich glaube, morgen ziehe ich nur ein T-Shirt an. 😃

Meine neuen Kollegen:innen sind sehr nett. Sie haben mir am Vormittag alles genau erklärt – und dann war auch schon Zeit für die Mittagspause! Am Nachmittag habe ich eine eigene Aufgabe bekommen. Auf jeden Fall gibt viel zu tun. Ich freue mich schon auf morgen.

Und wie geht dir? Sehen wir uns bald mal wieder?

Liebe Grüße

Adnan

16 Was passt? Markieren Sie.

→ B5 Wortschatz

1 ◆ Ich habe den ersten Auftrag erledigt.
○ Super. Das ist doch eine gute Floskel | Gelegenheit, um eine Kaffeepause zu machen.

2 ◆ Und wie ist es in deinem neuen Job? Gefällt dir der Berufsalltag | Feierabend?
○ Ja, die Arbeitstage sind sehr spannend. Ich lerne total viel – und gehe gern zur Arbeit!

3 ◆ Ich möchte mal wissen, ob der Chef verheiratet ist.
○ Warum? Das spielt doch gar keine Rolle | Regel.

4 ◆ Mensch, ich habe vielleicht Hunger! Ich mache jetzt mal Mahlzeit | Mittagspause.
○ Oh, warte. Ich komme mit in die Kantine!

17 Bilden Sie Wörter und ergänzen Sie.

→ B5 Wortschatz

abend | alltag | Berufs | Feier | Ge | geln | gen | heit | ~~le~~ | le | Mittags | Re | ~~Rol~~ | pause

1 Ich duze mich mit allen Kollegen. Ich glaube, das spielt für eine gute Arbeitsatmosphäre eine wichtige *Rolle*.
2 Ich gehe jetzt nach Hause. Ich habe nämlich ____________________!
3 Ich möchte meine Kollegin zum Essen einladen, aber ich warte noch auf die richtige ____________________.
4 Meine Kollegen sagen immer „Mahlzeit!", wenn sie in die ____________________ gehen. Gibt es noch mehr Floskeln aus dem ____________________, die ich kennen sollte?
5 Muss man eigentlich das Du annehmen? Gibt es da bestimmte ____________________, die überall gelten?

18 Welche Antwort passt? Verbinden Sie.

→ B6 Redemittel / Kommunikation

1 Ich bin dann mal weg!
2 Mahlzeit!
3 Wie läuft's?
4 Ich arbeite heute etwas länger.

A Oh, ist schon Zeit für die Mittagspause?
B Gut. Aber es ist auch noch viel zu tun!
C Dann noch frohes Schaffen!
D Ja, Tschüss! Und: Schönen Feierabend.

C sich über ein Unternehmen informieren

19 **Lesen die Fragen und Antworten auf der Firmenwebseite und schreiben Sie die Wörter richtig.**

→ C1 Wortschatz

1 **Wo präsentieren Sie Ihre Möbel?**

Die *Präsentation* (tiontasenPrä) unserer Produkte findet in unseren Verkaufsräumen in Leipzig statt – und natürlich auf .... (senMes) im In- und Ausland.

2 **Was bedeutet das „T" in Ihrem .... (goLo)?**

Das „T" steht für Sebastian Thiele, unseren .... (menderFirgrün) und ehemaligen Geschäftsführer. Doch seit der .... (dungGrün) im Jahr 1995 hat sich einiges verändert. Mittlerweile wird die Firma [mehr]

3 **Kann man die Lieferung Ihrer Möbel für einen bestimmen Tag bestellen?**

Ja, wir richten uns bei Ihrem .... (tragAuf) gern nach Ihren Wünschen. Bitte wenden Sie sich an unsere .... (lungteiabsandVer).

20 | a **Lesen Sie die Kommentare. Die markierten Wörter stehen an der falschen Stelle. Korrigieren Sie.**

→ C1 Wortschatz / Mediation

Wie viel sollen Mitarbeiter:innen im Unternehmen entscheiden? Schreibt uns eure Meinung!

BILL

Ich finde es gut, wenn Mitarbeiter*innen bei wichtigen Fragen ihre Meinung sagen können. In unserem Unternehmen konnte ich zum Beispiel über die Öffnungszeiten für unseren Verkaufsraum [1] trennen.

MAYA

Ich denke, das [2] steigt nur in einem kleinen Unternehmen. Wenn Firmen [3] abstimmen und die Zahl der Mitarbeiterinnen und Mitarbeiter [4] klappt, wird es schwieriger.

PIA

Ich glaube, das muss man sich genauer anschauen. Es gibt sehr verschiedenen Themen. Man muss [5] beteiligen zwischen Themen, über die nur der Geschäftsführer entscheiden sollte, und Themen, bei denen man die Mitarbeiter [6] wachsen kann.

1 *abstimmen*
2 ....
3 ....
4 ....
5 ....
6 ....

b **Wählen Sie einen Kommentar aus a, den Sie gut finden. Geben Sie den Inhalt und Ihre Meinung dazu in einer Sprachnachricht an eine Freundin / einen Freund weiter.**

Ich habe einen Kommentar gelesen. Es geht um die Frage: Wie viel ...

21 **Ergänzen Sie *hatte*- oder *war*- in der passenden Form.**

→ C2 Wiederholung: *hatte* und *war*

1 ◆ Julio und ich *waren* am Wochenende krank. Ich glaube, wir .... etwas Falsches gegessen.
  ○ Oh, das tut mir leid.
2 ◆ Wann hast du deinen Job bekommen?
  ○ Das .... im Mai. Ich .... aber auch sehr viele Bewerbungen geschrieben.
3 ◆ Wann .... du das letzte Mal im Kino?
  ○ Vor zwei Monaten – mit euch. Ihr .... mich damals gefragt, ob ich mitkommen will.
4 ◆ Wie .... euer Wochenende? .... ihr beim Sport?
  ○ Nein, wir .... keine Lust, Sport zu machen.

22 | a Was ist zuerst passiert? Markieren Sie. → C2 Plusquamperfekt

1 Ich hatte mit dem Auftrag gerade angefangen. Der Chef hat gesagt, dass er den Auftrag selbst erledigt.
2 Ich war gerade losgefahren. Eine Kollegin hat mich angerufen.
3 Ich habe das Angebot für eine Vollzeitstelle bekommen. Ich hatte zwei Monate Teilzeit in der Firma gearbeitet.
4 Ich habe Mittagspause gemacht. Ich hatte schon zehn Kunden bedient.
5 Ich war gerade in Deutschland angekommen. Ich habe einen Unfall gehabt.
6 Ich hatte gerade meine Ausbildung abgeschlossen. Ich habe eine richtig gute Geschäftsidee gehabt.

b Verbinden Sie die Sätze mit *als*.

1 Als ich mit dem Auftrag gerade angefangen hatte, hat der Chef gesagt, dass er den Auftrag selbst erledigt.

23 Bringen Sie die Kärtchen in eine Reihenfolge und ergänzen Sie die Satzkette. → C2 Plusquamperfekt

einkaufen | das Telefon klingeln | essen | Geschirr abwaschen | einschlafen | kochen

Nachdem ich eingekauft hatte, habe ich gekocht. Nachdem ich gekocht hatte, ___

___

___

___

24 Ergänzen Sie im Blog das Verb in der passenden Form. → C2 Plusquamperfekt

Timos Blog

Zu spät!
Gestern war wirklich ein schlimmer Tag. Ich bin zu spät aufgewacht, weil ich den Wecker nicht 1 *gestellt hatte* (stellen). Ich musste mich beeilen, denn ich wollte auf keinen Fall zu spät kommen. Mein Chef 2 ___ mich nämlich am Tag vorher ___ (fragen), ob ich etwas früher kommen kann.
Ich wollte also schnell noch frühstücken, aber meine beiden Mitbewohner 3 ___ das letzte Brot ___ (essen). Als ich an der Bushaltestelle ankam, merkte ich, dass ich mein Portemonnaie zu Hause 4 ___ (vergessen). Ich musste schnell nach Hause laufen. Als ich wiederkam, 5 ___ der Bus natürlich schon ___ (abfahren). Also kam ich eine halbe Stunde zu spät zur Arbeit. Total peinlich! Zum Glück 6 ___ mir das vorher noch nie ___ (passieren)!

25 Was passt zusammen? Verbinden Sie. → C3 Wortschatz

1 die Logistik
2 die Finanzen
3 der Arbeitsort
4 die Vorgesetzten
5 das Marketing

A die Buchhaltung und die Rechnungsprüfung
B die Werbung und das Logo
C die Geschäftsführung und die Abteilungsleitung
D die Spedition und die Lagerverwaltung
E der Innendienst und der Außendienst

26 **Ergänzen Sie.** → C3 Wortschatz

Außendienst | Finanzen | Geschäftsführung | ~~Logistik~~ | Marketing | Sekretariat

1 Die *Logistik* organisiert die Lagerung und den Transport der Waren.
2 Wer im Bereich Buchhaltung arbeitet, beschäftigt sich mit ....
3 Das .... ist dafür verantwortlich, dass Kunden die Produkte der Firma kennenlernen.
4 Wer im .... arbeitet, ist viel unterwegs und fährt direkt zu den Kunden.
5 Personen, die ein Unternehmen leiten, arbeiten in der ....
6 Im .... werden Büroarbeiten erledigt.

27 **Wie kann man das anders sagen? Ergänzen Sie. (Nicht alles passt.)** → C3 Redemittel

~~ist Abteilungsleiter~~ | ist Geschäftsführer | ist verantwortlich | leitet den Bereich

◆ Und wer leitet die Abteilung? = Und wer 1 *ist Abteilungsleiter* ?
○ Frau Bugge. Sie verantwortet den Bereich Marketing. = Sie 2 .... Marketing.
Und das ist der Kollege Martinez. Er ist zuständig für den Bereich Soziale Medien. = Er 3 .... für den Bereich Soziale Medien.

(E) Smalltalk

28 **Eine Kollegin / ein Kollege fragt Sie: „Na, wie war dein Wochenende?“ Erzählen Sie. Die Fragen helfen Ihnen. Nehmen Sie die Antwort auf, bis Sie damit zufrieden sind.** → 3 Kommunikation

Wo waren Sie? Wie war das Wetter? Was haben Sie gemacht?
Was war schön / spannend / ... ?

Letztes Wochenende ...

Lernwortschatz

S. 68 | Sesuna Ghebrai startet in die erste Arbeitswoche

Nomen

die Aktivität (hier Sg.) ....
die Anreise, -n ....
die Arbeitswoche, -n ....
einen guten Eindruck machen ....
die Freundlichkeit (Sg.) ....
der Humor (Sg.) ....
die Neugier (Sg.) ....
die Pünktlichkeit (Sg.) ....
der/die Vorgesetzte, -n ....

Verben

ankommen, kam an, ist angekommen ....
beobachten, beobachtete, hat beobachtet ....
duzen, duzte, hat geduzt ....
sich verhalten, verhielt sich, hat sich verhalten ....
sich verspäten, verspätete sich, hat sich verspätet ....
zeigen, zeigte, hat gezeigt: Interesse zeigen ....

Adjektive

nett: etwas Nettes ....
stumm: auf Stumm stellen ....
zurückhaltend ....

S. 69 | sich begrüßen und vorstellen

Nomen

die Lagerhilfe, -n ....

Adjektive

aufgeregt ....
gut gelaunt ....

neugierig

weitere Wörter

gar nichts

Frohes Schaffen!

S. 70 | B sich mit den Kollegen unterhalten

Nomen

der Feierabend, -e

der Berufsalltag (Sg.)

die Floskel, -n

die Gelegenheit, -n

Mahlzeit!

die Mittagspause, -n

die Regel, -n

die Rolle, -n: eine Rolle spielen

Verben

annehmen, nahm an, hat angenommen

siezen, siezte, hat gesiezt

mal weg sein, war mal weg, ist mal weg gewesen

Adjektive

recht: es ist recht

umgekehrt

weitere Wörter

das-, der-, dieselbe

von mir aus

S. 72 | C sich über ein Unternehmen informieren

Nomen

die Abteilungsleitung, -en

der Auftrag, ¨-e

der Außendienst, -e

die Buchhaltung (Sg.)

Finanzen (Pl.)

der Firmengründer, – / die Firmengründerin, -nen

die Geschäftsführung, -en

die Gründung, -en

der Innendienst, -e

die Lagerverwaltung, -en

die Landesgrenze, -n

die Logistik (Sg.)

das Logo, -s

das Marketing (Sg.)

die Messe, -n

die Präsentation, -en

die Rechnungsprüfung, -en

das Sekretariat, -e

die Spedition, -en

der Verkauf (hier Sg.)

der Verkaufsraum, ¨-e

die Versandabteilung, -en

die Verwaltung, -en

der Werkzeugmacher, – / die Werkzeugmacherin, -nen

Verben

abstimmen, stimmte ab, hat abgestimmt

beteiligen, beteiligte, hat beteiligt

leiten, leitete, hat geleitet

steigen, stieg, ist gestiegen

trennen, trennte, hat getrennt

verantworten, verantwortete, hat verantwortet

wachsen, wuchs, ist gewachsen

Adjektiv

ehemalig

weitere Wörter

rund (circa)

mittlerweile

Lektion 9

1 **Finden Sie noch fünf Wörter und ergänzen Sie.** → 1 Wortschatz

LAWANDELTRESARBEITSKRAFTWOPPITREDIGITALISIERUNG

HWISSENUEFRISURWSOPPRABETREFFENP

UNSER LESERBRIEF DER WOCHE

Mit großem Interesse habe ich Ihren Artikel über den digitalen [1] *Wandel* gelesen. Ich muss Ihnen aber sagen: Ich sehe die [2] ………… der Arbeitswelt gar nicht so positiv! Ich mache mir große Sorgen, dass man den Menschen als [3] ………… bald nicht mehr braucht. Die digitalen Veränderungen [4] ………… schon jetzt so viele Bereiche … Und [5] ………… Sie: Egal ob ich mir eine neue [6] ………… machen lasse, ob ich ein Brot kaufe oder im Supermarkt an der Kasse bezahle – ich habe lieber Kontakt zu Menschen als zu Maschinen!

Eva P. aus Paderborn

A über Computer sprechen

2 | a **Bilden Sie noch vier Wörter zum Thema *Computer* und notieren Sie mit Artikel.** → A1 Wortschatz

~~Bild~~ cker Dru funk ge Mul rät ~~schirm~~ ta Tas Tas te ti tions tur

der Bildschirm, …………

…………

b **Ergänzen Sie das passende Wort aus a.**

1 Das Foto sieht auf meinem *Bildschirm* ganz komisch aus, viel zu grün.
2 Mit meinem neuen ………… kann ich kopieren, drucken und scannen. Toll, oder?
3 Welche ………… muss ich drücken, um große Buchstaben zu schreiben?
4 Ist noch Papier im …………? Irgendwie funktioniert er schon wieder nicht.
5 Meine ………… macht so laute Geräusche. Ich brauche unbedingt eine neue.

3 **Was passt zusammen? Markieren Sie.** → A2 Wortschatz

1 der Drucker – der Bildschirm – die Katze – die Maus
2 die App – der Kunde – das Programm – die Datei
3 einladen – herunterladen – hochfahren – herunterfahren
4 die Kundendaten – das Passwort – das Update – der Drucker

4 **Welches Verb passt? Kreuzen Sie an. (Meistens gibt es mehrere Möglichkeiten.)** → A2 Wortschatz

1 **die Kundendaten** ☒ eingeben ○ installieren ☒ speichern ☒ bearbeiten
2 **das Passwort** ○ eingeben ○ herunterfahren ○ speichern ○ öffnen
3 **das Programm** ○ öffnen ○ installieren ○ eingeben ○ herunterladen
4 **den Computer** ○ speichern ○ hochfahren ○ bearbeiten ○ herunterfahren
5 **ein Update** ○ herunterladen ○ machen ○ installieren ○ eingeben
6 **sich mit dem Passwort** ○ installieren ○ einloggen ○ speichern ○ herunterfahren
7 **eine App** ○ herunterladen ○ hochfahren ○ öffnen ○ installieren
8 **einen Doppelklick** ○ öffnen ○ speichern ○ machen ○ herunterladen

5 | a Wie kann man Empfehlungen geben? Markieren Sie. → A3 Redemittel / Mediation

1 Ich brauche ein neues Multifunktionsgerät. Hast du einen Tipp? — Ich habe den Canox 14-4P, den kann ich wirklich nur empfehlen.

2 Ich will meine Fotos schön und schnell bearbeiten. Aber womit? — Ich finde das Programm Photostore empfehlenswert. Ich habe damit nur gute Erfahrungen gemacht.

3 Oh nein, meine Maus ist kaputt. 😖 Was nun? — Dann musst du dir eine neue kaufen. ... Ich empfehle dir eine ergonomische Maus, die ist wirklich besser.

b Eine Kollegin / Ein Kollege hat schon öfter wichtige Termine vergessen. Empfehlen Sie eine Kalender-App und erklären Sie, wie man die App auf dem Smartphone installiert. Schreiben Sie eine Textnachricht.

Es gibt für Smartphones eine tolle Kalender-App. Damit kann man sich perfekt organisieren. Man kann ...

c Was empfehlen Sie? Schreiben Sie Ihre Empfehlungen ins Forum. Nutzen Sie die Redemittel in a.

Mit Empfehlung gelingt alles besser 👍

STÄDTE FILME REZEPTE SPORTARTEN BÜCHER

Wenn du eine Stadt anschauen willst, dann empfehle ich dir Erfurt. Die Stadt ist sehr hübsch. Es gibt einen Dom und schöne alte Häuser. Man kann an der Krämerbrücke am Fluss sitzen und Eis essen. Das ist vor allem im Sommer empfehlenswert.

B über digitale Medien sprechen

6 Ergänzen Sie. → B2 Wortschatz

E-Books | Kommunikation | Langeweile | ~~Medien~~ | nutzen | Soziale Medien | verschwenden

◆ In der Schule meiner Tochter gibt es nächste Woche einen Vortrag zum Thema „1 *Medien* kompetent 2 __________“.

○ Das ist ja toll, dass sich die Schule um dieses Thema kümmert. Ich finde, dass viele Jugendliche aus 3 __________ ständig im Internet sind und damit viel Zeit 4 __________.

▲ Echt? Mein Sohn liest oft Zeitung im Internet oder 5 __________ auf dem Reader. Das ist für mich keine Zeitverschwendung.

◆ Ich sehe das auch kritisch. Meine Tochter verbringt viel Zeit in den 6 __________ – zur 7 __________ mit ihren Freunden, wie sie sagt. Na, ich weiß nicht ...

7 | a Wer sieht die digitalen Medien eher positiv, wer eher negativ? Lesen Sie und kreuzen Sie an.

→ B2 Wortschatz

FORUM DIGITALE MEDIEN

AJUSCHKA25	Es wird ja viel über die sogenannten digitalen Medien gestritten. Was ist Eure Meinung: eher positiv oder negativ?
SVEAL	Hm, digitale Medien ... Dazu gehören ja viele verschiedene Dinge. Viele Medien eignen sich super, um zu lernen oder um sich zu informieren. Zum Beispiel Online-Zeitungen oder Videos. Da sehe ich auf jeden Fall mehr Vorteile als Nachteile.
ÖMER85	Na ja, ich glaube, dass man die meisten digitalen Medien nicht für sinnvolle Dinge verwendet. Wie viel Zeit manche Leute am Smartphone verbringen – oft aus Langeweile ... Da kann man wirklich viel Zeit verschwenden. Ich finde das schlecht!
IOANA	Ich nutze das oft zur Kommunikation. Durch Internettelefonieren oder Soziale Medien habe ich viel Kontakt zu meiner Familie in Rumänien und zu Freunden, die in anderen Ländern leben. Und ich bin sehr froh, dass es diese Möglichkeiten gibt. 😃

	eher positiv	eher negativ
1 SveaL	☒	○
2 Ömer85	○	○
3 Ioana	○	○

b Was wird im Forum behauptet? Lesen Sie noch einmal und kreuzen Sie an.

1 ☒ Der Begriff *digitale Medien* meint sehr viel Unterschiedliches.
2 ○ Online-Zeitungen sind gut geeignet, wenn man sich informieren will.
3 ○ Die Leute machen mit digitalen Medien fast nur nützliche Dinge.
4 ○ Digitale Medien werden auch aus Langeweile verwendet.
5 ○ Digitale Medien helfen dabei, einfacher zu kommunizieren.

8 | a Ordnen Sie zu.

→ B2 Redemittel

~~Bei ... sind wir gleicher Meinung.~~ | Eine Gemeinsamkeit ist, dass ... | Ein Unterschied ist ... | Du findest, dass ... Ich dagegen denke, dass ... | Im Gegensatz zu ... | ... ist gleich. | ... ist ähnlich. | ... unterscheiden sich voneinander.

über Gemeinsamkeiten sprechen	über Unterschiede sprechen
Bei ... sind wir gleicher Meinung.	

b Formulieren Sie die Sätze mit einem anderen Redemittel aus a neu. (Es sind mehrere Formulierungen möglich.)

1 Beim Thema *Soziale Medien* sind wir gleicher Meinung.
Unsere Meinung zum Thema „Soziale Medien" ist gleich.

2 Du findest, dass jeder ein Smartphone braucht. Ich dagegen denke, dass das nicht stimmt.

3 Ein Unterschied zwischen uns ist dein Interesse an Computerspielen.

4 Unsere Meinung zur Politik ist gleich.

9 | a Ergänzen Sie *als* oder *wie*.

→ B2 Wiederholung: Vergleiche mit *als* und *wie*

1 Ich nutze Soziale Medien häufiger _als_ mein Mann.
2 Ich kenne das Programm genauso gut ______ Anja.
3 Ich kenne mich besser mit der Datenbank aus ______ Alexis.
4 Ich bin so lange in der Firma ______ Herr Öztürk.
5 Aber ich habe andere Aufgaben ______ er.

b Schreiben Sie Sätze mit *als* oder *wie*.

im Internet surfen
Fotos machen
mit dem Computer umgehen
mit Word arbeiten
online Zeitung lesen
Passwörter vergessen

Meine Freundin surft viel häufiger im Internet als ich.

10 Welches Verb passt? Ergänzen Sie in der passenden Form.

→ B3 Wortschatz

automatisieren ~~bedeuten~~ entstehen ersetzen programmieren überwachen

1 Das digitale Zeitalter _bedeutet_ für fast alle Berufe viel Veränderung.
2 Viele Menschen haben Angst, dass der Computer bald die menschliche Arbeitskraft ______.
3 Arbeitsabläufe werden immer häufiger durch Computer ______.
4 Durch diese Automatisierung ______ aber wieder Arbeitsplätze, denn man braucht Menschen, um die Computer, die dann die Arbeit machen, zu ______.
5 Menschen müssen die Computer außerdem bei der Arbeit ______, damit alles richtig klappt. Der Mensch wird also immer noch gebraucht.

11 | a Verbinden Sie.

→ B3 Wortschatz

1 die Arbeits	A bank
2 der Arbeits	B zehnt
3 die Daten	C ablauf
4 das Jahr	D alter
5 das Zeit	E welt

b Ergänzen Sie die Wörter aus a.

MIT UNS BLEIBEN SIE FIT IM BERUF

Hat sich die [1] _Arbeitswelt_ im letzten [2] ______ sehr gewandelt? Und hat das [3] ______ der Digitalisierung Ihren [4] ______ stark verändert? Dann kommen Sie zu uns! Unsere Seminare helfen Ihnen, im Beruf wieder fit zu werden. Wir bieten Kurse zu vielen Themen der digitalen Welt an. Textverarbeitung, [5] ______ oder Soziale Medien – wir haben bestimmt auch den richtigen Kurs für Sie! Gleich anmelden unter **www.wieder-fit-im-beruf.net**!

12 Bilden Sie Nomen. Schreiben Sie mit Artikel.

→ B3 Wortschatz

1 sich wandeln _der Wandel_
2 sich langweilen ______
3 kommunizieren ______
4 sich auswirken ______
5 sich verändern ______

13 | a **Hören Sie die Wörter. Wird der markierte Vokal kurz oder lang gesprochen? Kreuzen Sie an.** → Phonetik

344

die Taste	die Daten	der Plan
☒ kurz ○ lang	○ kurz ○ lang	○ kurz ○ lang

das Passwort	der Wandel	die Langeweile
○ kurz ○ lang	○ kurz ○ lang	○ kurz ○ lang

b **Notieren Sie weitere Wörter mit dem Vokal *a*. Überlegen Sie, ob das *a* lang oder kurz gesprochen wird.**

langes *a*	kurzes *a*
das Lager	*das Amt*

C über Erinnerungen sprechen

14 **Schreiben Sie die Wörter richtig.** → C1 Wortschatz

1 Ab sofort bekommen wir unseren *Dienstplan* (planDienst) nicht mehr auf Papier, sondern nur noch online. Schau mal auf dem .... (letTab), ob du ihn öffnen kannst.
2 Wenn meine .... (ungnerinEr) richtig ist, hatten wir in unserer Schule keine .... (boardsSmart). Obwohl ich erst vor fünf Jahren Abitur gemacht habe.
3 Ich sehe die Digitalisierung .... (tischkri). Ich kann nicht verstehen, warum die .... (heitMehr) der Menschen dazu eine positive Meinung hat.
4 Ich bin die ganze Woche krank. Könntest du mir die Seiten mit dem .... (stoffrichtsterUn) .... (nenscan) und schicken? Das wäre sehr nett.
5 Wir sollen zu Hause ein .... (spiellenRol) .... (benüein) und nächste Woche im Unterricht präsentieren.

15 **Verbinden Sie.** → C2 *als*

1 Als ich klein war,
2 Als ich in die 10. Klasse ging,
3 Als ich meine Ausbildung begann,
4 Als ich einen festen Job bekam,

A habe ich mir Ferienjobs gesucht.
B hatte ich keine Geldsorgen mehr.
C hatten meine Eltern wenig Geld.
D hatte ich zum ersten Mal ein eigenes kleines Gehalt.

16 **Schreiben Sie Sätze.** → C2 *als*

1 als – ich – jung – sein / in Hamburg – zur Schule – gehen
Als ich jung war, bin ich in Hamburg zur Schule gegangen.

2 wir – nach Stuttgart – ziehen / als – ich – 14 Jahre alt – sein
....

3 als – ich – in die neue Schule – kommen / ich – mich fremd fühlen
....

4 ich – besser – sich fühlen / als – ich – neue Freunde – haben
....

17 | a **Lesen Sie die Sätze. Warum wird *wenn*, warum wird *als* verwendet? Markieren Sie in den Sätzen, woran Sie das erkennen. Ergänzen Sie die Regeln.** → C2 *wenn* und *als*

Wenn ich ins Büro gefahren bin, habe ich immer beim Bäcker angehalten.
Als ich heute ins Büro gefahren bin, habe ich beim Bäcker angehalten.

nur einmal | regelmäßig

Wenn wird verwendet, wenn eine Sache [1] .... stattfindet.
Als wird verwendet, wenn eine Sache [2] .... stattfindet.

b ***Wenn* oder *als*? Kreuzen Sie an.**

1 Früher bin ich immer in den Urlaub gefahren, ⊗ wenn ○ als ich konnte.
2 ○ Wenn ○ Als ich Rentner wurde, hatte ich plötzlich ganz viel Zeit zum Reisen.
3 ○ Wenn ○ Als ich Lust darauf hatte, konnte ich meine Koffer packen und wegfahren.
4 Das war leider vorbei, ○ wenn ○ als ich krank geworden bin.
5 ○ Wenn ○ Als ich dann wegfahren wollte, brauchte ich immer Begleitung. Ich bin dann oft mit meinen Enkeln verreist.

18 **Schreiben Sie die Sätze mit *wenn* oder *als*.** → C2 *wenn* und *als*

1 Ich war früher oft traurig, *wenn ich eine schlechte Note bekommen hatte.*
2 Einmal habe ich geweint, ...
3 Ich habe mit meinen Eltern geredet, ...
4 Meine Eltern haben sich immer sehr gefreut, ...
5 Ich war sehr glücklich, ...

19 **Ergänzen Sie.** → C4 Redemittel

Ich bevorzuge E-Books | Das finde ich besser als | ~~Ich mag Bücher aus Papier viel lieber als~~ | Mir ist Fernsehen viel lieber als

◆ [1] *Ich mag Bücher aus Papier viel lieber als* E-Books. Ihr auch?
○ Überhaupt nicht. [2] ...., weil sie so leicht sind und wenig Platz brauchen. [3] .... dicke Bücher.
▲ E-Book, Papierbuch – das ist mir ganz egal. [4] .... Lesen!

20 | a **Stellen Sie Fragen. Nutzen Sie die Redemittel aus 19.** → C4 Redemittel

1 Krimi 👍 Liebesroman 👎 — *Was? Du magst Krimis lieber als Liebesromane?*
2 Nachrichten 👍 Serie 👎 — *Was? Du findest Nachrichten besser als Serien?*
3 E-Book 👍 Buch aus Papier 👎 ....
4 Fernsehen 👍 Lesen 👎 ....
5 Tablet 👍 Laptop 👎 ....
6 Instagram 👍 Facebook 👎 ....

b **Überlegen Sie eigene Fragen und schicken Sie eine Textnachricht an eine/n Lernpartner/in. Antworten Sie dann auch auf die Textnachricht/en, die Sie erhalten.**

Schreibst du lieber mit der Hand oder am Computer?

Mit der Hand. Das geht schneller.

(E) Wo kann man Weiterbildungen machen?

21 **Welches Verb passt? Verbinden Sie.** → 3 Wortschatz

1 eine Weiterbildung zum Thema *Soziale Medien* — B
2 die Verabredung mit einem Freund
3 sich spontan für eine Weiterbildung
4 mit Sozialen Netzwerken neue Kunden

A anmelden
B anbieten
C gewinnen
D absagen

22 **Lesen Sie den Text. Welche Antwort (a, b, oder c) passt am besten? Kreuzen Sie an.** → 3 Prüfung: Lesen: Teil 2

NEUE ANGEBOTE IM BEREICH COMPUTER UND IT

In immer mehr Berufen braucht man heute Computerkenntnisse. Deshalb steigt auch die Nachfrage nach Weiterbildungen im IT-Bereich ständig. Das sehen wir – das LKB-Institut für berufliche Weiterbildung – täglich an den vielen Anfragen unserer Kundinnen und Kunden. Deshalb haben wir uns entschieden, unsere Kurse im IT-Bereich stärker auszubauen. Damit wollen wir Ihnen ein größeres Angebot an allgemeinen und speziellen Computerkursen machen. Denn: Ihre Zufriedenheit ist für uns das Wichtigste!

Ab sofort bieten wir neue IT-Kurse an. Für Anfänger haben wir PC-Grundlagenkurse in unser Angebot aufgenommen. Hier geht es zum Beispiel um die Bedienung des Computers und um einfache Programme. Außerdem vermitteln wir Ihnen hier Kenntnisse rund um die Sicherheit im Internet.
Für Fortgeschrittene haben wir verschiedene neue Themenschwerpunkte: Es gibt Kurse zu speziellen Programmen, wie zum Beispiel Excel oder PowerPoint. Für Interessierte gibt es außerdem Social-Media-Kurse, in denen man Soziale Netzwerke wie Facebook, Instagram oder Xing kennenlernt, die viele unserer Kundinnen und Kunden privat bereits nutzen. Hier erfährt man aber, wie man sie sinnvoll auch im Beruf verwenden kann.

Haben wir Ihr Interesse geweckt? Unser komplettes Angebot an Computerkursen finden Sie auf unserer Internetseite www.lkb-weiter-mit-uns.de. Wenn Sie Interesse an einem bestimmten IT-Thema haben, bei uns aber keine Weiterbildung dazu finden, dann treten Sie mit uns hier in Kontakt. Gemeinsam finden wir sicher eine Lösung für Sie oder Ihr Unternehmen.

1 Das Institut
- ⓐ bietet nur Kurse an, mit denen alle zufrieden sind.
- ⓑ führt täglich spezielle Computerkurse durch.
- ⓒ hat großes Interesse an Computerkursen festgestellt.

2 In den Anfängerkursen lernt man, wie man
- ⓐ im Internet sichere Angebote zum Einkaufen findet.
- ⓑ mit dem Computer umgeht.
- ⓒ programmiert.

3 In den Social-Media-Kursen geht es darum,
- ⓐ die Vorteile dieser Plattformen im Privatleben kennenzulernen.
- ⓑ mehr Facebook-Freunde zu finden.
- ⓒ Soziale Medien für berufliche Zwecke einzusetzen.

4 Wenn es zu einem Thema keinen Kurs gibt,
- ⓐ muss man die Weiterbildung woanders suchen.
- ⓑ soll man an das Institut schreiben.
- ⓒ soll man noch mal genau auf der Internetseite nachlesen.

Lernwortschatz

S. 78 | Ghali Qasem arbeitet mit dem Computer

Nomen

die Arbeitskraft, ¨-e ....
die Digitalisierung (Sg.) ....
die Frisur, -en ....
der Wandel (Sg.) ....

Verb

betreffen, betraf, hat betroffen ....
....

Adjektiv

digital ....

S. 79 | Ⓐ über Computer sprechen

Nomen

die App, -s
die Bedienung (hier Sg.)
der Bildschirm, -e
der Doppelklick, -s
der Drucker, –
Kundendaten (Pl.)
die Maus, ⸚e
das Multifunktionsgerät, -e
das Passwort, ⸚er
das Programm, -e
die Tastatur, -en
die Taste, -n
das Update, -s

Verben

bearbeiten, bearbeitete, hat bearbeitet
eingeben, gab ein, hat eingegeben
einloggen, loggte ein, hat eingeloggt
herunterfahren, fuhr herunter, hat/ist heruntergefahren
herunterladen, lud herunter, hat heruntergeladen
hochfahren, fuhr hoch, hat/ist hochgefahren
installieren, installierte, hat installiert
speichern, speicherte, hat gespeichert

S. 80 | Ⓑ über digitale Medien sprechen

Nomen

der Arbeitsablauf, ⸚e
die Arbeitswelt, -en
die Auswirkung, -en
das E-Book, -s
das Jahrzehnt, -e
die Kommunikation (Sg.)
die Langeweile (Sg.)
die Veränderung, -en
das Zeitalter, –

Verben

automatisieren, automatisierte, hat automatisiert
entstehen, entstand, ist entstanden
ersetzen, ersetzte, hat ersetzt
programmieren, programmierte, hat programmiert
überwachen, überwachte, hat überwacht
verschwenden, verschwendete, hat verschwendet

S. 82 | Ⓒ über Erinnerungen sprechen

Nomen

der Dienstplan, ⸚e
die Erinnerung, -en
die Mehrheit, -en
das Rollenspiel, -e
das Smartboard, -s
das Tablet, -s
der Unterrichtsstoff, -e

Verben

einüben, übte ein, hat eingeübt
scannen, scannte, hat gescannt

Adjektiv

kritisch

S. 84 | Ⓔ Wo kann man Weiterbildungen machen?

Nomen

das Netzwerk, -e: Soziale Netzwerke
die Verabredung, -en

Verb

absagen, sagte ab, hat abgesagt

Adjektiv

spontan

Lektion 10

1 **Was passt zusammen? Markieren Sie.** → 1 Wortschatz

1 belastbar – innovativ – stark
2 einsam – allein – aufregend
3 ordentlich – frisch – gepflegt
4 modern – fit – sportlich
5 freundlich – nett – zuverlässig

2 **Welche Bitte ist höflicher? Kreuzen Sie an.** → 2 Redemittel / Kommunikation

1 ⓐ Können Sie mir zeigen, wo ich unterschreiben soll?
☒ Könnten Sie mir vielleicht zeigen, wo ich unterschreiben soll?

2 ⓐ Würden Sie mir bitte erklären, was „auf bestimmte Zeit" bedeutet?
ⓑ Erklären Sie mir bitte, was „auf bestimmte Zeit" bedeutet?

3 ⓐ Könnten Sie mir vielleicht sagen, wie lang die Mittagspause ist?
ⓑ Sagen Sie mir vielleicht noch, wie lang die Mittagspause ist?

4 ⓐ Erklären Sie mir das doch mal.
ⓑ Würden Sie mir das bitte erklären?

3 **Schreiben Sie die Sätze richtig.** → 2 Redemittel / Kommunikation

1 *Könnten Sie mir bitte sagen* ……, wo die Toilette ist? (bitte – sagen – Können – mir – Sie)

2 ……, wie diese Maschine funktioniert? (erklären – Würden – mir – bitte – Sie)

3 ……, wie ich den Kunden erreichen kann? (Sie – vielleicht – Könnten – sagen – mir)

4 ……, welche Sicherheitsregeln ich beachten muss? (vielleicht – erklären – Würden – mir – Sie)

5 ……, wie ich zum Sekretariat komme? (bitte – Sie – erklären – Würden – mir)

4 **Schreiben Sie je zwei Bitten: Einmal bitten Sie eine Kollegin, die Sie duzen, einmal einen Kollegen, den Sie siezen.** → 2 Redemittel / Kommunikation

1 Wann ist die Mittagspause?
2 Wo finde ich Briefumschläge?
3 Was bedeutet „ohne Schuld"?
4 Wie funktioniert die Kaffeemaschine?
5 Wo finde ich einen Parkplatz?
6 Wen soll ich anrufen?
7 Wem schicken wir die Rechnung?
8 Warum hat der Chef schlechte Laune?

1 Könntest du mir vielleicht sagen, wann die Mittagspause ist?
Könnten Sie mir bitte sagen, …

A Angaben in einem Arbeitsvertrag verstehen

5 **Welche Wörter passen zum Thema *Geld*? Notieren Sie.** → A2 Wortschatz

~~die Arbeitsvergütung~~ die Fähigkeit die Fortzahlung das Gehalt das Kalenderjahr die Probezeit die Schriftform der Stundenlohn

Geld: *die Arbeitsvergütung,* ……………………

……………………

6 **Welche Sätze im Arbeitsvertrag im KB (S. 87) bedeuten dasselbe? Notieren Sie.** → A2 Wortschatz

1 Die Kündigung ist nur gültig, wenn man schriftlich kündigt.
Die Kündigung bedarf der Schriftform.

2 Der Arbeitsvertrag gilt unbefristet.
……………………

3 Er / Sie muss auch andere Aufgaben übernehmen.
……………………

4 Der / Die Arbeitnehmer/in muss den gesetzlichen Mindesturlaub bekommen.
……………………

5 Dann muss der / die Arbeitnehmer/in eine ärztliche Bescheinigung zeigen oder schicken.
……………………

7 | a **Welche Wörter mit *fähig* kennen Sie noch? Ergänzen Sie.** → A2 Wortschatz

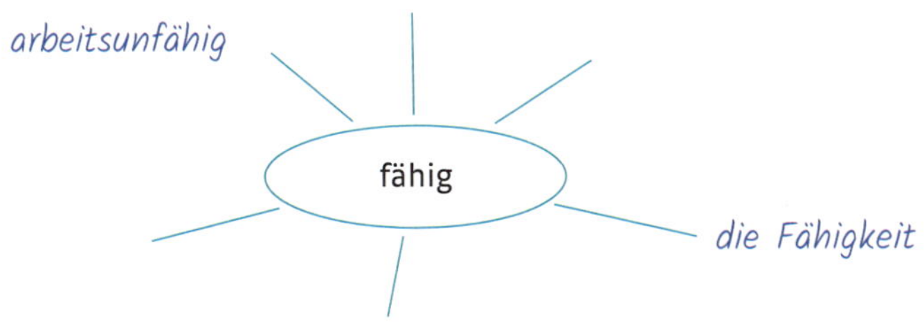

b **Schreiben Sie einen Satz mit jedem Wort aus dem Wörternetz in a. Übersetzen Sie die Sätze dann in ein andere Sprache, die Sie kennen.**

8 **Ergänzen Sie.** → A2 Wortschatz

ausführen ausliefern beladen beschäftigen mitteilen ~~schließen~~

1 **einen Arbeitsvertrag:** unterschreiben – *schließen* – kündigen
2 **eine Aufgabe:** ablehnen – übernehmen – ……………………
3 **Pakete:** packen – abholen – ……………………
4 **ein Fahrzeug:** parken – …………………… – abschließen
5 **einen Mitarbeiter / eine Mitarbeiterin:** suchen – …………………… – fest anstellen
6 **ein Wunsch:** nennen – …………………… – erfüllen

9 **Was passt zusammen? Verbinden Sie.** → A2 Wortschatz

1 der Mindest
2 das Kalender
3 die wöchentliche Arbeits
4 der Stunden
5 die Probe

A zeit von 38,5 Stunden
B urlaub von 24 Tagen
C lohn von 11 Euro
D zeit von drei Monaten
E jahr mit 365 Tagen

10 | a Ergänzen Sie in den Textnachrichten die Verben in der passenden Form. → A2 Wiederholung: Partizip II

Hi, wie geht es dir? Ich habe 1 gehört (hören), dass du deinen Job 2 ________ hast (kündigen) …

Ja, stimmt. Und ich bin froh, dass ich mich so 3 ________ habe (entschieden). Die Arbeit hat mir einfach keinen Spaß mehr 4 ________ (machen).

Und was machst du jetzt?

Ich arbeite als Zusteller. Vor einer Woche habe ich meinen neuen Arbeitsvertrag 5 ________ (unterschreiben) und habe gestern schon in der neuen Firma 6 ________ (anfangen).

Und, wie war's?

Am Morgen hat mein Chef mir eine Liste mit Aufgaben 7 ________ (geben). Ich habe zuerst den Wagen 8 ________ (beladen). Dann bin ich zu den Kunden 9 ________ (fahren) und habe die Waren 10 ________ (ausliefern). Das hat mir gut 11 ________ (gefallen).

Welche Waren hast du denn 12 ________ (transportieren)?

b Ordnen Sie die Partizipien aus a.

(ge) -t: gehört, ________

(ge) -en: entschieden, ________

B Arbeitsanweisungen verstehen und darauf reagieren

11 Lösen Sie das Rätsel. → B1 Wortschatz

1

2

3

4

5

6

7

									7								
									A								
1						K	Ü	H	L	R	E	G	A	L			
2						K											
3							S										
4								W									
5								L									
6	H				B								D				

12 Hören Sie und sprechen Sie nach.

→ B3 Redemittel / Kommunikation

345

1 Tut mir leid.
Tut mir leid. Ich habe nicht alles verstanden.
Tut mir leid. Ich habe nicht alles verstanden. Könnten Sie das noch einmal erklären?
Tut mir leid. Ich habe nicht alles verstanden. Könnten Sie mir das noch einmal erklären?
Tut mir leid. Ich habe nicht alles verstanden. Könnten Sie mir das bitte noch einmal erklären?

2 Wie geht das?
Würden Sie mir zeigen, wie das geht?
Würden Sie mir noch einmal zeigen, wie das geht?
Würden Sie mir bitte noch einmal zeigen, wie das geht?

13 Wo steht *bitte*? Kreuzen Sie an.

→ B3 Redemittel / Kommunikation

1 Könnten Sie mir das ☒ noch einmal ○ erklären?
2 Würden Sie mir ○ noch ○ einmal zeigen, wie man das macht?
3 Könnten Sie ○ mir ○ sagen, wo das Werkzeug ist?
4 ○ helfen Sie ○ mir.
5 Können Sie ○ mir ○ helfen?

14 Schreiben Sie die Bitten höflicher.

→ B3 Redemittel / Kommunikation

1 Wiederholen Sie das bitte.
Könnten Sie das bitte wiederholen?
Würden ......

2 Erklären Sie mir das bitte noch einmal.
Könnten ......
Würden ......

3 Zeigen Sie mir, wie das geht.
......
......
......
......

15 Wie kann man das auch sagen? Schreiben Sie die Wörter richtig.

→ B4 Wortschatz

1 Ware auf oder in einen Wagen legen = einen Wagen *beladen* (denlabe)
2 das Haltbarkeitsdatum prüfen = das Haltbarkeitsdatum ...... (ckenche)
3 einen Karton öffnen und alles herausholen = einen Karton ...... (ckenpaaus)
4 ein Regal wieder voll machen = ein Regal ...... (fülauflen)
5 eine Aufgabe ausführen = etwas ...... (gendileer)
6 Ware in ein Regal legen = ein Regal ...... (menräuein)

16 | a Lesen Sie die Textnachrichten von Mitarbeiterinnen und Mitarbeitern. Wird der Arbeitsauftrag angenommen oder abgelehnt? Ordnen Sie zu.

→ B5 Redemittel / Kommunikation

~~Ja, das übernehme ich gern.~~

Tut mir leid, aber das schaffe ich heute nicht mehr.

Ich weiß nicht. Ich kann das nicht so gut.

Nein, darum kann ich mich leider nicht kümmern.

Wird erledigt!

Alles klar.

Das kann ich leider nicht übernehmen.

Ich habe leider gerade überhaupt keine Zeit für zusätzliche Aufgaben.

Darum kann ich mich gern kümmern.

einen Arbeitsauftrag annehmen	einen Arbeitsauftrag ablehnen
Ja, das übernehme ich gern.	

b Ergänzen Sie die Gespräche.

1 ◆ Könnten Sie vielleicht das Auto waschen?
○ Tut mir leid, aber [d a s] [s c h a f f e] [i _ _] [h _ _ t _] [n _ c h _] [m _ h _].
◆ Geht es denn morgen?
○ Ja! [W _ _ d] [e _ l e _ _ _ t].

2 ◆ Würden Sie bitte das Paket zur Post bringen?
○ Ja! [D _ r _ _] [k _ n n] [i _ _] [m _ _ _] [k _ m m _ _ _].

3 ◆ Ich suche jemanden, der die Weihnachtsfeier organisiert. Würden Sie das tun?
○ Ich habe leider gerade überhaupt [k _ _ n _] [Z _ _ t] [f _ _] [z _ s _ _ _ l i _ _ e] [A _ _ g _ b _ _].

4 ◆ Könntest du bitte bei der Firma Schwarz anrufen? Wir warten immer noch auf die Lieferung.
○ Ich weiß nicht. [I _ _] [k _ _ n] [d _ _] [n _ c h _] [s _] [g _ _].
◆ Verstehe! Alles klar. Könntest du denn diese Rechnungen für mich prüfen?
○ Ja, [d _ _] [ü _ _ _ n _ _ m e] [i _ _] [g _ _ n].

17 | a Sie hören zwei Sprachnachrichten. Was passt am besten (a, b oder c)? Kreuzen Sie an.
🔊 346

→ B5 Kommunikation / Prüfung: Hören Teil 4

1 Sascha
ⓐ hat das Klimagerät schon repariert.
ⓑ möchte, dass Keno eine Nachricht schickt.
ⓒ will den Termin mit dem Kunden verschieben.

2 Martha
ⓐ ist zu spät zum Kunden gekommen.
ⓑ fragt, ob die Klimageräte schon da sind.
ⓒ bittet Lea um Hilfe.

b Schreiben Sie jeweils zwei Antworten zu den Sprachnachrichten aus a, eine positive und eine negative. Vergleichen Sie dann zu zweit.

→ B5 Kommunikation / Redemittel

1 Hallo Sascha. Tut mir leid. ……………………
Hi Sascha. Alles klar. ……………………

2 Liebe Martha! Ich weiß nicht. ……………………
Hallo Martha. Ja, ……………………

18 Eine befreundete Kollegin schreibt Ihnen folgende Textnachricht. Antworten Sie Ihrer Kollegin. Die Notizen helfen Ihnen.

→ Prüfung: Schreiben

Kannst du heute einen Auftrag für mich übernehmen?

Nein. Leider nicht!

Oh, geht das wirklich nicht?

……………………

leid tun – heute überhaupt keine Zeit haben – vielleicht morgen?

C über Rechte und Pflichten am Arbeitsplatz sprechen

19 | a Schreiben Sie die Wörter in den Erklärungen richtig. → C2 Wortschatz

1 Dieses Dokument enthält Regeln – sowohl Rechte als auch _Pflichten_ (tenPflich) – für das Zusammenleben. Sie gilt für alle Bewohner eines Hauses oder Gebäudes.

2 Das ist eine Veranstaltung im Bereich ______ (beitsArschutz). Sie wird mündlich und mindestens einmal im Jahr durchgeführt. Hier lernen die Mitarbeiter, wie sie bei ______ (fahrGe) am Arbeitsplatz reagieren. Ein Thema kann zum Beispiel sein, wie man einen ______ (erlöscherFeu) bedient. Die Mitarbeiter müssen ihre ______ (menahTeil) an dieser Veranstaltung bestätigen.

3 Das ist ein Vertrag zu den ______ (tenRech) und Pflichten des Arbeitgebers und Arbeitnehmers. Er enthält Regeln zu den Arbeitsbedingungen und gilt für alle Mitarbeiter in einem Unternehmen.

b Welcher Begriff wird in 18 a definiert? Notieren Sie die Ziffern. (Nicht alles passt.)

A ______ Betriebsvereinbarung
B ______ Hausordnung
C ______ Sicherheitsunterweisung
D ______ Urlaubsplanung

20 | a Lesen Sie den Aushang. Welche Antwort (a oder b) passt am besten? Kreuzen Sie an. → C2 Prüfung: Lesen Teil 3

INFORMATIONEN ZUR BENUTZUNG DER WERKSTATT

Die hier beschriebenen Rechte und Pflichten gelten für alle Mitarbeiter*innen des Betriebs. Bitte beachten Sie diese Regeln zu Ihrer eigenen Sicherheit und zur Sicherheit Ihrer Kolleg*innen.

Rauchen und offenes Feuer sind in allen Räumen der Werkstatt strengstens verboten. Außerdem sind sowohl das Essen und Trinken als auch die Lagerung von Lebensmitteln in der Werkstatt nicht erlaubt.

Um Unfälle zu vermeiden, sind alle Nutzer*innen der Werkstatt dazu verpflichtet, geeignete Arbeits- und Schutzkleidung (Sicherheitsschuhe, Schutzbrille, Kopfhörer etc.) zu tragen. Beachten Sie bitte auch, dass das Tragen von Schmuck (zum Beispiel Ringe oder Ketten) verboten ist.

Bitte benutzen Sie nur Geräte, Maschinen und Werkzeuge, die Sie selbst gut bedienen können. Sind Sie unsicher im Umgang mit bestimmten Geräten? Dann lassen Sie sich diese Geräte von erfahrenen Kolleg*innen erklären oder wenden Sie sich an den Werkstattleiter (Telefon: 0173 45 81 56).

1 Die Regeln
ⓐ gelten für alle Räume im Betrieb.
ⓑ sind für alle Angestellten gleich.

2 Die Nutzerinnen und Nutzer
ⓐ dürfen ihre Getränke in der Werkstatt lassen.
ⓑ müssen spezielle Schutzkleidung anziehen.

b Welche Wörter waren für die Lösung der Aufgabe wichtig? Markieren Sie und vergleichen Sie dann zu zweit.

c Lesen Sie den letzten Absatz des Aushangs aus a noch einmal. Wie kann man das auch sagen? Ergänzen Sie das passende Wort. → C2 Wortschatz

1 Benutzen Sie nur Geräte, mit denen Sie richtig umgehen können. =
Benutzen Sie nur Geräte, die Sie gut ______ können.

2 Wissen Sie nicht genau, wie Sie am besten mit bestimmten Geräten umgehen? =
Sind Sie unsicher im ______ mit bestimmten Geräten?

21 | a Was passt zusammen? Verbinden Sie. → C3 *sowohl … als auch, weder … noch* und *entweder … oder*

1 In der Werkstatt darf man weder rauchen
2 Man muss den Arbeitsplatz sowohl aufräumen
3 Man sollte sich entweder telefonisch

A oder per E-Mail anmelden.
B noch Feuer machen.
C als auch sauber machen.

b Was passt zu den Sätzen aus a? Kreuzen Sie an.

1 a ○  b ○ 

2 a ○  b ○ 

3 a ○  b ○ 

22 Ergänzen Sie *sowohl … als auch, weder … noch* und *entweder … oder*. → C3 *sowohl … als auch, weder … noch* und *entweder … oder*

Wir haben zwei neue Aufträge. Wäre es möglich, dass Sie ein paar Überstunden machen? Könnten Sie zum Beispiel [1] *entweder* am Freitagabend länger arbeiten ______ am Samstagvormittag noch einmal kommen?

Es tut sehr leid, ich kann leider [2] ______ am Freitagabend ______ am Samstagvormittag. Ich bin zu einer Hochzeit in Süddeutschland eingeladen. Wir müssen Freitag direkt nach der Arbeit losfahren. Ist denn auch in der nächsten Woche noch viel zu tun? Anfang der Woche bin ich flexibel: Ich könnte am Montag, am Dienstag und am Mittwoch länger arbeiten.

Das ist toll. Dann plane ich Sie [3] ______ für Montag ______ für Dienstag ein. Wir brauchen Sie an beiden Tagen dringend!

23 Schreiben Sie die Sätze neu mit *sowohl … als auch, weder … noch* und *entweder … oder*. → C3 *sowohl … als auch, weder … noch* und *entweder … oder*

1 Ich habe keine Lust und auch keine Zeit, die Sicherheitshinweise zu lesen.
Ich habe weder ______

2 Aber ich kann den Feuerlöscher und auch den Feuermelder bedienen.
Aber ______

3 Und ich weiß: Bei Feuer sollen wir die Büros über die Treppe oder über den Notausgang verlassen.
______

24 Verbinden Sie die Sätze mit *sowohl … als auch, weder … noch* und *entweder … oder*. → C3 *sowohl … als auch, weder … noch* und *entweder … oder*

1 Ich habe die Hausordnung gelesen. Ich habe die Betriebsvereinbarung gelesen.
Ich habe sowohl die Hausordnung als auch die Betriebsvereinbarung gelesen.

2 Ich kenne meine Rechte. Ich kenne meine Pflichten.
______

3 Ich habe nicht an der Sicherheitsunterweisung teilgenommen. Ich habe nicht an der Veranstaltung „Arbeitsschutz“ teilgenommen.

____

____

4 Diese Veranstaltungen finden in der nächsten Woche statt. Diese Veranstaltungen finden Ende des Monats statt. Das ist noch nicht sicher.

____

_______________________________________ Das ist noch nicht sicher.

25 **Was passt? Ergänzen Sie.** → C4 Wortschatz

~~Arbeitsmittel~~ Helm Pflichten Reinigungskraft Schichtarbeit Sicherheitshinweise

1 Geräte – Maschinen – *Arbeitsmittel*
2 die Arbeitszeit – der Zeitplan – die _______________
3 Aufgaben – Rechte – _______________
4 die Schutzbrille – der _______________ – rutschfeste Schuhe
5 Informationen, wie man sich bei Gefahr verhält – Tipps zum Arbeitsschutz –
____
6 die Putzhilfe – der Raumpfleger – die _______________

26 | a **Lesen Sie die Aussagen und hören Sie dann das Gespräch. Sind die Aussagen richtig oder falsch? Kreuzen Sie an.** → C4 Hören / Redemittel / Kommunikation

🔊 347

	richtig	falsch
1 Es ist hier nicht erlaubt, den Computer privat zu nutzen.	○	○
2 Hier darf man weder privat surfen noch private E-Mails checken.	○	○
3 Es ist hier erlaubt, während der Arbeitszeit auf dem eigenen Smartphone zu surfen.	○	○
4 Man ist verpflichtet, das Smartphone beim Laden im Büro auszuschalten.	○	○
5 Es ist hier erlaubt, privat zu kopieren, wenn man vorher fragt.	○	○
6 Man ist immer verpflichtet, eine Pause zu machen.	○	○
7 Man muss hier sowohl Pakete für Kollegen annehmen als auch den Chef darüber informieren.	○	○

b **Über Regeln sprechen – Markieren Sie die Redemittel in a.**

27 **Beschreiben Sie, welche Regel hier gilt.** → C4 Redemittel

1 

2 

3 

4 

5 

1 *Es ist hier erlaubt, geradeaus und links zu fahren.*
(hier erlaubt sein – geradeaus und links fahren)

2 *Man* _______________
(verpflichtet sein – anhalten – vor dem Schild)

3 _______________
(hier nicht erlaubt sein – schneller als 30 fahren)

4 _______________
(hier dürfen – noch überholen – weder schneller als 70 fahren)

5 _______________
(hier müssen – als auch langsam fahren – sowohl auf Kinder achten)

Ⓔ Die gefährlichsten Berufe der Welt

28 **Ergänzen Sie die Schlagzeilen.** → 4 Wortschatz

Stromschlag | fallen | ~~Unfall~~ | vergiften | sich verbrennen

1 LKW-Fahrer schläft ein: Tödlicher *Unfall* auf der Autobahn

2 Feuer in der Küche: Koch und Küchenhilfe .... schwer an den Händen

3 Jugendlicher klettert auf einen Zug: Tod durch ....

4 Sturmschäden: Zwei Bäume .... auf S-Bahn-Gleise

5 Sekretär versucht Chefin mit Kaffee zu ....

29 **Wie gefährlich? Ordnen Sie die Wörter.** → 4 Wortschatz

äußerst | extrem | nicht so | relativ | sehr | total | ~~überhaupt nicht~~ | ziemlich

überhaupt nicht → ....

....

Lernwortschatz

S. 86 | Aneta Michalska fragt, wenn sie Hilfe braucht

Nomen

die Runde, -n: eine Runde machen ....

Adjektiv

gepflegt ....

S. 87 | Ⓐ Angaben in einem Arbeitsvertrag verstehen

Nomen

der Anspruch, ¨-e ....
die Arbeitsunfähigkeit (Sg.) ....
die Arbeitsvergütung, -en ....
der Arbeitsvertrag, ¨-e ....
die Fähigkeit, -en ....
die Fortzahlung, -en ....
das Kalenderjahr, -e ....
die Kündigung, -en ....
der Mindesturlaub, -e ....
die Probezeit, -en ....
die Schriftform (Sg.) ....
der Stundenlohn, ¨-e ....

Verben

ausführen, führte aus, hat ausgeführt ....

ausliefern, lieferte aus, hat ausgeliefert ....

bedürfen, bedurfte, hat bedurft ....

beladen, belud, hat beladen ....

beschäftigen, beschäftigte, hat beschäftigt ....

gelten, galt, hat gegolten ....

kündigen, kündigte, hat gekündigt ....

mitteilen, teilte mit, hat mitgeteilt ....

schließen, schloss, hat geschlossen:
einen Vertrag schließen ....

verpflichten, verpflichtete, hat verpflichtet ....

vorlegen, legte vor, hat vorgelegt ....

Adjektive
arbeitsunfähig ....
gültig ....
unbestimmt ....

S. 88 | B Arbeitsanweisungen verstehen und darauf reagieren

Nomen
das Haltbarkeitsdatum, -daten ....
das Kühlregal, -e ....

Verben
auffüllen, füllte auf, hat aufgefüllt ....
checken, checkte, hat gecheckt ....
prüfen, prüfte, hat geprüft ....
einräumen, räumte ein, hat eingeräumt ....

Adjektiv
zusätzlich ....

S. 90 | C über Rechte und Pflichten am Arbeitsplatz sprechen

Nomen
das Arbeitsmittel, – ....
der Arbeitsschutz (Sg.) ....
die Betriebsvereinbarung, -en ....
der Feuerlöscher, – ....
die Gefahr, -en ....
die Hausordnung, -en ....
der Helm, -e ....
der Kundenkontakt, -e ....
die Pflicht, -en ....
das Recht, -e ....
die Reinigungskraft, ¨-e ....
die Schichtarbeit (Sg.) ....
die Schutzbrille, -n ....
der Sicherheitshinweis, -e ....
die Sicherheitsunterweisung, -en ....
die Teilnahme (Sg.) ....
der Umgang (Sg.) ....
die Urlaubsplanung, -en ....

Verben
bedienen, bediente, hat bedient ....
bestätigen, bestätigte, hat bestätigt ....

Adjektiv
rutschfest ....

S. 92 | E Die gefährlichsten Berufe der Welt

Nomen
der Stromschlag, ¨-e ....

Verben
verbrennen, verbrannte, hat verbrannt ....
vergiften, vergiftete, hat vergiftet ....

Adjektiv
tödlich ....

Tipp: Wörter lernen
Versuchen Sie einmal, zehn neue Wörter im Rhythmus Ihres Lieblingsliedes zu wiederholen.

Lektion 11

1 **Ergänzen Sie.** → 2 Wortschatz

Frühdienst | Gefallen | Kalenderwoche | Pflegehelfer | ~~Pflegehilfe~~ | Spätdienst | Station

1 Wir bieten seit mehr als 20 Jahren *Pflegehilfe* und Hilfe im Haushalt für ältere und kranke Menschen an.
2 Auf ______ 2 arbeiten drei ______. Das ist wirklich zu wenig!
3 Der ______ beginnt bei uns um 12 Uhr und endet um 20 Uhr.
4 Könntest du mir einen ______ tun und nächsten Dienstag meinen ______ übernehmen? Ich habe um 9 Uhr einen Arzttermin.
5 Der Dienstplan für die ______ 14 ist endlich online.

2 **Was passt zusammen? Verbinden Sie.** → 2 Wortschatz

1 der Frühdienst — B
2 das Krankenhaus
3 der Dienstplan
4 die Krankenpflegerin
5 die Bitte

A die Station
B der Spätdienst
C der Gefallen
D die Kalenderwoche
E die Pflegehelferin

A Termine besprechen

3 **Schreiben Sie die Wörter richtig.** → A1 Wortschatz

◆ Hallo Petra. Könntest du mir einen [1] *Gefallen* (lenfalGe) tun? Kannst du nächsten Freitag den [2] ______ (dienstSpät) mit mir [3] ______ (schentau)?
○ Ach, ist der Dienstplan schon online? Ich habe noch gar nicht ins [4] ______ (nettraIn) geschaut. Nächsten Freitag ... Ja, das geht. Einverstanden.
◆ Oh super, danke! Jetzt muss ich nur noch mit der [5] ______ (tungleidienstgePfle) sprechen und um ihre [6] ______ (mungstimZu) bitten.

4 **Ergänzen Sie die fehlenden Wörter. Notieren Sie bei den Nomen auch den Artikel.** → A1 Wortschatz

1 *downloaden* der Download
2 ändern ______
3 zustimmen ______
4 ______ die Äußerung
5 ______ der Tausch

5 | a **Was passt? Kreuzen Sie an.** → A2 Redemittel / Prüfung: Schreiben / Mediation

1 Könntest du mir einen Gefallen tun und nächste Woche meinen Spätdienst übernehmen?
🙂 ⓐ ☒ Das kann ich machen.
ⓑ Ich weiß noch nicht, ob das klappt.

2 Ich hätte eine Bitte: Könnten Sie morgen den Dienst mit mir tauschen?
🙁 ⓐ Na gut. ⓑ Tut mir leid, nein.

3 Ich wäre dir sehr dankbar, wenn du mit der Pflegeleitung sprechen würdest.
🙂 ⓐ Ja, das mache ich.
ⓑ Den Gefallen kann ich dir leider nicht tun.

4 Könntest du deinen Urlaub verschieben?
🙁 ⓐ Wahrscheinlich geht das.
ⓑ Tut mir leid. Das geht nicht.

b **Eine befreundete Kollegin schreibt Ihnen folgende Kurznachricht. Antworten Sie Ihrer Kollegin.**

Könntest du nächste Woche meinen Spätdienst übernehmen?

Das geht leider nicht.

Echt nicht? Warum? Es wäre wichtig für mich!

c **Lesen Sie und formulieren Sie zu den Themen höfliche Bitten. Finden Sie weitere Themen und bitten Sie jemandem im Kurs um Hilfe: Wie kann man das höflich formulieren?**

zeigen, wie der Kaffeeautomat funktioniert | das Formular erklären | den Urlaubsantrag herunterladen | die Rechnung korrigieren | …

Hilfe! Mein Kollege sagt, ich bin nicht so höflich. Wie kann ich die Sachen höflich sagen?

Kein Problem! Zum Beispiel: Könntest du mir noch einmal zeigen, wie der Kaffeeautomat funktioniert?

B Formulare verstehen

6 **Lesen Sie den Text und schließen Sie die Lücken 2–6. Welche Lösung (a, b oder c) passt am besten? Kreuzen Sie an.** → B1 Lesen / Sprachbausteine

verteiler_mitarbeiter@knalltech.de

Sehr (1) Mitarbeiterinnen und Mitarbeiter,

wir freuen (2), Ihnen mitteilen zu können, dass einige unserer Formulare nun auch elektronisch bearbeitet werden können. Es handelt sich (3) folgende Formulare: Urlaubsantrag, Reisekostenantrag und Bestellscheine.
(4) die elektronische Bearbeitung können diese Formulare schneller ausgefüllt und übermittelt werden. Das spart Papier und erlaubt eine leichtere Bearbeitung. Die Formulare finden Sie hier.
(5) Sie Schwierigkeiten bei der Bearbeitung haben, (6) Sie sich an Frau Matoub (matoub@knalltech.de).

Mit freundlichen Grüßen
Ihre Geschäftsleitung

	a	b	c
1	ⓐ geehrter	ⓑ geehrten	☒ geehrte
2	ⓐ uns	ⓑ sich	ⓒ euch
3	ⓐ auf	ⓑ um	ⓒ über
4	ⓐ Durch	ⓑ Mithilfe	ⓒ Mit
5	ⓐ Dürften	ⓑ Könnten	ⓒ Sollten
6	ⓐ wandern	ⓑ wenden	ⓒ wählen

7 | a **Finden Sie noch drei Wörter zum Thema *Reinigung* und ergänzen Sie mit Artikel.** → B2 Wortschatz / Mediation

~~beu~~ ~~ger~~ ger Gum hand Lap mi ni pen Rei ~~sau~~ schuh ~~Staub~~ ~~tel~~ WC-

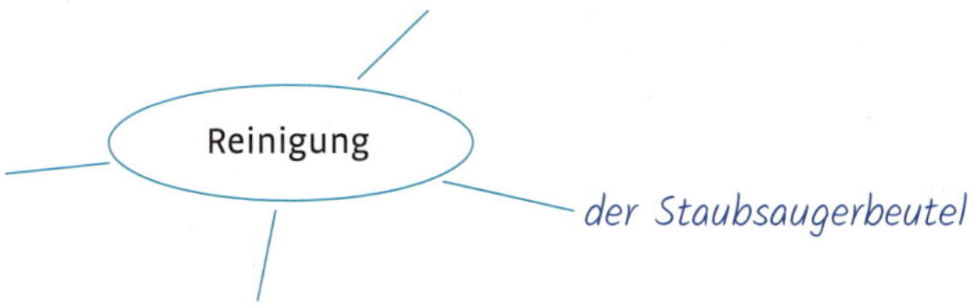

b **Ergänzen Sie in a weitere passende Wörter, die Sie kennen.**

c **Übertragen Sie die Mindmap in 7a in eine andere Sprache. Wie heißen die Begriffe? Gibt es Ähnlichkeiten?**

8 **Lesen Sie die Nachricht von Despina Lopez und füllen Sie das Formular aus.** → B2 Lesen / Mediation

Kannst du mir bitte helfen? Der Urlaubsantrag – das ist schwer! Ich arbeite: Lager 02. Mein Urlaub: 6. bis 17. Februar. Ich habe 26 Tage im Jahr. Also Rest 18, oder? Danke! Despina

1 *Urlaubsantrag*

Allgemeine Daten

Name, Vorname:	Lopez, 2 ....
Abteilung:	3 ....
Personalnummer:	142727

Urlaubsdaten

Ich beantrage Urlaub vom	4 .... bis 17. 2. 20XX.
beantragte Tage:	8
Urlaub insgesamt:	5 ....
verbleibende Tage:	6 ....

9 **Bilden Sie Nomen. Notieren Sie auch den Artikel.** → B3 Wortschatz

1 beantragen *der Antrag*
2 verlieren ....
3 verlängern ....
4 bemerken ....

10 **Finden Sie Wörter und ergänzen Sie.** → B4 Wortschatz

KIUPROBLEMBLABENÖTIGENSBESTELLSCHEINFUTPIDOKUMENTB

UBENUTZENREFPASSWORTLÖPSERVERPKJABQ

◆ Sag mal, ich habe ein 1 *Problem*. Wie komme ich denn auf den 2 .... „G"? Ich brauche ein 3 .... mit wichtigen Adressen, das dort gespeichert ist.
○ Auf unsere Server kommt man nicht einfach so, wir 4 .... dafür ein 5 ....
◆ Oh. Und was ist das Passwort für den Server „G"?
○ Wenn du den Server „G" 6 .... willst, musst du in der IT-Abteilung ein Passwort bestellen.
◆ Bestellen? In der IT-Abteilung?
○ Genau. Mit diesem 7 .... !
◆ Alles klar! Server „G" wie „Geheimnis", oder?

C Checklisten verstehen

11 **Welches Verb passt? Verbinden Sie.** → C2 Wortschatz

1 eine Checkliste	A investieren
2 gemachte Aufgaben	B vermeiden
3 sich einen Überblick	C anlegen
4 ein bisschen Zeit	D vertreten
5 Fehler	E abhaken
6 eine Kollegin	F verschaffen

12 Ergänzen Sie. (Nicht alles passt.)

→ C2 Wortschatz

~~Abteilung~~ anlegen Checklisten durch investieren mithilfe Überblick Vertretung

◆ Willkommen in unserer 1 *Abteilung*. Ich gebe Ihnen zuerst einen kurzen 2 __________ über Ihre Aufgaben. ...
◆ Auf dem Server finden Sie unsere 3 __________. Darauf haken Sie bitte immer ab, wenn ein Arbeitsschritt erledigt ist. Neue Formulare dürfen Sie nur in Absprache mit mir 4 __________. Wenn jemand im Urlaub ist, übernehmen die anderen die 5 __________. Das klappt 6 __________ der Listen sehr gut!

13 Verbinden Sie.

→ C2 *je ... desto*

1 Je mehr ich esse, — B
2 Je weniger ich schlafe,
3 Je mehr ich lerne,
4 Je weniger ich mich bewege,
5 Je länger ich überlege,

A desto unsicherer werde ich.
B desto dicker werde ich.
C desto mehr tut mein Rücken weh.
D desto mehr weiß ich.
E desto müder bin ich.

14 | a Markieren Sie in 13 die Adjektive, ordnen Sie zu und ergänzen Sie die fehlenden Formen.

→ C2 Wiederholung: Steigerung der Adjektive

Grundform	-er	am -sten
viel	*mehr*	*am meisten*
wenig	*weniger*	*am wenigsten*
lang		

b Ergänzen Sie in der passenden Form.

1 ◆ Ich finde Peters Vorschlag gut.
○ Nein, Hannas Vorschlag ist *besser*.

2 ◆ Oh, Ali kommt aber früh zur Arbeit.
○ Ja, aber Xenia kommt __________.

3 ◆ Guck mal, meine Checkliste ist lang.
○ Meine ist __________.

4 ◆ Meine Vertretung hat gut gearbeitet.
○ Ja, aber du arbeitest __________.

5 ◆ Du machst aber oft Urlaub.
○ Also Simone macht noch __________ Urlaub.

6 ◆ Cems Papierberg auf dem Schreibtisch ist echt groß.
○ Ja, aber Rajas Berg ist noch viel __________.

c Die beste Firma – Ergänzen Sie in der passenden Form.

flexibel ~~gut~~ hoch nett neu viel

Also, ich arbeite wirklich in der 1 *besten* Firma, die es gibt!!! Wir haben die 2 __________ Technik und die 3 __________ Arbeitsbedingungen. Außerdem die 4 __________ Gehälter und die 5 __________ Urlaubstage! 😃 Und natürlich habe ich die 6 __________ Kollegen der Welt!!!

15 Bilden Sie Sätze.

→ C2 *je … desto*

1 Ich komme früh zur Arbeit. Ich schaffe viel.
Je früher ich zur Arbeit komme, desto mehr schaffe ich.

2 Es ist leise. Ich kann mich gut konzentrieren.

3 Ich esse viel zu Mittag. Ich bin am Nachmittag müde.

4 Ich muss meine Kolleginnen und Kollegen oft vertreten. Meine eigene Aufgabenliste ist lang.

5 Ich habe oft Teambesprechungen. Ich habe wenig Zeit für meine Projekte.

6 Die Aufgaben sind spannend. Ich bin engagiert.

7 Ich ruhe mich am Wochenende lange aus. Ich fühle mich am Montag fit.

16 Schreiben Sie die Sätze fertig.

→ C2 *je … desto*

1 Je früher ich aufstehe, desto *mehr Zeit habe ich*.
2 Je länger ich arbeite, desto ______ .
3 Je länger ich über deine Idee nachdenke, desto ______ .
4 Je öfter ich mit dem neuen Kollegen spreche, desto ______ .
5 Je mehr ______ , desto ______ .
6 Je weniger ______ , desto ______ .
7 Je ______ , desto ______ .

17 Ordnen Sie die Redemittel.

→ C4 Redemittel

~~Das Protokoll möchte ich lieber nicht schreiben.~~ Den Einkauf kann ich machen.
Für noch mehr Aufgaben habe ich keine Zeit. Herr Gündul, kümmern Sie sich bitte um die Post.
Ja, das übernehme ich. Können Sie die Pflege der Pflanzen übernehmen?
Sie sind verantwortlich für die Verträge. Um den Beamer kümmere ich mich.
Ich lieber nicht. Um die Technik sollte sich eher Frau Abdullah kümmern.

Aufgaben verteilen	Aufgaben annehmen	Aufgaben ablehnen
		– *Das Protokoll möchte ich lieber nicht schreiben.*

18 | a **Ergänzen Sie.** → C4 Redemittel / Mediation

das möchte ich lieber nicht machen | Das sollte Herr Yu übernehmen | habe ich gerade sehr wenig Zeit | Können Sie diese Aufgabe übernehmen | Könnte das nicht Herr Yu machen | ~~Wer von Ihnen kann sich darum kümmern~~

◆ 1 *Wer von Ihnen kann sich darum kümmern*, dass dieser Laptop wieder funktioniert?
2 ...., Herr Finzel?

○ Also, 3 .... Mit Technik kenne ich mich nicht so gut aus. Außerdem 4 ....

▲ 5 ....? Er hat das sicher schnell erledigt.

◆ Ja, Sie haben Recht. 6 ....

b **Worum kümmern Sie sich gern? Was möchten Sie lieber nicht machen? Schreiben Sie. Nutzen Sie die Redemittel aus 17 und 18 a.**

Pflanzen gießen | Protokoll schreiben | eine Feier planen | neue Software installieren | Kaffee kochen | ...

Ich kümmere mich gern um die Pflanzen in unserem Büro. Pflanzen sind mein Hobby.

c **Tauschen Sie Ihre Texte aus b aus. Im Kurs: Teambesprechung, aber Ihre Kollegin / Ihr Kollege ist krank. Berichten Sie im Kurs, worum sie / er sich gern kümmert und was sie / er nicht so gern machen möchte.**

(E) Ferien und Feiertage – wer muss da arbeiten?

19 **Wie kann man das auch sagen? Verbinden Sie.** → 1 Wortschatz

1 seine Zustimmung geben
2 alleinstehend sein
3 Vorrang haben
4 einen Kompromiss finden
5 eine Bemerkung machen

A wichtiger sein
B sich zu einer Sache äußern
C ohne Familie leben
D mit etwas einverstanden sein
E sich auf eine Lösung einigen

20 **Welches Wort mit *Schul-* passt? Ergänzen Sie.** → 1 Wortschatz

ferien | frei | jahr | ~~kinder~~ | pflicht | zeit

REISEN MIT KINDERN

Wer [1] Schul*kinder* hat, kann nur in den [2] Schul.................. reisen. Denn in Deutschland, Österreich und der Schweiz herrscht [3] Schul.................. . Das bedeutet, dass Kinder während der [4] Schul.................. in die Schule gehen müssen. Aber keine Sorge: Pro [5] Schul.................. haben die Kinder insgesamt mehr als zwölf Wochen [6] schul.................. – da lässt sich sicher ein guter Termin für eine Urlaubsreise finden.

21 | a **Lesen Sie und ergänzen Sie die Überschriften.** → 2 Lesen / Mediation

~~Am Feiertag arbeiten – ist das erlaubt?~~ | Beispiel: Heiligabend und Silvester – sind das Feiertage? | In manchen Berufen ist Feiertagsarbeit nötig | Mehr Geld für Feiertagsarbeit?

www.arbeitnehmer-rechte.de

1 *Am Feiertag arbeiten – ist das erlaubt?*

Arbeitsfreie Tage braucht jeder Mensch, um sich zu erholen und Zeit für die Familie und für Hobbys zu haben. Zum Beispiel am Wochenende. Und dann gibt es auch immer mal wieder Feiertage, über die sich viele sehr freuen. Auch dann hat man frei. Im Gesetz steht, dass es freie Tage geben muss. Aber es gibt Berufe, da gelten andere Regeln.

2 ……………………………

Es gibt einige Berufe, in denen die Menschen an Feiertagen nicht automatisch zu Hause bleiben dürfen. Das sind vor allem Berufe in der Gastronomie, in Krankenhäusern und in der Pflege. Außerdem gilt das auch für Polizistinnen und Polizisten und für Menschen, die für Zeitung, Radio und Fernsehen arbeiten.

3 ……………………………

Laut Gesetz gibt es für einen Feiertag, an dem man gearbeitet hat, nicht mehr Geld als für einen Wochentag. Der Arbeitgeber muss seinen Angestellten aber einen anderen freien Tag in der Woche erlauben. Aber in der Praxis zahlen viele Arbeitgeber doch mehr Lohn für einen Feiertag, weil sie sich durch Tarifverträge dazu verpflichtet haben.

4 ……………………………

Gesetzliche Feiertage sind der erste und zweite Weihnachtsfeiertag (25. und 26.12.) und der Neujahrstag (1.1.). Der 24.12. und der 31.12. sind – wenn das in einem Tarifvertrag nicht anders geregelt ist – ganz normale Arbeitstage. Arbeitnehmerinnen und Arbeitnehmer müssen an diesen Tagen Urlaub nehmen. Arbeitet man, gibt es weder einen anderen freien Tag noch mehr Geld.

b **Richtig oder falsch? Lesen Sie noch einmal und kreuzen Sie an.**

	richtig	falsch
1 An Feiertagen haben alle Menschen frei.	○	⊗
2 In einigen Berufen muss auch am Feiertag gearbeitet werden.	○	○
3 Menschen, die Alte und Kranke pflegen, müssen das auch am Feiertag tun.	○	○
4 Der Arbeitgeber muss für Feiertagsarbeit mehr Geld zahlen.	○	○
5 Der Arbeitgeber kann auch einen anderen freien Tag erlauben, wenn er will.	○	○
6 Heiligabend und Silvester gelten nicht als Feiertage.	○	○
7 Wer an Heiligabend nicht arbeiten möchte, muss einen Urlaubstag verwenden.	○	○

c **Lesen Sie und erklären Sie die gesetzlichen Bestimmungen zum Thema *Arbeiten am Feiertag*.**

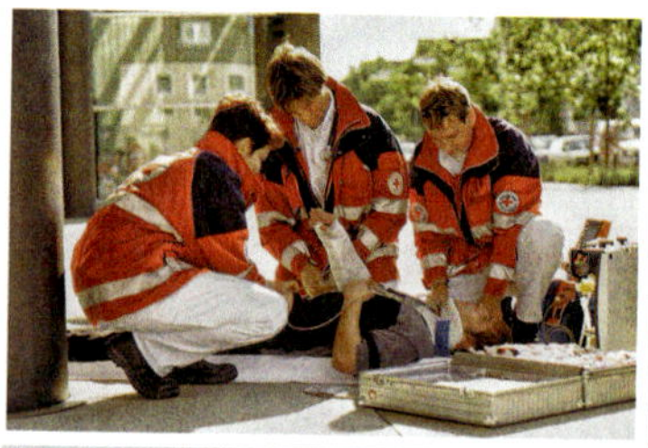

Hey, eine Frage: Arbeiten am Feiertag – wie sind die Regeln?

Hey du, also: Es ist gesetzlich festgelegt, dass es freie Tage geben muss. Aber …

22 | a **Hören Sie. Wo wird das *O* lang gesprochen? Markieren Sie.** → Phonetik

348

Sporthose | Sonderangebot | Mond | offen | von | oder

Ort | rot | kosten | kommen | Brot | Sonne

b **Hören Sie noch einmal und sprechen Sie nach.**

348

Lernwortschatz

S. 94 | Arian Kalaj hat nächste Woche Frühdienst

Nomen

der Frühdienst, -e ....

der Gefallen, –: einen Gefallen tun ....

....

die Kalenderwoche, – ....

der Pflegehelfer, – / die Pflegehelferin, -nen

....

die Pflegehilfe, -n ....

der Spätdienst, -e ....

die Station, -en ....

S. 95 | A Termine besprechen

Nomen

die Änderung, -en ....

das Intranet (Sg.) ....

die Pflegedienstleitung, -en ....

....

die Zustimmung (Sg.) ....

Verben

äußern, äußerte, hat geäußert ....

....

downloaden, downloadete, hat downgeloadet

....

tauschen, tauschte, hat getauscht ....

....

S. 96 | B Formulare verstehen

Nomen

die Bemerkung, -en ....

der Bestellschein, -e ....

der Gummihandschuh, -e ....

der Lappen, – ....

der Server, – ....

der Staubsaugerbeutel, – ....

der Urlaubsantrag, ¨-e ....

die Verlängerung, -en ....

der Verlust, -e ....

der WC-Reiniger, – ....

Verb

benötigen, benötigte, hat benötigt ....

....

S. 98 | C Checklisten verstehen

Nomen

die Abteilung, -en ....

die Checkliste, -n ....

die Vertretung, -en ....

Verben

anlegen, legte an, hat angelegt ....

....

abhaken, hakte ab, hat abgehakt ....

....

investieren, investierte, hat investiert ....

....

vermeiden, vermied, hat vermieden ....

....

verschaffen, verschaffte, hat verschafft:
sich einen Überblick verschaffen ....

....

vertreten, vertrat, hat vertreten ....

....

weiteres Wort

mithilfe ....

S. 100 | E Ferien und Feiertage – wer muss da arbeiten?

Nomen

die Feiertagsarbeit (Sg.) ....

....

der Kompromiss, -e ....

die Schulferien (Pl.) ....

das Schulkind, -er ....

der Vorrang (Sg.) ....

Adjektiv

alleinstehend ....

Lektion 12

1 **Finden Sie noch vier Berufe und ergänzen Sie dann (männliche und weibliche Formen).** → 1 Wortschatz

LNVAKÖALAGERARBEITERFLAUKJSÄVAJAYÄNDERUNGSSCHNEIDERLAKQNVKACA

CGHFRISÖRCMAHQCTLKRANKENPFLEGERLAKSDDMECHATRONIKERHAGQÖD

1 Lagerarbeiter / Lagerarbeiterin : Lieferungen annehmen, Ware bestellen und prüfen
2 .... : kranke Menschen unterstützen, betreuen und pflegen
3 .... : Maschinen installieren, testen und reparieren
4 .... : Kleidung nähen, ändern und reparieren
5 .... : Kunden beraten, Haare waschen und schneiden

2 **Lesen Sie die Sätze aus der Werbung. Schreiben Sie die Wörter richtig.** → 1 Wortschatz

1 Zufriedene Kunden sind für uns die beste Werbung! (bungWer)

2 Bei uns sind Ihre Haare in guten ....! (denHän)

3 Wir .... uns Zeit für Ihre Wünsche! (menneh)

4 .... und genau! (fälsorgtig) Wir .... Ihr Traumkleid! (hennä)

5 100 % zuverlässig – weil wir unsere Termine ....! (eintenhal)

A sich über Dienstleistungen informieren

3 **Wie heißen die Verben bzw. Nomen? Ergänzen Sie.** → A1 Wortschatz

1 die Beurteilung der Qualität – Qualität beurteilen
2 die .... von Waren – Waren bestellen
3 die Änderung des Auftrags – den Auftrag ....
4 die .... einer Webseite – eine Webseite gestalten
5 die Bewertung einer Dienstleistung – eine Dienstleistung ....

4 **Lesen Sie die Erklärungen. Was ist richtig? Kreuzen Sie an.** → A1 Wortschatz

1 der Änderungsauftrag
- ⓐ ☒ ein Auftrag, etwas zu ändern
- ⓑ eine Änderung des Auftrags

2 der Aufpreis
- ⓐ ein Sonderangebot oder ein Rabatt auf den Preis = ein niedriger Preis
- ⓑ ein Zuschlag auf den Preis = ein höherer Preis

3 die Webseite
- ⓐ eine Homepage mit allen Inhalten
- ⓑ ein Teil eines Stoffes

4 die Wohntextilie
- ⓐ die Art und Weise, wie man wohnt (modern, gemütlich, ...)
- ⓑ eine Ware aus Stoff, die man in Wohnungen findet (Teppich, Bettwäsche, ...)

5 Lesen Sie die Hinweise und ergänzen Sie.

→ A1 Wiederholung: Zeitangaben

ab am am bis bis nach seit um von ... bis vom ... bis zum ~~vor~~

1 Wenn Sie *vor* 16 Uhr bestellen, können Sie Ihr Buch .... nächsten Tag im Laden abholen.

2 **Öffnungszeiten:** Montag .... Freitag .... 8 .... 18 Uhr

3 **Unser Handwerk: Qualität und Service!** Wir sind .... über 150 Jahren für Sie da!

4 **Termin** .... Dienstag .... 15.30 Uhr

5 .... Mai ist unser **Biergarten** wieder den ganzen Sommer für Sie geöffnet.

6 Bitte beachten Sie: Die Küche schließt um 22 Uhr. Bestellungen für warme Gerichte nehmen wir .... 21 Uhr 30 an.

7 An unsere Gäste: Bitte .... 22 Uhr besonders leise sein. Unsere Nachbarn wollen schlafen 😉

8 **Wir ziehen um!** Bitte halten Sie diesen Parkplatz .... 30.8. .... 1.9. frei.

6 Was passt? Ergänzen Sie.

→ A1 Zeitangaben: *während*, *innerhalb* und *außerhalb*

außerhalb innerhalb innerhalb während

1 Wir rufen Sie spätestens bis zum nächsten Tag zurück.
= Wir rufen Sie .... von 24 Stunden zurück.
2 Wenn unsere Werkstatt geschlossen ist, ist unser Notfall-Service für Sie da.
= .... der Öffnungszeiten unserer Werkstatt ist unser Notfall-Service für Sie da.
3 Im Sommer haben wir bis 22 Uhr für Sie geöffnet.
= .... der Sommermonate haben wir bis 22 Uhr für Sie geöffnet.
4 Wir bearbeiten Ihren Auftrag in den nächsten Stunden.
= Ihr Auftrag wird .... der nächsten Stunden bearbeitet.

7 Sie schreiben einen lustigen Aushang für Ihre Kolleginnen und Kollegen. Schreiben Sie die Regel neu. Benutzen Sie *während*, *innerhalb* und *außerhalb*.

→ A1 Zeitangaben: *während*, *innerhalb* und *außerhalb*

1 Bei der Arbeit ist es verboten, Spaß zu haben.
2 Beantworte Mails vom Chef in wenigen Minuten.
3 Im Internet zu surfen ist auch vor und nach der Arbeitszeit nicht erlaubt.
4 Beim Mittagessen solltest du keine Zeit verschwenden.

1 Während der Arbeit ist es verboten, Spaß zu haben.

8 🔊 349 **Hören Sie das Interview und und ergänzen Sie den Online-Artikel.**

→ A1 Zeitangaben: *während, innerhalb* und *außerhalb*

SEIT 35 JAHREN SELBSTSTÄNDIG

Änderungsschneider Farid Merizadi im Gespräch

INFOBLATT: Herr Merizadi, Sie feiern mit Ihrer Schneiderei in diesem Jahr 35-jähriges Jubiläum …

FARID MERIZADI: Ja, und ich freue mich sehr. Schon [1] *während* meiner Ausbildung hatte ich den Traum, mich selbstständig zu machen.

INFOBLATT: Ihr Geschäft war nicht immer hier am Bottlerplatz, oder?

FARID MERIZADI: Nein, [2] .... 1987 [3] .... 1992 hatte ich einen kleinen Laden in der Sternstraße. Aber meine Kunden und ich, wir haben uns [4] .... kurzer Zeit an die neuen Räume gewöhnt.

INFOBLATT: Sie sind [5] .... morgens [6] .... abends im Laden – sechs Tage die Woche. Was machen Sie in Ihrem Leben [7] .... der Öffnungszeiten?

FARID MERIZADI: Ach, wissen Sie: Dieser Laden ist mein Leben. Ich bin gern hier. Außerdem bekomme ich viel Besuch [8] .... der Arbeit. Alle wissen, wo sie mich finden.

9 | a Welche Wörter sind für Sie positiv, welche negativ? Ordnen Sie zu.

→ A2 Wortschatz

angemessen | belastbar | ~~geschickt~~ | ungepflegt | ungemütlich | ungenau | gewissenhaft | gut gelaunt | faul | fleißig | unflexibel | innovativ | hochwertig | kompliziert | langsam | langweilig | unkreativ | modern | nett | unpünktlich | selbstbewusst | sorgfältig | sozial | strafbar | strukturiert | teamfähig | unprofessionell | unseriös | zuverlässig

positiv (+): *geschickt,* ....

negativ (–): ....

b Vergleichen Sie Ihre Listen zu zweit. Gibt es Unterschiede?

10 | a Lesen Sie die Textnachrichten von ehemaligen Kolleginnen und Kollegen. Ergänzen Sie Mikes Feedback zur Homepage.

→ A3 Redemittel / Kommunikation

Die Homepage wirkt modern | Die Texte finde ich aber nicht gut | Es fehlen nur genauere Informationen | Mir gefällt sie sehr gut

Inga
Unsere neue Homepage ist online! Schaut doch mal rein! Wir freuen uns über euer Feedback! Sagt bitte auch, was wir besser machen können. 🙂

Mike
Glückwunsch zu eurer neuen Homepage. [1] .... Der Inhalt ist prima und sehr gut strukturiert! Ich finde fast alles, was ich brauche! [2] .... zum Parkplatz. Kann man diese Infos vielleicht noch ergänzen? [3] .... Sie sind sehr schwer zu verstehen. Das ist sehr schade. Könnt ihr die Sätze vielleicht etwas kürzer machen? Die Gestaltung der Webseite gefällt mir gut! [4] .... und professionell. Nur die Fotos könnten besser sein. Sie sind etwas zu dunkel. Ich kann euch einen guten Fotografen empfehlen.

+++	Inhalt
– –	Texte
++	Gestaltung
– – –	Fotos

b **Schreiben Sie mit den Notizen ein Feedback für Ihre ehemalige Kollegin wie in a.**

++ Gestaltung: schön, modern
+++ Fotos: toll!, sehr professionell
– Inhalt: schlecht strukturiert, Informationen zu Preisen fehlen
–– Texte: zu lang

Hi, Inga!
Ich habe mir eure neue Homepage angeschaut.

B ein Angebot prüfen und darauf reagieren

11 **Was passt zusammen? Verbinden Sie.** → B1 Wortschatz

1 Norah Dale — C
2 Sehr geehrter Herr Klein,
3 Bonn, den 30. Juni 20XX
4 Friedrichstr. 26, 53115 Bonn
5 Ihr Schreiben vom 24. 5.
6 Mit freundlichen Grüßen

A das Datum
B der Gruß
C der Absender
D die Anrede und die Ansprechpartnerin / der Ansprechpartner
E der Betreff
F die Adresse

12 **Ergänzen Sie.** → B1 Wortschatz

1 Von: dgers@fastmail.de
2 23.10., 15.35
3 **Unser Termin, 5.11.**
An: APilger@Kruse.de
4 Liebe Frau Pilger,
danke für Ihre Nachricht!
Ich bestätige den Termin gern!
5 Mit besten Grüßen
Daphne Gers

1 der A b s e n d e r
2 das D _ t _ _
3 der B _ t r _ _ _
4 die A _ r _ d _ und die A _ s p r _ _ _ p _ _ t n _ _ i n
5 der G _ _ ß

13 **Bringen Sie die Briefteile in die richtige Reihenfolge (1–6).** → B1 Kommunikation

A ____ Hannover, 2. September 20XX
B ____ Ihr Schreiben vom 25. August 20XX
C ____ Mahler & Kurz GmbH
Frau I. Obert
Steinfeldring 3
51371 Leverkusen
D ____ Mit freundlichen Grüßen
E __1__ Monika Steiger
Bachgasse 5
30159 Hannover
F ____ Sehr geehrte Frau Obert,

14 | a Lesen Sie die E-Mails. Welcher Betreff passt am besten? Ergänzen Sie. (Nicht alles passt.)

→ B1 Wortschatz / Lesen

Angebot Anfrage Stornierung Terminbestätigung ~~Terminverschiebung~~

1

Betreff: *Terminverschiebung*

Liebe Julia,

wir mussten die Arbeiten am Witte-Bau in Wiesbaden noch einmal verschieben. Aber jetzt sind die Planungen abgeschlossen und ich kann dir endlich den Termin bestätigen. Jetzt steht fest: Wir brauchen drei Mitarbeiter vom 18. bis 21. Oktober vor Ort. Du kannst nun gern die Anreise und Übernachtung organisieren.

Vielen Dank und herzliche Grüße

Timo Bartels
Bauunternehmen Schluda

2

Betreff: ....

Sehr geehrte Damen und Herren,

ich würde gern für unsere Mitarbeiter vom 17. bis 21. Oktober (4 Nächte) drei Einzelzimmer buchen. Haben Sie noch Zimmer frei und wie ist Preis inkl. Frühstück?

Mit Dank und freundlichen Grüßen

Julia Meyer
Bauunternehmen Schluda

3

Betreff: ....

Sehr geehrter Herr Meyer,

vielen Dank für Ihre Mail und Ihr Interesse an unserem Haus.
Wir können Ihnen folgende Angebote machen:
3 Doppelzimmer (Classic, 16 m²), inkl. Frühstückbuffet
17.–20. Oktober

Flexpreis (keine Vorauszahlung, kostenlose Stornierung):
109 Euro pro Nacht und Zimmer Gesamtpreis (3 Nächte): 981 Euro

Fixpreis (Vorauszahlung, keine Stornierung):
89 Euro pro Nacht und Zimmer Gesamtpreis (3 Nächte): 801 Euro

Bitte teilen Sie mir mit, welche Option ich für Sie buchen darf. Wir reservieren die Zimmer unverbindlich bis zum 26. 8.

Mit Dank und besten Grüßen

Hartmut Stein
Hotel Inn

b Vergleichen Sie die Texte 2 und 3. Finden Sie vier Fehler und ergänzen Sie.

→ B3 Redemittel / Kommunikation

1 In der Anrede ist etwas falsch. Es muss „Sehr geehrt*e Frau* Meyer" heißen.
2 Das Datum ist falsch. Es muss „..........“ statt „20.“ heißen.
3 Im Text steht eine falsche Zahl. Richtig wäre: .... Nächte.
4 Die Art der Zimmer stimmt nicht. Es muss „..........“ statt „Doppelzimmer“ heißen.

15 Lesen Sie das Gespräch. Ergänzen Sie.

→ B3 Redemittel / Kommunikation

◆ Hast du das Angebot vom Restaurant schon geprüft?
○ Ja, da sind einige Fehler.
◆ Oh, was stimmt denn nicht?
○ Hier, im Betreff [1] i s t schon e t w a s f a l s c h.
◆ Das fängt ja gut an ...
○ Ja, da [2] s t _ _ _ e _ _ _ f _ _ s c h _ Z _ _ l. R _ c h _ _ g w _ _ e „30 Personen".
◆ Gut, das habe ich notiert. Noch etwas?
○ Ja, in Zeile 5 [3] i _ _ auch e _ _ F _ _ _ e r. E _ m _ _ _ 4 statt 5 Vegetarier h _ _ ß _ _.
◆ Okay, danke!

16 Lesen Sie die Nachricht Ihres Kollegen und die Notizen. Antworten Sie Ihrem Kollegen und weisen Sie auf die Fehler hin.

→ B3 Redemittel / Kommunikation / Mediation

1 Herr Przübilski (ü durchgestrichen, korrigiert: y)

2 26. ~~Oktober~~ November

3 37 + 158 = ~~185~~ 195

4 Liebe ~~Frau~~ er Herr Abdullaev

Hi, kannst du bitte mal die Angebote prüfen? Findest du noch Fehler? Danke!

Ja, ich habe ein paar Fehler gefunden.
1 Im Namen ist ein Fehler. Es muss ...

17 Welcher Satz ist höflicher? Kreuzen Sie an.

→ B4 Redemittel / Kommunikation

1 ⓐ ☒ Vielen Dank für Ihr Angebot vom 5. März.
ⓑ Ich habe Ihr Angebot vom 5. März bekommen.

2 ⓐ Können Sie diese Fehler noch korrigieren?
ⓑ Könnten Sie diese Fehler bitte noch korrigieren?

3 ⓐ Darf ich Sie bitten, mir bald ein neues Angebot zu schicken?
ⓑ Bitte schicken Sie mir bald ein neues Angebot.

4 ⓐ Danke!
ⓑ Vielen Dank im Voraus.

18 Schreiben Sie je zwei höfliche Bitten – wie im Beispiel.

→ B4 Redemittel / Kommunikation

1 Bitte räumen Sie Ihren Arbeitsplatz auf.
Könnten Sie bitte Ihren Arbeitsplatz aufräumen?
Darf ich Sie bitten, Ihren Arbeitsplatz aufzuräumen?

2 Prüfen Sie bitte die Bestellung.
....
....

3 Bitte scannen Sie die Rechnung.
....
....

4 Waschen Sie bitte das Auto.
....
....

5 Beladen Sie bitte das Fahrzeug.
....
....

C etwas bewerten und vergleichen

19 | a **Lesen Sie den Post und die Kommentare dazu. Was passt? Markieren Sie.** → C3 Wortschatz

Ich suche neue Reifen für mein Auto. Meine alten Reifen kann ich nicht mehr lange benutzen. Aber das [1] Angebot | Format auf dem Markt ist sehr groß. Wie finde ich die besten Reifen?

Mir ist immer wichtig, welche Firma für die Produktion verantwortlich ist. Darum kaufe ich nur Modelle von bekannten [2] Kunden | Herstellern. Aber: Der teuerste Reifen ist nicht immer der beste Reifen!

Bei der [3] Erfahrung | Entscheidung für den Kauf können Kundenbewertungen und neuere [4] Testergebnisse | Sonderangebote helfen. Schau mal hier. In diesem Test werden die [5] Vorteile | Auswirkungen von den beliebtesten Modellen klar beschrieben. Damit ist es einfach, sich für einen Reifen zu entscheiden.

In Kundenbewertungen findet man oft kritischere Meinungen. Gerade unzufriedene Kunden schreiben die ausführlichsten Bewertungen. Hier kannst du dich also gut über die [6] Bemerkungen | Nachteile aller Modelle informieren.

b **Lesen Sie die Fragen und ergänzen Sie.**

Angebote ~~Entscheidung~~ Hersteller Nachteile Testergebnis

1 Wo bekomme ich die zuverlässigsten Tipps für meine *Entscheidung*?
2 Wo finde ich die günstigsten ______?
3 Welcher ______ macht die zuverlässigsten Reifen?
4 Welcher Reifen hatte im letzten Jahr das beste ______?
5 Welche Vor- und ______ haben die Modelle?

20 | a **Markieren Sie alle Adjektive in 19 a und b (mit den Artikelwörtern und den Nomen).** → C4 Adjektivdeklination mit Komparativ und Superlativ

b **Sortieren Sie die markierten Formen.**

Grundform: *neue Reifen, Meine alten Reifen,* ______

Komparativ: ______

Superlativ: ______

21 | a **Hören Sie das Gespräch. Welches Foto passt? Kreuzen Sie an.** 350 → C4 Adjektivdeklination mit Komparativ und Superlativ / Mediation

1 ○ 2 ○ 3 ○

b Von welchem Lokal sprechen Antonia und Pavel? Hören Sie noch einmal und kreuzen Sie an.

🔊 350

1 ○

Frau Grün	
Gesamtergebnis	★★★☆☆
Atmosphäre	★★★★☆
Essen	
■ Auswahl	★★★★☆
■ Qualität	★★★☆☆
Service	
■ Freundlichkeit	★★☆☆☆
■ Schnelligkeit	★★★★★
Preise	★★☆☆☆

2 ○

Ausblick	
Gesamtergebnis	★★★★☆
Atmosphäre	★★★★★
Essen	
■ Auswahl	★★☆☆☆
■ Qualität	★★★★★
Service	
■ Freundlichkeit	★★★★☆
■ Schnelligkeit	★★★☆☆
Preise	★★★★☆

3 ○

Bei Karly	
Gesamtergebnis	★★☆☆☆
Atmosphäre	★☆☆☆☆
Essen	
■ Auswahl	★★★☆☆
■ Qualität	★☆☆☆☆
Service	
■ Freundlichkeit	★☆☆☆☆
■ Schnelligkeit	★★★★☆
Preise	★★★☆☆

c **Sehen Sie die Bewertungen in b noch einmal an. Ergänzen Sie die Namen der Lokale:** ***Frau Grün – Ausblick – Bei Karly*.**

1 Das Lokal „*Ausblick*“ hat die beste Atmosphäre.
2 „……………“ ist das Lokal mit dem schnellsten Service.
3 „……………“ ist das Lokal mit den besten Preisen.
4 Bei „Frau Grün“ hat das Essen eine bessere Qualität als bei „……………“.
5 „Bei Karly“ hat einen schnelleren Service als das Lokal „……………“.
6 „……………“ hat eine schlechtere Gesamtbewertung als „Frau Grün“.

d **Ergänzen Sie die Endungen.**

Der 1 **freundlichst** *e* **Service!**
„Frau Grün“ hat einen 2 freundlicher…… Service als „Bei Karly“.
Das Lokal „Ausblick“ hat den 3 freundlichst…… Service.

Und wie heißt das Lokal mit dem 4 schnellst…… Service?

Das 5 **best…… Gesamtergebnis!**
„Frau Grün“ hat ein 6 besser…… Gesamtergebnis als „Bei Karly“.
Das Lokal „Ausblick“ hat das 7 best…… Gesamtergebnis.

Wie heißt das Lokal mit dem 8 schlechtest…… Gesamtergebnis?

Die 9 **größt…… Auswahl!**
„Bei Karly“ hat eine 10 größer…… Auswahl als das Lokal „Ausblick“.
„Frau Grün“ hat die 11 größt…… Auswahl.

Wie heißt das Lokal mit der 12 kleinst…… Auswahl?

e **Beantworten Sie die Fragen in d.**

f **Lesen Sie die Nachricht von einer Kollegin. Sehen Sie die Bewertungen in b noch einmal an und antworten Sie mit einer Sprachnachricht.**

Hi, du hast doch gestern von Bewertungen von drei Lokalen erzählt.
Welches würdest du empfehlen? Es soll nicht so teuer sein … DANKE! 🙂

22 **Ergänzen Sie *gut* in der passenden Form.**

→ C4 Adjektivdeklination mit Komparativ und Superlativ

1 Eine gute Wahl! Eine *bessere* Wahl! Die *beste* Wahl!
2 Ein …………… Angebot! Ein …………… Angebot! Das …………… Angebot!
3 Ein …………… Service! Ein …………… Service! Der …………… Service!
4 …………… Bewertungen! …………… Bewertungen! Die …………… Bewertungen!

23 **Ergänzen Sie in der passenden Form.** → C4 Adjektivdeklination mit Komparativ und Superlativ

1 ◆ Ich suche eine günstige Kaffeemaschine.
○ Das ist die *günstigste* Kaffeemaschine, die wir im Moment haben.
◆ Ach, wirklich? Auf Ihrer Webseite habe ich aber noch eine ________ Maschine gesehen.

2 ◆ Ist das denn wirklich ein gutes Angebot?
○ Natürlich, das ist das ________ Angebot, das Sie in dieser Stadt finden.
◆ Ach, ja? Ich habe schon deutlich ________ Angebote bekommen.

3 ◆ Ich brauche einen zuverlässigen Änderungsschneider.
○ Kein Problem. Ich bin der ________ Schneider, den Sie sich vorstellen können. Ich kenne jedenfalls keinen ________ Schneider als mich.
◆ Und selbstbewusst sind Sie auch!

4 ◆ Ich möchte mich über Laptops informieren. Welche neuen Modelle haben Sie?
○ Hier stehen die ________ Modelle – alle gerade erst vom Hersteller geliefert. Aber ich muss Ihnen sagen: ________ Modelle sind nicht unbedingt besser als ältere.

24 **Lesen Sie die Schlagzeilen. Ergänzen Sie die Endungen.** → C4 Adjektivdeklination mit Komparativ und Superlativ

1 Das Auto mit de*m* stärkst*en* Motor!

2 Der Händler mit de____ professionellst____ Beratung

3 Die Werkstatt mit de____ positivst____ Kundenbewertungen!

4 Der Reifen mit de____ best____ Testergebnis!

5 Die Firma mit de____ seriösest____ Service!

6 Das Geschäft mit de____ best____ Angeboten.

Ⓔ Bewertungen im Internet

25 **Ein Café bewerten – Finden Sie noch sieben Nomen und notieren Sie sie mit Artikel.** → 2 Wortschatz

BGHQSJPERSONALLSKSERVICEBAHGFREUNDLICHKEITÖLQSÜAUSWAHLBHTWESSEN

PIRTGAPREISBMCHLAGELAMEINRICHTUNGNAHGSATMOSPÄHREQWVEFJL

das Personal

26 **Lesen Sie die Textnachrichten. Schreiben Sie die Wörter richtig.** → 2 Wortschatz

Ich suche ein schönes Café in der Nähe vom Bahnhof – mit einer guten 1 *Atmosphäre* (rephämosAt).

Ich kann das Café Kreuzmann empfehlen. Da sitzt man wirklich nett.
Die 2 ________ (tungrichEin) ist hell und 3 ________ (lichsach).
Mir gefällt es da sehr. Na ja, ich bin ja auch nicht soooo 4 ________ (nalemotio). 😃

Oh, nein. Da war ich schon mal und habe mich über das 5 ________ (Vertenhal) der Kellner geärgert. Die waren total unfreundlich. Und „Da sitzt man wirklich nett" finde ich auch 6 ________ (trieüberben). Es sieht da total langweilig aus!

27 **Bewerten Sie einen Kiosk, den Sie kennen. Ergänzen Sie den Namen und markieren Sie, wie viele Sterne Sie geben wollen. Schreiben Sie dann einen kurzen Kommentar.** → 2 Kommunikation / Mediation

Ihre Bewertung:

Kiosk

Auswahl ☆☆☆☆☆

Freundlichkeit ☆☆☆☆☆

Öffnungszeiten ☆☆☆☆☆

Preise ☆☆☆☆☆

Kommentar

Lernwortschatz

S. 102 | Für Farid Merizadi sind positive Bewertungen die beste Werbung

Nomen

der Änderungsschneider, – / die Änderungsschneiderin, -nen

die Hand, ¨-e: in guten Händen

die Werbung (Sg.)

Verben

einhalten, hielt ein, hat eingehalten

nähen, nähte, hat genäht

nehmen, nahm, hat genommen: sich Zeit nehmen

weiteres Wort

sorgfältig

S. 103 | Ⓐ sich über Dienstleistungen informieren

Nomen

der Änderungsauftrag, ¨-e

der Aufpreis (Sg.)

die Gestaltung, -en

die Webseite, -n

die Wohntextilie, -n

Verben

beurteilen, beurteilte, hat beurteilt

bewerten, bewertete, hat bewertet

Adjektive

gewissenhaft

hochwertig

S. 104 | Ⓑ ein Angebot prüfen und darauf reagieren

Nomen

der Ansprechpartner, – / die Ansprechpartnerin, -nen

der Betreff, -s

Verb

hinweisen, wies hin, hat hingewiesen

S. 106 | Ⓒ etwas bewerten und vergleichen

Nomen

der Hersteller, – / die Herstellerin, -nen

der Nachteil, -e

der Reifen, –

das Testergebnis, -se

der Vorteil, -e

S. 108 | Ⓔ Bewertungen im Internet

Nomen

die Einrichtung, -en

das Verhalten (Sg.)

Adjektive

emotional

sachlich

übertrieben

Lektion 13

1 **Ergänzen Sie in der passenden Form.** → 1 Wortschatz

gebraucht günstig ~~kaputt~~ neu schnell schön witzig

◆ Mein Smartphone ist [1] kaputt. Ich brauche ein [2] ______. Und zwar so [3] ______ wie möglich, am besten noch heute. Aber ich habe im Moment nur wenig Geld.
○ Muss es denn ein neues Smartphone sein? Ich habe mir ein [4] ______ Handy gekauft. Das war echt [5] ______, nur 120 Euro. Hier, schau mal.
◆ Oh, das sieht ja wirklich noch [6] ______ aus. Ja, das wäre auch eine Möglichkeit.
○ Ich habe es im Handyshop in der Parkstraße gekauft. Die Verkäuferin hat mich gut beraten, sie war nett und total [7] ______. Wir haben viel gelacht. Grüß sie von mir, wenn du hingehst.
◆ Ja, mache ich. Danke für den Tipp!

2 **Welches Verb passt? Verbinden Sie.** → 2 Wortschatz

1 sich den Namen	A fragen
2 Pech	B haben
3 nach den Öffnungszeiten	C kommen
4 das Handy	D merken
5 zu spät zur Arbeit	E reparieren lassen

A ein Kundengespräch führen

3 | a **Welche fünf Tipps gibt der Online-Ratgeber? Lesen Sie und kreuzen Sie auf Seite 293 an.** → A3 Lesen / Mediation

ERFOLGREICH KUNDENGESPRÄCHE FÜHREN

Manche Menschen sind von Natur aus Verkaufstalente. Anderen fällt es schwerer, Kundinnen und Kunden zu beraten und ihnen etwas zu verkaufen. Hier lesen Sie ein paar Tipps, wie man erfolgreich Kundengespräche führt.

Wenn Sie ein Produkt verkaufen wollen, müssen Sie das Produkt selbst gut kennen. Nur so können Sie es gut vorstellen und Fragen der Kunden beantworten. Ein Verkäufer im Elektronikmarkt, der sich mit den technischen Daten seiner Produkte nicht auskennt, macht keinen guten Eindruck.

Ein Verkäufer ist auch ein bisschen Psychologe: Deshalb sollten Sie gut zuhören und erkennen, was Ihr Kunde genau will. Dadurch zeigen Sie Interesse und bekommen wichtige Informationen. Diese Informationen helfen dann, genau das Produkt zu empfehlen, das der Kunde braucht.

Sprechen Sie verständlich mit dem Kunden und vermeiden Sie zu viele Fachbegriffe, die der Kunde nicht versteht. Denn Sie können jemanden nur überzeugen, wenn Sie verstanden werden. Außerdem sollten Sie aufpassen, dass Sie nicht zu viel sprechen – und den Kunden damit völlig überfordern.

Wenn Sie all das beachten, wird Ihr Verkaufsgespräch sicher erfolgreich. Und wenn nicht, dann gilt: Verlieren Sie nicht den Mut. Beim nächsten Mal klappt es bestimmt.

1 ○ zuerst Smalltalk machen
2 ○ den Kunden sofort ansprechen
3 ⊗ gut über das Produkt Bescheid wissen
4 ○ dem Kunden so viele Informationen wie möglich geben
5 ○ dem Kunden gut zuhören
6 ○ so über das Produkt sprechen, dass der Kunde es versteht
7 ○ viele spezielle Wörter verwenden
8 ○ einen Vortrag über das Produkt halten
9 ○ nur so viel reden wie nötig
10 ○ nicht aufgeben, wenn der Verkauf nicht geklappt hat

b Ein Freund von Ihnen bittet Sie um Tipps. Antworten Sie ihm.

Hallo! Mein Laden läuft gut, zum Glück! Aber ich fühle mich so unsicher bei den Kundengesprächen ... Das will ich unbedingt verbessern! Hast du Tipps für mich??

Ja, klar! 🙂 Ich habe kürzlich einen interessanten Artikel in einem Online-Ratgeber gelesen, dort ...

4 Bringen Sie die Sätze in die richtige Reihenfolge. → A3 Redemittel

A ____ Im Moment haben wir eine Preisaktion: Es kostet 280 Euro.
B ____ Da kann ich Ihnen dieses Gerät empfehlen. Es kann scannen, drucken und kopieren. Schwarzweiß und in Farbe. Die Druckqualität ist sehr gut und das Gerät ist recht schnell.
C ____ Gern. Melden Sie sich, wenn Sie noch Fragen haben.
D ____ Das klingt gut! Wie viel kostet es denn?
E _1_ Wie kann ich Ihnen helfen?
F ____ Okay. Ich überlege es mir. Vielen Dank.
G ____ Ich suche ein Multifunktionsgerät.

5 | a Welche Antwort passt? Kreuzen Sie an. → A3 Redemittel

1 Ich suche ein günstiges gebrauchtes Smartphone.
⊗ Da kann ich Ihnen dieses Modell hier anbieten. ○ Kann ich sonst noch etwas für Sie tun?
2 Vielen Dank, Sie haben mir sehr geholfen.
○ Leider nicht. ○ Sehr gerne.
3 Dieses Kleid hier gefällt mir.
○ Möchten Sie es anprobieren? ○ Wie wäre es mit diesem Modell?
4 Melden Sie sich, wenn Sie Hilfe brauchen.
○ Ich bin nicht sicher. ○ Ja, vielen Dank.

b Vier Situationen in Kundengesprächen – Was könnte die Verkäuferin / der Verkäufer sagen? Finden Sie passende Formulierungen. Schreiben Sie.

1 Eine Kundin findet eine Bluse toll. Sie mag aber die Farbe nicht.
2 Ein Kunde kommt in den Laden und sieht sich um.
3 Ein Kunde schaut sich seit ein paar Minuten eine Hose an.
4 Eine Kundin lässt sich von Ihnen beraten, bedankt sich und schaut sich weiter um.

Situation 1: Wir haben diese Bluse auch in anderen Farben. Wie gefällt sie Ihnen in Rot? Oder in Grün?

6 **Welches Wort passt? Kreuzen Sie an.** → A3 Wortschatz

1 Im Seminar haben wir gelernt, wie man erfolgreich ein Kundengespräch ○ repariert. ○ hält. ⊗ führt.
2 Diese Hose habe ich gestern für meinen Sohn gekauft, aber sie passt ihm nicht. Kann ich sie ○ anprobieren? ○ umtauschen? ○ aufnehmen?
3 Das Hemd gefällt mir. Ich würde es gern ○ umtauschen. ○ aufnehmen. ○ anprobieren.
4 Man sollte den Kunden erst einmal in Ruhe schauen lassen, bevor man zu ihm Kontakt ○ führt. ○ nimmt. ○ aufnimmt.

7 | a **Hören Sie und sprechen Sie nach.** → Phonetik

351

Mutter	Butter	Bruder	Fuß	Fluss	Juli	unten
○ kurz	○ kurz	○ kurz	○ kurz	○ kurz	○ kurz	○ kurz
○ lang	○ lang	○ lang	○ lang	○ lang	○ lang	○ lang

und	lustig	Zukunft		gut	uns
○ kurz	○ kurz	○ kurz	○ kurz	○ kurz	○ kurz
○ lang	○ lang	○ lang	○ lang	○ lang	○ lang

b **Ist das *U* kurz oder lang? Hören Sie noch einmal und kreuzen Sie in a an.**

351

B Waren bestellen und reklamieren

8 **Schreiben Sie die Wörter in den Textnachrichten richtig.** → B2 Wortschatz

Wo bleibt die 1 *Ware* (reWa)? Hast du sie nicht letzte Woche beim 2 .... (delhanGroß) bestellt? Am 3 .... (fonleTe) erreiche ich niemanden. Was machen wir denn jetzt?

Ganz ruhig. Ich gucke mal auf der 4 .... (teseinetterIn), ob es ein 5 .... (larmufortaktKon) gibt. Oder einen 6 .... (atCh) ...

Ach, so modern sind die doch nicht. 🙁 Das war das erste und letzte Mal, dass wir bei denen bestellt haben! Wir brauchen 7 .... (lichmögschnellst) eine Lösung!!!

9 | a **Ordnen Sie die Redemittel.** → B2 Redemittel

Ausnahmsweise ... | ~~Für gewöhnlich ...~~ | Im Normalfall ... | In Ausnahmefällen ... | In der Regel ... | Meine Gewohnheit ist es, ... | Normalerweise ... | ... so gut wie nie ...

meistens: *Für gewöhnlich ...,* ....

....

ab und zu: ....

b **Beschreiben Sie einer Freundin / einem Freund Ihren Arbeitsalltag. Schreiben Sie zu jeder Frage mindestens zwei Sätze. Verwenden Sie die Redemittel in a.**

1 Wie sieht dein Arbeitstag aus?
2 Was machst du am Wochenende?
3 Welche Verkehrsmittel benutzt du?

Normalerweise komme ich um 8 Uhr im Büro an.

10 | a Wie heißt das Verb? Ergänzen Sie. → B3 Wortschatz

1 die Reparatur *reparieren*
2 die Bestellung ______
3 die Reklamation ______
4 die Erstattung ______
5 die Feststellung ______
6 der Umtausch ______

b Ergänzen Sie die Verben aus a in der passenden Form.

1 Mein Laptop ist kaputt. Ich muss ihn *reparieren* lassen.
2 Ich habe einen Mangel an der Ware ______ und möchte sie ______.
3 Möchten Sie das Produkt gegen ein anderes ______ oder sollen wir Ihnen das Geld ______?
4 Das Material haben wir schon letzte Woche ______. Bis jetzt ist keine Lieferung angekommen.

11 | a Lesen Sie den folgenden Text. Welcher Ausdruck (a, b oder c) passt am besten in die Lücken 1–6? Kreuzen Sie an. → B3 Prüfung: Sprachbausteine

Von: o.kreuzer@wedeko-gmbh.com
An: reklamation@uhren-und-schmuck-shop.de
Betreff: **Reklamation Uhr – Bestellnummer #28383**

Sehr geehrte Damen und Herren,

am 15. 3. 20XX habe ich in Ihrem Online-Shop eine Uhr bestellt. Leider (1) sie nicht richtig. Folgende Mängel habe ich (2): Die Uhr, die eigentlich auf Knopfdruck leuchten soll, leuchtet nicht. Der Knopf, den man zum Leuchten drücken soll, ist defekt. Außerdem ist die Uhr blau. Das (3), das ich ausgesucht hatte, war gelb. Ich bitte Sie, mir (4) eine funktionierende Uhr zuzuschicken, die die richtige Farbe hat. (5) bin ich mit Ihrem Online-Shop, den ich schon oft weiterempfohlen habe und dem ich eine sehr gute Bewertung gegeben habe, sehr zufrieden. Ich (6), dass Sie mich auch dieses Mal zufriedenstellen werden.

Mit freundlichen Grüßen
Oliver Kreuzer

1 ⓐ fährt
ⓑ funktioniert
ⓒ klappt

2 ⓐ angeschaut
ⓑ festgestellt
ⓒ hinzugefügt

3 ⓐ Geräusch
ⓑ Material
ⓒ Modell

4 ⓐ außerdem
ⓑ häufig
ⓒ sofort

5 ⓐ Leider
ⓑ Natürlich
ⓒ Normalerweise

6 ⓐ bedauere
ⓑ hoffe
ⓒ sehe

b Markieren Sie die Relativpronomen.

c Wählen Sie eine Situation und schreiben Sie eine Reklamation an die Firma. → B4 Schreiben

1 Sie haben im Internet eine 50er-Packung Brillenputztücher bestellt. Es wird ohne Information eine 200er-Packung geliefert. Sie kostet mehr als dreimal so viel.
2 Sie bestellen das Futter für Ihren Hund immer online. Dieses Mal bekommen Sie nicht wie bestellt 10 Kilogramm Hundefutter, sondern 10 Kilogramm Katzenfutter.
3 Sie haben Lebensmittel im Online-Shop eines Supermarktes bestellt. Als Sie die Lieferung auspacken, bemerken Sie, dass bei mehreren Joghurtbechern das Verfallsdatum abgelaufen ist.

12 Ergänzen Sie die E-Mail.

→ B3 Relativpronomen

~~das~~ dem den der der deren die

Hallo Henrik,

wie geht's? Alles gut? Stell dir vor: Mein Yogastudio, 1 *das* ich ja erst letztes Jahr eröffnet habe, läuft so gut, dass ich einen Kursleiter oder eine Kursleiterin einstellen kann. Toll, oder?
Ich habe so viele Bewerbungen bekommen. Wen soll ich nehmen? Die Person, 2 ______ am flexibelsten ist? Oder die, 3 ______ Bewerbung zuerst gekommen ist? Die, 4 ______ ich am wenigsten bezahlen muss? Oder soll ich mich einfach für den Menschen entscheiden, 5 ______ ich am nettesten finde? Oder für den, 6 ______ den Job am dringendsten braucht? Auf jeden Fall brauche ich einen Mitarbeiter, 7 ______ ich vertrauen kann. Ach, das ist so schwer ... Hast du einen Tipp?

Viele Grüße
Anahi

13 | a Verbinden Sie mit Relativsätzen.

→ B3 Relativpronomen und Relativsätze

1 Ich habe eine Kollegin. Sie ist sehr hilfsbereit.
Ich habe eine Kollegin, die sehr hilfsbereit ist.

2 Ich habe einen Mitarbeiter. Er ist oft krank.
______

3 Ich habe ein Kind. Es geht in die fünfte Klasse.
______

4 Ich habe Bekannte in Italien. Ich will sie bald besuchen.
______

5 Ich habe einen Freund. Ich sehe ihn nur selten.
______

6 Ich habe eine Chefin. Ich kann ihr vertrauen.
______

b Was für Menschen mögen Sie? Schreiben Sie Sätze zu den Personen in a. Erzählen Sie dann im Kurs.

Ich mag Kollegen, die mich auch mal unterstützen.
Ich mag Freunde, denen ich alles sagen kann.

14 Bilden Sie Wörter zum Thema *Bestellung und Reklamation* und ergänzen Sie.

→ B4 Wortschatz

for gel In kla Kon lar line- ma Man mu net On Re ~~re~~ sei
Shop takt tausch te ter tion Um ~~Wa~~

Uhren & Schmuck

Haben Sie 1 *Ware* in unserem 2 ______ bestellt und sind nicht zufrieden?
Haben Sie sogar einen 3 ______ festgestellt? Dann kontaktieren Sie uns über das 4 ______ auf unserer 5 ______. Bitte geben Sie dort auch den Grund für Ihre 6 ______ an.
Wenn Ihnen das bestellte Produkt nicht gefällt, ist ein 7 ______ 14 Tage lang möglich.
Bitte nutzen Sie auch hier die Kontaktmöglichkeiten in unserem Webauftritt.

C Beschwerden verstehen und darauf reagieren

15 | a Ergänzen Sie. → C2 Redemittel

Es tut mir leid | Der Vorfall ist sehr bedauerlich | Ich bin sicher, dass | Ich kann gut verstehen | ~~Ich möchte Beschwerde einlegen~~ | Ich möchte mich beschweren

A ◆ 1 *Ich möchte Beschwerde einlegen* .
○ Worum geht es denn?
◆ Seit Wochen funktioniert unser Internet zu Hause nicht. Jetzt habe ich genug davon!
○ 2 ………………………… wir eine schnelle Lösung für Ihr Problem finden werden. Hier haben Sie ein Formular, bitte füllen Sie es aus.
◆ Ein Formular? Das ist alles? Also …
○ 3 …………………………, dass Sie wütend sind. Aber wir müssen erst einmal mit diesem Formular anfangen.

B ◆ 4 …………………………. Und zwar über Ihre Mitarbeiterin.
○ 5 …………………………, dass Sie unzufrieden sind. Worum geht es denn genau?
◆ Die Dame hat mich schlecht beraten. Sie hat mir diese Hose empfohlen und deshalb habe ich sie gekauft. Aber meine Freundinnen sagen, dass die Farbe überhaupt nicht zu mir passt.
○ 6 …………………………. Möchten Sie die Hose umtauschen und eine andere Farbe wählen?

b Was können Sie sagen, um eine wütende Kundin / einen wütenden Kunden zu beruhigen? Sammeln Sie und notieren Sie.

Ich verstehe Sie gut. Das ist wirklich unschön.

16 | a Welches Verb passt? Verbinden Sie. → C3 Wortschatz / Mediation

1 das Gerät — C
2 seltsame Geräusche
3 mehrmals hintereinander rot
4 gar nicht mehr
5 eine Fehlermeldung / einen Fehlercode
6 sich von allein

A machen
B anzeigen
C anschalten
D reagieren
E blinken
F abschalten

b Lesen Sie die Textnachricht und antworten Sie. Beschreiben Sie, was passiert ist. Verwenden Sie die Wörter aus a.

Der Kaffeeautomat ist kaputt. Was ist passiert?

Ich habe die Kaffeemaschine wie jeden Morgen angeschaltet. Dann …

17 In welchen Sätzen wird ein Problem angesprochen (A), in welchen Sätzen wird ein Problem beschrieben (B)? Kreuzen Sie an. → C4 Redemittel

	A	B
1 Mein Staubsauger reagiert überhaupt nicht mehr, obwohl ich alle Knöpfe gedrückt habe, die es gibt.	○	⊗
2 Bei meinem Laptop scheint etwas nicht in Ordnung zu sein: …	○	○
3 Ich glaube, mein Smartphone hat ein Problem.	○	○
4 Der Bildschirm meines Computers hat blau geleuchtet. Dann ist er ausgegangen.	○	○
5 Beim Laden des Akkus hat erst das Display geblinkt. Dann hat das Handy geraucht. Ich glaube, es hat sich selbst zerstört.	○	○
6 Ich habe festgestellt, dass mit unserem Wasserkocher etwas nicht stimmt.	○	○

(E) Reparieren statt wegwerfen

18 | a Ergänzen Sie die Verben in der passenden Form. → 1 Wortschatz / Mediation

ausgeben | basteln | ~~eröffnen~~ | kommen | laufen | reparieren | vermeiden | schützen | unterstützen | wegwerfen

◆ Wie geht es deinem *Bastelhaus*? Als der Laden [1] eröffnet wurde, war ich ja sehr skeptisch, ob er [2] .... wird …
○ Oh, es geht sehr gut. Ich bin echt zufrieden.
◆ Wie bist du überhaupt auf so eine Idee [3] ....?
○ Ich habe schon immer gern gebaut und [4] .... Dann war ich mal in Bremen in einem Reparaturcafé und hatte plötzlich die Idee, so etwas auch in unserer Stadt zu gründen. Damit die Billsdorfer ihre Sachen [5] .... können und sie nicht einfach [6] .... Dann müssen sie kein Geld für Neues [7] .... So [8] .... wir Müll und [9] .... die Umwelt.
◆ Ach. Das ist ja eine ganz einfache Möglichkeit, Maßnahmen für den Umweltschutz zu [10] .... Aber ist das *Bastelhaus* nicht zu viel Arbeit für dich allein?
○ Doch. Zum Glück habe ich bald zwei ehrenamtliche Helferinnen.

b Schreiben Sie Antworten auf die Fragen.

1 Welche Dinge reparieren Sie, statt sie wegzuwerfen?
2 Wie vermeiden Sie Müll?
3 Was tun Sie für den Umweltschutz?

c Lesen Sie die Textnachricht. Recherchieren Sie, welche Möglichkeiten es in Ihrer Stadt / Region gibt. Schreiben Sie eine Antwort und geben Sie diese Informationen weiter.

Du, sag mal: Ich suche eine Werkstatt, in der man Sachen selbst reparieren kann. Hast du da einen Tipp?

Ja, es gibt …

19 Welche Verben passen? Markieren Sie. → 1 Wortschatz

1 **eine Reparatur:** anbieten – durchführen – machen lassen – überlegen
2 **Müll:** trennen – vermeiden – wegwerfen – schützen
3 **die Umwelt:** erstatten – schützen – schonen – verschmutzen
4 **Geld:** ausgeben – sparen – verdienen – feststellen
5 **einen Laden:** eröffnen – umtauschen – schließen – führen

Lernwortschatz

S. 112 | Svetlana Kulikowa repariert und verkauft Smartphones

Nomen

das Pech (Sg.) ....

Adjektive

günstig ....
gebraucht ....
witzig ....

S. 113 | (A) ein Kundengespräch führen

Nomen

das Kundengespräch, -e ....

Verben

anprobieren, probierte an, hat anprobiert
....
aufnehmen, nahm auf, hat aufgenommen:
Kontakt aufnehmen ....
....

führen, führte, hat geführt: ein Gespräch führen

umtauschen, tauschte um, hat umgetauscht

S. 114 | B Waren bestellen und reklamieren

Nomen
der Ausnahmefall, ⸚e
der Chat, -s
die Gewohnheit, -en
der Großhandel (Sg.)
die Internetseite, -n
der Mangel, ⸚
der Normalfall, ⸚e
der Online-Shop, -s
die Reklamation, -en
der Umtausch, -e
die Ware, -n

Verben
bestellen, bestellte, hat bestellt

erstatten, erstattete, hat erstattet

feststellen, stellte fest, hat festgestellt

reklamieren, reklamierte, hat reklamiert

Adjektive
gewöhnlich
schnellstmöglich

S. 116 | C Beschwerden verstehen und darauf reagieren

Nomen
die Beschwerde, -n
der Fehlercode, -s
der Fehlermeldung, -en
das Geräusch, -e
der Vorfall, ⸚e

Verben
abschalten, schaltete ab, hat abgeschaltet

anschalten, schaltete an, hat angeschaltet

blinken, blinkte, hat geblinkt

reagieren, reagierte, hat reagiert

Adjektive
bedauerlich
mehrmals
seltsam
unschön
zerstört

S. 118 | E Reparieren statt wegwerfen

Nomen
der Müll (Sg.)
das Reparaturcafé, -s
die Umwelt, -en
der Umweltschutz (Sg.)

Verben
ausgeben, gab aus, hat ausgegeben

kommen, kam, ist gekommen: auf die Idee kommen

laufen, lief, ist gelaufen: Wie läuft der Laden?

schützen, schützte, hat geschützt

unterstützen, unterstützte, hat unterstützt

wegwerfen, warf weg, hat weggeworfen

Adjektiv
ehrenamtlich

Lektion 14

1 **Was ist für Sie im Umgang mit Vorgesetzten und Kolleginnen / Kollegen besonders wichtig? Machen Sie Ihre persönliche Hitliste (1–6). Vergleichen Sie dann zu zweit.** → 1 Wortschatz

Spaß Freundlichkeit Humor Vertrauen Sympathie Verantwortungsbewusstsein Zufriedenheit Belastbarkeit Leistung Lob Freude Flexibilität Dresscode Rückmeldungen Eigeninitiative Anerkennung Kritik Blickkontakt Offenheit

1 ....
2 ....
3 ....
4 ....
5 ....
6 ....

2 **Lesen Sie das Gespräch. Ergänzen Sie.** → 1 Wortschatz

Anlass | Arbeitsbereich | Leistung | Lob | ~~Mitarbeitergespräch~~ | Rückmeldung | Vertrauen | Zufriedenheit

◆ Hattest du schon mal ein [1] *Mitarbeitergespräch* ?
○ Ja, bei uns lädt der Chef regelmäßig zu einem solchen Treffen ein, bei dem wir uns gegenseitig austauschen. Dafür gibt es keine bestimmte Gelegenheit. Das Gespräch findet ohne einen besonderen [2] .... einmal im Jahr statt. Ich freue mich immer auf das Feedback.
◆ Du freust dich? Gibt es bei dieser [3] .... nicht nur Kritik?
○ Nein. Wir sprechen darüber, was ich im letzten Jahr geschafft habe – also über meine [4] .... Der Chef sagt dann, was gut gelaufen ist und was ihm gefallen hat. Es gibt also [5] ....! Das motiviert mich.
◆ Aber dein Chef sagt auch, wenn er nicht zufrieden ist …
○ Ja, sicher. Aber er sagt das sehr positiv. Er möchte einfach, dass ich besser werde. Und er hat [6] .... zu mir. Er weiß, dass ich gern besser werden will in meinem Job.
◆ Was machst du eigentlich genau in der Firma?
○ Ich arbeite in der Abteilung für Logistik. Ich bin noch ziemlich neu in diesem [7] .... Ich bin für Lieferungen nach Spanien verantwortlich – und verantwortlich für die [8] .... unserer Kundinnen und Kunden.

3 **Was passt? Markieren Sie.** → 1 Wiederholung: Adjektive mit Präposition

1 Bist du zufrieden <u>mit</u> | auf deinem Arbeitsbereich?
2 Wer ist bei euch verantwortlich über | für die Finanzen?
3 Ist der Bereich Verkauf bei euch getrennt von | mit der Verwaltung?
4 Bist du auch zuständig für | durch Reklamationen?
5 Wann bist du auf | mit der Abteilungsleiterin verabredet?

A sich auf ein Mitarbeitergespräch vorbereiten

4 **Lesen Sie Marios Fragen. Schreiben Sie die Sätze wie im Beispiel.** → A1 Wiederholung: indirekte Fragen

1 Warum will der Chef mit mir sprechen?

2 Soll ich mich auf das Mitarbeitergespräch vorbereiten?

3 Muss ich auch eine Rückmeldung geben?

4 Darf ich Fragen stellen?

5 Wie soll ich mich verhalten?

6 Was ziehe ich an?

1 Mario fragt sich, *warum der Chef mit ihm sprechen will.*
2 Er denkt darüber nach, *ob er* ……
3 Er fragt sich, ……
4 Er weiß nicht, ……
5 Ihm ist nicht klar, ……
6 Er überlegt, ……

5 **Was passt zusammen? Markieren Sie.** → A2 Wortschatz

1 die Unzufriedenheit – der Ärger – die Enttäuschung – das Vertrauen
2 die Rückmeldung – die Stimmung – der Verbesserungsvorschlag – die Kritik
3 die Überstunde – die Arbeitszeit – der Erfolg – der Feierabend
4 von beiden Seiten – gegenseitig – ausführlich – zusammen

6 **Wie kann man das auch sagen? Schreiben Sie die Wörter richtig.** → A2 Wortschatz

1 Ich freue mich über Ihr Feedback. =
Ich freue mich über Ihre *Rückmeldung*. (melRückdung)
2 Ich habe einige Ideen, was wir besser machen können. =
Ich habe einige ……. (vorbesseVerschlägerungs)
3 Es ist nicht okay, wenn ich jeden Tag länger arbeiten muss. =
Es ist nicht okay, wenn ich jeden Tag …… machen muss. (berÜdenstun)
4 Die Kolleginnen und Kollegen sind mit der Situation sehr unzufrieden. =
Die …… der Kolleginnen und Kollegen mit der Situation ist groß. (heitUnfriezuden)
5 Wir brauchen mehr Mitarbeiter und Mitarbeiterinnen. =
Wir brauchen mehr ……. (soPernal)

7 | a **Lesen Sie die Aussage. Welcher Notizzettel passt dazu? Kreuzen Sie an.** → A2 Redemittel / Kommunikation

1 ○

++ Arbeitsbereich Service
\+ Kundenkontakt
– viel Arbeit
– Stress mit Kunden
? mich als Aushilfe einstellen (mittwochs)

2 ○

++ Arbeitsbereich Service
++ Kundenkontakt
\+ Atmosphäre
– Stress am Mittag
? eine neue Aushilfe einstellen (2 Stunden pro Tag)

Ich arbeite sehr gern im Service. Mir gefällt der Kontakt mit den Kunden besonders gut. Es ist zwar viel zu tun, aber die Arbeit macht Spaß, weil die Arbeitsatmosphäre im Restaurant gut ist. Mittags ist es aber sehr voll. Mir gefällt nicht so gut, dass es dann oft stressig wird und die Gäste zu lange warten müssen. Es wäre mir sehr recht, dann Unterstützung zu haben. Vielleicht gibt es die Möglichkeit, eine Aushilfe für zwei Stunden am Mittag einzustellen?

b **Markieren Sie in a Redemittel: Zufriedenheit ausdrücken, Unzufriedenheit ausdrücken, Wünsche ausdrücken.**

8 Sie hören zwei Teile eines Gesprächs. Zu jedem Teil gibt es zwei Aufgaben. Ist die Aussage richtig oder falsch und welche Antwort (a oder b) passt am besten? Kreuzen Sie an.

352

→ Prüfung: Hören Teil 1

Teil 1

1 Nadja arbeitet in einer neuen Firma.
○ richtig / ○ falsch

2 Nadja
ⓐ hat Probleme mit ihren neuen Kolleginnen und Kollegen.
ⓑ wünscht sich mehr Personal für ihre Aufgaben.

Teil 2

3 Rafi erzählt über seine Arbeit.
○ richtig / ○ falsch

4 Nadja
ⓐ findet Rafis Stärke für alle Abteilungen nützlich.
ⓑ meint, dass Rafi zu viel Stress hat.

9 | a Lesen Sie den Post und die Kommentare dazu. Ergänzen Sie.

→ A2 Redemittel / Kommunikation

WAS GEFÄLLT EUCH AN EURER ARBEIT GUT?
WAS MÖCHTET IHR VERÄNDERN? WELCHE WÜNSCHE HABT IHR?

FREDDY

1 Ich mache die Arbeit als Fahrradkurier s _ _ r g _ r _. 2 M _ _ g _ f _ _ _ t es b _ s _ _ d _ _ s g _ _, dass ich draußen arbeiten kann und ich mich viel bewege. Aber: 3 M _ _ g _ f _ _ _ e n die Arbeitsbedingungen n _ _ _ t s _ g _ _. Ich muss mein Rad zum Beispiel selbst reparieren, wenn es kaputt ist. 4 V _ _ l l _ _ _ _ t g _ _ t e _ d _ _ M _ _ l _ c h _ _ _ t, das zu ändern? Und: 5 E _ w _ r _ m _ _ s e _ _ r _ _ _ t, etwas mehr Gehalt zu bekommen.

DUNJA

6 I _ _ a _ b _ _ t e n i _ _ _ s _ g _ _ n als Kurier. Aber ich habe keinen anderen Job gefunden. 7 M _ _ g _ f ä _ _ _ e _ n _ c h _, im Regen zu arbeiten. Und es regnet wirklich oft! Ich habe zwar eine gute Jacke, aber die Schuhe werden viel zu schnell nass ...

b Schreiben Sie einen eigenen Kommentar zu den Fragen in a.

10 Was passt zusammen? Verbinden Sie. (Es gibt mehrere Möglichkeiten.)
Vergleichen Sie Ihre Lösungen zu zweit und besprechen Sie:
Haben Sie schon einmal Missverständnisse wegen der Mimik erlebt?

→ A3 Wortschatz

1

2

3

4
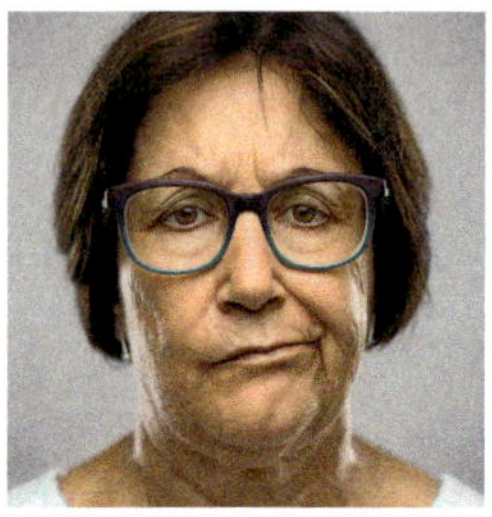

aggressiv · freundlich · negativ · positiv · ruhig · wütend · unfreundlich · zurückhaltend

B über Arbeitsabläufe sprechen

11 | a Ergänzen Sie. → B1 Wortschatz

~~aufnehmen~~ äußern ausstellen begrüßen fragen kassieren

A die Bestellung *aufnehmen* und sich für die Bestellung bedanken *K* ……
B sich auf die Getränke freuen …… ……
C eine Quittung ……, sich für den Besuch bedanken und die Gäste verabschieden …… ……
D sagen, dass man bezahlen möchte …… ……
E die Gäste …… und nach ihren Wünschen …… …… *1*
F …… und fragen, ob alles in Ordnung war …… ……
G um eine Quittung bitten …… ……
H Wünsche ……, Getränke bestellen …… ……
I die Getränke bringen …… ……

b Wer macht was? Kellner/in (K) oder Gast (G)? Notieren Sie in a die Buchstaben.

c Wie ist die richtige Reihenfolge? Nummerieren Sie in a von 1 bis 9.

12 | a Schauen Sie sich die Markierungen an. Wie ist die Regel? Kreuzen Sie an. → B3 *um … zu* + Infinitiv und *damit*

Mein Chef erklärt mir immer alles sehr genau, damit ich auch wirklich alles verstehe. Warum?

Er macht das, damit er selbst ein gutes Gefühl hat.

Meinst du wirklich, er macht das, um selbst ein gutes Gefühl zu haben?

Wann kann *um … zu* + Infinitiv einen Nebensatz mit *damit* ersetzen?
Wenn die Subjekte im Hauptsatz und Nebensatz
○ gleich ○ verschieden sind.

b Markieren Sie die Subjekte wie in a.

Nein! Dein Chef macht das bestimmt, damit er Fehler vermeidet. Er erklärt alles so ausführlich, damit du dich sicherer fühlst.

Ich höre natürlich immer sehr gut zu, damit ich nichts falsch mache. Ich tue ja alles, damit ich einen guten Eindruck mache. 😃

c Schreiben Sie die Sätze aus b – wo möglich – mit *um … zu* + Infinitiv.

Dein Chef macht das bestimmt, um …

13 | a Was passt zusammen? Verbinden Sie. → B4 *um … zu* + Infinitiv und *damit* / Mediation

1 Niam hört den Kunden sehr genau zu. — E
2 Er stellt den Kunden Fragen.
3 Er bietet den Kunden ein Getränk an.
4 Er wäscht den Kunden zuerst die Haare.
5 Er redet beim Schneiden nicht so viel.

A Sie äußern ihre Wünsche.
B Er kann sich besser konzentrieren.
C Er kann sie besser schneiden.
D Sie fühlen sich wohl.
E Er kann sie gut beraten.

b Verbinden Sie die Sätze aus a mit *damit* und – wenn möglich – auch mit *um … zu* + Infinitiv.

1 Niam hört den Kunden sehr genau zu, damit er sie gut beraten kann.
Niam hört den Kunden sehr genau zu, um sie gut beraten zu können.

c Übersetzen Sie ein Satzpaar aus b in eine andere Sprache, die Sie kennen. Was fällt Ihnen auf? Vergleichen und besprechen Sie im Kurs.

14 | a Ergänzen Sie die Liste mit Sätzen mit *um ... zu* + Infinitiv. → B4 *um ... zu* + Infinitiv und *damit*

~~sich in Ruhe unterhalten~~ | eine Rückmeldung geben und bekommen | Probleme ansprechen und vielleicht auch lösen | sich über Veränderungen informieren | Verbesserungsvorschläge machen

Wozu Mitarbeitergespräche?

Man kann Mitarbeitergespräche nutzen,

- um sich in Ruhe zu unterhalten.
- ……………………
- ……………………
  ……………………
- ……………………
- ……………………

b Erklären Sie die Vorteile von Mitarbeitergesprächen.
Nehmen Sie eine Sprachnachricht ( )auf. Schicken Sie die Sprachnachricht an eine andere Person im Kurs. Geben Sie Feedback zu der Sprachnachricht, die Sie bekommen.

15 | a Sehen Sie die Quittung an. Was macht man wo? Ordnen Sie zu. → B5 Redemittel / Kommunikation / Mediation

Datum eintragen | den Betrag in Worten schreiben | ~~den Betrag in Ziffern eintragen~~ | das Wort „Blumen" schreiben | unterschreiben

Quittung

	EUR ①
Nummer	inkl. 7 % Ust./EUR
EUR in Worten ②	Cent wie oben
von	
für ③	
	dankend erhalten
④ Ort/Datum	
Buchungsvermerk	Stempel/Unterschrift Zahlungsempfänger ⑤

1 den Betrag in Ziffern eintragen
2 ……………………
3 ……………………
4 ……………………
5 ……………………

b Lesen Sie die Textnachricht von Ihrer neuen Kollegin. Ergänzen Sie die Antwort.

Danach sollten Sie | Das ist wichtig, damit | Der letzte wichtige Punkt ist | ~~Zuerst müssen Sie~~

Können Sie mir bitte noch mal erklären, wie man eine Quittung schreibt? DANKE!

Klar, das sind die wichtigsten Schritte: 1 Zuerst müssen Sie den Betrag in Ziffern und in Worten eintragen.
2 …………………… ganz klar ist, wie hoch der Betrag ist.
3 …………………… bei „für" das Wort „Blumen" schreiben.
4 ……………………: das Datum eintragen und die Quittung unterschreiben.
Alles klar?

16 **Lesen Sie die Kommentare und ergänzen Sie die Tabelle.** → B5 Redemittel / Kommunikation

Hi Leute! Wie findet ihr unser neues Erklärvideo „Drucker richtig sauber machen"? Wir freuen uns auf eure Kommentare.

Wow. Das ist wirklich gut. Danke!

Hm, vielleicht bin ich doof. 🙁 Ich glaube, da fehlt noch etwas. Ich meine nach Schritt 4.

Also, ich find's super. Ich habe alles verstanden.

Cooles Video. Aber: Habt ihr vielleicht einen Schritt vergessen?

Sorry! Ich hatte Probleme, das zu verstehen, weil ich ein anderes Modell habe.

Lob	1 D *a s* i *s t* w *i r* k l *i c h* g *u t*. Ich find's super. 2 I _ _ h _ _ e a _ _ _ s v _ _ s t _ _ d _ _.
Kritik	Ich 3 g _ _ _ b _, d _ f _ h _ t n _ _ _ e t _ _ _. 4 H _ _ _ i _ _ vielleicht e _ _ e n S _ _ r _ t t v _ _ g _ _ _ e n? 5 I _ _ h a _ _ _ P _ _ b l _ _ _, d _ _ z _ v _ _ s t _ h _ _, weil …

17 **Lesen Sie die Situation. Schreiben Sie dann zwei Textnachrichten und benutzen Sie die Redemittel in 16.** → B5 Redemittel / Kommunikation / Mediation

Kollegen von Ihnen haben eine Anleitung geschrieben, wie man den Kopierer sauber macht. Sie haben die Anleitung gelesen.

1 Sie finden die Anleitung gut und haben keine Fragen.

> Danke für die Anleitung!
> …

2 Sie sind nicht sicher, ob die Anleitung vollständig ist. Sie haben nicht alles verstanden, weil sie einige Wörter nicht kennen.

> Vielen Dank, dass ihr die Anleitung geschrieben habt. …

C ein Problem besprechen

18 **Schreiben Sie zwei Dialoge.** → C1 Redemittel / Kommunikation

Das geht so gar nicht: Du kannst nicht immer zu spät kommen. | ~~Gibt es ein Problem?~~ | Ich habe folgendes Problem: Ich habe einfach zu viele Termine. | Ja! Ich finde es überhaupt nicht in Ordnung, dass | Was ist denn los?

1 ◆ *Gibt es ein Problem?*
○ ______________________ du nie pünktlich bist.
____

2 ▲ ______________________
□ ______________________

19 Lesen Sie die Textnachrichten. Schreiben Sie die Sätze richtig.

→ C1 Redemittel / Kommunikation

Was ist denn los? 1 ....
(ein – es – Gibt – ? – Problem)

Ja. 2 ....: Du kannst nicht einfach mein Werkzeug benutzen. (so – Das – nicht – geht – gar)

3 ...., dass du jetzt so einen Stress machst. (Ich – überhaupt – nicht – es – in – Ordnung – finde)

20 | a Lesen Sie den Text und die Aufgaben 1 bis 6 dazu. Sind die Aussagen richtig oder falsch? Kreuzen Sie an.

→ C2 Lesen / Wortschatz / Mediation

+++ Friedas Blog +++

Es gibt Kollegen, die wollen einfach keine nette Arbeitsatmosphäre. Sie wollen Probleme nicht sachlich lösen. Sie wollen nicht ehrlich sein und nicht offen miteinander sprechen. Sie wollen nicht, dass andere sich auf sie verlassen können. Vertrauen spielt für sie keine große Rolle. Nein: Sie wollen am liebsten Stress und ganz viel Ärger!

Herbert ist so ein Kollege. Ich glaube, das hängt mit seinem Charakter zusammen – vielleicht auch mit seiner Kindheit. Zufriedenheit bedeutet für ihn einfach nur Langeweile. Er braucht Stress. Stress motiviert ihn – mich stresst Stress.

Herbert lässt alle Aufträge erst einmal liegen. Sie liegen auf seinem Schreibtisch, bis es zeitlich knapp wird. Dann muss alles plötzlich ganz schnell gehen. Herbert liebt gute Leistungen unter Zeitdruck.

Ich hasse Zeitdruck.

Ich gebe zu, ich kann das alles nicht sachlich schildern. Ich bin in dieser Sache leider gar nicht neutral. Denn: Herbert ist nicht nur ein Kollege, sondern auch mein Vorgesetzter. Wir sind abhängig voneinander. Und ich bin leider ein bisschen abhängiger als er.

	richtig	falsch
1 Frieda beschreibt Kollegen, die Stress mögen.	☒	○
2 Die Kollegen, die sie beschreibt, sind zuverlässig und zurückhaltend.	○	○
3 Herbert findet es langweilig, wenn alle zufrieden sind.	○	○
4 Er plant seine Aufgaben genau und nimmt sich dafür Zeit.	○	○
5 Frieda ist froh, dass sie mit Herbert über das Problem gesprochen hat.	○	○
6 Ihr Verhältnis zu Herbert ist auch deshalb schwierig, weil er ihr Chef ist.	○	○

b Lesen Sie die Sätze und vergleichen Sie mit dem Text in a. Ersetzen Sie die markierten Ausdrücke. Vergleichen Sie dann zu zweit.

1 Sie wollen nicht die Wahrheit sagen und nicht offen miteinander sprechen. (Z. 2)
2 Sie wollen nicht zuverlässig sein. (Z. 2/3)
3 Ich glaube, das hängt mit seinen persönlichen Eigenschaften zusammen. (Z. 5)
4 Ich kann das alles nicht sachlich erzählen. (Z. 11)
5 Ich bin in dieser Sache emotional. (Z. 11)
6 Wir brauchen uns gegenseitig. (Z. 12)

Sie wollen nicht ehrlich sein und nicht offen miteinander sprechen.

c Was finden Sie an dem Blogtext in a interessant? Markieren Sie. Erzählen Sie einer Freundin / einem Freund in einer Textnachricht von diesem Blogtext.

Ich habe heute einen Blogtext über Kollegen gelesen. Eine Frau erzählt ...

21 **Welche beiden Gradpartikeln bedeuten ungefähr dasselbe? Kreuzen Sie an.** → C3 Gradpartikeln

1 Mir gefallen meine Aufgaben ⊗ total ○ ziemlich ⊗ echt gut.
2 Ich bin in meinem Arbeitsbereich ○ super ○ voll ○ nicht so zufrieden.
3 Die Arbeitsatmosphäre ist ○ ziemlich ○ wirklich ○ besonders angenehm.
4 Ich habe kaum Probleme, obwohl ich ○ nicht so ○ gar nicht ○ nicht besonders viel Erfahrung in dem Job habe.
5 Ich kann mir ○ nicht so ○ überhaupt nicht ○ gar nicht vorstellen, den Job zu wechseln.

22 **Lesen Sie die Fragen und die Tipps. Was ist Ihre Meinung zu den Tipps? Ergänzen Sie die Gradpartikeln aus 21 in den Kommentaren. (Es gibt mehrere Möglichkeiten.)** → C3 Gradpartikeln

EURE MEINUNG

Probleme am Arbeitsplatz? Was sind eure Tipps?

Sofort zum Betriebsrat gehen und das Problem sachlich schildern.
Die Idee ist [1] ______ gut! – Ich finde das [2] ______ mutig. – Das ist doch [3] ______ anstrengend!

Nichts sagen ist das Beste.
Das finde ich [4] ______ doof! – Wirklich? Ich glaube, das ist [5] ______ falsch.

Das Problem laut auf dem Flur diskutieren.
Diesen Vorschlag finde ich [6] ______ cool! – Das ist [7] ______ geschickt!

Das geht so gar nicht: So schnell wie möglich kündigen!
Das finde ich [8] ______ richtig! – Diese Reaktion ist [9] ______ angemessen.
Ich finde das [10] ______ übertrieben!

23 **Lesen Sie die Textnachrichten. Ergänzen Sie.** → C3 Redemittel / Kommunikation

~~Das ist dein Problem!~~ | Das ist doch wirklich meine Sache. | Ich wusste überhaupt nicht, dass du ein Problem damit hast. | das tut mir echt leid.

1 Mir ist egal, dass es dir nicht gut geht. *Das ist dein Problem!*

2 Entschuldigung, ______

3 Was soll das? Das betrifft dich doch gar nicht! ______

4 Oh, das war mir nicht klar! ______

24 **Hören Sie das Gespräch und lesen Sie die Textnachricht. Antworten Sie Ihrer Kollegin.** → C3 Redemittel / Kommunikation / Mediation
353

Ich habe gehört, dass Carmen gestern ein Problem mit Matti hatte. Was war denn da los? LG Anni

25 **Wie kann man das auch sagen? Verbinden Sie.** → C3 Redemittel / Kommunikation

1 Wie wäre es denn, wenn ...
2 Das kommt für mich nicht infrage.
3 Oh, das tut mir echt leid.
4 Einverstanden!
5 Ich würde lieber ...

A Es wäre besser, wenn wir ...
B Wenn du einverstanden bist, könnten wir ...
C Okay, das machen wir.
D Ich finde, das ist keine so gute Idee.
E Entschuldigung.

26 | a **Ergänzen Sie.** → C3 Redemittel / Kommunikation

Vorschlag machen

1 W *i* *e* w *ä* *r* *e* e *s* d *e* *n* *n*,
wenn ich den Auftrag übernehme?

Vorschlag annehmen

2 E _ _ v _ _ s t _ _ d _ _!

Vorschlag ablehnen

3 D _ _ k _ _ _ t für mich
n _ _ _ t i _ f r _ _ _.

Gegenvorschlag machen

4 I _ _ w _ _ d _ l _ _ b _ _
den Termin verschieben.

b **Formulieren Sie die Sätze in a neu. Benutzen Sie dafür die Ausdrücke aus 25 (A–D).**

Wenn du einverstanden bist, könnte ich den Auftrag übernehmen.

(E) Mitarbeitergespräche

27 **Wie kann man die Sätze A–F auch sagen? Ergänzen Sie unten in der passenden Form.** → 1 Wortschatz

- ◆ Na, was gibt es für Neuigkeiten?
- ○ Ach, ich habe keine guten Nachrichten. Ich habe immer noch Probleme mit meinem Kollegen. Ich halte ihn nicht für zuverlässig. A
- ◆ Vielleicht könnt ihr euch mal verabreden, um in Ruhe miteinander zu reden?
- ○ Nein, das mache ich auf keinen Fall. B
- ◆ Warum denn nicht?
- ○ Er findet es doch gar nicht wichtig, was ich sage und denke! C
- ◆ Ich würde einfach versuchen, das Problem sachlich zu beschreiben. D
- ○ Er wird bestimmt wütend und aggressiv.
- ◆ Das glaube ich nicht. Versuch es noch einmal. Vielleicht gibt es gar keinen Anlass für deine Sorgen. E
- ○ Oder ich spreche nächste Woche mit der Chefin darüber. F

ernst nehmen | ein Gespräch führen | infrage kommen | umsonst Sorgen machen | schildern | ~~verlassen~~

A Ich kann mich einfach nicht auf ihn *verlassen*.
B Nein, das ………… überhaupt nicht ………….
C Er ………… mich doch gar nicht …………!
D Ich würde einfach versuchen, das Problem sachlich zu ………….
E Vielleicht ………… du dir ja ………….
F Oder ich ………… nächste Woche mit der Chefin ………… darüber.

Lernwortschatz

S. 120 | Mario Ruiz Pérez spricht mit seinem Vorgesetzten

Nomen

der Anlass, ¨-e ....

der Arbeitsbereich, -e ....

die Kritik (hier nur Sg.) ....

die Leistung, -en ....

das Lob (Sg.) ....

das Mitarbeitergespräch, -e ....

die Rückmeldung, -en ....

das Vertrauen (Sg.) ....

die Zufriedenheit, -en ....

Adjektive

bestimmt ....

gegenseitig ....

S. 121 | Ⓐ sich auf ein Mitarbeitergespräch vorbereiten

Nomen

der Erfolg, -e ....

das Personal (Sg.) ....

die Überstunde, -n ....

die Unzufriedenheit, -en ....

der Verbesserungsvorschlag, ¨-e ....

....

Adjektiv

aggressiv ....

S. 122 | Ⓑ über Arbeitsabläufe sprechen

Verben

aufnehmen, nahm auf, hat aufgenommen: eine Bestellung aufnehmen ....

....

ausstellen, stellte aus, hat ausgestellt, eine Quittung ausstellen ....

....

kassieren, kassierte, hat kassiert ....

....

S. 124 | Ⓒ ein Problem besprechen

Nomen

der Charakter, -e ....

der Gegenvorschlag, ¨-e ....

der Zeitdruck (Sg.) ....

Verben

infrage kommen, kam infrage, ist infrage gekommen ....

....

schildern, schilderte, hat geschildert ....

....

sich verlassen auf, verließ sich auf, hat sich auf ... verlassen ....

....

Adjektive

abhängig ....

ehrlich ....

neutral ....

S. 126 | Ⓔ Mitarbeitergespräche

Verb

ernst nehmen, nahm ernst, hat ernst genommen

....

weiteres Wort

umsonst ....

Lektion 15

1 **Bilden Sie Wörter mit *Betriebs-* und notieren Sie.** → 1 Wortschatz

~~ba~~ ~~ein~~ er fei lei lung rat ~~rung~~ samm ter ver ~~ver~~

Betriebsvereinbarung, ...

....

2 **Was passt? Verbinden Sie.** → 1 Wortschatz

1 das Vierteljahr — D
2 das Jahr
3 das Halbjahr
4 das Jahrzehnt
5 das Quartal

A drei Monate
B zehn Jahre
C zwölf Monate
D drei Monate
E sechs Monate

3 **Ergänzen Sie.** → 1 Wortschatz

Anwesenheit Aufforderung ~~Betriebsrat~~ Betriebsversammlung Tagesordnung Themen

◆ Habt ihr auch die E-Mail vom 1 *Betriebsrat* bekommen? Nächste Woche findet wieder eine 2 .... statt. Geht ihr hin?
○ Ach, ich weiß nicht ... Die 3 ...., die auf der 4 .... stehen, finde ich wirklich nicht spannend.
▲ Darum geht es ja auch gar nicht. Wenn du etwas Spannendes sehen willst, kannst du ja ins Kino gehen. Ich finde unsere 5 .... bei der Versammlung total wichtig!
◆ Ich auch. Und ich habe die E-Mail als 6 .... verstanden, unbedingt teilzunehmen. Es waren schon beim letzten Mal so wenige Kollegen da. Also, ich gehe auf jeden Fall hin.

A eine formelle E-Mail schreiben

4 **Ergänzen Sie.** → A1 Wortschatz

1 sich versammeln	*die Versammlung*
2 auffordern	....
3 wählen	....
4	die Formulierung
5	die Mitbestimmung
6 entscheiden	....
7 eröffnen	....

5 **Verbinden Sie.** → A1 Wortschatz

1 die Versammlung — D
2 den Betriebsrat
3 viele Rechte
4 die Interessen der Mitarbeiter
5 den Alltag im Betrieb

A haben
B wählen
C mitbestimmen
D eröffnen
E vertreten

6 **Welche Situation ist eher formell, welche informell? Kreuzen Sie an. Vergleichen Sie dann zu zweit: Wie ist das in Firmen, die Sie kennen?** → A2 Sprechen / Register

	eher formell	eher informell
1 Sie führen mit Ihrer Chefin ein Mitarbeitergespräch.	☒	○
2 Sie melden sich per E-Mail für eine Fortbildung an.	○	○
3 Sie halten mit einem Kollegen Small Talk am Kaffeeautomaten.	○	○
4 Sie fragen eine Kollegin schnell per E-Mail, ob sie die Mittagspause mit Ihnen verbringen will.	○	○
5 Sie schreiben einem Lieferanten eine Rechnung.	○	○
6 Ein guter Freund von Ihnen bietet Fortbildungen zum Thema *Buchführung* an. Sie wollen teilnehmen und schreiben ihm eine E-Mail.	○	○
7 Sie sind zu einem Vorstellungsgespräch eingeladen.	○	○

Tipp: Mitarbeitergespräch
Ein Mitarbeitergespräch ist eine formelle Gesprächssituation. Es ist aber auch möglich, dass man in so einem Gespräch ganz locker spricht – zum Beispiel wenn man seine Chefin schon lange kennt und ein gutes Verhältnis zu ihr hat.

7 | a **Sortieren Sie.** → A2 Redemittel

~~Bis bald~~ | ~~Bitte bestätigen Sie die Anmeldung.~~ | Hallo ... | Hiermit melde ich mich für ... an. | Ich möchte mich verbindlich für ... anmelden. | Ist noch Platz im Kurs ...? | Kann ich kurzfristig noch teilnehmen? | Liebe Grüße | Liebe(r) ... | Mit freundlichen Grüßen | Sag bitte Bescheid, ob es klappt. | Sehr geehrte/r Herr/Frau ... | Vielen Dank und freundliche Grüße

1 Anrede: ______________________
2 Hauptteil: *Bitte bestätigen Sie die Anmeldung*
____
____
3 Schluss: *Bis bald,*
____

b **Was ist eher formell, was eher informell? Markieren Sie in a.**

8 **Schreiben Sie mit den Ausdrücken in 7 a zwei E-Mails.** → A2 Schreiben / Redemittel

1 Sie melden sich per E-Mail für eine Fortbildung an. (formell)
2 Ein guter Freund von Ihnen bietet Fortbildungen zum Thema *Buchführung* an. Sie wollen teilnehmen und schreiben ihm eine E-Mail. (informell)

B sich in einer Besprechung äußern

9 **Welche Bedeutung haben die Sätze? Lesen Sie und kreuzen Sie an.** → B1 Futur I

	Vermutung / Vorhersage	Befehl / Drohung
1 Es wird morgen nicht regnen.	☒	○
2 Die Feier wird ein Erfolg werden.	○	○
3 Sie werden mir morgen Ihre Entscheidung mitteilen.	○	○
4 Du wirst dich bei ihr entschuldigen.	○	○
5 Wir werden es nicht rechtzeitig zum Termin schaffen.	○	○
6 Der Chef wird bald Bescheid geben.	○	○

10 **Schreiben Sie Sätze im Futur I.** → B1 Futur I als Befehl / Drohung

1 Bleiben Sie in Zukunft zu Hause, wenn Sie krank sind!
Sie werden in Zukunft zu Hause bleiben, wenn Sie krank sind!

2 Benachrichtigen Sie mich sofort, wenn das Gerät kaputt ist!

3 Lassen Sie ab sofort alle Firmendokumente im Büro!

4 Geben Sie Ihren Urlaubsantrag beim nächsten Mal früher ab!

5 Sprechen Sie sich in Zukunft besser mit Ihren Kollegen ab!

11 **Die Chefin fährt auf eine Dienstreise. Vor der Abreise sagt sie, wer was im Büro machen soll. Sammeln Sie. Schreiben Sie dann Sätze im Futur I.** → B1 Futur I als Befehl / Drohung

- Telefondienst machen
- die Post bearbeiten
...

Herr Meyer wird Telefondienst machen. Frau Demirci wird die Post bearbeiten.

12 **Welches Verb passt? Verbinden Sie.** → B2 Wortschatz

1 einen Vorschlag — C
2 eine Idee gut finden und ihr
3 mit dem Dienstplan
4 an der Dienstbesprechung
5 sich auf einen Kompromiss
6 eine Lösung

A teilnehmen
B einigen
C akzeptieren
D aushandeln
E einverstanden sein
F zustimmen

13 | a **Wozu verwendet man diese Redemittel? Ordnen Sie zu. Vergleichen Sie Ihre Lösungen dann zu zweit.** → B2 Redemittel

1 D Ich hätte folgenden Vorschlag: ...
2 ..... Das halte ich für keine gute Idee!
3 ..... Wie wäre es, wenn ...?
4 ..... Das sehe ich ganz genauso.
5 ..... Ein Kompromiss könnte sein, dass ...
6 ..... Ich denke, dass ...
7 ..... Ich bin ganz deiner/Ihrer Meinung.
8 ..... Da muss ich widersprechen.
9 ..... Eine gute Lösung wäre vielleicht, ...
10 ..... Meiner Meinung/Ansicht nach ...
11 ..... Wir könnten uns auf ... einigen.

A die Meinung sagen
B einer Meinung zustimmen
C einer Meinung widersprechen
D eine Lösung suchen

b **Lesen Sie und formulieren Sie Antworten mit den Ausdrücken in a.**

1 Auf der Dienstberatung werden die Aufgaben für die kommende Woche verteilt. Frau Köhler beschwert sich: Sie soll zwei Kollegen gleichzeitig vertreten, die Urlaub machen. Sie sagt, dass das zu viel Arbeit für eine Person ist. Sie stimmen ihr zu.
Das sehe ich ganz genauso. Eine Person kann nicht zwei Kollegen vertreten.

2 Alle Mitarbeiter Ihrer Firma sollen an einer Umfrage teilnehmen: Die Geschäftsleitung möchte wissen, ob sich die Mitarbeiter Betriebssport wünschen oder nicht. Sie sagen in der Umfrage Ihre Meinung dazu.

3 Ein Kollege in Ihrem Büro möchte immer bei offenem Fenster arbeiten. Die anderen Kollegen frieren dann aber. Sie versuchen, das Problem zu lösen.

4 Ihr Kollege möchte kündigen, obwohl er noch keinen neuen Job hat. Er glaubt, dass er schnell eine neue Stelle findet. Sie finden das nicht gut.

c **Hören Sie und antworten Sie.**

354

14 | a **Wie ist ein Protokoll aufgebaut? Bringen Sie die Punkte in die richtige Reihenfolge.** → B3 Schreiben

A ____ das Datum der nächsten Besprechung
B *1* die Überschrift „Protokoll" und die Art der Besprechung
C ____ der Name der Person, die das Protokoll geschrieben hat
D ____ die Tagesordnung: die Überschriften zu den Tagesordnungspunkten und die Entscheidungen dazu
E ____ das Datum, die Uhrzeit und der Ort der Besprechung
F ____ die Namen der Personen, die teilgenommen haben

b **An welchen Stellen stehen die Punkte in a ungefähr? Ergänzen Sie die Buchstaben.**

15 | a Protokoll der Dienstbesprechung – Welcher Text passt zu welcher Überschrift? Lesen Sie und notieren Sie die Buchstaben. Zu einem Text gibt es keine Überschrift. → B3 Lesen

Tagesordnung Dienstbesprechung

Hallo! Hier ist die Tagesordnung:

		Text
TOP 1	Einarbeitung neue Kollegin	D
TOP 2	Wiedereinstieg Herr Jahn	.....
TOP 3	Einführung neue Software	.....
TOP 4	Interne Weiterbildungsangebote	.....
TOP 5	Kaffeekasse	.....

Viele Grüße
Heike

A Auf den Rechnern L14, L15 und L16 im Dienstraum L1 wurde ein neues Programm für die Patientendokumentation installiert. Alle Dokumentationen werden in der Testphase sowohl mit dem alten als auch mit dem neuen Programm verfasst. Eine Anleitung zum neuen Programm gibt es im Intranet. Danach wird entschieden, mit welchem Programm wir in Zukunft arbeiten werden.

B Die Mitarbeiter haben entschieden, was mit dem Geld aus der Kaffeekasse (Spardose am Empfang) passieren soll. Vorgeschlagen wurden ein Restaurantbesuch, ein Ausflug und die Verteilung des Geldes. Die Mehrheit stimmte für den Restaurantbesuch (Termin wird noch bekannt gegeben).

C Am Montag (12.3.) ist der erste Arbeitstag von Christer Jahn nach seiner Elternzeit. Seine Vertretung, Frau Demmel, wird noch bis zum 31.3. bei uns arbeiten. Sie wird Herrn Jahn wieder einarbeiten und auf den aktuellen Stand bringen. Am 31.3. endet der Arbeitsvertrag von Frau Demmel.

D Am nächsten Mittwoch (14.3.) ist der erste Arbeitstag von Frau Tatjana Benjukova. Ihre Einweisung übernimmt Herr Pers. Danach wird Frau Reza die Kollegin eine Woche lang einarbeiten.

E Unser Betriebsausflug findet am 20.9. statt. Er führt uns nach Wittenberg. Dort besuchen wir unter anderem die Schlosskirche. Kosten (Zugfahrt, Eintritt): 10 Euro. Das Geld aus der Kaffeekasse kann dafür verwendet werden, wenn gewünscht. Den Rest der Kosten trägt die Geschäftsführung.

F Die Geschäftsleitung erinnert noch einmal an unsere In-House-Fortbildungen. Sie haben die Möglichkeit, sich bei unseren IT-Experten für Schulungen zu verschiedener Software anzumelden. Neu: Für die neue Dokumentationssoftware bietet Herr Sey Fortbildungen an (Anmeldung per Mail).

b Welcher Text passt zu keinem Punkt auf der Tagesordnung? Notieren Sie einen Tagesordnungspunkt.

Text ..... : ....

c Richtig oder falsch? Lesen Sie noch einmal und kreuzen Sie an.

		richtig	falsch
1	Das ist das Protokoll einer Dienstbesprechung.	☒	○
2	Für die Einweisung von Frau Benjukova ist Herr Jahn verantwortlich.	○	○
3	Wie die neue Software funktioniert, kann man im Intranet nachlesen.	○	○
4	In der Dienstbesprechung wurde beschlossen, dass man für das Geld aus der Kaffeekasse essen gehen wird.	○	○
5	Herr Sey wird allen Mitarbeitern Informationen zu Fortbildungen per E-Mail zusenden.	○	○
6	Frau Demmel wird Ende März mit dem Arbeiten aufhören.	○	○
7	Der Betriebsausflug findet im Frühling statt.	○	○
8	Die Leitung der Firma unterstützt den Betriebsausflug finanziell.	○	○

C eine Kündigung verstehen

16 **Gründe für Kündigungen durch den Arbeitgeber. Notieren Sie den passenden Buchstaben.** → C2 Wortschatz

1 ______ betriebsbedingte Kündigung
2 ______ verhaltensbedingte Kündigung
3 ______ personenbedingte Kündigung

A Kündigung, weil der Arbeitnehmer / die Arbeitnehmerin oft zu spät kommt, nicht oder zu langsam arbeitet, andere Personen beleidigt oder angreift

B Kündigung, weil der Arbeitnehmer / die Arbeitnehmerin sehr lange krank ist, persönlich oder fachlich für die Arbeit nicht geeignet ist, keine Arbeitserlaubnis hat oder ins Gefängnis muss

C Kündigung, weil es dem Betrieb wirtschaftlich nicht gut geht, ein Teil der Firma schließen muss, die Stelle des Arbeitnehmers / der Arbeitnehmerin deshalb wegfällt und keine andere freie Stelle für diese Person vorhanden ist

17 **Welches Verb passt? Ergänzen Sie in der passenden Form.** → C2 Wortschatz

aushändigen | entlassen | entwickeln | festlegen | ~~regeln~~

1 Die Kündigungsfristen werden durch Gesetze geregelt.
2 Ein Mitarbeiter kann aus verschiedenen Gründen ______ werden.
3 Frau Yilmaz von der Personalabteilung wird Ihnen Ihr Arbeitszeugnis ______.
4 Die Geschäftszahlen ______ sich seit dem dritten Quartal sehr negativ.
5 Die Geschäftsleitung hat noch nicht ______, welche Abteilung geschlossen wird.

18 **Was passt zusammen? Verbinden Sie.** → C2 Wortschatz

1 die schlechte wirtschaftliche — A Umsatz
2 die gesetzliche — B Zuspätkommen
3 die ordentliche und fristgerechte — C Situation
4 das häufige — D Kündigungsfrist
5 der sinkende — E Kündigung

19 **Finden Sie noch sechs Wörter und ergänzen Sie.** → C2 Wortschatz

ARTAPSCHUTZRERWYRBEWEISASCUTRDROGENKOPJUTGUDIEBSTAHLVUTGPOERT

RBEDINGUNGBYSAPOLLGRUNDWASERETTREALKOHOLSUCHTHAGT

1 Wann darf ein Arbeitgeber kündigen?
Zum Schutz der Arbeitnehmer darf ein Arbeitgeber nur kündigen, wenn er einen ______ hat.

2 Und was ist ein Kündigungsgrund?
Ein Kündigungsgrund ist zum Beispiel, wenn der Mitarbeiter an ______ leidet, einen ______ begeht oder ______ nimmt.

3 Kann der Arbeitgeber denn dann einfach kündigen?
______ für die Kündigung ist, dass der Arbeitgeber einen ______ für seine Behauptungen hat.

20 | a **Ergänzen Sie.** → C2 Verben mit Präpositionen

an | auf | auf | für | ~~über~~ | über | über | zu

1 Sprechen Sie gern *über* wirtschaftliche Themen?
2 Interessieren Sie sich ____ neue Entwicklungen in Ihrem Beruf?
3 Ärgern Sie sich oft ____ Ihre Vorgesetzten?
4 Achten Sie sehr ____ Pünktlichkeit?
5 Nehmen Sie ____ Betriebsversammlungen teil?
6 Warten Sie ____ eine Gehaltserhöhung?
7 Passen Sie gut ____ Ihrer Firma?
8 Beschweren Sie sich manchmal ____ Kollegen?

b **Beantworten Sie die Fragen aus a. Schicken Sie dann eine Textnachricht mit Ihren Antworten an eine andere Person im Kurs.**

Frage 1: Nein. Ich spreche lieber über Politik.

21 | a **Was ist richtig? Kreuzen Sie an.** → C2 Verben mit Präpositionen

1 Ich habe mich schon mal über ☒ die ○ der Kollegin beschwert.
2 Ich interessiere mich sehr für ○ dem ○ das Thema.
3 Ich kann wieder nicht an ○ die ○ der Veranstaltung teilnehmen.
4 Du passt wirklich sehr gut zu ○ der ○ die Firma.
5 Viele Leute sprechen nicht gern über ○ die ○ — Dinge wie Geld und Macht.
6 Letzte Woche habe ich mich sehr über ○ dem ○ den Kollegen geärgert.
7 Ich warte schon seit einer Woche auf ○ die ○ der Antwort.

b **Ergänzen Sie Präposition und Artikelwort.** → C2 Relativsätze mit Präposition

1 Das ist die Kollegin, *über die* ich mich schon mal beschwert habe.
2 Das ist ein Thema, ____ ich mich sehr interessiere.
3 Das ist eine Versammlung, ____ ich gern teilnehme.
4 Das ist eine Firma, ____ ich gut passe.
5 Das sind Dinge, ____ ich nicht gern spreche.
6 Das ist der Kollege, ____ ich mich manchmal ärgere.
7 Das ist eine Gelegenheit, ____ ich schon lange warte.

22 **Verbinden Sie die Sätze.** → C2 Relativsätze mit Präposition

1 Ich teile mein Büro mit einem Kollegen. Ich verstehe mich gut mit ihm.
Ich teile mein Büro mit einem Kollegen, mit dem ich mich gut verstehe.

2 Ich habe einen Freund. Ich kann mit ihm über alles reden.

3 Seit Kurzem habe ich eine neue Nachbarin. Ich wundere mich sehr über sie.

4 Gestern hatte ich die Prüfung. Ich habe mich seit Monaten auf sie vorbereitet.

5 Nächste Woche läuft der Film im Kino. Ich möchte dich dazu einladen.

(E) Die Gehaltsabrechnung

23 | a Lesen Sie und ergänzen Sie die Fragen. → 2 Lesen / Mediation

Was ist der Unterschied zwischen Bruttogehalt und Nettogehalt? ~~Was ist eigentlich ein Gehalt?~~
Was sind Sozialabgaben? Sollte man die Gehaltsabrechnungen aufbewahren?

SPAREN INVESTIEREN INFORMATIONEN TIPPS

RUND UMS GELD

DAS GEHALT

Wir bekommen immer wieder Fragen zu den Themen Gehalt *und* Gehaltsabrechnung. *Deshalb haben wir unserer Expertin Frau Cornelia Rütters die wichtigsten Fragen gestellt und ihre Antworten für Sie zusammengefasst.*

Finanzexpertin und Coach Cornelia Rütters

1 Was ist eigentlich ein Gehalt?

Als Gehalt bezeichnet man das Geld, das Angestellte von ihrem Arbeitgeber bekommen. Sie bekommen es deshalb, weil sie für den Arbeitgeber regelmäßig eine Arbeitsleistung erbringen. Die jeweiligen Bedingungen sind im Arbeitsvertrag festgelegt.

2 ……………………………………

Das Gehalt, das man vom Arbeitgeber bekommt, wird zuerst immer in Brutto angegeben, zum Beispiel im Arbeitsvertrag. Brutto meint das gesamte Geld ohne Abzüge. Auf das Konto bekommt man aber nicht das Bruttogehalt, sondern „nur" das Nettogehalt. Das Nettogehalt ist das, was vom Bruttogehalt übrig ist, wenn zum Beispiel die Lohnsteuer und die Sozialabgaben abgezogen wurden.

3 ……………………………………

Unser Sozialversicherungssystem schützt Menschen vor sozialer Not. Sozialabgaben werden zur Finanzierung dieses Sozialversicherungssystems verwendet. Es sind Beiträge, die alle Arbeitnehmer automatisch von ihrem Bruttogehalt für die Sozialversicherungen zahlen. Insgesamt gibt es fünf Sozialversicherungen: die Kranken-, die Pflege-, die Renten-, die Arbeitslosen- und die Unfallversicherung (die aber anders finanziert wird). Eine Auflistung aller Abzüge für Steuern und Sozialversicherungen findet man auf der Gehaltsabrechnung.

4 ……………………………………

Ja, es ist wichtig, die Gehaltsabrechnungen immer gut aufzuheben. Man braucht sie zum Beispiel, wenn man nachweisen muss, wie viel man verdient. Dort findet man auch andere wichtige Informationen, zum Beispiel ob der Arbeitnehmer Zuschläge für Wochenend- oder Feiertagsarbeit erhalten hat.

b Was ist richtig? Kreuzen Sie an.

1 ☒ Das Bruttogehalt ist immer höher als das Nettogehalt.
2 ○ Vom Nettogehalt werden zum Beispiel Steuern abgezogen.
3 ○ Jeder Arbeitnehmer zahlt Kranken-, Pflege-, Renten- und Arbeitslosenversicherungsbeiträge.
4 ○ Die Gehaltsabrechnung ist ein wichtiges Dokument, auf das man gut aufpassen muss.

c Lesen Sie die Nachricht. Markieren Sie die wichtigsten Informationen im Text in 23a. Schreiben Sie dann eine Antwort.

Hallo! Du, ich glaube, du kennst dich beim Thema *Gehalt* gut aus … Was muss ich da unbedingt wissen?

24 | a Hören Sie und sprechen Sie nach. → Phonetik

355

b Hören Sie noch einmal und ergänzen Sie *ä* oder *e*.

355

n_e_hmen   r……tten   ……hnlich   B……tt   f……hlen   M……ter

……pfel   S…… ……   K……se   R……tsel   s……gen   w……gen

25 | a In welchem Wort hören Sie ein *Ü*? Kreuzen Sie an.

356

1 ○   2 ○   3 ○   4 ○   5 ○   6 ○
7 ○   8 ○   9 ○   10 ○   11 ○   12 ○

b Hören Sie noch einmal und sprechen Sie nach.

356

Lernwortschatz

S. 128 | Mayari Villarama nimmt an einer Betriebsversammlung teil

Nomen

die Anwesenheit (Sg.) ……
die Aufforderung, -en ……
der Betriebsrat, ¨-e ……
die Betriebsversammlung, -en ……
das Quartal, -e ……
die Tagesordnung, -en ……

S. 129 | A eine formelle E-Mail schreiben

Nomen

die Wahl, -en ……

Verben

formulieren, formulierte, hat formuliert ……
mitbestimmen, bestimmte mit, hat mitbestimmt ……

Adjektive

formell ……
verbindlich ……

S. 130 | B sich in einer Besprechung äußern

Nomen

die Anleitung, -en ……
die Besprechung, -en ……
die Dienstbesprechung, -en ……
die Einweisung, -en ……
das Protokoll, -e ……
der Vorschlag, ¨-e ……

Verben

akzeptieren, akzeptierte, hat akzeptiert ……
aushandeln, handelte aus, hat ausgehandelt ……
beschließen, beschloss, hat beschlossen ……
sich einigen auf, einigte sich auf, hat sich auf … geeinigt ……
halten für, hielt für, hat für … gehalten ……
sehen, sah, hat gesehen: etwas genauso/anders sehen ……
zustimmen, stimmt zu, hat zugestimmt ……
zusenden, sendete zu, hat zugesendet ……

Adjektiv

einverstanden ……

S. 132 | C eine Kündigung verstehen

die Alkoholsucht (Sg.) ……
die Bedingung, -en ……

der Beweis, -e
der Diebstahl, ¨e
die Droge, -n
der Grund, ¨e
die Kündigungsfrist, -en
der Schutz (Sg.)
die Situation, -en
der Umsatz, ¨e
das Zuspätkommen (Sg.)

Verben
aushändigen, händigte aus, hat ausgehändigt
entlassen, entließ, hat entlassen
entwickeln, entwickelte, hat entwickelt
festlegen, legte fest, hat festgelegt
regeln, regelte, hat geregelt

Adjektive
betriebsbedingt
fristgerecht
gesetzlich
häufig
ordentlich
personenbedingt
verhaltensbedingt
wirtschaftlich

S. 134 | Ⓔ Die Gehaltsabrechnung

Nomen
die Gehaltsabrechnung, -en
der Arbeitslosenversicherungsbeitrag, ¨e
der Bruttolohn, ¨e
der Krankenversicherungsbeitrag, ¨e
der Nettolohn, ¨e
der Pflegeversicherungsbeitrag, ¨e
der Rentenversicherungsbeitrag, ¨e
der Wochenendzuschlag, ¨e

Verb
verwenden, verwendete, hat verwendet

Tipp: Wörternetze
Sammeln Sie in einem besonderen Heft oder Ordner Wörternetze. Notieren Sie Wörter, die zusammenpassen, in einem Wörternetz. Manche Wörter können auch in mehreren Netzen auftauchen. Wenn Sie ein neues Wort lernen, ergänzen Sie es in allen Netzen, zu denen es passt. So können Sie Ihren Wortschatz immer wieder einmal thematisch wiederholen.

Lektion 16

1 **Lesen Sie den Post. Die markierten Wörter stehen an der falschen Stelle. Korrigieren Sie.** → 1 Wortschatz

DJ TOM
Ich habe eine neue [1] Verpackung! Ich habe lange nach einem richtig guten [2] Verpackungsmaterial gesucht. Gestern kam das Gerät per Post – in einer großen [3] Anlage. Ich überlege, ob ich das [4] Produkt wegschmeißen kann. Oder soll ich es behalten, falls ich das Gerät umtauschen muss?

1 Anlage
2 ....
3 ....
4 ....

2 **Wie kann man das auch sagen? Schreiben Sie die Verben richtig.** → 1 Wortschatz

1 eine neue Anlage testen = eine neue Anlage ausprobieren (proausrenbie)
2 Strom sparen = wenig Strom .... (brauverchen)
3 das Modell eines anderen Herstellers nehmen = den Hersteller .... (selnwech)
4 ein neues Produkt verwenden = ein neues Produkt .... (zennut)

3 **Was passt? Markieren Sie.** → 1 Wortschatz

1 ◆ Wie viele Stunden arbeitest du täglich?
○ Ich arbeite 4 Stunden pro Tag. | am Tag. | innerhalb des Tages.

2 ◆ Wie hoch ist dein Stundenlohn?
○ Ich verdiene 10 Euro außerhalb einer Stunde. | in der Stunde. | pro Stunde.

3 ◆ Wie viel Urlaubstage hast du?
○ Ich habe 21 Urlaubstage im Jahr. | pro Jahr. | für ein Jahr.

A über die Funktionen von Geräten sprechen

4 **Was passt zusammen? Verbinden Sie.** → A2 Wortschatz

1 die Software regelmäßig	A aufladen
2 das Gerät in Betrieb	B aktualisieren
3 den Akku vollständig	C verschicken
4 das Gerät nach dem Betrieb	D navigieren
5 mit dem Smartphone im Verkehr	E ausstecken
6 Kurznachrichten und Fotos	F nehmen

5 🔊 357 **Sie hören vier Gespräche. Zu jedem Gespräch gibt es zwei Aufgaben. Ist die Aussage richtig oder falsch und welche Antwort (a oder b) passt am besten? Hören Sie die Gespräche einmal und kreuzen Sie an.** → A2 Prüfung: Hören Teil 1

Gespräch 1

1 Paul erklärt, wie die Kaffeemaschine funktioniert. ○ richtig / ○ falsch
2 Verenas Kollege
ⓐ macht seine Arbeit nicht gut.
ⓑ übernimmt einfach ihre Aufgaben.

Gespräch 2

3 Zwei Kollegen streiten sich. ○ richtig / ○ falsch
4 Hanno
ⓐ will endlich die neue Maschine benutzen.
ⓑ trifft Tina nach der Arbeit.

Gespräch 3

5 Frau Sirim spricht mit ihrem Vorgesetzten über Notizen zu Arbeitsstunden. ○ richtig / ○ falsch

6 Frau Sirim
ⓐ möchte, dass der Vorgesetzte sie unterstützt.
ⓑ soll eine E-Mail an alle Kollegen schicken.

Gespräch 4

7 Pola sucht nach einer Geschenkidee. ○ richtig / ○ falsch

8 Lena
ⓐ kennt ein Geschäft mit schönen Kindersachen.
ⓑ gibt Pola Geld für den Gutschein.

6 **Passiert das, was markiert ist, *vorher*, *nachher* oder *gleichzeitig*? Kreuzen Sie an.**

→ A2 Zeitangaben: *bevor, nachdem* und *während*

	vorher	nachher	gleichzeitig
1 Nachdem ich die Kundin begrüßt hatte, habe ich nach ihren Wünschen gefragt.	○	⊗	○
2 Bevor sich die Kundin für ein Produkt entschieden hat, habe ich sie ausführlich beraten.	○	○	○
3 Nachdem ich ihr unser bestes Gerät gezeigt hatte, wollte sie kein anderes Modell mehr sehen.	○	○	○
4 Bevor ich den Preis genannt habe, habe ich ihr alle Vorteile des Modells genau beschrieben.	○	○	○
5 Während ich die Kundin beraten habe, sind andere Kunden in den Laden gekommen.	○	○	○
6 Während die Kundin das Modell ausprobiert hat, habe ich die anderen Kunden nach ihren Wünschen gefragt.	○	○	○

7 | a **Lesen Sie die Tipps. Was passiert zuerst? Markieren Sie.**

→ A2 Zeitangaben: *bevor, nachdem* und *während*

1 Aktualisieren Sie die Software. Installieren Sie die Software vollständig.
2 Navigieren Sie einfach mit dem Smartphone. Laden Sie die neusten Karten herunter.
3 Schalten Sie das Gerät aus. Wechseln Sie den Akku.
4 Öffnen Sie das Gerät. Stecken Sie das Gerät aus.
5 Verpacken Sie das Gerät sicher. Schicken Sie das Gerät an den Hersteller zurück.
6 Legen Sie den Lieferschein in das Paket. Kleben Sie das Paket zu.

b **Verbinden Sie die Sätze aus a – einmal mit *bevor*, einmal mit *nachdem*.**

→ A2 Zeitangaben: *bevor, nachdem* und *während*

Installieren Sie die Software vollständig, bevor Sie sie aktualisieren.
Aktualisieren Sie die Software, nachdem Sie sie vollständig installiert haben.

c **Lesen Sie die Nachricht Ihrer Kollegin / Ihres Kollegen. Suchen Sie passende Tipps in a. Schreiben Sie dann eine Antwort.**

→ A2 Mediation

Ich soll den Akku von der Bohrmaschine wechseln.
Was muss ich dabei beachten? Hast du Tipps?

8 **Was sollte man nicht gleichzeitig machen, weil das gefährlich ist? Verbinden Sie Sätze mit *während* und formulieren Sie Tipps.**

→ A2 Zeitangaben: *während*

1 duschen und telefonieren
2 Auto fahren und Textnachrichten schreiben
3 joggen und Videos anschauen
4 telefonieren und kochen
5 Fahrrad fahren und laut Musik hören
6 …

Während man duscht, sollte man nicht telefonieren.

9 **Lesen Sie die Bedienungshinweise. Ergänzen Sie.** → A2 Zeitangaben: *bevor, nachdem* und *während*

bevor nachdem während

1 ______ man den Akku laden kann, muss man ihn in das Gerät einsetzen.
2 ______ man den Akku einsetzt, darf das Gerät nicht eingesteckt sein.
3 ______ der Akku vollständig geladen ist, kann man das Gerät benutzen.

10 **Ergänzen Sie. (Nicht alles passt.)** → A3 Wortschatz

aktualisieren ~~aufnehmen~~ ausstecken auswählen herunterladen tippen verschicken

1 eine Sprachnachricht oder ein Video *aufnehmen*
2 eine App oder eine Datei ______
3 ein Video oder ein Dokument ______
4 auf den Bildschirm oder eine Taste ______
5 eine Nachricht oder ein Foto ______

B Vorgänge beschreiben

11 | a **Schreiben Sie die Wörter richtig.** → B1 Wortschatz / Mediation

A ____ die *Rechnung* (nungRech) prüfen und bezahlen
B ____ den ______ (tonKar) öffnen
C ____ ______ (maBürialrote) aussuchen
D ____ die ______ (reWa) bestellen
E ____ den ______ (scheinferLie) prüfen

b **Bringen Sie die Aufgaben in a in eine zeitliche Reihenfolge (1–5).**

c **Schreiben Sie eine Textnachricht an Ihre Kollegin / Ihren Kollegen und beschreiben Sie den Vorgang in a/b.**

> Könntest du bitte Büromaterial bestellen?
> Das geht so. Zuerst …

12 **Wie kann man das auch sagen? Ergänzen Sie.** → B1 Wortschatz

1 Die Ware ist pünktlich gekommen. = Die Ware wurde f r *i* *s* *t* g *e* r *e* c h *t* geliefert.
2 Die Rechnung ist okay. = Die Rechnung ist i _ O _ d n _ _ _.
3 Die Ware ist kaputt. = Die Ware ist b e _ _ _ ä d _ _ t.
4 Es fehlt nichts. = Die Lieferung ist v _ _ _ s t _ _ d i g.

13 **Ergänzen Sie in der passenden Form.** → B1 Wiederholung: Passiv

1 ◆ Wann *wird* die neue Software *installiert*? (installieren)
○ Morgen! Ich mache das zusammen mit einem Kollegen.

2 ◆ Hoffentlich ______ die Ware fristgerecht ______. (liefern)
○ Natürlich. Ich kümmere mich persönlich darum!

3 ◆ Seit wann ______ die Dienstpläne denn schon am Donnerstag ______? (aktualisieren)
○ Seitdem ich diese Aufgabe übernommen habe.

4 ◆ Wie oft .... die Akkus ....? (wechseln)
○ Ungefähr zweimal pro Monat! Eine Kollegin übernimmt das.

5 ◆ Wie viel Papier .... hier in einer Woche ....? (verbrauchen)
○ Ziemlich viel. Aber wir versuchen alle, Papier zu sparen.

6 ◆ Wie .... dieses Formular ....? (ausfüllen)
○ Warte, ich helfe dir!

14 | a **Lesen Sie den Aushang. Welcher Ausdruck passt am besten in die Lücken 1 bis 10. Was ist richtig: a, b oder c? Kreuzen Sie an.**

→ B2 Lesen / Sprachbausteine

Wichtige Informationen für alle Mitarbeiterinnen und Mitarbeiter

Seien Sie nett zu Ihren Kollegen und Kolleginnen – und zu sich selbst. Hinterlassen Sie bitte (1) Arbeitsplatz genauso ordentlich, wie Sie ihn vorgefunden haben. Jeder Arbeitsplatz muss abends aufgeräumt werden. Wer dafür keine Zeit hat, muss (2) nächsten Tag Kuchen mitbringen!

Auch wenn Sie glauben, dass Sie schon alles wissen: Lesen Sie (3) die Sicherheitshinweise, bevor Sie ein (4) Gerät in Betrieb nehmen. So können Gefahren und Risiken vermieden werden. Bei Fragen wenden Sie sich bitte an Herrn Schulze (Abteilung A). Er (5) Ihnen bei Bedarf die Funktionen der Geräte. Herr Schulz ist für alle Geräte zuständig – außer für PCs und Laptops. (6) Sie dazu Fragen haben, kontaktieren Sie die PC-Spezialistin, Frau Dittrich (Abteilung C).

Eigeninitiative wird (7) gewünscht, aber bitte installieren Sie nicht selbstständig neue Software auf den Computern. Neue Programme dürfen nur von unserer PC-Spezialistin installiert werden.

Helfen Sie (8), Strom zu sparen! Schalten Sie alle (9) Geräte aus, (10) Sie abends den Raum verlassen. Eine Ausnahme gibt es allerdings: Die Kühlanlage darf nie ausgeschaltet werden. Sie muss Tag und Nacht laufen.

1 ⓐ Ihre ☒ Ihren ⓒ Ihr
2 ⓐ am ⓑ an den ⓒ an der
3 ⓐ ausführlich ⓑ auf jeden Fall ⓒ betriebsbedingt
4 ⓐ neuer ⓑ neuen ⓒ neues
5 ⓐ erklärt ⓑ erklären ⓒ erkläre
6 ⓐ Obwohl ⓑ Falls ⓒ Als
7 ⓐ nicht nur ⓑ zwar ⓒ weder
8 ⓐ ihr ⓑ euch ⓒ uns
9 ⓐ elektrischen ⓑ elektrische ⓒ elektrisches
10 ⓐ nachdem ⓑ während ⓒ bevor

b **Unterstreichen Sie in a das Passiv Präsens mit Modalverben. Ergänzen Sie die Tabelle.**

→ B2 Passiv Präsens mit Modalverben

		Modalverb		Partizip II + Infinitiv von werden
1	Jeder Arbeitsplatz		abends	
2	So		Gefahren und Risiken	
3	Neue Programme		nur von unserer PC-Spezialistin	
4	Die Kühlanlage		nie	

15 Schreiben Sie die Regeln für Ihre Kolleginnen und Kollegen im Passiv Präsens mit Modalverben.

→ B2 Passiv Präsens mit Modalverben

1. Bitte die Kaffeemaschine nicht ausschalten!
2. Bitte die Tassen spülen!
3. Bitte unbedingt den Müll trennen!
4. Bitte den Kuchen essen!
5. Bitte die leeren Kartons nicht wegwerfen!
6. Bitte die Handtücher regelmäßig wechseln!

1 *Die Kaffeemaschine darf nicht ausgeschaltet werden.* .... (dürfen)
2 .... (sollen)
3 .... (müssen)
4 .... (können)
5 .... (dürfen)
6 .... (sollen)

16 Schreiben Sie die Sätze ohne *man*.

→ B2 Passiv Präsens mit Modalverben

1 Man muss regelmäßig kontrollieren, ob die Maschine richtig funktioniert.
Es muss regelmäßig kontrolliert werden, ob die Maschine richtig funktioniert.

2 Bei einer Fehlermeldung sollte man sofort einem Techniker Bescheid sagen.
Bei einer Fehlermeldung ....

3 Wenn die Maschine nicht in Ordnung ist, darf man sie nicht benutzen.
Wenn die Maschine nicht in Ordnung ist, ...

17 Was bedeuten die Abkürzungen? Kreuzen Sie an.

→ B3 Wortschatz

1 z. B. ○ zum Beispiel ○ zur Bar
2 d. h. ○ downloaden hier ○ das heißt
3 zzgl. ○ zugleich (= gleichzeitig) ○ zuzüglich (= plus)
4 ca. ○ circa ○ Calcium
5 MwSt. ○ Materialwertsteuer ○ Mehrwertsteuer

18 Bilden Sie Wörter und ergänzen Sie.

→ B3 Wortschatz

An | ~~Be~~ | ~~bung~~ | Ge | Mehr | samt | ~~schrei-~~ | steuer | preis | wert | zahl

Rechnung

Artikelnr.	1 *Beschreibung*	2	Einzelpreis	3 ....
5426	Kaffeeautomat ZF, grau	2	379,–	758,–
			+ 19 % 4	

19 Eine Kollegin hat eine Rechnung geprüft. Welche Aussage passt zu welchem Punkt in der Rechnung? Verbinden Sie.

→ B3 Redemittel / Kommunikation

Anzahl	Artikel	Einzelpreis	Gesamtpreis
1 ~~2~~ *20*	Viratech Funkmäuse BG57 schwarz	24,99	2 48,98
3 ~~1~~	~~Viratech Tastatur ST690~~ schwarz	~~39,99~~	~~39,99~~

A Die Menge stimmt nicht. Es wurden zu wenige Mäuse geliefert.

B Dieser Artikel fehlt!

C Der Preis ist falsch.

20 Lesen Sie den Briefanfang. Was ist alles falsch? Ergänzen Sie. → B3 Redemittel / Kommunikation

> Sehr geehrte Müller,
>
> wir haben Ihre Liefrung vom 23.13. bekommen. Leider ...

Das Wort ... fehlt | ~~ist falsch~~ | stimmt nicht | zu wenig

Die Anrede [1] *ist falsch*. [2] ______________
„Frau“ ______________. Bei „Liefrung“ ist ein Buchstabe [3] ______________
______________.
Und das Datum [4] ______________.

C eine Bedienungsanleitung verstehen

21 Was passt? Markieren Sie. → C1 Wortschatz

1 **einen Hinweis:** beachten – blinken – geben – bekommen
2 **den Netzstecker:** einstecken – ausstecken – ziehen – investieren
3 **die Zeitschaltuhr:** einstellen – überfliegen – ausstellen – steuern
4 **die Temperatur:** senken – reinigen – erhöhen – messen
5 **ein Gerät mit einer Fernbedienung:** steuern – bedienen – tippen – einschalten

22 Lösen Sie das Rätsel. → C1 Wortschatz

1 
2 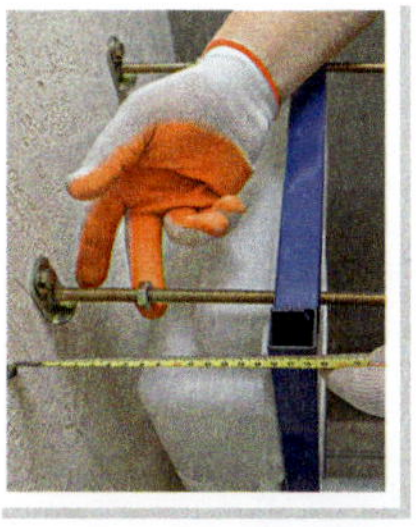
3 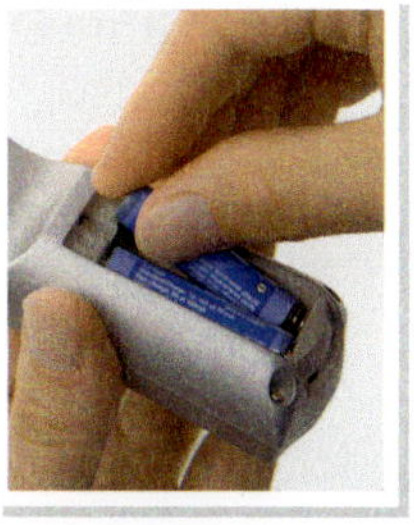
4 
5 

1 Mit einer ... kann man ein Gerät von Weitem ein- und ausschalten.
2 Der ... ist die Länge des Raums zwischen zwei Gegenständen.
3 Eine ... speichert Strom.
4 Der ... verbindet ein elektrisches Gerät mit dem Stromnetz.
5 Mit einer ... kann man festlegen, wann ein Gerät automatisch anfängt zu arbeiten.

									G						
1	F	*E*	*R*	*N*	*B*	*E*	*D*	*I*	*E*	*N*	*U*	*N*	*G*		
							2	A							
									R						
							3	B							
									U						
4		N													
	5		Z												

23 | a Lesen Sie die FAQ auf der Internetseite. Ergänzen Sie. → C1 Wortschatz

Abstand | Fernbedienung | Hinweise | ~~Netzstecker~~ | Zeitschaltuhr

Wie nehme ich das Gerät in Betrieb?

Stellen Sie das Gerät an einem sicheren Ort auf und stecken Sie den 1 *Netzstecker* ein. Schalten Sie das Gerät dann ein. Für weitere 2 ………… zum Thema lesen Sie die beiliegende Bedienungsanleitung.

Wo stelle ich das Gerät am besten auf?

Stellen Sie das Gerät mit einem 3 ………… von 10 Zentimetern zu Wänden oder Schränken.

Was bedeutet es, wenn der große Schalter blinkt?

Der blinkende Schalter bedeutet, dass das Gerät gereinigt werden muss. Modelle der Serie X-200 sind selbstreinigende Geräte (→ Selbstreinigung).

Gibt es eine 4 ………… für das Gerät?

Nein, leider nicht. Einige ältere Modelle verfügen über eine 5 …………, mit der Sie eine Zeit wählen können, zu der sich Gerät automatisch ein- und ausschaltet. Bei den neusten Modellen können Sie das laufende Gerät mit einer App steuern.

b Markieren Sie die Partizipien Präsens in a und ergänzen Sie die Tabelle. → C2 Partizip Präsens als Adjektiv

Partizip Präsens als Adjektiv

das *laufende* Gerät	die ………… Bedienungsanleitung
der ………… Schalter	selbst ………… Geräte

24 Wie kann man das auch sagen? Ergänzen Sie das Partizip Präsens. → C2 Partizip Präsens als Adjektiv

1 eine Temperatur, die gleich bleibt = eine *gleichbleibende* Temperatur
2 der Hinweis, der folgt = der ………… Hinweis
3 ein Display, das leuchtet = ein ………… Display
4 ein Briefumschlag, der selbst klebt = ein ………… Briefumschlag
5 Preise, die sinken = ………… Preise
6 ein Artikel, der fehlt = ein ………… Artikel

25 Schreiben Sie die Sätze richtig. → C4 Redemittel / Kommunikation

Ich erkläre dir, wie (wie – Ich – dir, – erkläre) man die Bohrmaschine benutzt. ………… (mal, – zuerst – du – Sieh – musst) die Größe des Bohrers auswählen. ………… (Du – darauf – dass – musst – achten,) der Bohrer nicht zu groß ist.

26 Welches Bild passt? Notieren Sie die Buchstaben. → C4 Redemittel / Kommunikation

1 *C* Es kann gefährlich sein, wenn man ohne Helm auf die Baustelle geht.
2 ………… Es ist wichtig, dass man rutschfeste Schuhe trägt, sonst kann man leicht stürzen.
3 ………… Sei vorsichtig, wenn du auf die Leiter steigst.
4 ………… Es kann gefährlich sein, wenn du keine festen Schuhe anhast.
5 ………… Sei vorsichtig, wenn du die Treppe heruntergehst.

A

B

C

D

E

27 **Ergänzen Sie. Benutzen Sie die Redemittel aus 25 und 26.** → C4 Redemittel / Kommunikation

◆ 1 [I c h] [e r k l ä r e] [d _ _], [w _ _] der Aktenvernichter funktioniert.
2 [S _ _ h] [m _ l], [z _ e _ s t] [m _ s s _] [d _] hier das Gerät anschalten. Wenn die Lampe grün ist, kannst du anfangen.

○ Okay. Und dann?

◆ 3 [S _ _] [v _ _ s _ _ _ t _ g], [w _ n n] du das Papier in den Aktenvernichter legst.
4 [D _] [m u _ _ t] [d _ r _ _ f] [a _ _ t _ _], [d a _ _] du genug Abstand hältst.
5 [E _] [i _ _] [g _ f ä _ _ l _ c h], [w e _ _] man eine Krawatte trägt oder lange Haare hat.

○ Wie viel Papier kann ich auf einmal nehmen?

◆ 6 [E _] [i _ _] [w _ _ _ t _ g], dass du nicht mehr als 10 Blatt Papier nimmst,
7 [s _ _ s t] [k a _ _] das Gerät kaputt gehen.

E Roboter

28 **Lesen Sie die Textnachrichten und ergänzen Sie.** → 3 Redemittel / Kommunikation

Deshalb denke ich, dass | Grundsätzlich stimme ich dir zu, aber | Ich sehe das auch so

Drohnen, die Pakete liefern. Super praktisch, oder?

1 ______________________________!
Sehr cool! 👍

2 ______________________________
ich finde das trotzdem komisch. Dann übernehmen Drohnen unsere Arbeit, oder? 🙁
3 ______________________________ man das kritisch sehen muss.

29 | a **Wer sagt was? Hören Sie die Diskussion im Radio zweimal und kreuzen Sie an.** → 3 Hören

🔊 358

	Moderator	Julia Torke	Marc Groß
1 Die Sendung hat das Thema *Roboter in der modernen Arbeitswelt.*	⊗	○	○
2 Roboter sind heute sowohl im Privatleben als auch im Beruf Teil des normalen Alltags.	○	○	○
3 Dort, wo es nicht genug Fachkräfte gibt, können Roboter sehr sinnvoll sein.	○	○	○
4 Es gibt Roboter, die eine Hilfe bei der Arbeit sind, und Roboter, die Aufgaben selbstständig ausführen.	○	○	○
5 In einem Krankenhaus wird ein Roboter getestet, der eine Vollzeitkraft ersetzen kann.	○	○	○
6 Es kann sein, dass Roboter in zwanzig Jahren 50 % der Arbeit machen.	○	○	○
7 Ich verstehe, dass viele Menschen Angst vor dieser Entwicklung haben.	○	○	○
8 Durch Roboter entstehen auch neue Arbeitsplätze.	○	○	○

b **Lesen Sie die Kommentare zur Diskussion. Wer kommentiert positiv (= stimmt zu)? Kreuzen Sie an.**

→ 3 Redemittel / Kommunikation

1 ○ Danke für diese Sendung! Man darf nicht vergessen, dass Roboter viele Chancen bieten. Ich sehe das auch so wie Dr. Torke, weil Angst vor der Zukunft nicht hilft.

2 ○ Ich verstehe, was Frau Dr. Torke meint, aber für mich persönlich ist es schwierig, die Chancen zu sehen. Ich habe einfach Angst, arbeitslos zu werden. Ich bin Automechaniker und kein Software-Spezialist.

3 ○ Das Wichtigste ist, dass alle Menschen Arbeit haben. Deshalb denke ich, dass man das nicht so positiv sehen kann wie Frau Torke.

4 ○ Grundsätzlich stimme ich Julia Torke zu, aber ich kann auch die Menschen verstehen, die sich Sorgen um ihre berufliche Zukunft machen.

c **„Durch Roboter entstehen neue Arbeitsplätze." Schreiben Sie einen Kommentar zu dieser Aussage von Frau Dr. Torke. Nutzen Sie die Redemittel in b.**

→ 3 Schreiben

Lernwortschatz

S. 136 | Alejandro Marini Flores ist ein Fan von Maschinen

Nomen

die Anlage, -n ....

die Verpackung, -en ....

das Verpackungsmaterial, -ien ....

Verben

nutzen, nutzte, hat genutzt ....

verbrauchen, verbrauchte, hat verbraucht ....

wechseln, wechselte, hat gewechselt ....

weiteres Wort

pro: pro Stunde ....

S. 137 | A über die Funktionen von Geräten sprechen

Nomen

der Akku, -s ....

der Betrieb (hier Sg.): in Betrieb nehmen ....

die Kurznachricht, -en ....

die Software, -s ....

Verben

aktualisieren, aktualisierte, hat aktualisiert ....

aufladen, lud auf, hat aufgeladen ....

aufnehmen, nahm auf, hat aufgenommen ....

ausstecken, steckte aus, hat ausgesteckt ....

auswählen, wählte aus, hat ausgewählt ....

navigieren, navigierte, hat navigiert ....

tippen, tippte, hat getippt ....

verschicken, verschickte, hat verschickt ....

Adjektiv

vollständig ....

weitere Wörter

bevor ....

nachdem ....

während ....

die Beschreibung, -en ....

das Büromaterial, -ien ……………

der Gesamtpreis, -e ……………

S. 138 | B Vorgänge beschreiben

Nomen

der Karton, -s ……………

der Lieferschein, -e ……………

die Mehrwertsteuer (MwSt.) (Sg.) ……………

der Ware, -n ……………

Verb

beschädigen, beschädigte, hat beschädigt ……………

weiteres Wort

zuzüglich (zzgl.) ……………

S. 140 | C eine Bedienungsanleitung verstehen

Nomen

der Abstand, ¨-e ……………

die Batterie, -n ……………

die Fernbedienung, -en ……………

der Gebrauch (Sg.) ……………

der Hinweis, -e ……………

der Netzstecker, – ……………

die Zeitschaltuhr, -en ……………

Verben

beiliegen, lag bei, hat beigelegen ……………

einstellen, stellte ein, hat eingestellt ……………

erhöhen, erhöhte, hat erhöht ……………

messen, maß, hat gemessen ……………

reinigen, reinigte, hat gereinigt ……………

senken, senkte, hat gesenkt ……………

steuern, steuerte, hat gesteuert ……………

überfliegen, überflog, hat überflogen ……………

Adjektive

gleichbleibend ……………

beispielsweise ……………

S. 142 | E Roboter

Nomen

der Roboter, – ……………

Adjektiv

objektiv ……………

Tipp: Wort-Bild-Karten

Schreiben Sie ein Wort auf ein Kärtchen und kleben Sie auf ein anderes Kärtchen ein passendes Bild oder zeichnen Sie selbst. Mit einer Sammlung solcher Kartenpaare können Sie Memo spielen. Das geht auch alleine, aber natürlich macht es mehr Spaß, wenn Sie mit anderen zusammen spielen.

der Netzstecker

Das Spiel funktioniert auch, wenn Sie auf die Kärtchen Teile von zusammengesetzten Wörtern schreiben. Oder Sie schreiben den Infinitiv, das Präteritum und das Perfekt von Verben auf die Karten. Dann müssen Sie immer drei passende Kärtchen finden.

überfliegen | überflog | hat überflogen | blinken | lag bei | erhöhte

Lektion 17

1 | a Personen in der Firma. Finden Sie noch sechs Wörter. → 2 Wortschatz

N	O	A	U	S	Z	U	B	I	L	D	E	N	D	E	B
I	E	G	O	L	T	C	S	E	H	K	P	A	U	Z	T
W	A	N	G	E	S	T	E	L	L	T	E	C	P	K	N
P	U	N	B	Z	R	S	G	E	W	Ü	M	H	N	O	L
J	P	R	A	K	T	I	K	A	N	T	M	W	V	L	C
O	U	B	F	R	S	A	K	P	Ü	N	H	U	G	L	Y
V	O	R	G	E	S	E	T	Z	T	E	I	C	Z	E	R
N	I	T	Ü	V	D	W	S	A	L	I	Z	H	F	G	E
B	O	K	A	L	Z	T	S	I	F	Y	P	S	L	E	A
M	I	K	Q	A	M	I	T	A	R	B	E	I	T	E	R

b Ergänzen Sie die Wörter aus a.

1 Marias Firma läuft so gut, dass sie seit letztem Jahr sogar zwei Angestellte hat.
2 Ich habe meine .... um ein Mitarbeitergespräch gebeten. Ich möchte sie fragen, ob ich eine Fortbildung besuchen kann.
3 Das ist Frau Kaya. Sie ist .... im dritten Lehrjahr.
4 Weißt du schon das Neuste: Mein .... Peter Büchsel hat gekündigt. Er geht zur Konkurrenz. Jetzt bin ich erst einmal ganz allein in unserem Büro. Wie langweilig!
5 Denkt daran: Morgen kommt der ...., der hier zwei Wochen lang sein Schülerpraktikum macht. Wie heißt er noch mal?
6 Vor zehn Jahren hatte unsere Firma 40 .... Heute sind es schon 140.
7 Unser Betrieb kümmert sich sehr um den .... Wir bilden aus und haben oft Praktikanten.

A einen Erfahrungsbericht verstehen

2 Wie heißt das? Notieren Sie mit Artikel. → A2 Wortschatz

an | Aus | be | Be | bil | ~~Er~~ | Er | de | die | fah | ~~leb~~ | lei | ~~nis~~ | nungs | ra | richt | rin | rungs | schung | tung | Über

1 eine besondere Situation, die jemand erlebt — das Erlebnis
2 eine Frau, die im Betrieb für die Azubis zuständig ist ....
3 etwas, das man nicht erwartet hat ....
4 ein Text, den man zum Beispiel nach einem Praktikum schreibt ....
5 eine Erklärung, wie zum Beispiel eine Maschine funktioniert ....

3 Welches Verb passt? Verbinden Sie. → A2 Wortschatz

1 den Girls' Day bei der Firma Drucktechnik Wiebel — E
2 für diesen Tag schulfrei
3 sich über naturwissenschaftliche Berufe
4 die Teilnehmerinnen freundlich
5 die Gäste in Gruppen
6 einen Film über die Firma
7 Maschinen und Geräte

A informieren
B ausprobieren
C begrüßen
D einteilen
E verbringen
F bekommen
G zeigen

4 | a **Lesen Sie den Erfahrungsbericht über ein Praktikum. Welcher Ausdruck passt am besten in die Lücken. Benutzen Sie die Wörter 1–10. Jedes Wort passt nur einmal.**

→ A2 Lesen / Sprachbausteine

6 ZUM SCHÜLERPRAKTIKUM

Vom 14. bis 28.4.20XX ___ ich mein Schülerpraktikum in der Kindertagesstätte „Krabbelkäfer" in Meißen. Ich unterstützte den Erzieher Torsten Engel bei seiner täglichen Arbeit in der Marienkäfergruppe.

Zu meinen ___ gehörte es, mit den Kindern zu spielen, Musik zu machen und zu basteln. Dabei hatte ich sehr viel Freiheit, sodass ich vieles ___ konnte. Die Kinder ___ zum Beispiel ihre Lieblingsbücher mitbringen und ich habe ihnen die Bücher dann vorgelesen. Nachdem die Kinder ___ abgeholt wurden, konnte ich immer mit Herrn Engel über den Tag sprechen und Fragen ___. Das hat mir sehr geholfen.

Durch das Praktikum habe ich gemerkt, dass mir ein sozialer Beruf Spaß macht. Es hat mir gefallen, den ganzen Tag mit Kindern zu ___. Das Praktikum war ein schönes ___ für mich und der Beruf Erzieher würde mich auf jeden Fall ___.

Mohammad Bakhtari

1 verbringen
2 Aufgaben
3 absolvierte
4 Erlebnis
5 reizen
6 ~~Erfahrungsbericht~~
7 ausprobieren
8 durften
9 stellen
10 nachmittags

b **Richtig oder falsch? Lesen Sie noch einmal und kreuzen Sie an.**

	richtig	falsch
1 Mohammads Praktikum dauerte zwei Monate.	○	☒
2 Er konnte viele Tätigkeiten in seinem Praktikum selbst auswählen.	○	○
3 Herr Engel hatte nur wenig Zeit für Mohammad.	○	○
4 Mohammad ist nach dem Praktikum unsicher, ob Erzieher der richtige Beruf für ihn ist.	○	○

5 **Schreiben Sie für Ihr Bewerbungsportfolio einen Erfahrungsbericht über ein Praktikum, das Sie gemacht haben. Erfinden Sie ein Praktikum, wenn Sie noch keins gemacht haben.**

→ A2 Schreiben

Erfahrungsbericht zum Praktikum
Von ... bis ... habe ich ein Praktikum in ...

6 **Lesen Sie die Sätze aus einem Praktikumsbericht. Ergänzen Sie.**

→ A2 Passiv Präteritum

1 Die Ausbilderin begrüßte uns.
Wir wurden *von der Ausbilderin begrüßt*.
2 Sie teilte uns in Teams ein.
Wir wurden ___ in Teams ___.
3 Ein Mitarbeiter führte uns durch die Firma.
Wir wurden ___ durch die Firma ___.
4 Eine andere Mitarbeiterin brachte uns in den Vortragsraum.
Wir ___ in den Vortragsraum ___.
5 Gegen 16 Uhr verabschiedeten sich alle von uns.
___ gegen 16 Uhr ___.

7 **Lesen Sie die Textnachrichten. Ergänzen Sie in der richtigen Form.** → A2 Passiv Präteritum

Hallo! Wie war dein erster Ausbildungstag?

Hey – der war super! Am Morgen wurde ich von allen 1 *begrüßt* (begrüßen) – total nett. Dann wurde ich von meinem Ausbilder 2 .... (einweisen). Er hat mir alles gezeigt und meine Fragen beantwortet. Mittags wurde mir 3 .... (erklären), wie ich in der Kantine essen kann. Hab ich heute auch gleich gemacht – lecker Lasagne! 😃 Nachmittags wurde Ware 4 .... (liefern) und da konnte ich schon helfen. Und zum Feierabend wurde ich sogar 5 .... (fragen), ob ich mit in den Biergarten komme. Kann ein erster Tag besser laufen?

Nein, ich glaube nicht. Hoffe für dich, dass es so bleibt! 😃

8 | a **Ergänzen Sie.** → A2 Passiv Präteritum

1 ◆ Warum hast du diese Berufsschule ausgewählt? (empfehlen)
○ Sie *wurde* mir *empfohlen*.

2 ◆ Was ist passiert, nachdem die Maschine geliefert wurde? (ausprobieren)
○ Sie ....

3 ◆ Wieso bist du auf der Versammlung gewesen? (einladen)
○ Ich .... dazu ....

4 ◆ Wieso hast du diese Fortbildung gemacht? (anbieten)
○ Sie .... mir ....

5 ◆ Was ist an deinem letzten Arbeitstag passiert? (verabschieden)
○ Ich ....

6 ◆ Wie hast du dein Arbeitszeugnis bekommen? (zuschicken)
○ Es .... mir ....

b **Schreiben Sie mit den Verben in a Sätze wie im Beispiel.**

Das Buch „Regen und Schnee" wurde mir gestern im Buchladen empfohlen.

9 **Ergänzen Sie.** → A2 Redemittel

würde mich gar nicht interessieren | ich hätte Interesse an | ~~Wisst ihr schon~~ | würde ich mich gern auch mal informieren | würde mich reizen

◆ 1 *Wisst ihr schon*, wo ihr euer Praktikum macht?
○ Noch nicht genau. Aber 2 .... einem Praktikum in einer sozialen Einrichtung.
▲ Echt? Das 3 ....
○ Ach ... Was findest du denn spannend?
▲ Ein Praktikum in der Gastronomie 4 .... Am liebsten bei einem guten Koch.
◆ Das klingt gut. Darüber 5 ....
▲ Hey! Das war meine Idee!

B einen formellen Text und eine Statistik verstehen

10 Ergänzen Sie. → B1 Wortschatz

Atomkraftwerk | Braunkohle | ~~Erdgas~~ | Erdöl | Photovoltaikanlage

1 *Erdgas*, _____ und _____ gehören zu den fossilen Energiequellen.
2 Unser Nachbar hat eine _____ auf dem Dach.
3 Gestern demonstrierten viele Menschen dafür, dass ein altes _____ abgeschaltet wird.

11 Welches Verb passt? Verbinden Sie. → B1 Wortschatz

1 Energie — B
2 sich gegen Atomenergie
3 alternative Energiequellen
4 Sonnenenergie in Strom
5 Unterschiede

A nutzen
B gewinnen
C umwandeln
D ausgleichen
E wehren

12 Ergänzen Sie in der passenden Form. → B1 Wortschatz

aufbrauchen | ausbauen | schwanken | umwandeln | verbessern | ~~verbrauchen~~

1 Ein moderner Haushalt *verbraucht* viel Strom.
2 Die fossilen Energiequellen wie Braunkohle werden irgendwann _____ sein.
3 Die Menge an Energie, die man durch alternative Energiequellen gewinnt, _____ stark.
4 Stromtransportnetze müssen _____ und Speichermöglichkeiten _____ werden, um diese Unterschiede auszugleichen.
5 Um Sonnenenergie in Strom _____, kann man sich auf dem Dach eine eigene Photovoltaikanlage installieren lassen.

13 Ergänzen Sie in der passenden Form. → B1 Wortschatz

~~erneuerbar~~ | fossil | nämlich | niemals | vorhanden

◆ Diese ganzen Diskussionen zum Thema 1 *erneuerbare* *Energien* finde ich total übertrieben. Ich würde deswegen 2 _____ auf eine Demonstration gehen.
○ Was? Das ist doch extrem wichtig, weil 3 _____ Energie sehr umweltschädlich ist. Beim Verbrennen entsteht 4 _____ sehr viel Kohlendioxid. Außerdem sind sie nicht endlos 5 _____.

14 | a Schreiben Sie Sätze mit *indem*. → B1 *indem*

1 Man kann die Umwelt schützen und Ökostrom verwenden.
Man kann die Umwelt schützen, *indem man Ökostrom verwendet*.
2 Man kann ein Zeichen für den Umweltschutz setzen und den Müll trennen.
Man kann ein Zeichen für den Umweltschutz setzen, _____.
3 Man kann noch mehr für die Umwelt tun und zum Beispiel Wasser sparen.
Man kann noch mehr für die Umwelt tun, _____.
4 Man kann Müll reduzieren und in verpackungsfreien Läden einkaufen.
Man kann Müll reduzieren, _____.

b Umweltschutz im Alltag. Formulieren Sie drei Fragen wie im Beispiel und schicken Sie sie als Textnachrichten an andere im Kurs. Sie bekommen von anderen Textnachrichten. Antworten Sie wie im Beispiel.

Wie kann man Müll reduzieren?

Indem man Lebensmittel ohne Verpackung kauft.

15 | a Über eine Grafik sprechen. Ordnen Sie die Redemittel. → B3 Redemittel / Mediation

~~Der Anteil von ... beträgt ...~~ | Die Angaben sind in Prozent / in absoluten Zahlen. | Die Grafik stellt dar, ... | Die Grafik gibt Auskunft über ... | Die Zahlen zeigen, wie ... | Es handelt sich um ein Tortendiagramm. | Im Gegensatz zu ... | Im Unterschied zu ... | In der Grafik geht es um ... | Verglichen mit ... | Während ... | ... hat einen Anteil von ... Prozent.

das Thema benennen	die Grafik beschreiben	Gegensätze ausdrücken
	Der Anteil von ... beträgt ...	

b Wie kann man noch sagen? Formulieren Sie den Gegensatz anders. (Es gibt mehrere Möglichkeiten.)

1 Während wir im Vorjahr 100 Liter Wasser verbraucht haben, beträgt der Verbrauch in diesem Jahr 130 Liter.
Verglichen mit dem Vorjahr ist der Wasserverbrauch um 30 Liter gestiegen.

2 Während es im letzten Jahr viele Anmeldungen gab, hatten wir in diesem Jahr nur wenige.

3 Im Gegensatz zum letzten Kurs haben in diesem Kurs alle Teilnehmer die Prüfung bestanden.

c Ein Kollege bittet Sie um Hilfe. Lesen Sie die E-Mail und schreiben Sie eine Antwort. Benutzen Sie Redemittel aus a.

Guten Morgen! Wir sollen doch nächste Woche den neuen Kolleginnen und Kollegen ein paar Informationen geben. Kannst du die Präsentation der Grafik *Stromverbrauch in Privathaushalten* übernehmen? Du kannst das immer so gut formulieren. 😉 Das wäre supernett! Danke! 👍

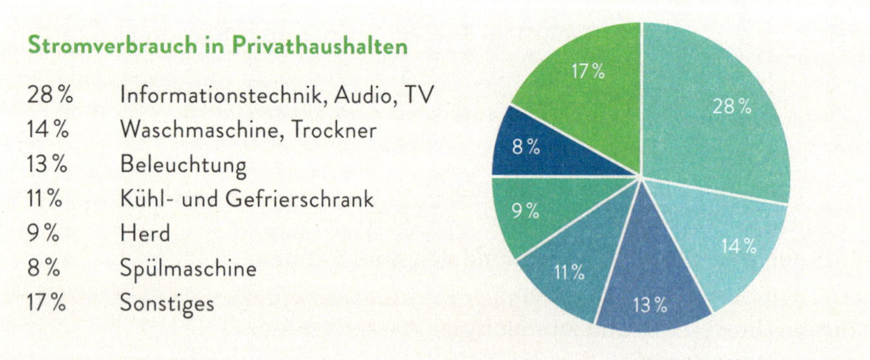

Hallo, na klar, mache ich. Ich würde das so formulieren – ok?
In der Grafik geht es um den Stromverbrauch in Privathaushalten. ...

d Suchen Sie eine Grafik zu einem Thema, das Sie interessiert. Erklären Sie sie schriftlich.

C einen Beruf präsentieren

16 **Lesen Sie Frage und Antwort in einem Internetforum und ergänzen Sie.** → C2 Wortschatz

~~Abitur~~ Berufsfachschule Chemotechniker Labor Pharmazie Zusatzqualifikation

VIELE WEGE FÜHREN ZUM TRAUMBERUF

FELIPE43 Hallo Leute! Ich überlege, noch einmal eine Ausbildung zu beginnen – zum Gärtner! Ich habe einen Bürojob, der mich total langweilt. Aber ich bin nicht mehr der Jüngste … Wie war Euer beruflicher Weg? Habt Ihr Tipps für mich?

SILVIO Bei mir war das so: Nach dem 1 *Abitur* habe ich an einer 2 ______ eine Ausbildung gemacht. Chemisch-technischer Assistent nennt sich der Beruf, den ich gelernt habe. Ich habe dann vier Jahre in einem 3 ______ gearbeitet. Das hat mir Spaß gemacht, aber ich hatte Lust, noch mehr zu lernen. Ich habe dann noch eine 4 ______ zum 5 ______ gemacht. Und nun studiere ich sogar noch 6 ______ an der Uni. Das ist cool! Mein Tipp: Mach das, wofür du dich interessierst!

17 **Welche Verben passen? Markieren Sie.** → C2 Wortschatz

1 **das Abitur** <u>machen</u> – <u>bestehen</u> – begrüßen – <u>schaffen</u>
2 **die Operation** schwanken – vorbereiten – durchführen – verschieben
3 **Schwierigkeiten** haben – bekommen – durchführen – machen
4 **die Untersuchung** durchführen – verbrauchen – empfehlen – abschließen

18 **Ergänzen Sie in der passenden Form.** → C4 Passiv Perfekt

1 Meine Kollegen begrüßten mich.
Ich wurde begrüßt.
2 Meine Kollegen haben mich begrüßt.
Ich bin begrüßt worden.
3 Die Chefin lobte mich.
Ich ______.
4 Die Chefin hat mich befördert.
Ich ______.
5 Man schickte mich zu einer Fortbildung.
Ich ______ zu einer Fortbildung ______.
6 Man hat mich zu einer Fortbildung geschickt.
Ich ______ zu einer Fortbildung ______.
7 Man wählte mich zur „Mitarbeiterin des Monats".
Ich ______ zur „Mitarbeiterin des Monats" ______.
8 Man hat mich zur „Mitarbeiterin des Monats" gewählt.
Ich ______ zur „Mitarbeiterin des Monats" ______.

19 **Schreiben Sie Sätze wie im Beispiel.** → C4 Passiv Perfekt

1 Die Wohnung wird renoviert. *Die Wohnung wurde renoviert. / Die Wohnung ist renoviert worden.*
2 In der Berufsschule werden Kenntnisse in Physik vermittelt.
______
______
3 Im Ausbildungsbetrieb wird das Wissen angewendet.
______
______
4 Wände und Fassaden werden verputzt.
______
5 Der Stuck wird hergestellt und befestigt.
______
6 Überall wird gebaut und renoviert.
______

20 | a **Bringen Sie den Vortrag in die richtige Reihenfolge. Hören Sie dann und kontrollieren Sie.**
359

→ C3 Redemittel / Hören / Mediation

..... Damit bin ich bei meinem letzten Punkt, den Fortbildungsmöglichkeiten. Nach der Ausbildung und ein paar Jahren im Beruf machen viele Stuckateure eine Fortbildung zum Stuckateurmeister. Nach erfolgreicher Meisterprüfung kann man sich selbstständig machen und selbst Stuckateure ausbilden.

..... Nun komme ich zur Ausbildung: Es handelt sich um eine dreijährige duale Ausbildung. Voraussetzung ist mindestens ein Hauptschulabschluss. In der Berufsschule werden zum Beispiel Kenntnisse in Mathematik und Physik, Technik und Werkzeugkunde vermittelt. Im Ausbildungsbetrieb wird das Wissen dann in der Praxis angewendet. Dort lernt man unter anderem, wie Fassaden verputzt werden und wie Stuck hergestellt und befestigt wird.

..... Zuerst möchte ich etwas zu den Aufgaben eines Stuckateurs sagen. Anschließend spreche ich über die Ausbildung zum Stuckateur. Zum Schluss soll es noch um Fortbildungsmöglichkeiten für Stuckateure gehen.

..... Vielen Dank für Ihre Aufmerksamkeit.

..... Zunächst zu den Aufgaben: Der Beruf Stuckateur ist ein Handwerksberuf. Stuckateure werden überall dort gebraucht, wo gebaut und renoviert wird. Als Stuckateur verputzt und verschönert man Wände, Decken und Fassaden. Auch Trockenbau sowie Wärmeschutz, Brandschutz, Beleuchtung und Akustik zählen zu den Aufgabengebieten eines Stuckateurs. Wenn Sie handwerklich interessiert sind, gern Dinge schöner machen und keine Angst vor Arbeit in der Höhe haben, könnte Stuckateur ein passender Beruf für Sie sein.

1 Heute möchte ich Ihnen den Beruf Stuckateur/in vorstellen.

..... Nun bin ich am Schluss meiner Präsentation angekommen. Zusammenfassend kann man sagen, dass der Beruf Stuckateur ein sehr abwechslungsreicher Beruf mit Zukunft ist. Denn gebaut und renoviert werden muss immer.

b **Ergänzen Sie zu jedem Teil des Vortrags das passende Redemittel in a. Ergänzen Sie weitere Redemittel, die zu dieser Phase passen.**

Einleitung	*Heute möchte ich Ihnen den Beruf Stuckateur vorstellen.*
Gliederung des Vortrags	
Hauptteil: Punkt 1	
Hauptteil: Punkt 2	
Hauptteil: Punkt 3	
Zusammenfassung	
Schluss	

c **Schreiben Sie eine Präsentation zu einem selbst gewählten Thema. Verwenden Sie die Redemittel in der Tabelle in b. Arbeiten Sie dann zu zweit: Halten Sie Ihre Präsentationen und geben Sie Feedback.**

Ⓔ Sache der Länder

21 | a In welchen dieser Staaten gibt es Föderalismus? Hören Sie und kreuzen Sie an. → 2 Hören

🔊 360
1 ○ in Deutschland und Österreich
2 ○ in Deutschland und der Schweiz
3 ○ in Österreich und der Schweiz
4 ○ in Deutschland, Österreich und der Schweiz

b Was ist richtig? Hören Sie noch einmal und verbinden Sie.

🔊 360

1 Die Schweiz besteht aus	26	Bundesländern.
2 Österreich besteht aus	16	Kantonen.
3 Deutschland besteht aus	9	Bundesländern.

22 Wählen Sie ein deutsches oder österreichisches Bundesland oder einen Schweizer Kanton aus. Recherchieren Sie und ergänzen Sie den Steckbrief. Präsentieren Sie die Informationen dann im Kurs. → 2 Recherche / Mediation

Chur ist die Hauptstadt des Kantons Graubünden
und gilt als älteste Stadt der Schweiz

Name: ...
Lage: ...
Hauptstadt: ...
weitere wichtige Städte: ...
...
Einwohnerzahl: ...
Fläche: ...
Sprache: ...
Besonderheiten: ...
...
Flagge: ...

23 | a Welche politischen Bereiche kennen Sie? Notieren Sie. Vergleichen Sie dann zu zweit. → 3 Wortschatz / Mediation

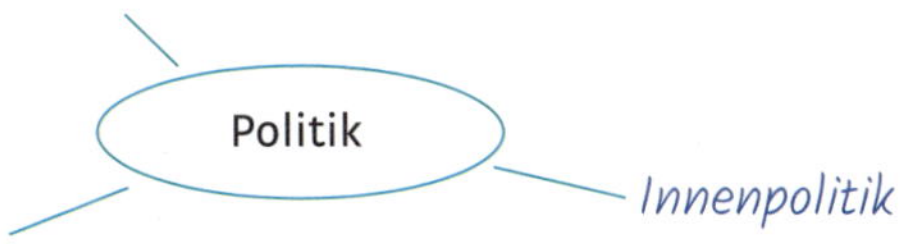

b Recherchieren Sie, für welche politischen Bereiche der Staat und für welche die Bundesländer/Kantone zuständig sind.

Aufgabe des Staates	Sache der Bundesländer/Kantone
Außenpolitik	

c Arbeiten Sie zu zweit: Vergleichen Sie Ihre Ergebnisse in b. Präsentieren Sie die wichtigsten Informationen im Kurs.

Hallo! Willkommen zu unserer Präsentation. Wir sprechen heute über die Aufgaben das Staates und die Aufgaben der Länder. Beispiel: die Schulen. In Deutschland …

24 | a 🔊 361 **Sie interessieren sich für ein Praktikum. Hören Sie den Vortrag, lesen Sie auf den Präsentationsfolien mit und machen Sie Notizen.**

→ 4 Hören / Mediation

Nachwuchs fördern – Praktika bei der Glassko GmbH
- Dauer
- Abteilungen
- Voraussetzungen

Organigramm
- Geschäftsführung
- Abteilungen: E, PR, V, PER

Bewerbung
- mind. 6 Monate vorher
- Bewerbungsmappe
- Kontakt: Claudia Gülez, Leiterin Personal: guelez@glassko.de

Praktikum
Dauer:

Voraussetzungen:

Struktur der Firma

Bewerbung

b **Eine Freundin möchte auch ein Praktikum machen. Lesen Sie die Textnachricht. Antworten Sie mit einer Sprachnachricht. Geben Sie alle wichtigen Informationen weiter.**

Hi! Ich war leider krank und konnte nicht zur Präsentation kommen. Kannst du mir bitte berichten, was sie gesagt haben? Danke!

Ja, gern, es ging ja um Praktika in der Firma Glassko. ...

Lernwortschatz

S. 146 | Alexander Tatarou betreut Auszubildende

Nomen

der/die Auszubildende, -n ....

der Nachwuchs (Sg.) ....

S. 147 | Ⓐ einen Erfahrungsbericht verstehen

Nomen

der Ausbilder, – / die Ausbilderin, -nen ....

die Bedienungsanleitung, -en ....

der Erfahrungsbericht, -e ....

das Erlebnis, -se ....

die Überraschung, -en ....

Verben

ausprobieren, probierte aus, hat ausprobiert ....

begrüßen, begrüßte, hat begrüßt ....

einteilen, teilte ein, hat eingeteilt ....

reizen, reizte, hat gereizt ....

verbringen, verbrachte, hat verbracht ....

Adjektive

naturwissenschaftlich ....

schulfrei ....

S. 148 | Ⓑ einen formellen Text und eine Statistik verstehen

Nomen

der Anteil, -e ....

die Atomenergie (hier Sg.) ....

das Atomkraftwerk, -e ....

die Braunkohle (Sg.) ....

die Energie, -n ....

die Energiequelle, -n ....

das Erdgas, -e ....

das Erdöl, -e ....

der Gegensatz, ¨-e ....

die Hoffnung, -en ....

die Photovoltaikanlage, -n

die Speicherung (Sg.)
die Statistik, -en
das Stromtransportnetz, -e

das Tortendiagramm, -e
der Transport, -e

Verben

aufbrauchen, brauchte auf, hat aufgebraucht

ausdrücken, drückte aus, hat ausgedrückt

ausgleichen, glich aus, hat ausgeglichen

benennen, benannte, hat benannt

darstellen, stellte dar, hat dargestellt

nutzen, nutzte, hat genutzt

schwanken, schwankte, hat geschwankt

umwandeln, wandelte um, hat umgewandelt

verbessern, verbesserte, hat verbessert

sich wehren, wehrte sich, hat sich gewehrt

Adjektive

absolut
erneuerbar
fossil
vorhanden

weiteres Wort

niemals

S. 150 | C einen Beruf präsentieren

das Abitur, -e
die Aufmerksamkeit (hier Sg.)

die Berufsfachschule, -n
der chemisch-technische Assistent, -en / die chemisch-technische Assistentin, -nen (CTA)

der Chemotechniker, – / die Chemotechnikerin, -nen
das Labor, -s / -e
die Operation, -en
die Pharmazie (Sg.)
die Schwierigkeit, -en
die Untersuchung, -en
die Zusatzqualifikation, -en

Verb

durchführen, führte durch, hat durchgeführt

Adjektive

abschließend
zusammenfassend

S. 152 | E Sache der Länder

Nomen

das Bundesland, ¨-er
der Föderalismus (Sg.)
der Kanton, -e
die Schulpolitik (Sg.)
die Bildungspolitik (Sg.)
der Staat, -en

Tipp

Spielen Sie ein Memo-Spiel zum Thema *Trennbare Verben*. Schreiben Sie einen Satz so auf zwei Karten, dass die beiden Verbteile getrennt sind. Mischen Sie und finden Sie die Paare.

alle Bestellungen auf. | auch Quittungen aus. | Bei uns nimmt Frau Meyer

Auf besonderen Wunsch stellen wir | noch nicht so leicht zurecht. | Am Anfang findet man sich

Lektion 18

1 **Wie kann man das auch sagen? Ergänzen Sie.** → 1 Wortschatz

aufladen aufpumpen einstellen prüfen reinigen reparieren ~~wechseln~~ zusammenbauen zustellen

1 die Glühbirne tauschen = die Glühbirne *wechseln*
2 das Rad putzen = das Rad ……
3 die Reifen mit Luft füllen = die Reifen ……
4 ein kaputtes Licht in Ordnung bringen = ein kaputtes Licht ……
5 die Bremse kontrollieren = die Bremse ……
6 die Höhe vom Sattel so verändern, dass sie gut passt = die Höhe ……
7 einzelne Teile des Fahrrads verbinden = ein Fahrrad ……
8 den Akku vom E-Bike mit Strom füllen = den Akku vom E-Bike ……
9 ein Ersatzteil liefern und abgeben = ein Ersatzteil ……

2 | a **Wie heißen die Nomen? Schreiben Sie die Nomen mit Artikel wie im Beispiel.** → 1 Wiederholung: Wortschatz / Wortbildung / Mediation

1 aktiv	*die Aktivität*	7 liefern	……
2 aufmerksam	……	8 prüfen	……
3 bestellen	……	9 reinigen	……
4 gesund	……	10 sicher	……
5 flexibel	……	11 teamfähig	……
6 freundlich	……	12 zufrieden	……

b **Sehen Sie die Artikel in a an und ergänzen Sie die Regel.**

Bei Nomen auf *-heit*, *-keit*, *-tät* und *-ung* steht der Artikel …… .

c **Wie heißen die Nomen aus a in einer anderen Sprache, die Sie kennen? Übersetzen Sie. Vergleichen Sie dann im Kurs.**

3 **Lesen Sie den Post. Bilden Sie Nomen und ergänzen Sie.** → 1 Wiederholung: Wortschatz / Wortbildung

Wir brauchen *Unterstützung* **!** (unterstützen)

Für unser Café suchen wir zum nächstmöglichen Zeitpunkt eine engagierte Servicekraft. Wichtig sind für uns: 1 …… (freundlich), 2 …… (flexibel) und 3 …… (zuverlässig). Sie haben gern 4 …… (verantworten) und freuen sich über 5 …… (frei) bei der 6 …… (gestalten) Ihrer Arbeitszeiten? Dann freuen wir uns auf Ihre 7 …… (bewerben)!

4 | a **Lesen Sie die Textnachrichten und ergänzen Sie dann die Tabelle.** → 2 Wiederholung: Satzklammer

Wie war dein Arbeitstag? Was hast du heute gemacht?

Der Tag war anstrengend. Aber heute habe ich wirklich viel geschafft. Können wir später mal telefonieren? Ich möchte dir gern etwas erzählen.

Klar! Ruf einfach an, wenn du zu Hause bist.

	Verb: Teil 1		Verb: Teil 2	
Was		du heute	?	
Aber heute		ich wirklich viel	.	
		wir später mal	?	
Ich		dir gern etwas	.	
		einfach	,	wenn du zu Hause bist.

b Sehen Sie die Tabelle in a an. Wo steht das konjugierte Verb (mit Personenendung, z. B. ich lese)? Lesen Sie dann den Lerntipp und markieren Sie die richtigen Informationen.

- In Hauptsätzen und in W-Fragen steht das konjugierte Verb an Position 2 | am Satzende.
- In Ja-/Nein-Fragen und in Imperativsätzen steht das konjugierte Verb am Satzanfang | an Position 2.
- Der zweite Verbteil (also der Infinitiv, das Partizip II oder die Vorsilbe) steht am Satzanfang | am Satzende.

A über Unfälle und Missgeschicke sprechen

5 Was passt zusammen? Verbinden Sie. → A1 Konjunktiv II Vergangenheit: Irreale Wünsche

Das ist passiert.
1 Ich habe den Wecker nicht gestellt.
2 Ich bin zu spät gekommen.
3 Wir haben uns gestritten.
4 Wir sind zu schnell gefahren.
5 Du hast mich nicht angerufen.
6 Ihr seid auf den Berg gestiegen.

Das ist mein Wunsch.
A Wäre ich doch nur nicht zu spät gekommen!
B Hättest du mich bloß angerufen!
C Hätte ich doch bloß den Wecker gestellt!
D Hätten wir uns doch bloß nicht gestritten!
E Wärt ihr doch nicht auf den Berg gestiegen!
F Wären wir doch nicht zu schnell gefahren!

6 Ergänzen Sie *wäre* oder *hätte* in der passenden Form. → A1 Konjunktiv II Vergangenheit: Irreale Wünsche

1 *Hätten* wir uns doch nur früher kennengelernt!
2 .... ich doch bloß schon vorher mal zu euren Treffen gekommen!
3 .... ich doch bloß vorher gefragt, ob bei euch eine Stelle frei ist!
4 .... ihr mir doch nur früher Bescheid gesagt!
5 .... wir doch bloß schneller mit meiner Bewerbung fertig gewesen!
6 .... ich nur auf dich gehört!

7 Schreiben Sie Wünsche mit *doch nur* – *doch* – *(doch) bloß*. → A1 Konjunktiv II Vergangenheit: Irreale Wünsche

1 So ein Chaos! Ich habe nicht aufgeräumt.
Hätte ich doch bloß aufgeräumt!

2 Oh, nein! Wir haben den Termin vergessen.
....

3 Zu dumm! Ich war nicht freundlich zu den Kunden!
....

4 Mist! Du hast mein Smartphone nicht aufgeladen.
....

5 Oh, nein! Wir sind falsch gefahren.
....

6 Oje! Ich habe nicht aufgepasst!
....

8 **Sehen Sie das Foto an. Was denkt der Mann wohl? Schreiben Sie Sätze.**

→ A1 Konjunktiv II Vergangenheit: Irreale Wünsche

besser aufpassen | einen Kollegen um Hilfe bitten | nicht so hoch klettern | ~~rutschfeste Schuhe anziehen~~ | vorsichtiger sein

Hätte ich doch bloß rutschfeste Schuhe angezogen!

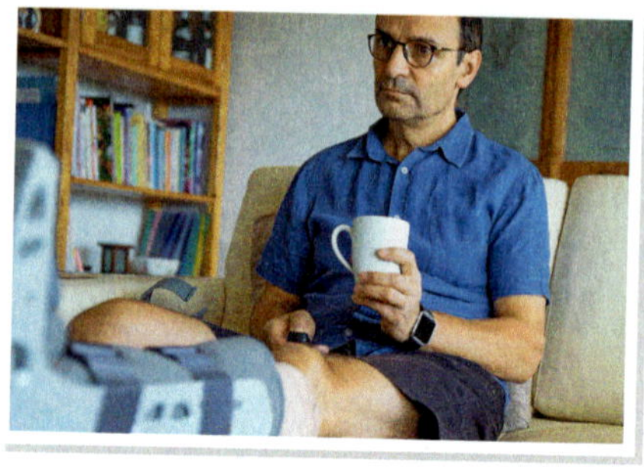

9 **Wie kann man das auch sagen? Ergänzen Sie.**

→ A2 Wortschatz

ab | Cha | den | ge | Miss | os | schick | schie | schief | ~~Trick~~ | ver

1 ein Weg, wie man etwas schafft = ein *Trick*
2 die Unordnung = das ……………
3 eine ungeschickte Aktion = ein ……………
4 nicht gut enden = …………… gehen
5 Auf Wiedersehen sagen = sich ……………

10 **Lesen Sie die Textnachrichten. Schreiben Sie die Sätze richtig.**

→ A2 Redemittel / Kommunikation

1 *Manchmal geht alles schief* (alles – Manchmal – schief – geht): Gestern bin ich gegen eine geschlossene Tür gelaufen, weil ich auf mein Smartphone geschaut habe.

Oje! So etwas ist mir auch schon mal passiert.

2 …………… (dir – Stell – vor), ich habe die Jacke von meinem Chef angezogen. Sie sieht so aus wie meine.

Und, habt ihr gelacht?

3 ……………
(etwas – Mir – passiert – Peinliches – ist – richtig): Ich habe den Geburtstag von meinem Kollegen vergessen.

Das kenne ich.

4 ……………
(was – Ihr – glaubt – ist – gerade – passiert – nicht,): Ich habe vergessen, eine Fahrkarte für den Bus zu kaufen. Und dann wurde ich natürlich kontrolliert!

Oh, nein! Wie peinlich!

5 …………… (Stellt – vor – euch), ich hatte im Bewerbungsgespräch noch Salat an den Zähnen. Das ist mir gar nicht aufgefallen.

Oje! Das ist wirklich peinlich.

11 **Ergänzen Sie.** → A2 Redemittel / Kommunikation

~~Das kenne ich.~~ | So etwas ist mir auch schon mal passiert. | Oh, nein! Wie peinlich! | Und, hast du gelacht?

1 ◆ Stell dir vor, ich erkenne Menschen oft nicht.
○ Das kenne ich.
◆ Wirklich? Ich dachte, das passiert nur mir.

2 ◆ Mir ist etwas richtig Dummes passiert: Ich habe heute zwei verschiedene Socken angezogen.
○ ....
◆ Ich nicht, aber meine Kolleginnen und Kollegen fanden das sehr lustig.

3 ◆ Du glaubst nicht, was gestern passiert ist: Mein halbes Mittagessen ist auf den Boden gefallen.
○ ....
◆ Ach, ja? Erzähl mal.

4 ◆ Manchmal geht alles schief: Als ich im Restaurant bezahlen wollte, habe ich gemerkt, dass ich kein Portemonnaie dabeihatte. Und dann war auch noch der Akku von meinem Smartphone leer.
○ ....
◆ Ja, total!

B einen Verkehrsunfall schildern und sich krankmelden

12 **Was passt zusammen? Notieren Sie die Buchstaben.** → B1 Wortschatz

1 ...... die Ampel
2 ...... die Autobahn
3 ...... der Fußgängerüberweg
4 ...... die Kreuzung
5 ...... der Fußgängerweg
6 ...... die Fußgängerzone
7 ...... der Radweg
8 ...... das Stoppschild
9 ...... die Vorfahrt
10 ...... die Einbahnstraße

13 | a **Wie kann man das auch sagen? Verbinden Sie.** → B1 Wortschatz / Mediation

1 die Straße überqueren
2 abbiegen
3 jemanden anfahren
4 geradeaus fahren
5 überholen

A in die gleiche Richtung weiterfahren
B über die Straße gehen
C um eine Ecke fahren
D an einem Fahrzeug vorbeifahren
E jemanden beim Fahren berühren

b **Lesen Sie die Textnachrichten. Zeichnen Sie die Bedeutung der Verben aus a ein.**

überqueren, abbiegen, überholen ... 😱
Was bedeutet denn was? Hilfe! 😖

🤭 Ganz einfach! Warte, ich schicke dir gleich ein Bild!

14 | a **Lesen Sie den Post und die Kommentare. Wer stimmt zu (+), wer hat Zweifel (?)? Notieren Sie.** → B1 Redemittel / Kommunikation

Meine Meinung: Wenn ein Fahrradfahrer angefahren wird, hat der Autofahrer Schuld!

1 *+* Ja, das sehe ich auch so. Radfahrer sind immer schwächer. Sie brauchen Schutz.

2 ___ Das stimmt. Autofahrer achten zu wenig auf Radfahrer.

3 ___ Meinst du wirklich? Ich denke, das ist Quatsch.

4 ___ Bist du sicher? Viele Radfahrer nehmen überhaupt keine Rücksicht auf andere Verkehrsteilnehmer.

5 ___ Da hast du recht. Autofahrer*innen müssen einfach vorsichtiger sein.

6 ___ Aber ist das nicht übertrieben? Ich denke, dass alle im Straßenverkehr gut aufpassen müssen – Radfahrer, Autofahrer und auch Fußgänger.

b **Markieren Sie die Redemittel in a und ergänzen Sie die Tabelle.**

zustimmen	Zweifel ausdrücken
J *a*, d *a s* s *e h* e i *c h*	B _ _ _ d _ s _ _ _ e r?
a *u c* h s *o*.	M _ _ _ s t d _ w _ _ _ l i c h?
D _ _ s t _ _ _ t.	A _ _ _ i _ t d _ _
D a h _ _ t d _ r _ c h _.	n _ c h _ übertrieben?

15 **Lesen Sie die Textnachrichten und antworten Sie.** → B1 Redemittel / Kommunikation

Der Straßenverkehr wird immer gefährlicher. — 1 ______________________

Die Straße gehört den Autofahrern, nicht den Radfahrern. — 2 ______________________

Autos sollten nicht mehr in den Innenstädten fahren. — 3 ______________________

16 **Was passt zusammen? Verbinden Sie.** → B2 Redemittel / Kommunikation

1 Ich bin mit dem Auto
2 Ich war in Richtung
3 Ich wollte gerade
4 Ein Auto hat mir
5 Es hat mein Auto

A über die Kreuzung fahren.
B die Vorfahrt genommen.
C an der rechten Seite angefahren.
D auf der Hermannstraße gefahren.
E Innenstadt unterwegs.

17 | a **Lesen Sie den Post. Schreiben Sie die Sätze richtig.** → B2 Redemittel / Kommunikation

Zeugen gesucht. Wer hat was gesehen?

Ich hatte gestern einen Unfall auf der Kastanienallee. 1 *Ich bin mit dem Fahrrad* auf dem Radweg *gefahren*. (gefahren – Ich – mit dem Fahrrad – bin). 2 ______________________ (unterwegs – Ich – in Richtung Bahnhof – war). 3 ______________________ (gerade – Ich – abbiegen – rechts – wollte) und bin an den parkenden Autos vorbeigefahren. 4 ______________________ (hat – gemerkt – nicht – Jemand), dass ich komme, und hat eine Autotür aufgemacht. Ich bin hingefallen und habe mich schlimm verletzt. Meine Hand ist gebrochen! Und mein Fahrrad ist auch kaputt. Aber das Schlimmste ist: Der Fahrer ist einfach weggefahren!

b Wo ist der Unfall passiert, der im Post in a beschrieben wird? Markieren Sie mit X.

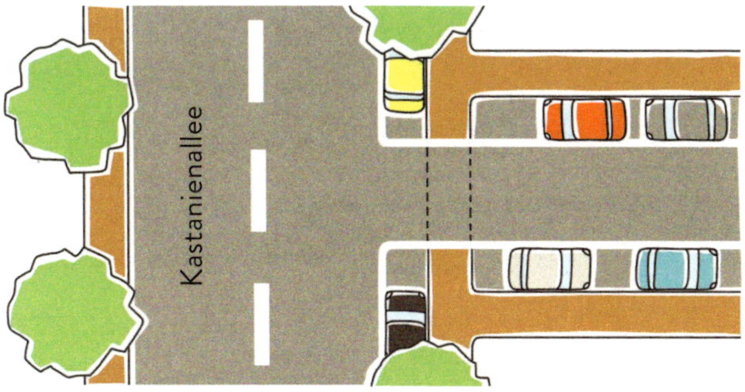

18 **Lesen Sie die Zeitungsmeldung. Was ist richtig? Kreuzen Sie an.** → B2 Lesen

Auto streift Straßenbahn

Bremen – Bei einem Unfall mit einer Straßenbahn ist ein 76-jähriger Autofahrer am Montagmittag auf der Oldenburger Straße verletzt worden. Die Strecke der Linien 1 und 8 musste knapp eine Stunde gesperrt werden. Wie die Polizei berichtet, waren der Autofahrer mit seinem Opel und die Straßenbahn der Linie 1 gegen 12.30 Uhr in Richtung Roland-Center unterwegs.

Aus bislang ungeklärter Ursache geriet der Opel-Fahrer nach links in den Gleisbereich und streifte die Straßenbahn. Der Opel-Fahrer musste in ein Krankenhaus eingeliefert werden, an den Fahrzeugen entstand ein Sachschaden in Höhe von rund 4 000 Euro. Während der Unfallaufnahme kam es zu Verkehrsbehinderungen.

1 ○ Bei dem Unfall fuhr eine Straßenbahn auf einen Pkw auf.
2 ○ Der Straßenbahnfahrer wurde bei dem Unfall verletzt.
3 ○ Der Autofahrer war am Steuer eingeschlafen.
4 ○ Ungefähr eine Stunde lang konnte man nicht mit den Straßenbahnen der Linien 1 und 8 fahren.
5 ○ Pkw und Straßenbahn waren in dieselbe Richtung unterwegs.
6 ○ Der Autofahrer wurde ins Krankhaus gebracht.
7 ○ Die Straßenbahn wurde nicht beschädigt.

19 | a **Lesen Sie die Infografik. Ergänzen Sie. (Nicht alles passt.)** → B4 Wortschatz / Mediation

abschicken | Arbeitsunfähigkeitsbescheinigung | Besserung | ~~Krankmeldung~~ | sich krankmelden | sich … krankschreiben lassen | mitteilen | Personalabteilung | Skizze

So funktioniert die *Krankmeldung* **!**

1 ____________: dem Arbeitgeber (Chef/Chefin oder ____________) ____________, dass man nicht arbeiten kann

Dauert die Krankheit länger als drei Tage?

Ja ↙ Nein ↘

2 ________ vom Arzt ____________ ____________ — wieder zur Arbeit gehen

3 dem Arbeitgeber die ____________ ____________ / das Attest schicken

b **Lesen Sie die Nachricht Ihres neuen Kollegen. Antworten Sie mit einer Sprachnachricht. Erklären Sie ihm mit der Infografik in b, wie die Krankmeldung funktioniert.**

Ich bin krank. Was mache ich jetzt?

Du solltest …

20 | a **Sie hören fünf telefonische Mitteilungen. Zu jeder Mitteilung gibt es eine Aufgabe. Welche Lösung (a, b oder c) passt am besten? Hören Sie jede Mitteilung einmal und kreuzen Sie an.** → B4 Prüfung: Hören Teil 4

362

1 Fanny Weber
- ⓐ erreicht ihre Mutter nicht.
- ⓑ ist krank.
- ⓒ will den Termin verschieben.

2 Klara
- ⓐ braucht eine Hausnummer.
- ⓑ hat ihren Kalender vergessen.
- ⓒ will mit einer Kundin telefonieren.

3 Charlotte
- ⓐ kommt erst nach 10 Uhr.
- ⓑ möchte einen Kaffee trinken.
- ⓒ steht noch im Stau.

4 Lukas
- ⓐ braucht das Auto in einer Stunde.
- ⓑ hat den Autoschlüssel vergessen.
- ⓒ hat schon im Büro gesucht.

5 Christian
- ⓐ hatte einen Unfall.
- ⓑ kommt später.
- ⓒ wartet schon auf der Baustelle.

b **Vergleichen und kontrollieren Sie Ihre Lösungen zu zweit. Welche Wörter aus den „falschen Lösungen" sind auch in den Mitteilungen? Hören Sie noch einmal und markieren Sie in a.**

362

21 **Ordnen Sie das Gespräch (1–9).** → B5 Redemittel / Kommunikation

A ...... Es tut mir leid, aber ich kann heute nicht zur Arbeit kommen.
B ...... Oh, sind Sie etwa krank?
C ...... Hallo, Herr Meephjuk. Was kann ich für Sie tun?
D 1 Hallo, Frau Kim. Hier ist Niran Meephjuk.
E ...... Danke, Frau Kim. Tschüss.
F ...... Bis bald, Herr Meephjuk! Und nochmal: Gute Besserung.
G ...... Ja, das hoffe ich auch. Danke.
H ...... Ja, leider. Ich habe Kopfschmerzen und Fieber.
I ...... Das tut mir leid! Dann hoffe ich, dass es Ihnen schnell wieder besser geht.

22 | a **Lesen Sie die E-Mails. Schreiben Sie die Sätze richtig.** → B5 Redemittel / Kommunikation

Lieber Herr Soukup,

ach, das tut mir leid. Gute Besserung – auch von den Kollegen! Werden Sie schnell wieder gesund!

Herzliche Grüße
Karin Stahl

> Jan Soukup schrieb am 28. 8. 20XX
>
> Liebe Frau Stahl,
>
> 1 .... (mir – es – wirklich – leid – tut). 2 .... (nicht – Ich – arbeiten – heute – kann). Ich bin leider krank.
> 3 .... (bis – mich – Mein – hat – Ende der Woche – krankgeschrieben – Arzt). 4 .... (auf – Die – ist – dem – Arbeitsunfähigkeitsbescheinigung – Weg).
>
> Herzliche Grüße
> Jan Soukup

b **Lesen Sie die Textnachrichten. Ergänzen Sie.**

Ich bin leider krank. 😖

Ach, [1] d _ _ t _ _ m _ _ l _ _ d!

[2] G _ t _ B _ s s _ _ u n g, lieber Jan!

[3] W _ _ d s c h _ _ l l w _ _ d _ _ g _ s _ _ d!

Ich hoffe, [4] e _ g _ _ t d _ _ b _ l d b _ _ _ e r.

C ein Fest planen und auf eine Einladung reagieren

23 **Lesen Sie die Sätze aus der Werbung und ergänzen Sie die Regel.** → C2 Relativsatz mit *wo* und *was*

Da, wo man Sie am besten berät.

Alles, was Sie für eine gelungene Party brauchen!

Bei uns finden Sie das, was wirklich passt!

Es gibt nichts, was es bei uns nicht gibt!

Wir sind überall, wo Sie uns suchen!

Der Relativsatz mit *wo* steht nach Ausdrücken wie *dort*, *da* und ....
Der Relativsatz mit *was* steht nach Ausdrücken wie *etwas*, ..., ... und ....

24 **Lesen Sie die Textnachrichten. Ergänzen Sie *wo* oder *was*.** → C2 Relativsatz mit *wo* und *was*

1 Ist das alles, *was* wir brauchen? Oder fällt euch noch etwas ein, ... wir vergessen haben?

2 Getränke kaufe ich dort, ... mein Schwager arbeitet. Okay?

3 Gibt es denn wirklich nichts, ... ich noch übernehmen kann? 😎

4 Gibt es eine Stelle, ... wir nicht dekorieren dürfen?

5 Nein, wir dekorieren einfach überall, ... es uns gefällt.

6 Wer kennt eine Bäckerei, ... es richtig guten Kuchen gibt? 🎂

7 Ich wusste: Das ist genau das, ... dich interessiert!

8 Klar, ich kann auch alles mitnehmen, ... am Ende übrigbleibt. 😃

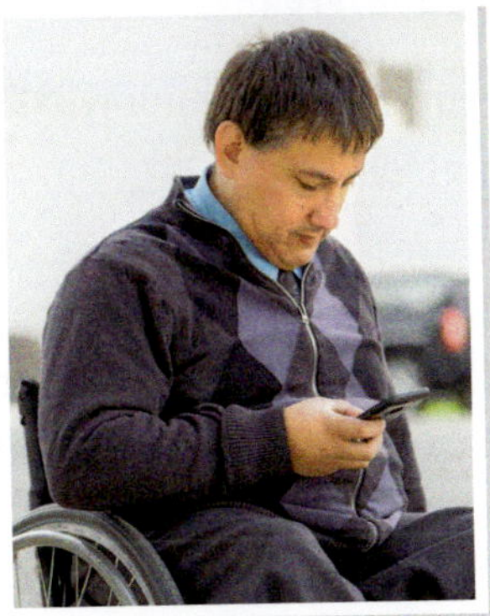

25 | a Lesen Sie die Nachrichten. Zu jeder Nachricht gibt es eine Aufgabe. Ist die Aussage richtig oder falsch? Kreuzen Sie an. → C3 Prüfung: Lesen Teil 4

Lieber Jonas,
ich plane ja zusammen mit meinem Team unser Jubiläumsfest. Zum Glück läuft alles wirklich gut – Essen und Getränke sind bestellt und Musik haben wir auch schon organisiert. Es wird bestimmt toll! Wir denken gerade noch darüber nach, wie wir den Raum dekorieren. Ich weiß, dass du da immer sehr kreative Ideen hast. Hast du vielleicht einen Tipp für uns?
Schon mal vielen Dank und ganz liebe Grüße!
Melanie

Hallo Jessica,
es tut mir wirklich leid, aber mein Zug ist ausgefallen. Ich stehe hier am Bahnhof und warte auf den nächsten Zug. Aber der hat leider jetzt auch schon eine Verspätung von 20 Minuten. Ich hoffe, das wird nicht noch mehr. Na ja, ich komme also leider viel später als geplant. Feiert schon mal schön ohne mich.
Viele Grüße
Luigi

1 Melanie ist mit den Planungen fertig.
○ richtig / ○ falsch

2 Luigi will noch zur Feier kommen.
○ richtig / ○ falsch

b Welche Wörter waren wichtig für die Lösung? Markieren Sie in den Nachrichten. Vergleichen Sie die Markierungen dann zu zweit.

26 Was passt zusammen? Markieren Sie. → C4 Wortschatz

1 auf jemanden anstoßen – auf jemanden trinken – jemandem etwas versprechen
2 einen Raum schön machen – einen Raum aussuchen – einen Raum dekorieren
3 etwas beantragen – etwas besorgen – etwas holen
4 in Rente gehen – (im Alter) aufhören zu arbeiten – eine Pause machen
5 freinehmen – Feierabend machen – Urlaub nehmen

27 Ergänzen Sie. → C4 Wortschatz

beantragen | freinehmen | gehen | ~~machen~~ | organisieren

1 ◆ Könnte ich heute etwas früher Feierabend *machen*? Meine Tochter hat Geburtstag.
○ Ach, das geht heute leider nicht so gut. Warum hast du nicht früher gefragt, dann hätten wir das besser ______ können.

2 ◆ Ich möchte meiner Schwester gern beim Umzug helfen. Darum würde ich gern in der nächsten Woche einen Tag ______. Geht das?
○ Ja, das geht. Du musst nur den Urlaub möglichst schnell ______. Warte, ich zeige dir das Formular dafür.

3 ◆ Ich plane, im nächsten Jahr in Rente zu ______.
○ Wirklich? Wie alt bist du denn, wenn ich fragen darf?

28 Lesen Sie die Textnachrichten. Ergänzen Sie. → C4 Redemittel / Kommunikation

Lieben Dank für die Einladung! | Es tut mir wirklich sehr leid! | Ich wäre gern dabei, aber leider | Leider kann ich nicht kommen, weil

Vielen Dank für die Einladung! 1 ______
ich an dem Tag arbeiten muss. 2 ______
Ich wäre gern dabei.

3 ______ Ich habe mich sehr darüber gefreut.
4 ______ bin ich in der Woche im Urlaub.
Ich wünsche euch ein schönes Fest!

Lernwortschatz

S. 154 | Gute Besserung, Saira!

Verben

aufpumpen, pumpte auf, hat aufgepumpt

zustellen, stellte zu, hat zugestellt

S. 155 | A über Unfälle und Missgeschicke sprechen

Nomen

das Chaos (Sg.)
das Missgeschick, -e
der Trick, -s

Verben

schiefgehen, ging schief, ist schiefgegangen

sich verabschieden, verabschiedete sich, hat sich verabschiedet

Adjektiv

peinlich

S. 156 | B einen Verkehrsunfall schildern und sich krankmelden

Nomen

die Arbeitsunfähigkeitsbescheinigung, -en

das Attest, -e
die Besserung (Sg.)
der Fußgängerüberweg, -e
die Krankmeldung, -en
die Personalabteilung, -en
die Richtung, -en
die Skizze, -n
die Vorfahrt, -en

Verben

abbiegen, bog ab, ist abgebogen

abschicken, schickte ab, hat abgeschickt

jemanden anfahren, fuhr an, hat angefahren

brechen, brach, ist gebrochen

krankschreiben, schrieb krank, hat krankgeschrieben

jemandem die Vorfahrt nehmen, nahm, hat genommen

überholen, überholte, hat überholt

S. 158 | C ein Fest planen und auf eine Einladung reagieren

Nomen

die Rente, -n: in Rente gehen

Verben

anstoßen, stieß an, hat angestoßen

besorgen, besorgte, hat besorgt

dekorieren, dekorierte, hat dekoriert

freinehmen, nahm frei, hat freigenommen

versprechen, versprach, hat versprochen

Lektion 19

1 **Finden Sie noch neun Wörter und bilden Sie zusammengesetzte Wörter mit *Arbeits-*. Notieren Sie mit Artikel.** → 1 Wortschatz

PEROSCHUTZLNMUORGANISATIONWASTRESICHERHEITGUHHNZEITTEROPLSSTELLEP

UTREILKOLLEGESERPOIMARKTWAOKLAPPLATZTAZTUFKLUNFALLPOLKMUNIZAMTBV

der Arbeitsschutz, ……………………………

……………………………

……………………………

……………………………

2 **Lesen Sie die Anzeige. Welches Verb passt? Ergänzen Sie.** → 1 Wortschatz

ausführen besuchen erfahren haben vermitteln ~~wählen~~ weiterbilden

[1] Wählen **Sie unser Institut, wenn Sie sich im Baugewerbe** [2] …………… **wollen!**
Wir bieten zahlreiche Seminare im Baubereich an und [3] …………… auch für Sie die passende Weiterbildung im Angebot. Bei uns [4] …………… Ihnen erfahrene Lehrerinnen und Lehrer nützliches Wissen in kleinen Seminargruppen.
Zum Abschluss jedes Kurses werden Sie praktische Arbeiten auf unserer Lehrbaustelle [5] …………… .
[6] …………… Sie noch heute unsere Internetseite **www.institut-für-schlaue-bauleute.de** und [7] …………… Sie mehr über unser vielseitiges Kursprogramm!

3 **Wie heißen die Wörter? Verbinden Sie.** → 1 Wortschatz

1 die Weiter	A keit
2 das Bau	B führung
3 die Fertig	C sicherheit
4 die Gebäude	D bildung
5 die Arbeits	E reinigung
6 die Mitarbeiter	F gewerbe

(1 – D)

4 **Lesen Sie die Textnachrichten. Schreiben Sie die Wörter richtig.** → 2 Wortschatz

Hey! Ich habe mal eine [1] Frage (geFra): Ich mache gerade eine [2] …………… (gemonaeinti) Weiterbildung zum [3] …………… (terbeiarVor). Du hast doch gerade Zeit, oder? Möchtest du das [4] …………… (narmiSe) mit mir zusammen machen?

Ach, ich weiß nicht …

Komm schon! Du wolltest doch mehr [5] …………… (lungwechsAb) !

A über berufliche Pläne sprechen

5 | a Richtig oder falsch? Lesen Sie die Beiträge und kreuzen Sie an. → A1 Lesen / Redemittel

FORUM BERUFLICHE ZUKUNFT

AMUN75 Hey Leute, ich stelle jetzt einfach mal eine Frage, über die ich oft nachdenke: Wie sieht Euer Berufsleben in fünf Jahren aus? Wo steht Ihr dann? Was habt Ihr für Pläne?

SUJAN_P Gute Frage! Auf jeden Fall arbeite ich nicht mehr in der gleichen Firma wie jetzt ... Das steht fest! 🙁

MIRA_L Ich bin mit meinem Job eigentlich zufrieden. Ich plane noch ein, zwei Weiterbildungen, damit ich in meiner Firma noch ein bisschen vorankomme. Eine Leitungsposition in fünf Jahren wäre toll ... Und mehr Gehalt! 😃

SILVA56 Ich in fünf Jahren ... Puh! Ich beabsichtige auf jeden Fall, mich beruflich zu verändern! Mein Plan ist es, den langweiligen Bürojob zu kündigen und noch einmal eine Ausbildung zu machen. Aber welche???

EBBY @Silva56: So schlimm im Büro? Also ich habe nicht die Absicht, bis zur Rente irgendetwas an meiner beruflichen Situation zu verändern. Ich habe zwei Minuten Fußweg zur Arbeit, die tollsten Kollegen und das Geld stimmt auch! Passt alles!!! 😃

	richtig	falsch
1 Amun75 beschäftigt die Frage nach seinem zukünftigen Berufsleben.	☒	○
2 Sujan_P will die Firma wechseln.	○	○
3 Mira_L wünscht sich eine Beförderung in ihrem Unternehmen.	○	○
4 Silva56 will ihre Tätigkeit im Büro aufgeben.	○	○
5 Silva56 weiß schon genau, welchen neuen beruflichen Weg sie gehen will.	○	○
6 Ebby kann sich nicht vorstellen, weiter in ihrer Firma zu arbeiten.	○	○
7 Ebby mag es, dass ihre Firma so nah ist.	○	○

b Markieren Sie die Ausdrücke, mit denen man Pläne äußern kann.

c Schreiben Sie die Sätze mit den markierten Redemitteln um. Nutzen Sie ein anderes Redemittel.

Ich plane noch ein, zwei Weiterbildungen.
→ *Ich beabsichtige, noch ein, zwei Weiterbildungen zu machen.*

d Was sind Ihre beruflichen Pläne? Schreiben Sie mindestens vier Sätze.

Mein Plan ist es, die Prüfung gut zu bestehen.

6 Ergänzen Sie. → A2 Wortschatz

1 der Plan	*planen*
2 ________	befördern
3 der Wechsel	________
4 die Veränderung	________
5 ________	beabsichtigen

7 **Schreiben Sie.** → A3 Reale Bedingungssätze mit *wenn*

genug Zeit für die Aufgabe → ja → Ich erledige sie selbst.
genug Zeit für die Aufgabe → nein → Ich frage eine Kollegin.

Wenn ich genug Zeit für die Aufgabe habe, erledige ich sie selbst.
Wenn ich nicht

8 **Verbinden Sie die Sätze mit *wenn*.** → A3 Reale Bedingungssätze mit *wenn*

1 Ich habe keine Zeit für die Aufgabe. Ich frage eine Kollegin.
Wenn ich keine Zeit für die Aufgabe habe, frage ich eine Kollegin.

2 Wir haben Teamsitzung. Wir müssen alle anwesend sein.

3 Der Dienstplan ist online. Es gibt immer Beschwerden.

4 Wir machen einen Betriebsausflug. Wir verbringen immer einen tollen Tag.

5 Du willst am Betriebsausflug nicht teilnehmen. Du musst einen Tag Urlaub nehmen.

6 Ein netter Kollege hat gekündigt. Alle sind traurig.

9 **Schreiben Sie Ihre Meinung und begründen Sie mit *wenn*. Tauschen Sie dann Ihre Texte, lesen Sie und geben Sie Feedback.** → A3 Reale Bedingungssätze mit *wenn*

1

Weniger Arbeitslose als im gleichen Monat des Vorjahres

2

Schülerinnen und Schüler demonstrieren für Klimaschutz

3

Parteien diskutieren Fahrverbote für Autos in großen Städten

4

Weiterbildungspflicht für Arbeitnehmerinnen und Arbeitnehmer

Ich finde es gut, dass Schülerinnen und Schüler für Klimaschutz demonstrieren.
Vielleicht ändert sich etwas, wenn sie lange genug demonstrieren.
Ich halte es für ein großes Problem, dass … Wenn …

B über Weiterbildung sprechen

10 **Wie heißt das Gegenteil? Ergänzen Sie.** → B2 Wortschatz

auf | be | den | dingt | du | er | Fall | folg | gern | je | ~~klug~~ | kür | re | ren | reich | rin | sinn | un | ver | ver | voll | zen | zie

1 dumm ……klug……
2 sinnlos ……
3 ohne Erfolg ……
4 auf keinen Fall …… / ……
5 erhöhen …… / ……
6 verlängern ……

11 **Verbinden Sie.** → B2 Wortschatz

1 Lesen nennt man auch …
2 Trainer/in und Experte / Expertin zu einem bestimmten Thema
3 Wenn man jemanden überzeugen will, braucht man ein gutes …
4 Den … der Fußballweltmeisterschaft bildet das Finale.
5 Fortbildungen verbessern die … auf dem Arbeitsmarkt.
6 Sie hat in der Firma eine leitende …
7 In der Medizin gibt es neue … zur Behandlung von Krankheiten.
8 Ab 1. Januar bekommen alle Mitarbeiter/innen eine … von drei Prozent.
9 Expert/innen haben auf einem bestimmten Fachgebiet sehr viel …

A Argument
B Spezialwissen
C Methoden
D Position
E Lohnerhöhung
F Coach
G Lektüre
H Chancen
I Höhepunkt

12 **Bilden Sie Wörter und notieren Sie mit Artikel.** → B2 Wortschatz

1 die Arbeit + die Sicherheit ……die Arbeitssicherheit……
2 die Schule + die Bank ……
3 das Fach + das Buch ……
4 der Beruf + der Alltag ……
5 der Experte + der Tipp ……

13 **Ergänzen Sie.** → B2 Wortschatz

Fachgebiete | ~~Fachgespräch~~ | Fall | Methode | Online-Lernangebot | Software | Spezialwissen

◆ Gehst du zu dem 1 ……Fachgespräch,…… zu dem wir gestern per E-Mail eingeladen wurden?
○ Auf jeden 2 …… . Dort wird ein 3 …… vorgestellt, das die Firma vielleicht für uns zur Verfügung stellen will. Und eine neue 4 ……, die auf unseren Computern installiert werden soll.
◆ Du weißt ja gut Bescheid. Was ist denn das für ein Computerprogramm?
○ Ein Programm zum Fremdsprachenlernen – mit einer ganz neuen 5 …… . Damit kann man englische und französische Wörter für verschiedene 6 …… lernen. Und damit sein 7 …… erweitern! Das klingt doch gut, oder?

14 **Schreiben Sie.** → B2 *falls*

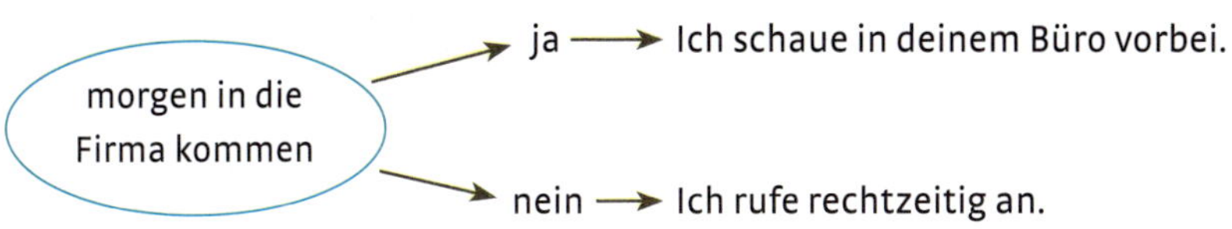

Falls ich morgen in die Firma komme, schaue ich in deinem Büro vorbei.
……

15 | a Verbinden Sie die Sätze mit *falls*.

→ B2 *falls*

1 Du suchst eine Weiterbildung? Ich kann dir ein tolles Online-Lernangebot empfehlen.
Falls du eine Weiterbildung suchst, kann ich dir ein tolles Online-Lernangebot empfehlen.

2 Du brauchst Lektüre für die Prüfung? Du solltest mal in die Bibliothek gehen.

3 Du willst eine Berufsberatung machen? Ich kann dir die Telefonnummer eines guten Coachs geben.

4 Du willst endlich einmal eine Lohnerhöhung? Dann musst du mit deiner Chefin sprechen.

5 Dich interessiert unser Betrieb? Du solltest mal die Stellenanzeigen lesen.

b Nächstes Jahr wird ein tolles Jahr! Was passiert? Schreiben Sie Sätze wie im Beispiel.

im Lotto gewinnen | neue Freunde finden | den Traumjob bekommen | befördert werden | ...

Falls ich im nächsten Jahr im Lotto gewinne, kündige ich sofort meinen Job!

16 Wie kann man das auch sagen? Ergänzen Sie.

→ B3 Wortschatz

hervorheben | lebenslang | sich unterscheiden | sinken | viele Gesichter haben

1 sich nach unten bewegen
2 in den Vordergrund stellen
3 das ganze Leben über
4 verschiedene Seiten haben
5 verschieden sein

17 | a Eine Grafik beschreiben – Welche Ausdrücke haben eine ähnliche Bedeutung? Verbinden Sie.

→ B3 Redemittel / Mediation

1 Der Anteil sinkt auf ... — B
2 Der Anteil erhöht sich.
3 Der Anteil bleibt gleich.
4 Der Anteil reduziert sich.

A Der Anteil steigt an.
B Der Anteil verringert sich auf ...
C Der Anteil wird geringer.
D Der Anteil verändert sich nicht.

b Ordnen Sie die Redemittel aus a zu. Ergänzen Sie weitere Redemittel, die Sie kennen.

Steigerungen beschreiben	Gleichbleibendes beschreiben	Senkungen beschreiben
		Der Anteil sinkt auf ...

c Ihr Kollege bittet Sie darum, die wichtigsten Inhalte der Grafik zu präsentieren. Schreiben Sie den Text für Ihre Präsentation.

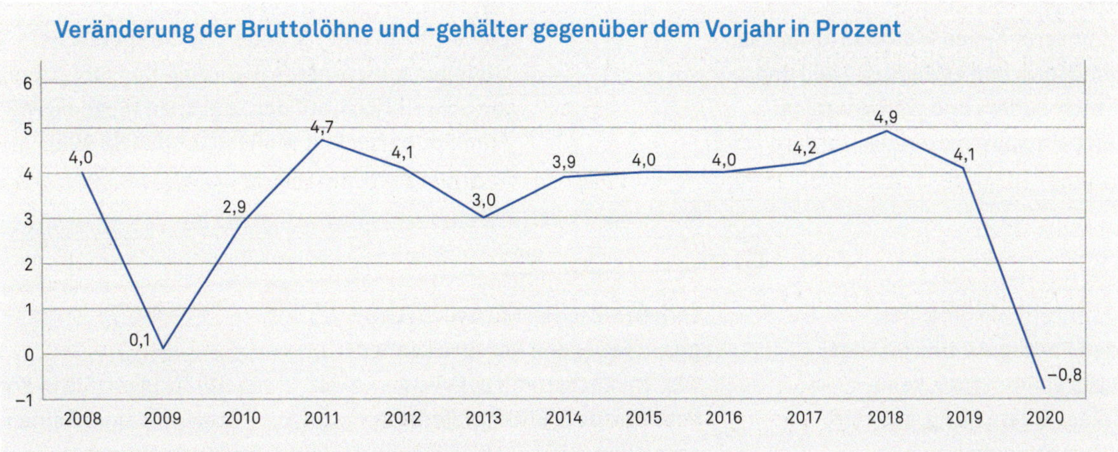

Ich möchte kurz eine Grafik zum Thema „Veränderung der Bruttolöhne und -gehälter" präsentieren. Die Grafik zeigt, wie sich die Bruttolöhne in den Jahren von 2008 bis 2020 entwickelt haben. Auf der x-Achse findet man die Jahreszahlen, auf der y-Achse die Veränderung gegenüber dem Vorjahr in Prozent. Von 2008 bis 2009 ...

C um Informationen bitten

18 | a Lesen Sie den Informationstext. Ergänzen Sie. → C3 Wortschatz / Schreiben

Anfängerkurs App betragen Kosten Kursgebühr ~~Montag~~ nutzen Textgestaltung vielseitig

FORTBILDUNG MACHT SPASS

UNSER INSTITUT | KURSE | ANMELDUNG | SERVICE | KONTAKT

PC-Kurse

1 *Montag*, 17–19 Uhr (zehn Einheiten ab 13.3.):

2 .... mit OpenOffice –

3 ....

Raum: P103, Rubensstraße 10

Vorkenntnisse: keine

4 ....: Die 5 ....

für diesen Kurs 6 .... 180 Euro für Vollzahler, für Auszubildende und Rentner/innen gibt es 20 Euro Ermäßigung.

Anmelden können Sie sich hier.

7 .... Sie schon unsere 8 ....? Einfach aufs Smartphone laden und über Neuigkeiten informiert werden. Überzeugen Sie sich selbst davon, wie 9 .... unser Programm ist!

Haben Sie Fragen? Dann schreiben Sie uns!

b Formulieren Sie Fragen zu den Informationen in a wie im Beispiel.

Hi, ich habe eine Frage: Wann findet der Kurs statt?

19 **Lesen Sie die Anzeigen. Welcher Kurs passt zu wem? Notieren Sie die Buchstaben.** → C3 Lesen

A **Fremdsprachen lernen in 14 Tagen!**
Mit unserer neuen Methode lernen Sie Fremdsprachen effektiv, schnell und einfach – allein und wo Sie wollen! Gleich Prospektmaterial anfordern (25 €).

B **Sport im Alltag**
Lernen Sie in einer Stunde, wie Sie sportliche Übungen ganz einfach in Ihren Alltag integrieren – am Schreibtisch, auf den täglichen Wegen usw. Anmeldung bei Piet Müller (0177/34 88 992).

C **Yoga für Anfänger**
bei Lehrerin Roxana Illes. Jeden Freitag, 10 Uhr, im Yogastudio Sonnengruß. Keine Vorkenntnisse nötig, aber Sie sollten beweglich sein!

D **Vegan und gesund**
Lernen Sie jeden Mittwochabend gesunde vegane Rezepte kennen. Wo? Im Kochstudio Lukullus, Peterstraße 5. Bitte telefonisch anmelden (0351/23 92 27).

E **Fremdsprachenlernen per Tandem!**
Wir bringen Sie in Kontakt mit einer / einem Muttersprachler/in Ihrer Wunschsprache – und schon klappt das Sprachenlernen von ganz allein! Kein Grammatikpauken mehr – mit Ihrem/Ihrer Tandempartner/in wird alles leichter! www.tandem-ist-toll.de

F **Alles, was uns die Natur schenkt!**
Wir machen eine Wanderung durch die Natur und sammeln essbare Pflanzen und Kräuter. Daraus kochen wir dann tolle Gerichte. Für die nächste Wanderung sind noch Plätze frei! Gleich anmelden: 0775/83 99 20.

	Anzeige
1 Ulla möchte besser Englisch sprechen. Sie hat aber kein Geld für einen Sprachkurs.	E
2 Sebastian isst seit zehn Jahren kein Fleisch mehr und möchte jetzt überhaupt keine Tierprodukte mehr essen. Er möchte trotzdem leckere Gerichte kochen.	......
3 Denize hat in ihrer Kindheit geturnt und möchte jetzt wieder regelmäßig Sport machen. Sie sucht einen Kurs.	......
4 Lamiya muss nächsten Monat aus beruflichen Gründen nach Finnland und deshalb so schnell wie möglich Finnisch lernen. Sie hat nur abends zu Hause Zeit zum Lernen.	......
5 Gürkan hat einen Garten mit vielen wild wachsenden Pflanzen. Er will sich informieren, welche man zum Kochen verwenden kann.	......
6 Cedric will wieder fitter werden und sich mehr bewegen. Er hat aber keine Zeit, regelmäßig zu einem Kurs zu gehen.	......

20 **Ordnen Sie das Gespräch. Hören Sie dann und kontrollieren sie.** → C3 Hören / Redemittel

🔊 363

A ...... Leider nein. Die Kosten sind für alle Teilnehmenden gleich.
B ...... Die Kursgebühren betragen 80 Euro für acht Wochen Schwimmtraining.
C ...... Ich möchte gern einen Schwimmkurs machen und würde gern wissen, ob noch Plätze im Anfängerkurs frei sind.
D ...... Aha. Gibt es eine Ermäßigung für Auszubildende?
E ...... Moment ... Ja, im Kurs am Dienstagabend um 19 Uhr ist noch ein Platz frei.
F 1 Guten Tag! Ich hätte gerne eine Information.
G ...... Oh, das klingt prima. Dienstagabend passt gut. Wie viel kostet der Kurs?
H ...... Wie kann ich Ihnen helfen?
I ...... In Ordnung, vielen Dank. Dann überlege ich mir das noch einmal.

21 | a **Was würden Sie machen, wenn …? Schreiben Sie die Sätze zu Ende.** → C4 Irreale Bedingungssätze

1 Wenn ich mehr Zeit hätte, würde ich *mehr Sport machen* .
2 Wenn ich mehr Geld hätte, würde ich ______ .
3 Wenn ich mehr Freunde hätte, würde ich ______ .
4 Wenn ich mehr Urlaub hätte, würde ich ______ .
5 Wenn ich mehr Schlaf hätte, würde ich ______ .

b **Was hätten Sie gemacht, wenn …? Schreiben Sie die Sätze zu Ende.**

1 Wenn ich mehr Zeit gehabt hätte, *hätte ich mehr Sport gemacht* .
2 Wenn ich mehr Geld gehabt hätte, ______ .
3 Wenn ich mehr Freunde gehabt hätte, ______ .
4 Wenn ich mehr Urlaub gehabt hätte, ______ .
5 Wenn ich mehr Schlaf gehabt hätte, ______ .

22 **Schreiben Sie Sätze.** → C4 Irreale Bedingungssätze

1 bessere Argumente haben → das Team überzeugen
Wenn ich bessere Argumente gehabt hätte, hätte ich das Team überzeugt.

2 mehr Urlaub haben → mich besser erholen
______

3 keine Nachtschicht haben → nicht so müde sein
______

4 keinen Personalmangel haben → die Aufträge schneller bearbeiten
______
______

23 **Was passt? Kreuzen Sie an.** → C5 Redemittel

1 Ich fange nächsten Monat einen neuen Job an.
👍 ○ Oh, das finde ich gut! ○ Hm, das gefällt mir nicht.

2 Wie läuft's mit deinen Kollegen?
👎 ○ Danke, ich bin zufrieden. ○ Leider nicht so gut.

3 Hast du die Weiterbildung schon gemacht?
👍 ○ Ja. Ich kann sie dir sehr empfehlen. ○ Ja. Es wäre besser, wenn du eine andere machst.

4 Hast du den Dienstplan schon angeschaut?
👎 ○ Ja. Ich finde ihn gut. ○ Ja. Der gefällt mir gar nicht.

5 Nächsten Monat hast du ständig Spätdienst.
👎 ○ Stimmt. Damit bin ich zufrieden. ○ Ja. Das sollten wir noch ändern.

24 **Sintia bekommt Sprachnachrichten von ihren Freundinnen und Freunden. Hören und ergänzen Sie.** → C5 Mediation

🔊 364

1
Genia:
– Weiterbildung Projektmanagement
– Beginn: 16. ______
– Dauer: 1 ______

2
Oskar:
– ______ *zu „Weiterbildung" in Online-Zeitschrift*
– Inhalt: gute ______ *erkennen usw.*

3
Leni:
– neues ______ *in Firma*
– ______ *lernen und IT-Kurse machen*

4
Mica:
Statistik: ______ *erhöhen*
Chancen auf ______

(E) Sich fremd fühlen

25 | a Welches Verb passt? Verbinden Sie. → 5 Wortschatz

1 ein Thema in Gruppen
2 allein oder zu zweit an etwas
3 den anderen Kursteilnehmern
4 die Fortschritte der Kursteilnehmer

A helfen
B beobachten
C bearbeiten
D arbeiten

b Der ideale Unterricht. Formulieren Sie Sätze mit den Wörtern in a und jeweils einer Begründung.

Mir gefällt es, ein Thema in Gruppen zu bearbeiten. Da profitiert man von den Ideen der anderen.

26 Notieren Sie die Nomen auf *-ung* mit Artikel. → 5 Wortschatz

1 abwechseln ....
2 befördern ....
3 erziehen ....
4 senken ....
5 steigern ....
6 verbessern ....
7 verwenden ....
8 reinigen ....
9 führen ....
10 erhöhen ....
11 gestalten ....
12 erfahren ....

Lernwortschatz

S. 162 | Tano Magoro möchte sich weiterbilden

die Abwechslung, -en ....
die Arbeitsorganisation (Sg.) ....
die Arbeitssicherheit (Sg.) ....
das Baugewerbe, – ....
die Fertigkeit, -en ....
die Gebäudereinigung, -en ....
die Mitarbeiterführung (Sg.) ....
der Vorarbeiter, – / die Vorarbeiterin, -nen ....

Verben

erfahren, erfuhr, hat erfahren ....
vermitteln, vermittelte, hat vermittelt ....
sich weiterbilden, bildete sich weiter, hat sich weitergebildet ....

Adjektiv

einmonatig ....

S. 163 | (A) über berufliche Pläne sprechen

Nomen

die Absicht, -en ....
die Beförderung, -en ....

Verben

beabsichtigen, beabsichtigte, hat beabsichtigt ....
wechseln, wechselte, hat gewechselt ....

S. 164 | (B) über Weiterbildung sprechen

die Achse, -n: x-Achse, y-Achse ....
das Argument, -e ....
die Chance, -n ....
der Coach, -es ....
der Expertentipp, -s ....
das Fachbuch, ¨-er ....
das Fachgebiet, -e ....
das Fachgespräch, -e ....

der Fall, ¨-e: auf jeden/keinen Fall ....

das Gesicht, -er: viele Gesichter haben ....

der Höhepunkt, -e ....
die Kompetenz, -en ....
das Kurvendiagramm, -e ....
die Lektüre, -n ....
die Lohnerhöhung, -en ....
die Methode, -n ....
das Online-Lernangebot, -e ....
die Position, -en ....
die Schulbank, ¨-e ....
die Senkung (Sg.) ....
das Spezialwissen (Sg.) ....
die Steigerung (Sg.) ....

Verben

ansteigen, stieg an, ist angestiegen ....

hervorheben, hob hervor, hat hervorgehoben ....

reduzieren, reduzierte, hat reduziert ....

sinken, sank, ist gesunken ....

sich unterscheiden, unterschied sich, hat sich unterschieden ....

verkürzen, verkürzte, hat verkürzt ....

sich verringern, verringerte sich, hat sich verringert ....

Adjektive

erfolgreich ....
klug ....
lebenslang ....
sinnvoll ....
unbedingt ....

S. 166 | C um Informationen bitten

der Anfängerkurs, -e ....
die App, -s ....
Kosten (Pl.) ....
die Kursgebühr, -en ....
die Textgestaltung (Sg.) ....
die Verbesserung, -en ....

Verben

betragen, betrug, hat betragen ....

vorschlagen, schlug vor, hat vorgeschlagen ....

Adjektiv

vielseitig ....

S. 168 | E Sich fremd fühlen

Nomen

die Erziehung (Sg.) ....
die Familienform, -en ....

Tipp: Schreiben Sie Definitionen für die Wörter.
Verwenden Sie dazu auch andere Lernwörter und/oder die Grammatik der Lektion.

Zum Beispiel *Kurvendiagramm*:

Ein Kurvendiagramm hat eine x-Achse und eine y-Achse und zeigt, wie die Werte ansteigen oder sinken.

Lektion 20

1 | a Prüfungsvorbereitung. Was möchten Sie tun? Kreuzen Sie an.

→ 2 Tipps für die Prüfung

		ja	vielleicht	nein
1	Ich verabrede mich mit jemandem aus dem Kurs zum Lernen.	○	○	○
2	Ich schreibe Karteikarten mit wichtigen Redemitteln.	○	○	○
3	Ich schaue im Kursbuch in jeder Lektion die Grammatik noch einmal an.	○	○	○
4	Ich wiederhole mit dem Audiotraining Redemittel und Grammatik.	○	○	○
5	Ich mache alle Aufgaben im Arbeitsbuch, die ich noch nicht bearbeitet habe.	○	○	○
6	Ich mache mir einen Lernplan.	○	○	○
7	Ich übe die Prüfung mit einem Mustertest.	○	○	○
8	Ich höre mit der App die Hörtexte noch einmal und schaue mir die Fragen dazu an.	○	○	○
9	Ich lese mir noch einmal die Lerntipps am Ende jeder Kursbuchlektion durch.	○	○	○
10	Ich wiederhole den ganzen Lernwortschatz.	○	○	○
11	Ich mache noch einmal die interaktivierten Übungen im Kurs- und Arbeitsbuch.	○	○	○

b Empfehlen Sie die Vorschläge, bei denen Sie „ja" angekreuzt haben. Schreiben Sie eine Textnachricht an eine Person im Kurs.

Es hilft wirklich, wenn man ... | Ich würde an deiner Stelle ... | Mit ... habe ich gute Erfahrungen gemacht.

Ich habe ein paar Tipps für dich: Ich verabrede mich mit Leuten aus dem Kurs zum Lernen. Es hilft wirklich, wenn man nicht allein lernen muss. Außerdem würde ich an deiner Stelle ...

A sich auf den *Deutsch-Test für den Beruf B1* vorbereiten

2 Wie gut kennen Sie den *Deutsch-Test für den Beruf B1*? Ergänzen Sie.

→ A1 Prüfungswissen

3 | 40 | Hören und Schreiben | mündliche | Teile | Vorbereitungszeit

DEUTSCH-TEST FÜR DEN BERUF B1 (DTB)

schriftliche und ______ Prüfung

schriftlich: insgesamt 95 Minuten, 5 Subtests
1. Lesen: 4 Teile, ______ Minuten
2. Lesen und Schreiben: 2 ______, 20 Minuten
3. Hören: 4 Teile, 20 Minuten
4. ______: 2 Teile, 5 Minuten
5. Sprachbausteine und Schreiben: 2 Teile, 10 Minuten

mündlich: insgesamt ca. 16 Minuten, ______ Teile (Teil 1 A und B, Teil 2 und Teil 3), keine ______

B für die Prüfung üben: Lesen

3 LESEN TEIL 2 **Lesen Sie den Text. Welche Antwort (a, b oder c) passt am besten? Markieren Sie Ihre Lösungen zu den Aufgaben 6–9 auf dem Antwortbogen auf Seite 368.**

→ B1 Prüfung: Lesen Teil 1

Englisch – passgenau für Ihren Beruf

Kenntnisse der englischen Sprache sind heutzutage in fast allen Berufen notwendig. Wir vermitteln Ihnen Englisch, wie Sie es in Ihrem Beruf brauchen. Lassen Sie sich fremdsprachlich fit machen – von uns!

Unsere Angebote umfassen Englischkurse für technische, kaufmännische und soziale Berufe auf verschiedenen Niveaustufen. Informieren Sie sich hier über unser umfassendes Kursprogramm und machen Sie unseren Online-Einstufungstest, um Ihr Sprachniveau zu ermitteln.

Damit Sie flexibel Englisch lernen können, bieten wir viele verschiedene Kursformate an. Unser zweiwöchiger Intensivkurs bietet Ihnen die Möglichkeit, täglich Englisch zu lernen und schnell Fortschritte zu machen. In unserem Präsenzkurs besuchen Sie einmal wöchentlich unsere Sprachschule und lernen in einem Zeitraum von sechs Monaten Englisch. Es gibt Montags-, Dienstags- und Donnerstagskurse. Oder Sie entscheiden sich für volle Flexibilität und buchen unseren Onlinekurs. Hier können Sie lernen, wann und wo Sie wollen.

Egal, welche Kursart Sie wählen: Sie werden immer von erfahrenen muttersprachlichen Lehrerinnen und Lehrern unterrichtet. Am Ende jedes Kurses haben Sie außerdem die Möglichkeit, eine Prüfung abzulegen und ein Zertifikat zu erwerben.

Haben wir Ihr Interesse geweckt? Dann bestellen Sie unter hello@english-here-and-now.de kostenloses Informationsmaterial zu Kursen, die Sie besonders interessieren. Gern können Sie auch zu unseren Informationsabenden kommen, die an jedem ersten Dienstag im Monat um 19 Uhr stattfinden. Dann erklären wir Ihnen genau, was unsere Kurse besonders macht und welche Bücher und andere Lehrmaterialien wir verwenden. Wir freuen uns auf Sie! See you!

6 Es gibt Kurse
- ⓐ für mehrere Berufsgruppen.
- ⓑ für verschiedene Sprachen.
- ⓒ nur online.

7 Die Präsenzkurse
- ⓐ dauern ein halbes Jahr.
- ⓑ finden am Wochenende statt.
- ⓒ finden einmal pro Monat statt.

8 Die Lehrkräfte
- ⓐ sprechen Englisch als Muttersprache.
- ⓑ stellen jedem Kursteilnehmer ein Zertifikat aus.
- ⓒ wählen das passende Kursformat für Sie aus.

9 Bei Interesse kann man
- ⓐ am Dienstag zum Kurs kommen.
- ⓑ eine Infoveranstaltung besuchen.
- ⓒ Lehrmaterialien bestellen.

Tipp:
- Lesen Sie den Text zuerst durch. Verbringen Sie damit aber nicht zu viel Zeit, sondern lesen Sie ihn nur einmal schnell. Sie haben für diesen Prüfungsteil nur etwa zwölf Minuten Zeit!
- Lesen Sie dann die Aufgaben und schauen Sie im Text noch einmal genauer nach der richtigen Antwort. Es hilft, dass die Aufgaben in der richtigen Reihenfolge sind. Das heißt: Die Lösung zu Aufgabe 6 befindet sich am Anfang des Textes!

Tipp:
Im Kurs haben Sie das schnelle Lesen eines Textes oft geübt. Sie können zu Hause zum Beispiel mit einer Tageszeitung weiter üben: Lesen Sie einen kurzen Text in zwei, drei Minuten. Fassen Sie dann den Inhalt mit eigenen Worten zusammen.

4 **LESEN TEIL 3** **Lesen Sie die Texte. Welche Antwort (a oder b) passt am besten?**
Markieren Sie Ihre Lösungen zu den Aufgaben 10–13 auf dem Antwortbogen auf Seite 368.

Herzlich willkommen!

Wir freuen uns, Sie als neue/n Auszubildende/n in unserem Familienunternehmen begrüßen zu dürfen. Wir möchten uns vorstellen: Unser Hotel Rauherm befindet sich in bester Lage mitten in Dresden. Wir sind ein Familienhotel in dritter Generation. Eröffnet wurde es im Jahr 1951 von Josefine und Anton Rauherm. Seit 2015 leitet nun ihre Enkeltochter, Theresa Wunsch, das Hotel, nachdem sie es von ihrem Vater übernommen hat.

Unsere Mitarbeiterinnen und Mitarbeiter mögen die familiäre Atmosphäre in unserem Hotel. „Ich arbeite gern hier. Alle übernehmen Verantwortung und das Arbeitsklima ist sehr angenehm. Ich bin sicher, das merken auch die Gäste – viele kommen immer wieder!", sagt Yussuf Poras, Auszubildender im dritten Lehrjahr. Wir freuen uns, dass auch Sie sich für eine Ausbildung bei uns entschieden haben und Teil unseres Teams werden. Wir wünschen Ihnen einen guten Start und hoffen auf gute und lange Zusammenarbeit.

10 Das Hotel
ⓐ ist vor allem für Familien.
ⓑ liegt zentral in Dresden.

11 Die Mitarbeiterinnen und Mitarbeiter
ⓐ finden die Stimmung im Hotel gut.
ⓑ sind Mitglieder der Familie.

Informationen zum Betriebsausflug

Unsere Firma bietet regelmäßig einen Betriebsausflug an. Diese gemeinsame Aktivität ist uns wichtig, denn hier können Kolleginnen und Kollegen sich außerhalb der Firma begegnen, sich besser kennenlernen und zusammen etwas Schönes unternehmen.

Unser Betriebsausflug findet einmal jährlich statt, in der Regel im September. Wir bieten den Ausflug nur für Mitarbeiterinnen und Mitarbeiter an, nicht für ganze Familien. Informationen zum Ort, den wir uns anschauen wollen, schickt der Betriebsrat rechtzeitig – mindestens einen Monat vorher.

Für den Betriebsausflug müsst ihr euch anmelden. Die Teilnahme gilt als Arbeitstag, an dem ihr ganz normal bezahlt werdet. Und die Stunden werden auf dem Arbeitszeitkonto berücksichtigt. Die Anmeldung ist dann aber verbindlich: Wenn ihr euch anmeldet, müsst ihr auch mitfahren! Wer nicht mitfahren möchte, muss an diesem Tag zur Arbeit gehen.

Wir freuen uns, wenn viele am Betriebsausflug teilnehmen und wir gemeinsam einen schönen Tag verbringen!

12 Der Betriebsausflug
ⓐ ist nur für die Angestellten.
ⓑ wird einmal im Monat angeboten.

13 Am Tag des Betriebsausflugs
ⓐ arbeitet niemand.
ⓑ bekommt man Gehalt.

Tipp:
– Auch hier sollten Sie die Texte einmal schnell lesen. Für den Prüfungsteil haben Sie nur acht Minuten Zeit!
– Lesen Sie dann die Aufgaben durch und suchen Sie im Text nach der Lösung. Lesen Sie relevante Textstellen dann genau und achten Sie dabei auf Wörter mit gleichen oder ähnlichen Bedeutungen.

5 **LESEN TEIL 4** **Lesen Sie die Texte. Zu jedem Text gibt es eine Aufgabe. Ist die Aussage richtig oder falsch? Markieren Sie Ihre Lösungen zu den Aufgaben 14–18 auf dem Antwortbogen auf Seite 368.**

→ B3 Prüfung: Lesen und Schreiben

Liebes Organisationsteam,
es ist fast alles für unsere Weihnachtsfeier vorbereitet, hurra! Leider gibt es aber noch ein Problem. Die Band hat abgesagt, weil sich ein Musiker verletzt hat. Was machen wir denn jetzt? Hat jemand einen Tipp? Meint ihr, wir sollen eine andere Band buchen? Oder können wir vielleicht Musik über den Computer abspielen?
Danke für Eure Hilfe!
Lilian

14 Lilian braucht einen Rat.

richtig/falsch?

Liebe Leyla,
ich war gerade beim Arzt und bin diese Woche krankgeschrieben. Du musst unbedingt ein paar Aufgaben von mir erledigen. Kannst du bitte das Protokoll der Teambesprechung fertig machen und an Frau Wollner schicken? Und auf meinem Schreibtisch liegt ein Brief von der Firma Klümm. Bist du so nett und schreibst eine Antwort? Danke!
Dani

15 Leyla soll Frau Wollners Brief beantworten.

richtig/falsch?

Hallo Robin,
können wir uns morgen Nachmittag um 14 Uhr zu einer kleinen Besprechung in meinem Büro treffen? Nächste Woche kommt ja der neue Kollege, der eingearbeitet werden muss. Ich möchte gern mit dir klären, wer die Einarbeitung übernimmt und wo der Neue zuerst eingesetzt werden soll. Danke!!
Viele Grüße
Samira

16 Robin soll morgen mit dem neuen Kollegen sprechen.

richtig/falsch?

Hey Ingrid,
ich sehe gerade im Kalender, dass du heute Geburtstag hast. Und auch noch einen runden – herzlichen Glückwunsch von uns allen aus Büro 114! Jetzt verstehe ich natürlich, warum du diese Woche unbedingt Urlaub machen wolltest. Ich hoffe, dass du heute einen schönen freien Tag mit deiner Familie verbringst.
Bis nächste Woche!
Erik

17 Ingrid hat ihre Bürokollegen zum Geburtstag eingeladen.

richtig/falsch?

Hallo Peter,
so ein Mist, ich stehe auf der Autobahn im Stau. Ausgerechnet heute! Um 9 Uhr kommt der erste Bewerber zum Vorstellungsgespräch. Kannst du das Gespräch bitte für mich übernehmen? Die Bewerbungsunterlagen liegen auf meinem Schreibtisch. Ich komme, so schnell ich kann! Ich bin bestimmt bis zum zweiten Gespräch da.
Bis dann,
Rachid

18 Peter soll Rachid beim ersten Vorstellungsgespräch vertreten.

richtig/falsch?

Tipp:
Sie haben circa 10 Minuten Zeit, um die Aufgaben zu bearbeiten. Wenn Sie eine der Aufgaben nicht lösen können oder keine Zeit mehr haben, dann markieren Sie trotzdem „richtig" oder „falsch". Die Chance, dass Sie die richtige Antwort markieren, ist hier 50 Prozent!

C für die Prüfung üben: Hören

6 ◀)) 365 **HÖREN TEIL 3** **Sie hören zwei Gespräche. Zu jedem Gespräch gibt es zwei Aufgaben. Welche Antwort (a oder b) passt am besten? Markieren Sie Ihre Lösungen für die Aufgaben 32–35 auf dem Antwortbogen auf Seite 369. Sie hören die Gespräche einmal.**

→ C1 und C2 Prüfung: Hören Teil 1 und 2

32 Die Kundin braucht
ⓐ die Einladungskarten noch vor dem Wochenende.
ⓑ Hilfe beim Text für die Karten.

33 Die Kundin wählt Karten
ⓐ aus glattem Papier.
ⓑ mit hellblauer Schrift.

34 Der Kunde
ⓐ findet den Preis zu hoch.
ⓑ soll am späten Nachmittag wiederkommen.

35 Der Kunde
ⓐ bekommt einen Beleg zum Abholen.
ⓑ kann die Reparatur später bezahlen.

Tipp:
Bevor Sie das erste Gespräch hören, bekommen Sie 15 Sekunden Zeit, um die Aufgaben 32 und 33 zu lesen. Nutzen Sie diese Zeit, um die Aufgaben so gut wie möglich zu verstehen. Sie können auch wichtige Wörter in den Aufgaben unterstreichen. Das hilft Ihnen beim Hören: Sie erkennen dann im Hörtext besser, an welcher Stelle die wichtigen Informationen kommen. Zwischen den beiden Gesprächen haben Sie 30 Sekunden Zeit, um die Aufgaben 34 und 35 zu lesen. Der Prüfungsteil dauert insgesamt circa vier Minuten.

7 ◀)) 366 **HÖREN TEIL 4** **Sie hören fünf telefonische Mitteilungen. Zu jeder Mitteilung gibt es eine Aufgabe. Welche Lösung (a, b oder c) passt am besten? Markieren Sie Ihre Lösungen für die Aufgaben 36–40 auf dem Antwortbogen auf Seite 369. Sie hören jede Mitteilung einmal.**

→ C4 Prüfung: Hören und Schreiben

36 Helene Seibert
ⓐ kann trotz Unfall arbeiten.
ⓑ möchte den Termin verschieben.
ⓒ schlägt einen Termin vor.

37 Fabian Nowak
ⓐ hat Fragen zum Termin.
ⓑ hat keine Zeit für den Termin.
ⓒ versteht die Handwerker nicht.

38 Leonie
ⓐ fährt jetzt los.
ⓑ hat den Zug verpasst.
ⓒ kommt später.

39 Nadja Schulz
ⓐ ändert die Reservierung.
ⓑ bestätigt den Termin.
ⓒ sagt das Geschäftsessen ab.

40 Frederik
ⓐ arbeitet an einer Präsentation.
ⓑ bittet Lisa um Hilfe.
ⓒ hat Lisas Stick gefunden.

Tipp:
Lesen Sie auch hier vor dem Hören jeder telefonischen Mitteilung die Aufgabe und die drei Antwortmöglichkeiten genau durch. Sie haben auch bei diesem Prüfungsteil dafür ein bisschen Zeit. Wenn Sie die drei Antwortmöglichkeiten gut verstanden haben, finden Sie die Antwort beim Hören leichter. Der Prüfungsteil dauert circa fünf Minuten.

Tipp:
Sie möchten noch weiterüben? Dann hören Sie zu Hause ein paar alte Sprachnachrichten auf Ihrem Handy. Versuchen Sie, den Inhalt jeder Nachricht in einem Satz zusammenzufassen. Wenn Sie mit einer Lernpartnerin / einem Lernpartner üben wollen, dann senden Sie sich Sprachnachrichten. Die / Der andere fasst die Nachricht dann in einem Satz zusammen und sendet sie per Textnachricht zurück.

D für die Prüfung üben: Sprachbausteine

8 **SPRACHBAUSTEINE** **Lesen Sie den folgenden Text. Welcher Ausdruck (a, b oder c) passt am besten in die Lücken 46–51? Markieren Sie Ihre Lösungen auf dem Antwortbogen auf Seite 372.**

→D1 Prüfung: Schreiben

Betreff: Fenster im 4. OG

Sehr geehrte Frau Jansen,

leider muss ich Ihnen ___46___, dass wir mit Ihrem Hausmeisterservice ganz und gar nicht zufrieden sind. Wie Sie wissen, ist das Fenster im 4. Obergeschoss kaputt. Wir warten nun schon seit drei Wochen auf die ___47___ des Fensters. Man kann das Fenster nicht mehr ___48___. Das ist nicht nur ___49___, sondern gerade in dieser warmen Jahreszeit natürlich sehr unangenehm für unsere Mitarbeiter/-innen.

Da ich Sie telefonisch nicht ___50___ habe, schreibe ich Ihnen jetzt. Bitte melden Sie sich, damit wir endlich einen Termin vereinbaren können. ___51___ suchen wir uns für die Zukunft eine andere Firma.

Mit freundlichen Grüßen

Adnan Bakir

46 ⓐ empfehlen
ⓑ garantieren
ⓒ mitteilen

47 ⓐ Reinigung
ⓑ Reparatur
ⓒ Vermietung

48 ⓐ kontrollieren
ⓑ öffnen
ⓒ übernehmen

49 ⓐ ärgerlich
ⓑ erforderlich
ⓒ realistisch

50 ⓐ bekommen
ⓑ erreicht
ⓒ geschafft

51 ⓐ Erst
ⓑ Schon
ⓒ Sonst

Tipp:
Sie haben für diesen Prüfungsteil circa fünf Minuten Zeit. Lesen Sie den Text erst einmal komplett durch. Lesen Sie dabei die Sätze mit den Lücken ganz genau. Manchmal hat man ein spontanes Gefühl dafür, was für ein Wort in die Lücke passen könnte. Das kann auch ein Wort in Ihrer Muttersprache sein.
Sehen Sie sich dann die Möglichkeiten an: Gibt es dort dieses oder ein ähnliches Wort zur Auswahl?

Tipp:
Es ist normal, bei einer Prüfung nervös zu sein. Dann kann es helfen, wenn Sie sich ein paar Sekunden Zeit nehmen und langsam ein- und ausatmen.

E für die Prüfung üben: Sprechen

9 | a Bringen Sie die Präsentation in die richtige Reihenfolge (1–6). → E2 Prüfung: Sprechen Teil 1 / Vorbereitungstraining

_____ Der Beruf „Maurer" ist ein handwerklicher Beruf. Maurer bauen Wände und Mauern, zum Beispiel für Häuser. Das machen sie zum Beispiel mit Steinen oder Beton. Als Maurer arbeitet man oft auf Baustellen.

_____ So, das war es auch schon, was ich zu diesem Beruf sagen wollte. Gibt es noch Fragen?

_1_ Ich möchte den Beruf „Maurer" vorstellen. Ich beschreibe die Aufgaben und nenne Vorteile und Nachteile dieses Berufs. Danach erkläre ich, warum mir dieser Beruf gefällt.

_____ Ich sehe aber auch einen großen Nachteil. Der Beruf ist sehr anstrengend für den Körper. Man muss sehr fit sein und einen guten Rücken haben, damit man bis zur Rente in diesem Beruf arbeiten kann. Das ist für mich ein entscheidender Nachteil.

_____ Insgesamt gefällt mir der Beruf „Maurer" aber sehr gut. Ich finde es schön, selbst mauern zu können. Das ist auch wirklich praktisch.

_____ Zu den Vorteilen des Berufs gehört, dass man sehr viel Abwechslung hat und viel draußen an der frischen Luft ist. Ein weiterer Vorteil ist, dass man Maurer, wie viele andere Handwerker auch, sehr oft braucht. Es wird ja überall gebaut.

b Welche Kategorie passt zu welchem Textteil? Ordnen Sie zu.

Aufgaben beschreiben | ~~Einleitung~~ | Gefallen ausdrücken | Nachteile nennen | Schluss | Vorteile nennen

1 Einleitung
2 _____
3 _____
4 _____
5 _____
6 _____

c Markieren Sie in der Präsentation Redemittel und ergänzen Sie sie auf den Karten.

eine Einleitung formulieren
Ich möchte den Beruf ... vorstellen.

Aufgaben beschreiben

Vorteile nennen

Nachteile nennen

Gefallen ausdrücken

einen Schluss formulieren

d Überlegen Sie sich weitere Redemittel für jedes Kärtchen und ergänzen Sie in c.

10 | a **Erarbeiten Sie mithilfe der Struktur und den Redemitteln in 9 eine Präsentation zu einem Beruf.**

Friseur/in — Straßenbahnfahrer/in — Straßenbauer/in — … — Erzieher/in — Geburtshelfer / Hebamme — Kellner/in

b **Üben Sie zuerst für sich. Präsentieren Sie dann vor anderen.**

Tipp:
Simulieren Sie die Prüfungssituation so gut wie möglich. Arbeiten Sie zu zweit – eine/r ist in der Prüfung, die andere Person ist Prüfer/in. Halten Sie Blickkontakt und sprechen Sie langsam und deutlich.

Tipp:
Je häufiger Sie die Themen der mündlichen Prüfung üben, desto sicherer werden Sie und desto freier können Sie vortragen. Das macht in der Prüfung einen guten Eindruck.

(E) Lernen im Schlaf?

11 | a **Was ist eine *Eselsbrücke*? Lesen Sie das Beispiel und notieren Sie Ideen.** → 2 Wortschatz / Strategien

Mit, nach, von, zu, aus, seit, bei brauchen immer Fall Nummer 3 (Dativ).
Eine *Eselsbrücke* ist ……………………………………….

b **Gibt es für *Eselsbrücke* ein Wort in Ihrer Muttersprache? Notieren Sie. Was bedeutet es?**

Eselsbrücke heißt ………………………… auf ………………………….
Direkt übersetzt bedeutet das ………………………….

c **Gibt es etwas im Deutschen, das Sie sich überhaupt nicht merken können? Notieren Sie und überlegen Sie sich dazu Eselsbrücken.**

Ich konnte mir nie merken, dass „Dame" ohne h geschrieben wird. Dann ist mir folgende Eselsbrücke eingefallen: „Dame reimt sich auf Name." Seitdem schreibe ich „Dame" ohne h.

Antwortbogen

Familienname · Surname · Apellido · Nom · Cognome · Soyadı · Фамилия

Vorname · First Name · Nombre · Prénom · Nome · Adı · Имя

Testversion · Test Version · Versión del examen · Version d'examen · Versione d'esame · Sınav sürümü · Тестовая версия

Schriftliche Prüfung

Lesen

Teil 1

1	a	b	c	d	e	f	g	h	1
2	a	b	c	d	e	f	g	h	2
3	a	b	c	d	e	f	g	h	3
4	a	b	c	d	e	f	g	h	4
5	a	b	c	d	e	f	g	h	5

Teil 2

6	a	b	c	6
7	a	b	c	7
8	a	b	c	8
9	a	b	c	9

Teil 3

10	a	b	10
11	a	b	11
12	a	b	12
13	a	b	13

Teil 4

14	richtig	falsch	14
15	richtig	falsch	15
16	richtig	falsch	16
17	richtig	falsch	17
18	richtig	falsch	18

Lesen und Schreiben

19	a	b	19
20	a	b	20

Schriftliche Prüfung

Hören

Teil 1

22	◯ richtig	◯ falsch	22
23	◯ a	◯ b	23
24	◯ richtig	◯ falsch	24
25	◯ a	◯ b	25
26	◯ richtig	◯ falsch	26
27	◯ a	◯ b	27
28	◯ richtig	◯ falsch	28
29	◯ a	◯ b	29

Teil 2

30	◯ a	◯ b	◯ c	◯ d	◯ e	◯ f	30
31	◯ a	◯ b	◯ c	◯ d	◯ e	◯ f	31

Teil 3

32	◯ a	◯ b	32
33	◯ a	◯ b	33
34	◯ a	◯ b	34
35	◯ a	◯ b	35

Teil 4

36	◯ a	◯ b	◯ c	36
37	◯ a	◯ b	◯ c	37
38	◯ a	◯ b	◯ c	38
39	◯ a	◯ b	◯ c	39
40	◯ a	◯ b	◯ c	40

Antwortbogen

21 Lesen und Schreiben

An:

Cc:

Betreff:

Antwortbogen

Antwortbogen

Hören und Schreiben

Telefonnotiz

41 Grund für den Anruf
a ◯ Beschwerde
b ◯ Bestellung

42 Namen Frau/Herr

43 Firma

44 Kontakt
Telefon

45 Weitere Informationen

•

•

•

Sprachbausteine

46	◯ a	◯ b	◯ c	46
47	◯ a	◯ b	◯ c	47
48	◯ a	◯ b	◯ c	48
49	◯ a	◯ b	◯ c	49
50	◯ a	◯ b	◯ c	50
51	◯ a	◯ b	◯ c	51

Antwortbogen

52 Schreiben

....

....

....

....

....

....

....

Übersicht über prüfungsvorbereitende Aufgaben in den Lektionen 1 – 19

In Lektion 20 wird die Prüfung insgesamt vorgestellt. Anhand eines Modelltest können sich die Lernenden mit den genauen Prüfungsformaten der Prüfung *Deutsch-Test für den Beruf B1* vertraut machen und bekommen zahlreiche Tipps und Hinweise.
Aber auch schon vorher werden die Lernenden sanft an die Prüfungsformate herangeführt:
In den Lektionen 1 – 19 sind prüfungsvorbereitende Aufgaben eingebaut, die schon an die Prüfungsformate angelehnt sind.

	Lesen	Hören	Sprachbausteine	Sprechen
1	AB, S. 221, 4	AB, S. 302, 8 AB, S. 320, 5	AB, S. 295, 11	KB, S. 12, B2 KB, S. 56, C2 KB, S. 79, A3
2	AB, S. 262, 22	AB, S. 190, 24 AB, S. 217, 33		KB, S. 74, 3
3	AB, S. 269, 20	KB, S. 113, A2		KB, S. 158, C3
4	AB, S. 244, 23 AB, S. 348 , 25	AB, S. 268, 17 AB, S. 346, 20		
+ Schreiben	KB, S. 145, 4	KB, S. 110, 2	AB, S. 268, 18 AB, S. 274, 5	

Übersicht über die Adjektivdeklination

Das Artikelwort trägt das Kasussignal (bei Maskulinum und Neutrum Genitiv zusätzlich auch das Nomen). Gibt es kein Artikelwort, trägt das Adjektiv das Kasussignal (bei Maskulinum und Neutrum Genitiv (auch) das Nomen).

			Artikelwort mit Kasussignal	Adjektiv mit Kasussignal
Maskulinum	Singular	Nom.	• der soziale Beruf	sozialer Beruf
		Akk.	• den sozialen Beruf	sozialen Beruf
		Dat.	• dem sozialen Beruf	sozialem Beruf
		Gen.	• des sozialen Berufs	sozialen Berufs
Neutrum	Singular	Nom.	• das gute Zeugnis	gutes Zeugnis
		Akk.	• das gute Zeugnis	gutes Zeugnis
		Dat.	• dem guten Zeugnis	gutem Zeugnis
		Gen.	• des guten Zeugnisses	guten Zeugnisses
Femininum	Singular	Nom.	• die duale Ausbildung	duale Ausbildung
		Akk.	• die duale Ausbildung	duale Ausbildung
		Dat.	• der dualen Ausbildung	dualer Ausbildung
		Gen.	• der dualen Ausbildung	dualer Ausbildung
	Plural	Nom.	• die guten Zeugnisse	gute Zeugnisse
		Akk.	• die guten Zeugnisse	gute Zeugnisse
		Dat.	• den guten Zeugnissen	guten Zeugnissen
		Gen.	• der guten Zeugnisse	guter Zeugnisse

Der unbestimmte Artikel *(ein, ...)*, der Possessivartikel (*mein, ...*) und der negative Artikel *(kein, ...)* tragen im Maskulinum Nominativ und im Neutrum Nominativ und Akkusativ Singular kein Kasussignal.

			Artikelwort mit Kasussignal	Adjektiv mit Kasussignal
Maskulinum	Singular	Nom.		• ein sozialer Beruf
		Akk.	• einen sozialen Beruf	
		Dat.	• einem sozialen Beruf	
		Gen.	• eines sozialen Berufes	
Neutrum	Singular	Nom.		• ein gutes Zeugnis
		Akk.		• ein gutes Zeugnis
		Dat.	• einem guten Zeugnis	
		Gen.	• eines guten Zeugnisses	
Femininum	Singular	Nom.	• eine duale Ausbildung	
		Akk.	• eine duale Ausbildung	
		Dat.	• einer dualen Ausbildung	
		Gen.	• einer dualen Ausbildung	
	Plural	Nom.	• keine guten Zeugnisse	
		Akk.	• keine guten Zeugnisse	
		Dat.	• keinen guten Zeugnissen	
		Gen.	• keiner guten Zeugnisse	

Quellenverzeichnis

Cover © Getty Images/iStock/Lyndon Stratford

Kursbuch

S. 2: Nora17 © Getty Images/E+/FG Trade; LeylaQ © Getty Images/E+/ozgurdonmaz; Olir © Getty Images/E+/alvarez **S. 11:** © Getty Images/E+/skynesher **S. 12:** © Getty Images/E+/shapecharge **S. 13:** © Thinkstock/iStock/Lisa F. Young **S. 14:** © fotolia/weseetheworld **S. 15:** © Getty Images/E+/shapecharge **S. 16:** © Getty Images/E+/ozgurdonmaz **S. 18:** © Getty Images/E+/Steve Debenport **S. 19:** Ramia © Getty Images/E+/Steve Debenport; Nina78 © Getty Images/E+/AzmanJaka; Gruppe © Getty Images/iStock/KatarzynaBialasiewicz **S. 20:** Jobmotor © Getty Images/iStock/SeventyFour; Start-Up © Getty Images/E+/TommL **S. 21:** © Getty Images/iStock/Nikada **S. 22:** © Getty Images/E+/kate_sept2004 **S. 23:** © Thinkstock/iStock/Dmitry Kalinovsky **S. 24:** Ü1 © Thinkstock/iStock/shironosov; Ü2 © Getty Images/E+/Steve Debenport **S. 25:** 1: links © Thinkstock/Photodisc/David De Lossy; rechts © Thinkstock/Hemera/Roman Sigaev; 2: links © Thinkstock/iStock/Rawpixel Ltd; rechts © iStock/zentilia; 3: links © Thinkstock/iStock/Roman Samokhin; rechts © fotolia/Daniela Starace **S. 26:** © Getty Images/E+/Milos Dimic **S. 27:** von oben: © Thinkstock/Jupiterimages; © plainpicture/Fancy Images; © Thinkstock/iStock/Poike **S. 28:** 1 © Getty Images/E+/martinedoucet; 2 © Getty Images/E+/andresr; 3 © iStock/sunara **S. 29:** © Getty Images/iStock/SerhiiBobyk **S. 30:** ÜC1a © Getty Images/iStock/FS-Stock; ÜC1b © Getty Images/iStock/xavierarnau **S. 32:** Ü1 © Getty Images/E+/Milos Dimic **S. 33:** Foto © Getty Images/iStock/SeventyFour **S. 34:** Aylin © Getty Images/E+/Sidekick; Mia © Getty Images/iStock/brusinski **S. 35:** © Getty Images/E+/Sidekick **S. 36:** © Getty Images/iStock/Wavebreakmedia **S. 37:** © Getty Images/E+/kali9 **S. 38:** Logo © Getty Images/DigitaVision Vectors/artvea; ÜC2 © Thinkstock/Wavebreak Media **S. 39:** © Getty Images/iStock/Wavebreakmedia **S. 40:** Ü1 © Daniel Ernst – stock.adobe.com; Ü2 © Getty Images/E+/Sidekick **S. 44:** © iStockphoto/Stefano Lunardi **S. 45:** A © Getty Images/iStock/FlamingoImages; B © Getty Images/iStock/gpointstudio; C © Getty Images/iStock/Viktoriia Fokina; D © Getty Images/E+/kali9 **S. 46:** © Getty Images/iStock/FlamingoImages **S. 47:** © Getty Images/iStock/Csondy **S. 48:** © Getty Images/E+/M_a_y_a **S. 49:** © Getty Images/E+/Nikada **S. 50:** Ü1: Foto © iStockphoto/Stefano Lunardi; Ü2 © Getty Images/iStock/NADOFOTOS **S. 52:** Foto oben, Ausschnitt Frau unten © Viacheslav Iakobchuk - stock.adobe.com; Mann © Getty Images/iStock/Poike **S. 53:** © Getty Images/E+/PeopleImages **S. 54:** © Getty Images/E+/TommL **S. 55:** © Getty Images/iStock/fizkes **S. 56:** © Getty Images/iStock/shironosov **S. 58:** A: links © Getty Images/iStock/feedough; rechts © Getty Images/E+/MichaelSvoboda; Ü2: Frau © Viacheslav Iakobchuk - stock.adobe.com **S. 60:** © Getty Images/iStock/Tirachard **S. 61:** von oben: © Getty Images/E+/PeopleImages; © Getty Images/iStock/LarsZahnerPhotography; © Getty Images/iStock/avemario; © Getty Images/iStock/Ridofranz **S. 62:** © pressmaster - stock.adobe.com **S. 63:** © cmfotoworks - stock.adobe.com **S. 64:** © Getty Images/E+/Tempura **S. 65:** von links: © Getty Images/iStock/sestovic; © iStock/scyther5; © Getty Images/iStock/JPWALLET **S. 66:** Ü1 © Getty Images/iStock/Tirachard; Ü2 © Getty Images/iStock/BartekSzewczyk **S. 68:** © Getty Images/E+/xavierarnau **S. 69:** © Getty Images/E+/xavierarnau **S. 70:** © Getty Images/E+/xavierarnau **S. 72:** © Getty Images/iStock/golubovy **S. 74:** Foto © Getty Images/E+/xavierarnau **S. 78:** © Getty Images/iStock/YakobchukOlena **S. 79:** ÜA1: Multifunktionsgerät © iStockphoto/slobo; Taste © Getty Images/iStock/cometary; Bildschirm © Getty Images/iStock/Nastco; Maus © Thinkstock/Brand X Pictures; Drucker © Getty Images/iStock/pixitive; Tastatur © Getty Images/iStock/123ducu; ÜA2 © Getty Images/E+/svetikd **S. 80:** © Getty Images/iStock/Worawee Meepian **S. 81:** © Getty Images/iStock/Believe_In_Me **S. 82:** 1. Reihe: links © Getty Images/E+/BraunS; rechts © Getty Images/iStock/undrey; 2. Reihe: links: Florian Bachmeier, Schliersee; rechts © Hueber Verlag/Peer Koop **S. 83:** Frau am Telefon © Getty Images/Moodboard/moodboard; Rezin © Getty Images/iStock/Ridofranz; Ghali © Getty Images/iStock/YakobchukOlena; Gesa © Getty Images/E+/Tempura; Hanna © Getty Images/iStock/Povozniuk **S. 84:** Ü1: Foto © Getty Images/iStock/YakobchukOlena; Ü3 © Getty Images/E+/PeopleImages **S. 86:** © action press/CREAPS **S. 89:** © Getty Images/E+/TommL **S. 91:** ÜC4: a: 1 © Getty Images/iStock/Gwengoat; 2 beide © Thinkstock/iStock/Baz777; 3 © fotolia/T. Michel; 4 © Getty Images/iStock/ricochet64; 5 © Getty Images/iStock/Siberian Photographer; b: Handschuhe, Stiefel © fotolia/markus_marb; Rauchen verboten © fotolia/T. Michel; Essen verboten © Thinkstock/iStock/Ecelop **S. 92:** Ü1 © action press/CREAPS; Ü3 von links: © Getty Images/iStock/guvendemir; © Getty Images/iStock/AlejandroPalacio; © Benjamin Nolte – stock.adobe.com; © Getty Images/E+/Hispanolistic; © Getty Images/E+/sturti **S. 93:** Piktos von links: © Thinkstock/iStock/Ecelop; © blattwerkstatt – stock.adobe.com; © Thinkstock/iStock/Roger De Marf├á; © Getty Images/iStock/ricochet64 **S. 94:** © Getty Images/iStock/Kzenon **S. 95:** Foto © Thinkstock/iStock/monkeybusinessimages **S. 96:** © Getty Images/iStock/shironosov **S. 97:** © Getty Images/iStock/StockRocket **S. 98:** © Getty Images/E+/sierrarat **S. 99:** © Getty Images/iStock/RossandHelen **S. 100:** Ü1: Foto © Getty Images/iStock/kzenon; Ü3: Florian Bachmeier, Schliersee **S. 102:** © Getty Images/iStock/shironosov **S. 103:** Anzug © iStockphoto/AleksandrL; Jacke © Getty Images/iStock/Paolo_Toffanin; Tasche © Getty Images/iStock/artefy; Vorhang © Getty Images/iStock/flyparade; Teppich © Getty Images/IStock/EdnaM; Reißverschlüsse © Thinkstock/Hemera/Dmitry Margolin **S. 104:** ÜB1 © Getty Images/iStock/undrey; ÜB2: A © PantherMedia/Phovoi R.; B © iStockphoto/Neustockimages **S. 106:** © New Africa – stock.adobe.com **S. 107:** © New Africa — stock.adobe.com **S. 108:** Ü1 © iStock/manley099; Ü2c © Getty Images/iStock/shironosov **S. 110:** von links: © Getty Images/E+/ozgurdonmaz; © Getty Images/iStock/Tirachard; © iStockphoto/Stefano Lunardi; © Getty Images/E+/xavierarnau **S. 112:** Foto © fotolia/Adam Gregor **S. 113:** © Getty Images/iStock/mediaphotos **S. 114:** © Getty Images/iStock/Jure **S. 115:** © Getty Images/iStock/monkeybusinessimages **S. 116:** © fotolia/Kalim **S. 117:** von links: © Getty Images/iStock/Dean Mitchell; © Getty Images/iStock/bernardbodo; © Getty Images/iStock/AndreyPopov **S. 118:** oben © Adam Gregor – stock.adobe.com; unten © fotolia/Adam Gregor **S. 119:** © iStock/gerenme **S. 120:** © Getty Images/iStock/Dragan Smiljkovic **S. 121:** © Getty Images/iStock/Dragan Smiljkovic **S. 122:** Fahrradkurier © MEV-Archiv/Witschel Mike; Friseur © fotolia/romankosolapov; Zimmermädchen © Thinkstock/Goodshoot; Paketzusteller © Thinkstock/iStockphoto; Verkäuferin © fotolia/Nejron Photo; Kellner © Thinkstock/iStock/diego_cervo **S. 123:** © Getty Images/iStock/Tero Vesalainen **S. 124:** ÜC2 © Getty Images/iStock/fizkes **S. 125:** Matthias Kraus, München **S. 126:** Ü1: a: Mann © Getty Images/iStock/Dragan Smiljkovic; b: von links: © Getty Images/E+/filadendron; © Getty Images/iStock/jacoblund; © Getty Images/PeopleImages **S. 128:** © Getty Images/E+/FangXiaNuo **S. 130:** Florian Bachmeier, Schliersee **S. 131:** © Getty Images/iStock/jacoblund **S. 132:** © Getty Images/E+/FangXiaNuo **S. 134:** © Getty Images/iStock/AntonioGuillem **S. 135:** © hvostik16 – stock.adobe.com **S. 136:** Mann © Getty Images/iStock/amriphoto; Abfüllanlange © Getty Images/iStock/pia_ch; Kaffeemaschine © Fxquadro – stock.adobe.com **S. 137:** ÜA1 © Thinkstock/iStock/ET-ARTWORKS; ÜA2 © Getty Images/iStock/undrey **S. 138:** © Getty Images/E+/Portra **S. 140:** 1 © Thinkstock/iStock/Oleksiy Mark; 2 © Getty Images/iStock/bjphotographs; 3 © Thinkstock/iStock/Grassetto; 4 © Thinkstock/iStock/Chunhai Cao **S. 141:** © Getty Images/iStock/MixMedia **S. 142:** Ü2 von oben: © Thinkstock/iStock/PhonlamaiPhoto; © Getty Images/iStock/JurgaR; © Getty Images/iStock/tiero; Ü3 © Getty Images/iStock/amriphoto **S. 146:** Foto © Getty Images/iStock/fotografixx **S. 147:** © Getty Images/E+/SolStock **S. 148:** oben © Getty Images/iStock Editorial/CreativeNature_nl; unten © Getty Images/E+/jkitan **S. 150:** © Getty Images/iStock/anyaivanova **S. 151:** © Getty Images/E+/alvarez **S. 152:** © Getty Images/iStock/fotografixx **S. 154:** Smartphone © Thinkstock/iStock/ET-ARTWORKS; Mann © Getty Images/Purestock **S. 157:** © Alexander Raths – stock.adobe.com **S. 158:** © Getty Images/E+/Johnce **S. 160:** Mann © Getty Images/Purestock **S. 162:** Foto © Getty Images/iStock/asiseeit; Smartphone © Thinkstock/iStock/ET-ARTWORKS **S. 163:** ÜA2 © iStock/wdstock; ÜA3 © Getty Images/iStock/stereostok **S. 164:** © Getty Images/iStock/monkeybusinessimages **S. 166:** © fotolia/Robert Kneschke **S. 167:** Talea © Thinkstock/iStock/Janet Rhodes; Lilo ©Thinkstock/Photodisc; Ricardo © Thinkstock/Goodshoot/Jupiterimages; Sergej © PantherMedia/Yuri Arcurs **S. 168:** Ü1 © Getty Images/iStock/asiseeit; Ü2 © Getty Images/E+/PeopleImages **S: 170:** Frau beide © Getty Images/iStock/Lamberto Jesus **S. 171:** Zeki © GettyImages/iStock/GettyImagesPlus/Juanmonino; Carla © Thinkstock/iStock/gpointstudio; Kristof © Getty Images/EyeWire **S. 181:** Alena © Getty Images/iStock/Lamberto Jesus; Junge © iStockphoto/grandriver

Arbeitsbuch
S. 182: links © Thinkstock/iStock/monkeybusinessimages; Mitte © Getty Images/iStock/Getty Images Plus/Tetiana Soares; rechts © Getty IMages/E+/skynesher **S. 183:** Ü3 © Thinkstock/Digital Vision/Jack Hollingsworth; Ü4 © Getty Images/E+/Finn Hafemann **S. 184:** © Getty Images/iStock/Getty Images Plus/Smederevac **S. 185:** Ü8 © Getty Images/E+/andresr: Ü11 © fotolia/dalaprod **S. 186:** © Thinkstock/iStock/zeremski **S. 188:** 1 © Thinkstock/FogStock/Vico Images/Erik Palmer; 2 © PantherMedia/James Steidl; 3 © fotolia/iceteastock; 4 © mauritius images/imageBROKER; 5 © fotolia/Robert Kneschke **S. 190:** © iStockphoto/vgajic **S. 193:** 1 © Getty Images/iStock/g-stockstudio; 2 © Getty Images/iStock/Getty Images Plus/Ralf Geithe; 3: Montage – Werkstatt © Getty Images/iStock/yanyong; Mann © Getty Images/iStock/Getty Images Plus/loco75; Icon © Getty Images/iStock/Getty Images Plus/FARBAI; 4: Montage – Frau/Denckblase © Getty Images/iStock/Getty Images Plus/eternalcreative; Regal © Getty Images/iStock/Getty Images Plus/Feverpitched; Frau/Hammer © Getty Images/E+/martinedoucet **S. 194:** a © fotolia/Igor Mojzes; b © Getty Images/asiseeit; c © iStockphoto/leezsnow; d © Thinkstock/iStock/GettyImagesPlus/LuminaStock **S. 195:** Bürogebäude © Getty Images/E+/TommL; Mann © Getty Images/E+/Izabela Habur **S. 196:** © Getty Images/E+/Petar Chernaev **S. 197:** © Getty Images/iStock/Getty Images Plus/Ikonoklast_Fotografie **S. 198:** © Getty Images/E+/Steve Debenport **S. 199:** © Colourbox/Anja Robanke **S. 200:** Roberto © Getty Images/E+/FangXiaNuo; Tarek © Getty Images/iStock/eurobanks; Lisette © Getty Images/iStock/tixti **S. 202:** Ü2 © Getty Images/E+/LeoPatrizi; Ü4 © Getty Images/iStock/Getty Images Plus/fizkes **S. 203:** © Getty Images/E+/FG Trade **S. 205:** © Getty Images/iStock/Getty Images Plus/fizkes **S. 206:** © Getty Images/E+/skynesher **S. 210:** Ü1 © Thinkstock/AbleStock.com/Hemera Technologies; Radia © Getty Images/iStock/AaronAmat; Ben © Getty Images/iStock/Portra; Carla © Getty Images/iStock/hfng **S. 211:** Jasmina © Getty Images/OJO Images/Paul Bradbury **S. 212:** © Getty Images/E+/vgajic **S. 213:** © Thinkstock/iStock/karelnoppe **S. 217:** Michal © Thinkstock/Hemera/Zsolt Nyulaszi; Kia © Getty Images/E+/mapodile **S. 219:** Kalender: Maike Hettinger, Stuttgart; Passport © eyewave – stock.adobe.com, Stempel © Getty Images/iStock / Getty Images Plus/Barks_japan **S. 220:** Florian Bachmeier, Schliersee **S. 223:** © PantherMedia/Yuri Arcurs **S. 224:** © Benjamin Nolte – stock.adobe.com **S. 225:** © PantherMedia/Rita Maaßen **S. 226:** © Thinkstock/iStock/Dimitri Zimmer **S. 228:** oben © Thinkstock/Wavebreak Media; A © Getty Images/E+/Sidekick; B © Thinkstock/Digital Vision/John Howard; C © Getty Images/iStock/VisionsbyAtlee; D © fotolia/goodluz **S. 230:** © Thinkstock/iStock/MangoStar_Studio **S. 232:** © iStock/Cathy Yeulet **S. 234:** Auto © MEV/Kostolnik Rudolf; Spielzeug © Getty Images/iStock/Getty Images Plus/wakila; Krankenbett © Getty Images/E+/J-Elgaard; unten © Getty Images/Photodisc/Digital Vision **S. 235:** © Andrey Popov – stock.adobe.com **S. 236:** 1. Reihe von links: 1 © fotolia/Sabphoto; 2 © Thinkstock/iStock/Shelly Perry; 3 Alexander Sascha Keller, München; 4 © Getty Images/iStock/Getty Images Plus/Yuricazac; 5 Hueber Verlag/Florian Bachmeier, Schliersee; 2. Reihe von links: 1 © © Getty Images/iStock/Getty Images Plus/monkeybusinessimages; 2 © iStockphoto/Stalman, 3 © Thinkstock/BananaStock; 4 © Thinkstock/iStock/lolostock; 5 © iStockphoto/Stalman **S. 238:** © Getty Images/E+/Bobby Coutu **S. 239:** © Getty Images/iStock/Getty Images Plus/Seremin **S. 240:** © Getty Images/Vetta/Thomas_EyeDesign **S. 242:** © fotolia/Robert Kneschke **S. 243:** © Getty Images/iStock/Getty Images Plus/alfexe **S. 246:** © Getty Images/iStock/Getty Images Plus/Doucefleur **S. 248:** oben © Getty Images/E+/fatihhoca; unten © iStock/asiseeit **S. 249:** © Getty Images/E+/alvarez **S. 250:** oben links © Getty Images/iStock/Getty Images Plus/Goran13; oben rechts © Getty Images/E+/stocknroll; unten rechts: Alexander Keller, München; unten links © Getty Images/E+/PeopleImages **S. 252:** Bill © Getty Images/iStock/MichaelJay; Maya © Getty Images/E+/VioletaStoimenova; Pia © Getty Images/iStock/stockfour **S. 253:** Timo © Getty Images/DigitalVision Vectors/kbeis **S. 257:** © fotolia/mrcats **S. 260:** © Dan Race – stock.adobe.com **S. 261:** © PantherMedia/Vera Krins **S. 264:** © Getty Images/iStock/Getty Images Plus/clu **S. 270:** Piktogramme © fotolia/liotru **S. 271:** 1–3 © fotolia/sunt; 4 © Thinkstock/iStock/jojoo64; 5 © fotolia/markus_marb **S. 274:** © Getty Images/E+/FG Trade **S. 276:** © Getty Images/E+/TommL **S. 277:** © Getty Images/E+/kali9 **S. 279:** © Thinkstock/Fuse **S. 280:** oben © Getty Images/iStock/CandyBoxImages; unten © MEV/Witschel Mike **S. 283:** © Getty Images/E+/skynesher **S. 284:** © Getty Images/iStock/shironosov **S. 285:** © Getty Images/iStock/Pheelings Media **S. 286:** © Getty Images/E+/AzmanL **S. 287:** Ü15 © Getty Images/iStock/PamelaJoeMcFarlane **S. 288:** Ü19 von oben: © Getty Images/iStock/ajijchan ; © Getty Images/E+/Rifka Hayati ; © Getty Images/iStock/ozgurdonmaz; Ü21: 1 © irisblende/Iris Kaczmarczyk; 2 © Getty Images/iStock/Getty Images Plus/Wenbin; 3 © Getty Images/iStock / Getty Images Plus/Antonio_Diaz **S. 292:** © Getty Images/E+/andresr **S. 294:** © Getty Images/E+/SolStock, Emoji © Getty Images/iStock/pixelliebe **S. 295:** © Thinkstock/iStock/ekipaj **S. 297:** © Getty Images/iStock/Getty Images Plus/Angelika-Angelika **S. 300:** © Getty Images/iStock/monkeybusinessimages **S. 301:** © Getty Images/iStock/Getty Images Plus/PeopleImages **S. 302:** oben © contrastwerkstatt – stock.adobe.com, 1 © Thinkstock/iStock/R_Type; 2 © Minerva Studio – stock.adobe.com; 3 © MEV/Bauer Roland; 4 © Getty Images/E+/SensorSpot **S. 304:** © pressmaster – stock.adobe.com **S. 310:** © Getty Images/E+/kate_sept2004 **S. 312:** Florian Bachmeier, Schliersee **S. 313:** © Getty Images/iStock/V2images **S. 314:** Florian Bachmeier, Schliersee **S. 315:** © Getty Images/E+/FangXiaNuo **S. 317:** © Getty Images/E+/filadendron **S. 320:** © Getty Images/iStock/Getty Images Plus/kzenon **S. 322:** Piktos: 1 © Getty Images/iStock/_human; 2 © Thinkstock/iStock/tacktack; 3 © Thinkstock/iStock/Elvinagraph; 4 © alvaroc – stock.adobe.com; 5 © Thinkstock/iStock/marnikus **S. 325:** 1 © Thinkstock/iStockphoto; 2 © Getty Images/iStock/Getty Images Plus/yunava1; 3 © Thinkstock/Hemera/Farzin Salimi; 4 © PantherMedia/Tobias Kaltenbach; 5 © rh2010 – stock.adobe.com **S. 326:** A © Getty Images/iStock/Getty Images Plus/baona; B © Getty Images/iStock/Getty Images Plus/mediaphotos; C © Getty Images/iStock/Getty Images Plus/diego_cervo; D © Getty Images/iStock/Getty Images Plus/tommaso79; E © Getty Images/iStock/Getty Images Plus/Zerbor **S. 327:** oben © Getty Images/iStock/Getty Images Plus/subtik; unten © Getty Images/iStock/tiero **S. 328:** © Getty Images/iStock/tiero **S. 329:** © PantherMedia/Tobias Kaltenbach **S. 330:** © Getty Images/E+/domoyega **S. 331:** Florian Bachmeier, Schliersee **S. 332:** oben © MEV; unten © Getty Images/iStock/Sanja Radin **S. 333:** © Getty Images/iStock/loveguli **S. 337:** © Getty Images/iStock/Getty Images Plus/Rafael_Wiedenmeier **S. 340:** © Thinkstock/iStock/Dimitri Zimmer **S. 341:** © Getty Images/ **S. 342:** oben © Getty Images/iStock/Getty Images Plus/Daniiielc, Piktogramm © fotohansel – stock.adobe.com; unten © Kzenon – stock.adobe.com **S. 343:** A – F, H – J © fotolia/sunt, G © fotolia/markus_marb **S. 346:** © Getty Images/iStock/Getty Images Plus/Zinkevych **S. 347:** Frau blond © Getty Images/iStock/Getty Images Plus/Halfpoint; Frau brünett © Thinkstock/Wavebreak Media; Mann © Getty Images/E+/RichLegg **S. 350:** © Getty Images/E+/StudioThreeDots **S. 352:** 1© Getty Images/E+/ Orbon Alija; 2 © Getty Images/iStock/Halfpoint; 3 © Getty Images/iStock/petekarici; 4 © Getty Images/E+/Pekic **S. 355:** © Getty Images/E+/FatCamera **S. 356:** © fotolia/Snezana Skundric **S. 367:** oben © Getty Images/iStock/fizkes; unten © Getty Images/iStock/Getty Images Plus/Goddard_Photography

Zeichnungen: Mascha Greune, München

Bildredaktion: Nina Metzger, Hueber Verlag, München

Audios
Sprecher: Thomas Albus, Angelika Bender, Stefanie Dischinger Peter Frerich, Walter von Hauff, Sebastian Höffner, Arne Hörmann, Kevin Iannotta, Tinka Kleffner, Anke Kortemeier, Verena Rendtorff, Dascha von Waberer, Thomas Wenke, Lara Wurmer

Tonaufnahmen und Postproduktion: Atrium Studio Medienproduktion GmbH, München